国外地名管理法律资料汇编

Guowai Diming Guanli
Falü Ziliao Huibian

民政部地名研究所 编

中国社会出版社
国家一级出版社 · 全国百佳图书出版单位

图 书 在 版 编 目 (CIP) 数 据

国外地名管理法律资料汇编 / 民政部地名研究所编
. -- 北京 : 中国社会出版社，2021.7
ISBN 978－7－5087－6307－1

Ⅰ.①国…　Ⅱ.①民…　Ⅲ.①地名－行政管理－行政法－汇编－国外　Ⅳ.①D912.109

中国版本图书馆 CIP 数据核字（2020）第 016396 号

书　　名： 国外地名管理法律资料汇编
编　　者： 民政部地名研究所

出 版 人： 浦善新
终 审 人： 尤永弘
责任编辑： 魏光洁

出版发行： 中国社会出版社　　　邮政编码：100032
通联方式： 北京市西城区二龙路甲 33 号
电　　话： 编辑部：（010）58124851
邮购部：（010）58124848
销售部：（010）58124845
传　真：（010）58124856
网　　址： shcbs.mca.gov.cn
经　　销： 各地新华书店

中国社会出版社天猫旗舰店

印刷装订： 北京九州迅驰传媒文化有限公司
开　　本： 170mm×240mm　1/16
印　　张： 39.5
字　　数： 700 千字
版　　次： 2021 年 7 月第 1 版
印　　次： 2021 年 7 月第 1 次印刷
定　　价： 140.00 元

中国社会出版社微信公众号

目　录

法规全文

条文节选

相关资料

法规全文

爱沙尼亚共和国

地名法案

2003 年 11 月 5 日通过　2004 年 7 月 1 日生效

第一章　总　则

1. 适用范围和法案宗旨

（1）本法案对爱沙尼亚地名的设立和使用以及执行监督作出规定。

（2）本法案的宗旨在于确保协调使用爱沙尼亚地名以及保护具有文化和历史价值的地名。

2.《行政程序法》的适用

《行政程序法》的规定适用于本法案规定的行政程序，并将本法案引出的规范纳入考虑范围。

3. 定义

（1）“被命名地物”是指自然或人工地理实体。

（2）“官方地名”是指通过法令命名的或经地名委员会决议批准的地名。

（3）“非官方地名”是指尚未通过法令设立或未经地名委员会决议批准的地名。

（4）“通名”是指地名中被命名地理实体类型的组成部分。

（5）“限定属性”是指地名中区分常见地名的另一组成部分。

（6）“地名的核心部分”是指不含通名和限定属性的地名。

（7）在本法案中，“设立地名”是指命名机构执行下述任何行为：

1）为没有官方名称的地理实体命名；

2）更改官方地名；

3）废除官方地名。

第二章　地名的设立

4. 设立地名的义务

（1）应为下述地理实体设立地名：

1）行政单位；

2）乡镇和城市地区；

3）住区单位；

4）街道、广场或其他小于建成区且名称在地址中使用的地理实体；

5）火车站、其他公交站点、停机坪、机场、港口和灯塔；

6）国道、地方道路和私人道路。

（2）对本节第（1）条未涵盖的地理实体，如需利用地名识别该地理实体，则可以为其设立地名。

（3）地块（土地单位）、地籍单位和已登记不动产不受命名义务的约束。如需利用地名识别此类地理实体或希望将地名作为已登记不动产的名称记入土地登记册，则应为此类地理实体设立地名。“已登记不动产”一词和在《土地登记法》中使用时具有相同含义。

5. 命名机构和设立地名的权限

（1）下述为命名机构：

1）共和国政府；

2）部委；

3）地方政府。

（2）共和国政府应在《爱沙尼亚领土行政区划法》的基础上为行政单位设立地名。

（3）应在《爱沙尼亚领土行政区划法》的基础上，根据其所制定的程序为建成区设立地名。

（4）位于一个地方政府领土范围内的乡镇、城市地区、公交站点、街道和其他地理实体的地名应由该地方政府设立。该规定不适用于本节第（6）条涵盖的地理实体。

（5）根据地理实体的类型，跨多个地方政府领土的地理实体或位于地方政府领土范围之外的水域地理实体的地名，应由共和国政府或相关部委根据其政府职责设立。该规定不适用于设立县名。

（6）如设立地理实体属于共和国政府或部委的权限，则应由共和国政府或相关部委设立地名。

6. 设立地名的组织

（1）地名的设立应由命名机构自发或根据自然人或法人的书面申请进行组织，并作出相关决定。

（2）地名应通过命名机构发布的法令设立。地名设立依据的法令中应至少包含下述信息：

1）地名（如存在，包括主地名和次地名）；

2）被命名地理实体的类型；

3）对被命名地理实体位置的描述或地图。

（3）如共和国政府或部委计划设立地名，在设立前应先征求相关地方政府和地名委员会的书面意见。

（4）命名机构应向私人土地所有者发送邮件通知，说明命名机构计划为其私人所有的土地单位或位于此类单位内的地理实体设立地名的意图，以此征求所有者的意见。土地所有者应自收到此类通知之日起 15 日内给出书面意见。未在上述期限内给出意见的，视为已取得土地所有者的同意。

（5）如命名机构计划为私人道路设立名称，则应寻求负责为国道设立名称的部委批准。

（6）如需设立非爱沙尼亚语地名，地方政府应征求内政部同意。内政部应在征求地名委员会的意见后作出决定。如有非爱沙尼亚语地名的地理实体在于截至 1939 年 9 月 27 日大部分居民使用非爱沙尼亚语的建成区领土内，则无须遵守所规定的批准程序。

（7）如需设立次地名，地方政府应征求内政部的同意。内政部应在征求地名委员会的意见后作出决定。

（8）地方政府应根据地方政府议会制定的程序，至少在作出设立地名的决定 15 天公布初步决定。

（9）如设立地名是由自然人或法人提出的，该人应向本法案第5条提出负责设立该地名的命名机构提交书面申请。设立地名的申请应包含证明地名选择合理性的证据。必要时，应附上相关地方政府或地名委员会的书面意见。

（10）下述情况中，命名机构应拒绝设立地名：

1）所申请的地名不符合本法案第三章的要求；

2）申请名称的被命名地理实体不能清晰识别。

（11）关于公开程序的规定适用于地名的设立，并将本法案规定的规范纳入考虑。

7. 更改和废除官方地名的依据

（1）下述情况中，应更改官方地名：

1）地名不符合本法案第三章的要求；

2）已在使用的各种形式的地名不一致。

（2）下述情况中，可以更改官方地名：

1）在实际使用中，非官方地名得到优先使用且符合第三章的要求；

2）希望恢复历史上使用的爱沙尼亚语地名；

3）因被命名地理实体或规划区域发生变化，已在使用的地名具有误导性；

4）更改地名的其他合理理由。

（3）要想根据本节第（1）条和第（2）条未涵盖的理由更改地名，命名机构（共和国政府除外）应征求内政部同意。内政部应在征求地名委员会的意见后作出决定。

（4）命名机构须自知晓本节第（1）条规定的任一情况之日起30日内，启动更改地名的程序。

（5）下述情况中，可以废除官方地名：

1）在规划过程中，被命名地理实体已取消；

2）被命名地理实体已不复存在。

（6）更改或废除地名应通过命名机构发布法令。

8. 设立地名的通知

在10日内，命名机构应向以下机构或人员发送设立地名的法令：

1）地名委员会；

2）国家地名登记册（以下简称登记册）的授权处理者。

第三章　地名要求

9. 地名语言

（1）爱沙尼亚的地名应采用爱沙尼亚语命名。

（2）确定地名是否为爱沙尼亚语的程序应由共和国政府规章决定。

（3）对于地名采用其他语言，如有历史或文化方面的正当理由，则予以允许。为防止破坏或不合理更改土著地名，在决定是否采用其他语言时应考虑截至1939年9月27日相应区域居民使用的语言。

（4）在国际专业和商务通信中，爱沙尼亚语地名的核心部分和限定属性应与在爱沙尼亚使用的地名相同。例外情况是，国名“爱沙尼亚”（Eesti）和跨国水域的名称可以使用译语。

10. 地名拼写

（1）地名应采用爱沙尼亚语罗马字母记录。

（2）如地名采用非罗马字母翻译，地名的拼写应符合约束名称转写和音译的官方字符表。如地名转写成没有字符表的语言字母，地名的拼写应在专名知识局（Office of Onomastic Expertise）进行的专家分析基础上获得批准。

（3）地名的拼写应符合爱沙尼亚语正字规则，并可以体现名称的本土方言声音结构。

（4）非爱沙尼亚语地名的拼写应符合相关语言的正字规则，如地名的拼写源于非罗马字母，则其拼写应遵照官方字符表。

（5）如为不同的被命名地理实体设立了一个相同的地名，该名称核心部分的拼写应相同。

（6）约束地名转写和音译的字符表应依照教育与研究部规章制定。

11. 主地名和次地名

（1）被命名地理实体应有一个官方名称，但本节第（2）条、第（3）条所述情况除外。

（2）非行政单位、街道或广场的被命名地理实体可以有两个官方名称，一个为主地名，另一个为次地名。

（3）如有历史或文化方面的正当理由，且其目的是保护以下二者，则可以设立主地名和次地名：

1）被命名地理实体已有爱沙尼亚语名称或将设立爱沙尼亚语名称，为了保护该地理实体的非爱沙尼亚语地名；

2）保护第二个爱沙尼亚语名称。

（4）如适用本节第（3）条第1）项，则应按照如下方式选择主地名和次地名：

1）截至1939年9月27日，如被命名地理实体所在住区领土内的大部分居民使用爱沙尼亚语，则应将爱沙尼亚语名称设为主地名；

2）截至1939年9月27日，如被命名地理实体所在住区领土内的大部分居民不使用爱沙尼亚语，则应将非爱沙尼亚语名称设为主地名。例外情况是，如爱沙尼亚语名称得到全国公认且其具有历史基础，可以将爱沙尼亚语名称设为主地名。

（5）对于使用具有单独文学标准语的爱沙尼亚方言的正字书写地名，其上述拼写可设为次地名。

12. 对重名的限制

（1）以下各项不得重名：

1）行政单位；

2）位于一个农村或一个城市境内的住区单位；

3）位于一个建成区境内的被命名地理实体。

（2）如地名的完整形式（加上通名）相同，则表示被命名地理实体具有相同名称。

13. 选择地名的要求

（1）在设立地名时，应优先选择在当地得到广泛认可与应用或具有历史、文化价值的名称。

（2）如不能根据本节第（1）条规定的原则设立地名，则应优先选择下述名称：

1）与当地相关的地名；

2）与被命名地理实体特点相关的地名；

3）具有国家意义的地名。

（3）纪念性名称是指为纪念或表彰某人而设立的地名。

（4）人名在相应人员在世时不得用作纪念性名称。设立纪念性名称的程序应由共和国政府规章制定。

（5）数字和任何其他非字母符号不得用作地名。本法案生效后，数字和其他同属此类的非字母符号亦不得用作限定属性。

（6）设立地名时，应避免以下情况：

1）相同或相似误导性的地名；

2）具有粗俗或贬损含义的地名；

3）与爱沙尼亚的历史文化相悖的地名。

（7）在更改现有地名时，为了避免出现重名，设立新地名时应优先选择对现有地名进行修正或修改，以使与新地名清楚区分。

（8）在对具有重要历史和文化意义且在当地得到广泛认可的被命名地理实体进行划分时，不允许为该地理实体在历史上使用的核心部分设立全新的名称。如因对重名限制而不可使用原名称时，则应使用由原名称的核心部分和限定属性组成的名称。

第四章　地名使用

14. 使用官方地名

（1）记入登记册中的官方地名应用于国家机关或地方政府机关或机构的文件、载入国家或地方政府数据库的居住或地点信息、信息传播、公共标识、路标、公告和地图中。如发生本法案第 16（1）条规定的情况，可以不遵守此项要求。本条规定不适用于关于历史和文化史的地图。

（2）在参考书和教科书中，应首先使用官方爱沙尼亚语地名。可以添加名称的非官方或非爱沙尼亚语拼写。

（3）如已为被命名地理实体设立了主地名和次地名，则应按照这两种名称在登记册中规定的顺序，在国家机关或地方政府机关或机构的文件、地图、公共标识和路标的必要信息中使用这两种名称。本条规定不适用于关于历史和文化史的地图。

15. 使用非官方地名

（1）如本法案第 14（1）条未要求使用官方地名，或尚未给被命名地理实体设立官方名称，则可以使用非官方地名。

（2）在公共信息中使用非官方地名不得具有误导性。

16. 关于使用官方名称的规范

（1）如地名用于以下情形，则可以缩短或省略地名中的通名、限定属性或其他部分：

1）地图；

2）公共标识；

3）路标；

4）居住或位置信息。

（2）缩短或省略地名中的通名、限定属性或其他部分的程序应依照内政部规章制定。

第五章　国家地名登记册

17. 操作国家地名登记册的一般原则

（1）建立和使用登记册的目的在于记录和收集关于爱沙尼亚地名的信息、处理和保护此类信息以及向用户提供此类信息，使地名的使用变得更有系统性。

（2）共和国政府应根据《数据库法》规定的程序建立登记册、批准维护登记册的法规以及任命登记册的授权处理者，并将本章的规范纳入考虑。

（3）登记册的主要处理者是内政部。

18. 登记册中的信息

（1）官方地名和描绘相关被命名地理实体的信息应记入登记册。被命名地理实体的分类应依照内政部规章建立。

（2）非官方地名作为具有重要历史或文化意义的地名或拼写以及描绘相关被命名地理实体的信息也可记入登记册。

（3）应根据关于维护登记册规章中规定的程序，将信息提交给登记册的授权处理者。任何自然人或法人如向登记册的授权处理者提交了关于地名、被命名地理实体的类型和对地理实体位置的描述或地图等信息，则该人可以申请将地名记入登记册。

（4）如地名不符合法律，登记册的授权处理者有权拒绝将该地名记入登记册，并可根据本法案第七章提出地名争议。如拒绝登记，应以书面形式通知命名机构或申请将该地名记入登记册的人员以及地名委员会。

（5）向登记册提交信息的程序以及发布登记册中信息的程序和形式应依照内政部规章制定。

（6）登记册中所载信息应在网站上公布。

19. 数据库间信息的交叉使用

为了执行法律赋予登记册的功能，登记册的授权处理者可以查询其他数据库并从中获得信息，以及向其他数据库传送信息。

第六章　地名委员会和专名知识局

20. 地名委员会及其成员

共和国政府应建立由 11 到 15 名成员组成的地名委员会，并根据内政部的提议任命地名委员会主席和成员，批准地名委员会规章。

21. 地名委员会的职能

地名委员会应履行下述职能：

1）对于尚未命名的地理实体，如需设立官方地名或在相关方提出相应申请时，通过决议的方式批准为该地理实体设立官方地名；

2）向命名机构提供建议，并应其要求提供意见；

3）必要时，通过内政部向命名机构提出设立地名的建议；

4）监督官方地名的使用，并在必要时，通过内政部提出使地名符合法令要求的建议；

5）通过内政部提出修订地名设立与使用相关法令的建议；

6）参与地名词典的编写、组织和出版；

7）解决法外名称争议；

8）履行规章赋予的其他职能。

22. 地名委员会的权利

（1）地名委员会有权从国家、地方政府机关和机构以及其他法人和自然人处获得履行其职能所需的信息和文件。

（2）地名委员会可以要求命名机构提供关于选择地名的书面解释。

23. 专名知识局

（1）专名知识局应履行下述职能：

1）就地名相关事务提供专家意见；

2）组织由地名委员会或命名机构委托开展的研究。

（2）共和国政府应根据内政部的建议，配备专门研究专有名称的机构，作为专名知识局。

第七章　名称争议与监督

24. 名称争议

（1）就地名的设立或使用产生的争议，可以根据法律规定的程序以法外方式或在行政法庭上加以解决。

（2）如名称争议的当事方为地方政府或地方政府与自然人或法人，则审理法外争议的机构为地名委员会。

（3）政府机关或其授权机构之间产生的名称争议应通过共和国政府或其从属机构解决。

25. 解决名称争议的程序

（1）关于质疑程序的规定适用于地名委员会解决名称争议的程序。

（2）除《行政程序法》规定的情形外，如某人发现自身权利因错用地名而遭到侵犯，该人也有权提出质疑。

（3）负责解决本法案第 24（3）条描述争议的机构在作出决定前，应先咨询地名委员会的意见。

26. 监督

（1）下述机构应在其权限范围内，对本法案规定要求的遵守情况执行监督：

1）执行国家语言监督的政府机关，应对地名中语言的官方和公开使用进行监督；

2）在制图领域行使行政权力（包括执行国家监督和国家执法）的政府机关，应对地图中使用地名进行监督。

（2）执行监督的权利：

1）监督对本法案的遵守情况，要求提交涉及地名使用的地图或文件，检查此类地图或文件，要求提供解释和意见，获取对成功解决问题有重要作用的信息；

2）为终止违规行为、消除违规后果以及预防进一步违规发布训令。

（3）如未遵守训令，官员可根据《替代执行与罚金支付法》（*Substitutive Enforcement and Penalty Payment Act*）（RTI 2001，50，283；94，580）规定的程序申请处以罚款。罚款的上限为 10,000 克伦尼。

第八章　责任

27. 违反设立和使用官方地名的责任

（1）违反以下要求的：在国家机关或地方政府机关或机构的文件、地图（关于历史和文化史的地图除外）、信息传播、公共标识、路标、公告以及载入地方政府数据库的居住或地点信息中使用官方地名。

（2）最高将处以法人 10,000 克伦尼罚款。

28. 违反向登记册授权处理者提交信息的责任

未向登记册授权处理者提交法令规定信息或提交错误信息的，最高将处以 100 罚款单位的罚款。

29. 程序

（1）《刑法典》的规定适用于本法案第 27 条和第 28 条规定的不法行为。

（2）本法案第 26（1）条所列政府机关应就本法案第 27 条和第 28 条规定的不法行为事宜执行法外程序。

第九章　执行规定

30. 实施《地名法案》

（1）废除原《地名法案》。

（2）最迟不晚于 2005 年 1 月 1 日，拥有本法案第 5 条规定权限的命名机构应向登记册授权处理者提交本法案生效前设立的官方地名以及关于相关被命名地理实体的信息。提交信息前，应使地名符合本法案第三章的要求。

（3）最迟不晚于 2005 年 7 月 1 日，应使国家机关或地方政府机关或机构的文件、地图、信息传播、公共标识、路标、公告中对地名的使用符合本法案。该规定不适用于关于历史和文化史的地图。

（4）最迟不晚于 2005 年 1 月 1 日，应使载入地方政府数据库的居住地信息中包含的地名符合本法案。

（5）最迟不晚于 2005 年 7 月 1 日，应使本法案第 14（3）条给出的情形中对官方地名的使用符合本法案。

（6）最迟不晚于 2005 年 1 月 1 日，司法部应组织向登记册授权处理者提交本法案生效前已记入土地登记册的不动产名称和地址的电子清单。登记册授权处理者应核实记入土地登记册的不动产名称是否符合本法案，并应提交相应已登记不动产的名称，以便记入地名登记册。如已登记不动产的名称不符合本法案，登记册授权处理者应向命名机构建议，使已登记不动产的名称符合本法案。命名机构须自收到本条规定的建议起一年内作出决定，并向已登记不动产所在地法院的土地登记部门提交书面申请，以便更改或删除已登记不动产的名称。

31. 法案生效

本法案于 2004 年 7 月 1 日生效。

纪念性地名确定程序

2004年6月22日通过，第227号条例

《地名法案》第13条第4款规定

1. 人名命名地名

（1）个人纪念或荣誉地名必须包括所纪念人士的名和姓，或是全名。

（2）因个人参与而被授予的头衔不能作为纪念性地名，不能因此考虑对逝者的纪念。

2. 纪念性地名的依据

（1）个人姓名不能加在纪念性地名内。

（2）在确定纪念性地名时，个人名称内应避免使用国家或行政单位或定居点单位的名称。

（3）纪念性地名应由自然人或法人向相关地名管理机构提出书面申请。

（4）地名管理机构应从推广当地知名度以及爱沙尼亚土地、人民和国家角度确定纪念性地名。

（5）在确定某个地名前，可以对该名称进行解释，供相关地名管理机构作出决定。

（6）在确定名称时应参考居民意见调查结果。

3. 官方地名变化说明

（1）如确定变更官方地名，应对所要变更的名称向该地区居民作出解释。

（2）根据《地名法案》第7条第3款之规定，向地区职能管理人员提交书面地名变更申请时，应随附一封说明函，提交的文件应包括名称变更以及所选择司法管辖区的名称，以及当地居民意见调查结果。

（3）地区部长应在接到地名委员会意见后作出决定。

4. 生效

本条例于 2004 年 7 月 1 日起生效。

总理：Juhan PARTS

地区部长：UNAPUU

地名委员会条例

2004年7月8日通过，条例编号：240

依照《地名法案》第20条实施

第一章　地名委员会组成和权力

1. 地名委员会

（1）地名委员会（以下称“委员会”）为代表爱沙尼亚政府的内政部，委员会由相关领域专家组成，委员会旨在决定地理实体名称，解决、协调与地名有关的问题，并组织各种活动。

（2）委员会是根据《地名法案》规定预审地名纠纷的机构。

（3）委员会可以指定政府机构、地方政府部门及其下属协会、大专院校和研究机构专家代表，以及私营企业代表从事地理信息系统的开发。

（4）委员会应根据法律以及本条例制定的各项条例运营。

2. 地名委员会的组成与变更

（1）地名委员会应由11—15名成员组成。地名委员会成员，包括委员会主席，应由区域政府长官任命。

（2）地名委员会应从其成员中选举副主席及其秘书。

（3）主席及其秘书应从内政部代表中选举产生。

（4）如果某委员会成员：

1）提出相关申请；

2）已经离开国家单位；

则应被视为离职。

3. 地名委员会的任务和职能

地名委员会应遵守《地名法案》并履行共和国政府赋予的任务：

（1）根据《地名法案》规定作出确认官方地名的决定；

（2）建议地名并就申请给出自己的意见；

（3）如必要，就地名向区域部长提出建议供其决定；

（4）监督地名的使用，同时，如有必要，根据法律要求向区域部长提出建议；

（5）就地名的使用向区域部长提出建议并提议修改相关法律；

（6）参与编制、组织和公布公报；

（7）预审地名纠纷；

（8）向政府适时提供处理争议地名的意见；

（9）根据《地名法案》第 6 条第 6 款规定，向区域事务部长提出有关外国地名的意见，根据《地名法案》第 6 条第 7 款提交有关替代名称，以及根据《地名法案》第 7 条第 3 款规定提出有关官方地名变更的意见；

（10）组织专家进行地名评估；

（11）结合自身的研究和专长，针对地名提出建议；

（12）组织有关地名课题的培训和教育，以及编写相关指导材料；

（13）介绍爱沙尼亚地名的指导原则，并在国内和海外传播有关爱沙尼亚地名的信息；

（14）履行政府分配的其他职责。

4. 委员会享有的权利

（1）地名委员会有权从国家或地方政府机关、机构，以及其他法人和自然人处获得委员会运营所必要的文件、数据和其他相关信息；

（2）地名委员会在开展工作时可以聘请国家或地方政府机构代表，以及非地名委员会成员的专业人士和专家；

（3）地名委员会可以设立永久和临时工作机构；

（4）地名委员会可以确定地名，但应在规定时间内提供书面理由，以及根据法律给出拒绝地名变更的解释。

第二章　地名委员会议事程序

5. 地名委员会会议

（1）地名委员会应根据需要召开会议，召开会议的频率不应少于每半年一次。

（2）地名委员会的工作会议应由主席召集，并至少提前七天通知与会者。在寄送会议通知时，应随附会议日程以及相关的准备材料。

（3）地名委员会应确定参会人数中一定比例的专业人士，参会人员必须包含至少一半委员会成员。

（4）一般情况下，地名委员会应协商一致作出决定。如未能协商一致，决定通过投票作出，在票数相等的情况下，会议主席拥有决定性一票。

（5）地名委员会会议：委员会应确保相关领域专业人士的比例。

（6）内政部应通过各种融资、技术服务和管理办法确保地名委员会的资金来源。

6. 地名委员会文件

（1）地名委员会可以使用内政部标有“地名委员会”的空白文件。

（2）地名委员会会议应编制会议纪要，会议纪要应注明：

1）会议时间和地点；

2）参加会议的委员会成员以及被邀请的其他方；

3）主要人员发言与所作决定，以及会议过程记录（如进行表决）。

（3）报告应添加到与材料有关的日程项目中。

（4）会议纪要应由会议主席及秘书签署。

（5）根据《地名法案》确定各职位的工作任务，公布每一位任职人士的联系方式，例如，可以对外公布的电子信箱。

经济事务与通信部部长：ATONEN

区域事务部长：ÕUNAPUU

总干事、外交部国际事务部委员：KOKK

全国地名登记册保存条例

2004 年 9 月 3 日通过，条例编号：289

生效日期：2004 年 9 月 19 日

依照以下法案修改（注明）：

《地名法案》第 17 条第 2 款

第一章　总　则

1. 建立官方名称

（1）《全国地名登记册》（以下简称为“登记册”）由政府于 1998 年 11 月 30 日根据第 267 号《全国地名登记册条例》建立。

（2）官方名称为《全国地名登记册》。

2. 保存登记册的目的

保存登记册的目的是收集有关爱沙尼亚地名信息并为用户存储和处理此类信息，同时确保遵照《地名法案》使用地名。

3. 总负责机构和被授权处理机构

（1）内政部为总负责机构。

（2）土地委员会为被授权处理机构。

第二章　登记册结构、数据和法律制度数据登记

4. 登记册结构

（1）登记册应视为一个单层数字登记数据库。

（2）如某一数据对象的名称被视为从属于国家信息数据库中的基本数据，则应根据相关数据库数据处理登记册。

（3）根据协商，通过数据系统的交换层与国家数据库进行对象数据名称交换。

（4）登记数据应基于对象可视化。

4.1. 登记数据保护

（1）登记册数据保护登记为 K1T1S0 级。登记册安全水平为低级（L）。

（2）登记册数据采用物理信息安全保护措施保护。

（3）数据的输入、改善和修改应由提供服务和具有相关职责的官员和员工负责。

（4）登记册使用的合法性通过软件验证。每次登录登记册（数据读取、修改和完善）都至少保存以下信息：

1）用户名称

2）登录日期和时间

5. 登记册的组成

登记册包括以下部分：

1）数据名称

2）源文件名称信息

3）数据提供方名册

4）档案日志

5）对象名称信息

6）登记册地名信息

6. 详细资料录入

登记册应包括：

1）官方地名为总标题，同时，除官方名称外，还可以有备用地名。

2）标准地名和非标准地名。

3）登记册应根据相关法律按名称、类型、法律生效日期和时间，或者按决定中的官方地名、通过日期和时间，或按其他基本文件名称录入，还应提供作者、出版机构和发行日期。

4）根据区域事务部长确定的对象名称录入。

5）如名称取自数据库从属对象数据，识别对象数据名称的识别符名称应保存。

6）对象识别符名称应与官方大地测量坐标系统相符合。

7）根据官方大地测量坐标系统，按名称注明地名在区域内的影响，不属于任何其他国家的详细资料，以及第 6 款未提供充分信息的位置识别数据库。

8）有关登记册程序的信息、机构数据以及联系人名称（姓名、e-mail 地址、电话号码）、报告期限、相关程序条件是否满足等信息（比如地名状态等）。

7. 登记册数据的法律效力

官方地名根据《地名法案》第 14 和 15 条规定录入登记册，具有法律效力。录入登记册的非官方地名仅供参考之用。

第三章　数据记录与访问登记册数据

8. 登记册数据提交、数据传输程序和截止期限

（1）任何自然人或法人均可通过提交申请方式请求查询登记册中的地名，并根据地名和对象类型名称进行查询。

（2）地名登记册授权处理机构应提供有关地名或地名委员会的信息。

（3）登记册中的非官方地名应由授权处理机构提交申请，同时，地名委员会应在收到申请后 30 日内提供针对相关地名的意见。

地名应通过申请方式录入登记册，同时提供以下基本文件：

1）法律规定的名称，包括《地名法案》第 6 条第 1、3 和 4 款；

2）平面图或地图中的对象名称（网络服务印刷公司提供的土地清册摘要或土地清册地图），除第 6 条第 5 款提及的信息外。

（4）授权处理机构就登记册数据准确性和完整性作出的声明。

（5）根据《地名法案》第 18 条第 5 款规定确定的登记册数据提交程序。

（6）如所提供的信息不足以证明登记册中的地名，授权处理机构应提交必要的数据以要求获得额外信息和文件。除未登记的地名外，应提交必要的信息和文件，但是，应给予时间修改瑕疵以及提交补充文件。

（7）在无数据丢失的情况下，授权处理机构在收到所有必要信息和文件

后5日内登记地名。

（8）登记册授权处理机构负责验证文件信息是否符合要求。

（9）授权处理机构应保存登记的所有地名以及文件数据的修正。

（10）登记册授权处理机构应根据《登记法案》和其他法律完成所委托的任务，可以向国家和地方信息与数据库查询和获得信息。

（11）废除——RT I 2008，26，175——生效日期：2008年7月1日

9. 源文件的提交

（1）废除——RT I 2008，26，175——生效日期：2008年7月1日

（2）登记册授权处理机构可以要求提交纸质或数字格式文件。

（3）如支持文件可通过互联网获得，授权处理机构可以决定登记册数据是以纸质文件还是以数字格式文件提交（如有必要）。

10. 不准确数据的修改

（1）如数据提交人发现提交给登记册的信息不正确，其有义务立即向登记册授权处理机构提供正确信息，并随附一份身份文件或注明政府公报的相关刊物。授权处理机构应根据修改文件发布通知并立即修改登记册。

（2）如授权处理机构获知登记册信息不准确或有矛盾的信息，其应在获知该等情况之日起10日内通知数据提供人，并提出修改建议。数据提供人应在收到授权处理机构通知之日起10日内提交正确信息，或者如必要，根据《地名法案》第7条第4款规定启动地名修改程序，并通知登记册授权处理机构。如发现登记册数据、地名不准确，应对登记册进行修改，同时相关数据应从数据库中删除，直至数据修改完毕。

11. 登记数据的读取

（1）登记册为公共信息。资料室应确保公众可以访问登记处网站并有可能通过可视化技术浏览地名和相关对象，或者可以查看所查询地区在地图上的地名。

（2）登记册应根据申请人请求的信息，且在技术允许的情况下，以数字或纸质格式发布。登记册数据发布程序应符合《地名法案》第18条第5款规定。

第四章 登记册保存监督、登记册保存资金和清算

12. 登记册保存监督

（1）登记册的保存应根据《公共信息法案》第531条第1款规定的登记册监督机构负责监督。该机构应根据《数据保护监督条例》对登记册保存合法性进行监督并行使自己的职能。

（2）被授权监督登记册的人员有权：

1）访问登记册数据和源文件；

2）进入存放、加工数据的任何地方或者处理设备所在的任何地方；

3）获得有关数据登记册及其使用的信息。

（3）如授权处理机构需要修改其中的信息，应在授权人员规定的期限内完成维护。

13. 登记册保存资金

登记册的保存应由国家预算提供经费，预算应根据总处理机关的预算额度进行分配。

14. 登记册清算

（1）共和国政府负责作出清算决定。

（2）登记册应根据《档案法》规定的要求进行清算。

第五章 实施条例

15. 国家地名登记册数据转移

1998年11月30日共和国政府第267号条例规定不迟于2004年10月1日将“国家地名登记册”转移到全国地名登记册中。

16.《地名法案》实施

（1）在《地名法案》生效前，地名管理机关应在2005年1月1日前将官方地名和对象数据名称转移给授权处理机构。

（2）在向登记册提交数据前应符合《地名法案》第三章要求。

地名形成和使用条例

2013 年 6 月 19 日通过，条例编号：06

本条例明确了《地名形成和使用规则》第 111 条第 2 款以及第 16 条第 2 款。

1. 适用范围

（1）本条例规定了地名的形成和使用规则，其中，条例明确了以下事项：

1）地方组成部分名称的使用要求；

2）误导性地名相似性确定原则；

3）空间对象位置命名基本规则；

4）地名通名的使用、更改或停止使用要求；

5）登记在官方地名册中的场地名称要求以及描述相关数据的对象名称要求；

6）地名分类程序。

（2）名称数据库中的数据位置或地址数据以空间数据列示，爱沙尼亚共和国政府 2007 年 12 月 20 日第 251 号《法案》规定建立“地址数据系统”。对上述系统存在的所有命名不在本条例约束的范围之内。

2. 各组成部分名称的确定和使用要求

（1）采用首字母缩写名称的情况：

1）世界地图；

2）公共标志与标牌；

3）住址或位置数据。

（2）如不使用官方地名中的全名，不允许取消或简写。

（3）如有必要，世界地图中地名的属性可以简写。

（4）符合要求的属性示例：

S＝大

U＝新

V＝小

Vn＝老

3. 地名相似性确定原则

以下情况应被视为混淆相似性：

1）在同一或相邻的定居点存在的地名过于相似，除拼写外，在语音上无法区分（例如 Aru 和 Haru）；

2）相邻的地方具有重名现象，除非特别标示，则认为两个名称为同一个整体；

3）相邻定居单位出现重名的核心部分；

4）在同一或相邻定居单位出现同一类型地名，名称中含有语义非常接近的词，比如“路”和“街”或者“路”和“大道”等；

5）土地单位在计算时被视为重名，比如采用“土地单位”“地方”“农场”“建筑”和其他具有相同含义的词汇，产生相似性混淆的现象。

4. 空间对象位置命名的基本规则

（1）具有同一类名称的空间对象不可重叠。

（2）线路特征用一个名称来确定。

1）应具有连续性；

2）能够在视觉上单独感知。

（3）如果主题符合本条第 2 款规定的要求，则应被视为多个单独项目，应赋予不同的地名。

5. 通名的使用、更改或停止要求

（1）正确的通名应包括第 4 条第 1 款规定的地名；

（2）如果某个地名已经包括与对应类型名称相符的通名，那么地名中无须重复使用此类词汇；

（3）通名可以缩写的情况：

1）世界地图；

2）公共标志与标牌；

3）住址或位置数据。

比如：

j = jõgi/河

jv = järv/湖

kr = kraav/沟

l = lath/海湾

m = magi/山

mnt = manatee/路

n = neem/角

o = oja/溪流

pkr = peakraav/主干道

pl = plats/广场

ps = poolsaar/半岛

pst = puiestee/大道

s = saar/岛屿

SÜ = suvilaühistu/村庄

t = talu/农场

tn = tänav/街道

vh = veehoidla/水库

vk = v ljak/大厦

（4）以下定居点名称可以省略通名：

1）标签上定居点地名；

2）世界地图；

3）住所或地址数据；

4）清单中含有相似通名，以及含有已经标识的种类名称文件中的相似通名。

（5）如果定居点（城镇）也是一个行政管理单位，那么行政单位匾牌中的通名不应省略。

（6）街道名称中“街”可以省略：

1）标签上的街道名称；

2）世界地图；

3）住所或地址数据。

（7）《地名法案》第16条第1款规定地名中书面词汇、其他对象的类型名称（字母形状名称、符号等）允许出现清晰的相关词汇。

（8）地名的通名应基于地名委员会批准的名称进行修改，如已分配的情况例外。

（9）如果名称中没有土地单位类型，该名称应被视为默认“土地单位”。如果名称中不包括公交车站名称，该名称应被视为默认“车站”名称。

6. 登记在官方地名册中的场地名称要求以及描述相关数据的对象名称要求

根据基本条例录入到地名册中的地名应包括以下几个要素：专名、空间形状和符合资格的属性，以及通名。

7. 名称分类登记程序

（1）地名登记簿首先登记对象名称，然后为分类名称

T1	第1类	T2	第2类
1	领土		
		01	行政单位
		02	定居点单位
		03	其他领土单位
2	地形地貌		
		01	正地貌
		02	负地貌
		03	悬崖
		04	中性地貌
		05	地下地貌
		06	水下地貌
		07	景观元素

续表

T1	第 1 类	T2	第 2 类
		08	岛屿
		09	海岸线一部分（半岛、海岬等）
3	水文		
		01	海洋
		02	死水
		03	水流量
		04	岛屿
4	市场		
		01	舒（地名）
5	利用		
		01	建筑
		02	工厂
		03	公共机构
6	交通		
		01	道路
		02	铁路
		03	水运
		04	空运

（2）授权处理单位有权协调地名：

1）根据 2008 年 1 月 10 日政府第 11 号令“分类体系”程序确定地名的 3 类属性进行定义，包括对专名、通名、地名性质进行定义；

2）根据对象的真实性质，修改以前登记的地名和登记事项。

8. 实施规定

（1）本条例自 2013 年 7 月 1 日起生效。

（2）本条例第 5 条第 2 款规定的具体要求是，必须在 2015 年 1 月 1 日前完成地名数据库和其他数据库，进而对爱沙尼亚行政分区规定进行完善。

（3）本条例将取代 2004 年 6 月 17 日第 3 号地区条例《地名通用术语、属性或其他部分所限或省略程序》。

区域事务部长：SiimValmarKiisler

股长：Leif Kalev

采用俄语书写的爱沙尼亚名称

字母	意见示例
a＝a	Assamalla＝Ассамалла， Aaspere＝Аaспере， Maria＝Мариа
b＝б	Tabivere＝Табивере， Vabriku＝Вабрику
d＝д	Kodila＝Кодила， Vändra＝Вяндра
[1]e＝e	（üldjuhul：）
	Venevere＝Веневере， Hiiemetsa＝Хийеметса
[2]e＝э	（vokaalidejärel［v.a　i］jasõnaalgul：）
	Laeva＝Лаэва， Mustvee＝Муствеэ， Esna＝Эсна， Eeriku＝Ээрику
f*＝ф	Fosfori＝Фосфори
g＝г	Lagedi＝Лагеди， Koonga＝Коонга
h＝х	Hargla＝Харгла， Lihula＝Лихула
[1]i＝и	（üldjuhul：）
	Tihemetsa＝Тихеметса， Pirita＝Пирита
[2]i＝й	（i　järel， samutidiftongijärelosisena：）
	Iisaku＝Ийзаку， Siim＝Сийм， Keila＝Кейла
ja＝я	Jakobson＝Якобсон， Vajangu＝Ваянгу， Kaija＝Кайя
je＝e	Jensen＝Енсен， Pojengi＝Поенги， Jeeriku＝Еэрику
[1]jo＝йо	（üldjuhul：）
	Joa＝Йоа， Ajo＝Айо， Joosu＝Йоозу
[2]jo＝ьо	（konsonandijärel：）
	Heljo＝Хельо
ju＝ю	Juminda＝Юминда， Pajusti＝Паюсти
jõ＝йы	Jõgeva＝Йыгева， Kuivajõe＝Куйвайыэ， Jõõpre＝Йыыпре
jä＝я	Jägala＝Ягала， Pühajärv＝Пюхаярв
jää＝яэ	Jäärja – Яэрья， Jääger＝Яэгер

续表

字母	意见示例
jö＝йё	Jördi＝Йёрди
Jöö＝йёэ	Jöödri＝Йёэдри，Jöörandi＝Йёэранди
jü＝ю	Jüriküla＝Юрикюла，Jürsi＝Юрси
jüü＝юй	Jüüsiku＝Юйзику

注释1：ja，je，ju，jä，jü之前无辅音字母ь：如Ахья，调整为Кярье，如Кальюсте，调整为MustjalaМустьяла。ьъ字母如果处于一个单词的末尾音节的情况时，可以用来充当替换角色（特别是，例如单词“湖”：该Valgjärve＝Валгъярве）。

k＝к	Kokora＝Кокора，Rakke＝Ракке
l＝л	Lille＝Лилле，Paldiski＝Палдиски

注释2：辅音在前方和在词的端部传递到过去式isikunimedes，例如，Vilde＝Вильде，Albert＝Альберт。这类典型的、传统的个人姓名及含有peenendusmärki名被视为以相同规则转录：Кольк＝Колк（科尔克）Коньт＝Конт（控制器）等。

m＝м	Meremäe＝Меремяэ，Nõmme＝Нымме
n＝н	Nina＝Нина，Kõnnu＝Кынну，Tallinn＝Таллинн
o＝o	Oru＝Ору，Oonurme＝Оонурме，Kaansoo＝Каансоо
p＝п	Parapalu＝Парапалу，Kapp＝Капп
r＝p	Rägavere＝Рягавере，Erra＝Эрра
1s＝c	（üldjuhul：）
	Sauga＝Сауга，Nissi＝Нисси，Nursi＝Нурси
2s＝з	（vokaalidevahel：）
	Kose＝Козе，Lüganuse＝Люганузе

注释3：复合词命名部位的SI还可以转录元音字母C，例如Lohusuu＝Лохусуу，Kasesalu＝Казесалу。

š*＝ш	Šahti＝Шахти
z*＝з	Zoo＝Зоо

注释4：南爱沙尼亚 pärastesisikunimedes 转录为发音：ts-nahäälduv z tähega ц：Zirk＝Цирк。

ž*＝ж	Maneeži＝Манеэжи
t＝т	Tartu＝Тарту，Küttejõu＝Кюттейыу
u＝у	Udriku＝Удрику，Jõesuu＝Йыэсуу
v＝в	Vaivara＝Вайвара，Süvahavva＝Сювахавва
õ＝ы	Võru＝Выру，Õngu＝Ынгу，Lõõla＝Лыыла
1ä＝я	（üldjuhul：）
	Pärnu＝Пярну，Jõelähtme＝Йыэляхтме
2ä＝э	（sõnaalgul：）
	Äksi＝Экси，Ärina＝Эрина
1ää＝яэ	（üldjuhul：）
	Päärn＝Пяэрн，Jõeäär＝Йыэяэр，Otepää＝Отепяэ
2ää＝ээ	（sõnaalgul：）
	Ääsmäe＝Ээсмяэ，Äärma＝Ээрма
1ö＝ё	（üldjuhul：）
	Pöide＝Пёйде，Möldre＝Мёлдре
2ö＝э	（sõnaalgul：）
	Ördi＝Эрди
1öö＝ёэ	（üldjuhul：）
	Söödi＝Сёэди，Póörna＝Пёэрна，Jüriöö＝Юриёэ
2öö＝ээ	（sõnaalgul：）
	Ööbiku＝Ээбику
ü＝ю	Sürgavere＝Сюргавере，Ülemiste＝Юлемисте
üü＝юй	Küüni＝Кюйни，Üüdibe＝Юйдибе

注意事项

1. 带星号的爱沙尼亚字母只出现在外文单词中。详见此类单词清单中的爱沙尼亚街道名称。

2. 在转录名称中 ë 不能使用 e 替代。

3. 如果能够清楚翻译，已经命名过的地名也可以翻译成俄语，比如：Pärnu River＝рекаПярну，Tähetänav＝улицаТяхе。通名一般不翻译，但可以在名称中添加通用俄语字母（在此情况下插入通名）：a）如果确定不能翻译成具有同等含义的语言，或者用于非正常含义：Voosi cucumber = проливВоози-курк，Torila tip = мысТорила-отс，Paslepa pin = заливПаслепа-вийк，Gulf Mullutu = озероМуллуту-лахт（湖的名称）；b）某事件的名称和表达类型：Emajõgi = рекаЭмайыги，Valgejärv = озероВалгеярв；c）含有难以翻译词汇的地名（街道、广场等）：Ehitajate = улицаЭхитаяте-теэ，Bagpipe tip = улицаТорупилли-отс，Old Market = площадьВана-тург。通常情况下，此类单词翻译成以下类型：alley（巷子）= аллея，road（道路）= шоссе，boulevard（街道）= бульвар，street（大街）= улица，Square（广场）= площадь。

4. 外语地名、地点和个人姓名转录应根据现行语言规则进行：Kreutzwald（德文名称）= Крейцвальд、Skåtanäs（瑞典语名称）= Скотанес 等。

地名一致性使用指南

1. 介绍

本指南涵盖澳大利亚地名的选择、形式和应用。

明确地名的一致性使用是在世界范围内有效沟通的一个重要元素，对社会经济发展、环境保护和国家基础设施建设起着支持作用。1987 年，联合国地名标准化会议在蒙特利尔召开，提出每个成员国需要制定一套地名学指南。本文件取代 1995 年 11 月的《澳大利亚地名学指南》，正是对这次会议要求的回应。本文件由澳大拉西亚地名委员会编写，获得了政府间测绘委员会的赞助支持，是对澳大利亚空间数据结构行动（Australian Spatial Data Structure Initiative）的一项贡献。

在欧洲殖民前，澳大利亚的地理地物，除了位于海外领地的，大部分已经用当时大约 260 种原住民和托雷斯海峡岛民语言中的一种或多种命名。

从 17 世纪到 19 世纪欧洲殖民者开发澳大利亚海岸期间，沿岸或近岸地物以发现者或制图师的语言来命名。从1788年欧洲人在澳大利亚开始殖民起，以英语为基础的命名体系已经发展起来，英语、欧洲其他语言或本地语言是名称的来源。

虽然在澳大利亚，英语被认为是国家语言，但研究澳大利亚本地语言再次引起了重视。本指南认可这些地名最初起源的重要性，而这些地名所使用的语言既有来源于现在仍旧使用的语言，也有来源于已不被使用的语言。并且，澳大利亚海外领地所使用的语言不一定是澳大利亚英语，每处领地的通用语被用作命名的语言。

在联邦政府层面，各州保留为其境内地理实体命名的职责。联邦政府负责为联邦境内和海外领地的地物命名。这些不同的职责一般由政府中相应的测绘部门来执行。

2. 地名机构

澳大利亚和新西兰均已制定了对地名作出系统性批准和记录的立法程序与监管程序。在澳大利亚境内，每个州和联邦境内均有此类程序。其他一些政府部门也有命名职责。

澳大拉西亚地名委员会（CGNA）是地名命名的主要机构，是政府间测绘委员会（ICSM）的常设委员会。

3. 澳大拉西亚地名委员会

该委员会成立于 1984 年，旨在协调澳大利亚与新西兰的地名命名事宜。其成员包括这两个国家的主要命名机构，以及一些同样负有命名职责的其他机构。

委员会出于其范围和潜在成员关系的目的，在地理政治学意义上使用澳大拉西亚（Australasia）一词，作为将澳大利亚与新西兰包含在一起的词汇。然而下面的指南仅应用于澳大利亚命名机构。关于应用于新西兰的文件，应查阅关于新西兰土地信息的“新西兰地理委员会框架”。

委员会的职责范围包括：

推动地名社会意识的提升；

制定和推动有关地名的各项国家指南；

促使地图、海图和电子应用产品的生产者使用正确的名称；

支持各类具有管辖权的国家级地名辞典、南极洲科学研究（SCAR）、南极洲复合地理词典（CGA）以及海底地物法附属委员会（SCUFN）的维护和发展；

支持适当地使用和保留地名的行动（initiatives），支持认可传承文化的行动；

支持联合国地名专家组（UNGEGN）及其活动（initiatives）。

4. 指南

4.1 官方语言

在澳大利亚，国家语言是澳大利亚英语。通常地方命名必须使用官方语言的形式、拼写和风格。在特殊情况下，地方命名应考虑当地原住民和托雷斯海峡岛民的语言以及澳大利亚海外领地所使用的语言。

4.2 法定或行政机构所管理的名称

联邦、州、领地的机构或部门，或地方政府，通过立法、监管或行政安排，负责对特殊的或选定类别的地理实体进行命名，如选区或国家公园，应与相关州/领地的地理/地方命名机构就名称的采用事宜进行联系，或与这类机构进行联系以制定能够确保选择出适当名称的实践和程序。在采纳一个名称时，此类机构应考虑本指南的各项广义原则。

具有命名权的机构和部门应认可：

国际条约和协议制定的各项原则；

澳大拉西亚地名委员会制定并记录的政策和原则；

根据当地需要在其负责地区制定出的政策和原则。

4.3 正式或被批准的名称

被州或领地命名机构批准的地名书面形式被认为是“正式的”或“被批准的”名称。批准过程的全部文件应包括各候选名称，涵盖来源于原住民、托雷斯海峡岛民（Torres Strait Islanders）、海外领地、历史英语、法语或德语的名称，以及其他变形名称。最终的决议需要以文件形式记录下来以备查阅和审议。命名机构还将负责“记录名称”或未被批准的名称记入一个地理词典数据库。

4.4 地理实体描述和识别

针对地理实体或行政区域地名提议的决议，应说明名称应用的范围。如果地理实体全部位于一州或一个领地区域内，该州或领地将决定如何描述该地理实体。

4.5 跨州/领地边界的地理实体

跨州/领地边界的任何地理实体的名称在边界两边应是相同的。此类地理实体名称的选择应基于相关机构间达成的一致性意见，并应由被最先命名区域的相关机构主要负责一致性意见的达成。相关机构还应保证为此类地理实体确定合理范围。

4.6 人名和纪念性名称

命名经常是为纪念某一事件、某个人或某个地方。如果将人名用于某地理实体，那么这个被纪念的人应为该地理实体所在地作出过重大贡献。土地所有权不应成为其所有者的姓名应用于地理实体名称的理由。

当人名被用于地名时，该人应已经去世，且一般只使用人名中的姓。使用健在者的姓名，应根据其具体性质由党派意见、社会判断和接受度方面的变化来决定。因此，确定正式地名，人名并非是具有效率和效果的选择。这类名称可用于纪念牌或为一个特殊的社区设施命名，比如将纪念的人名用于一座建筑物或球场。

对某个事件、某个人或某个地方的纪念给出该名称背后的意义及其与地方的关系。在任何情况下，寻求进行纪念性命名的人应从各管辖区听取建议，各管辖区的指南会给予其进一步的建议。

4.7 名称的形式与字符

地名应易于发音、拼读和书写，简单、明确并且最好少于或等于 50 个字符，是可辨认的单词或词组，且在各方面均符合社会使用标准。来源于原住民和托雷斯海峡岛民语言的名称应尽可能抄录准确，从而使其发音接近本土发音，使讲澳大利亚英语的人能够基本读出来。在不同文化环境中地名的使用：贬义或歧视性词汇、品位低级的词汇、可能引起冒犯的名称或有意规避本指南的名称均应避免。

4.8 头衔、敬称和后缀的使用

头衔加在人名的开始以示尊敬，如一项世袭权利、一个正式职位或一个专业/学术资格。人名后面表示个人职位、官职或荣誉的字母或缩写，被看作是后缀。头衔和后缀均不应作为标准地名的一部分。

4.9 沿海水域水文地理实体

为某一州或领地沿海水域范围内的水体和海域地理实体命名，是该州或领地的职责。相应的联邦机构则负责为联邦境内水体以及部分流向领海沿海水域的低水位水文地理实体命名。负责为位于沿海水域的地理实体命名的澳大利亚各州和领地，应与澳大利亚水文办公室进行联系。

4.10 近海水下地理实体

低水位或海底地理实体，如果位于沿海水域以外，但处于澳大利亚专属经济区；海外领地专属经济区或澳大利亚南极领地，澳大利亚大陆架范围内，应根据颁布于 2001 年 5 月的 ICSM 决议 R00/11/06《水下地理实体名称的标准化指南》——大洋与海域以及近海水下地理实体的范围，对该地理实体进行命名。在对某一水下地理实体的命名提议作决定时，应考虑国际水文组织/政府间海洋学委员会出版的《水下地理实体名称的标准化指南》（指南第 6 号刊物）。该指南执行的是国际水文组织（IHO）技术决议中第四部分（地理名称）所给出的建议。近海水下地理实体名称建议书应报送澳大利亚水文办公室进行协调，同时报送水下地理实体名称科学委员会。

4.11 大洋与海域的范围

澳大利亚及其海外各领地，以及澳大利亚南极领地附近大洋和海域的范围，公布于国际水文组织（IHO）S-23 刊物《大洋与海域的范围》。澳大利亚水文局（AHS），根据 2001 年 5 月的 ICSM 决议 R00/11/06——大洋与海域以及近海水下地理实体的范围，有责任通过国际水文组织的刊物审议和维护与澳大利亚相关的地理实体现状。

4.12 原住民与托雷斯海峡岛民（Torres Strait Islanders）地名

原住民与托雷斯海峡岛民地名的使用将根据澳大拉西亚地名委员会的相关指南来管理，包括：

对于其参与地方命名程序，需要与当地社会各群体协商；

对于已被批准地名的通过程序，尊重原住民与托雷斯海峡岛民的参与权；

认可传统名称的存在；

认可来源于原住民与托雷斯海峡岛民的名称，其与来源于欧洲的名称一起，针对一个地理实体而存在；

地名的口头记录与文件记录具有同等地位；

承认有些名称的使用会受到限制；

根据1987年第五届联合国会议关于地理名词标准化的22号决议《原住民/土著人地名》，考虑将原住民或托雷斯海峡岛民的名称用于那些没有记录名称的地理实体；

如果存在本土语言且有来源于该语言的名称，则其需要符合本土语言的书写形式；

需要与受地方命名提议影响的群体进行充分的协商；

原住民与托雷斯海峡岛民地名使用的完整指南请见附件A。

4.13 双重命名

在一些州和领地，地理实体的双重或多重命名是被认可的，是来源于原住民、托雷斯海峡岛民、欧洲以及其他文化的名称记录地理实体名称的合法方式。委员会的双重命名表述指南见附件B。

4.14 所有格撇号

18世纪以来，-'S和-S'已在英语名词中使用，以示其为所有格或表示关联与附属之意。在地名中，这些形式在书写时不带撇号，如：豪斯山谷（Howes Valley）、拉什卡特斯湾（Rushcutters Bay）、雷迪斯关（Ladys Pass）。这样做是为了促使不同情况下单一形式的使用具有一致性，以及便于从应急服务数据库中快速检索到地名，因为地名在当地使用中可能发生变化而且名称的单复数具有不确定性。澳大利亚政府的样式手册（2002）注明，涉及所有格的地名在书写时不带撇号，并称赞这一澳大利亚传统的简洁性。

4.15 可区别的标记

英语地名没有可区别的标记。在地名衍生于非英语语言的情况下，任何区别性标记不会传递到英语形式中。

4.16 拼写的一致性

相关联的名称（如 Balgowlah 和 Balgowlah Heights），或同源（如 Mclaren Flat 和 Mclaren Vale）的名称，应大体上具有相同的拼写（非以 Balgowlah 和 Balgowlah Heights 或 Mclaren Flat 和 Mclaren Vale 为例）。

4.17 通名

通名是地名的一部分，说明所指地理实体的类型，如沙溪（Sandy Creek）中的“溪”（Creek），博特尼湾（Botany Bay）中的“湾”（Bay），在这里，“Sandy”和“Botany”正好相反，属于专名。人口居住地正常情况下不把通名作为地名的一部分；但是对于其他地理实体，通名应构成其名称的一部分。通名的首选参考是《澳大拉西亚地名委员会通名表》。源于原住民与托雷斯海峡岛民的地理实体名称一般具有此类通名，除非出于文化方面的原因，不建议将通名与专名相组合。

4.18 排位术语

排位词汇如“上”“新”或其反义词，除其基本含义外，还可能被用于澳大利亚的地名；然而，最好用更具区别性的名称。

4.19 重名

给地方命名的目的首先是要给出清晰的方向和参考，以识别地理实体。应避免重名，因为这会引起混淆，尤其是在分派应急服务的情况下，而这类服务通常是由覆盖全国的各呼叫中心来协调的。

在一个名称被指定前，需要核实该名称是否未被其他州或领地使用。如果在某州或某领地之内确实存在重名，相关部门应尝试为其中一个地名或两个地名找到可以被接受的替代名称。如果在州内或领地内有重名，各相关部门应相互联系以试图达成一个可接受的解决方案。

4.20 缩写

地图和海图应使用国际和国内的标准缩写。然而，缩写并未被记录为标准地名：Mount Kosciuszko，而是 Mt Kosciuszko。因为 Mt 是“Mount”普遍可以接受的缩写，可用于定址、制图，以及一般性识别。

4.21　地名中数字的使用

数字或罗马数字作为一处地名的全部或一部分，应书写完整，比如：七里滩（Seven Mile Beach）。

4.22　国家地名辞典

《澳大利亚国家地名辞典》是一份电子文件，包括地名数据库的一个子集，由澳大利亚各地名机构负责维护。《澳大利亚地名辞典》定期更新，额外信息可从相关地名机构获得。

4.23　外来语地名

外来语是在某一特定语言中使用的名称，被用于其具有官方身份的地区之外的地方，在形式上有别于官方语言名称或该地所在地区各语言所使用的名称，比如 Prague 是 Praha 的英语外来语，Londres 是 London 的法语外来语。澳大利亚没有被批准的外来语列表。在制作国外地图时，《联合国世界国名对照表》是用于国名的权威参考。对于一国内部的地理实体而言，地名相关机构应是该国正确表述各地名称的来源。位于国际水域地理实体的名称应与水下地物命名附属委员会（SCUFN）发布的名称保持一致。

4.24　路名

与路名和定址问题相关的指南，请见澳大利亚/新西兰标准 AS/NZS 4819：2011——“农村和城市定址”。

4.25　定冠词“The”的使用

以“The…”开头的地名（如 The Pinnacle 和 The Sailors Peak）有混淆的可能性，因为按照一般用法，这样的地名使人不清楚“The”是地名的一部分，抑或仅是句子语法的一个正常元素。开头带有 The 的地名不应被使用，除非这样做有充分的历史原因。

4.26 连字符的使用

带有用连字符连接的姓氏（如 Baden-Powell Waterhole）地名中可使用连字符。连字符也可用于源自原住民与托雷斯海峡岛民语言的地名，该种语言具有被认可带连字符的书写体系。在其他情况下则不应使用连字符。

4.27 商业名称

根据 UNGEGN 决议 2012/4“不鼓励地理实体商业化”，应避免采用被认为可能为商业或工业企业做广告的词汇。

4.28 被保护和被限制的单词的使用

澳新军团（Anzac）：在澳大利亚、新西兰和英国，通过立法来保护单词“Anzac”。1921 年《保护单词“Anzac”的规定》（澳大利亚联邦）保护单词“Anzac”以及任何相似单词的不当使用。规定说明了在何种情况下使用“Anzac”一词需要获得退役军人事务部（Minister for Veterans Affairs）的授权、在何种情况下使用可免于规定要求，并对 Anzac 和 ANZAC 作了恰当描述。

二百周年纪念（Bicentennial）：使用“Bicentennial”作为正式名称或名称的一部分，要求先得到负责《1980 年澳大利亚二百周年纪念授权法案》（联邦）的联邦相关部门书面批准。这一要求随着该法案在 1999 年被 Statute Stocktake Bill 废除而取消；然而，管辖区应就具体案例审查使用该词汇的每一项请求，以确保该词汇被体面地使用并合乎实际情况。

国防类单词和字母：《1957 年联邦国防（禁止使用的单词和字母）条例》规定任何与澳大利亚军事力量或联邦国防相关联的部门或机构有关系的单词、字母组的使用，应向国防部提交书面申请，以寻求国防部同意使用这些条例所禁止的单词或字母组。

附件 A：原住民与托雷斯海峡岛民地名使用指南

1. 背景（略）

2. 介绍

原住民与托雷斯海峡岛民（Torres Strait Islanders）地名的使用和记录的相关国家政策指南已经制定出来，指南认可原住民与托雷斯海峡岛民与土地持续的密切关系，以及这种关系形成一种口头的本土地名体系。

政策也认识到“自决”的概念，从而认可原住民与托雷斯海峡岛民参与政府决策过程，特别是与正式命名相关的决策过程的基本权利。

虽然有人类学家、语言学家或命名机构相关人士的建议，我们必须认识到，名称使用的决定权始终掌握在本地人手中，其语言或地名正在被用于正式命名。

本指南为通过一整套收集与使用原住民与托雷斯海峡岛民名称的国家标准提供了一个独特的机会。本指南还将建立州与领地命名机构统一的信息收集和使用方式，在澳大利亚全境加强和维护原住民与托雷斯海峡岛民的文化和遗产。

本指南认可，每个州和领地内，与原住民和托雷斯海峡岛民地名相关的环境条件和行政条件均不同。不同的法律、社会结构和物理条件要求本指南足够宽泛，以适应每个州和领地的不同情况。

3. 目标

3.1 主要目标

确保原住民和托雷斯海峡岛民的地名被所有澳大利亚人当作澳大利亚遗产的一部分，并保留。

3.2 次要目标

a. 原住民与托雷斯海峡岛民所给出的地名首先被地名机构认可，最终被所有澳大利亚人认可。

b. 原住民与托雷斯海峡岛民的地名优先用于尚未被相关地名机构认可名称的地理实体。

c. 原住民与托雷斯海峡岛民根据自决政策，参与协商所有涉及其目前占有以及传统上相关联地区的原住民与托雷斯海峡岛民的地名事宜。（包括任何指定新名称、改变拼写、创立双重命名体系等）

d. 澳大利亚原住民与托雷斯海峡岛民研究院被用作一种资源，协助没有书写体系的语言建立一个书写体系。（澳大利亚原住民与托雷斯海峡岛民研究院可以语言学家和人类学家的身份提建议，协助以前做过调查的语言组）

e. 命名机构在可能的情况下负责教育普通大众如何使用原住民与托雷斯海峡岛民的地名及其发音。（这可以从使用地图上的授权名称、广泛传播政策、寻找合适时机向适当的和感兴趣的群体宣传，以及通过各种媒体传播等方式开始，所有方式均无须涉及太多成本花费的项目，非常有益）

f. 命名机构承诺继续制定合理的程序以促进原住民与托雷斯海峡岛民地名的记录和使用，各州和联邦政府认识到提供资金的必要性。

g. 命名机构寻求其他利益团体/关注的团体（如：土地理事会、地方政府部门、语言中心等）的参与。

4. 政策指南

本指南应被看作是协助各州与领地命名机构记录和使用澳大利亚原住民地名的工具。记录和使用原住民名称应考虑一系列因素，包括：

· 认可性
· 优先性
· 书写体系
· 教育
· 程序

4.1 认可性

a. 任何源自原住民或托雷斯海峡岛民语言的名称均应经过以下协商并得到被咨询群体的适当认可。

b. 作为使用原住民与托雷斯海峡岛民地名程序的一部分，有助于地名议题的自决概念及其重要性必须被认可。

c. 对于拥有另一来源的正式名称或记录名称的地方，认可其使用该地的传统名称。

d. 对于任何具体地理实体，认可一个以上可能存在的原住民或托雷斯海峡岛民地名，地名可能存在于讲一种语言的族群内，也可能来源于讲两种或更多语言的族群。

e. 认可原住民与托雷斯海峡岛民的地名在欧洲人占领之前已经在使用。

f. 认可原住民与托雷斯海峡岛民文化中口头记录的地名与书面记录的地名拥有同等地位。

g. 认可某些原住民与托雷斯海峡岛民的地名受制于某些必须受到尊敬的限制。（这将适用于通常使用的某些非常敏感的名称——或神圣的或冒犯的。在群居地与命名机构建立起良好关系后，此类名称可以被披露出来，并应以个案为基础进行协商）

h. 认可原住民与托雷斯海峡岛民的文化，特别是在族群沟通方法、族群结构，以及族群愿望方面。

4.2　优先性

本指南中设计的优先性规定旨在确保基本的规则被纳入命名机构程序，特别是同原住民与托雷斯海峡岛民地名相关的规则。作为指南，以下涉及优先性的规则已被制定出来：

a. 对于尚未具有被命名机构正式认可的名称的地理实体，原住民与托雷斯海峡岛民地名应被优先考虑。

b. 优先考虑与某一地名源语言的正确拼写保持一致的地名拼写方式。

c. 未征得相关社区同意，不得对已经建立起来的原住民或托雷斯海峡岛民地名进行干涉。（本条应用于任何地方的名称）

d. 在政策和本指南制定过程中以及被采纳后，应有不同的利益方代表参与其中，包括政府部门、国家公园、野生动物保护部门、遗产机构等。

e. 如果目前的拼写方式有可能引起外界错误的发音或以前曾被错误地表述，应在与当地原住民或托雷斯海峡岛民社区协商后对地名的拼写作出调整。

f. 应与原住民和托雷斯海峡岛民各社区保持适当沟通，以了解具体实地工作或项目的成果。

g. 应咨询语言学家以保持书写形式的标准。

h. 应从相关社区获得授权，以使用原住民或托雷斯海峡岛民名称或任何来源的单词用于命名。（这里指用于新命名提议的名称或单词的使用，如近郊、保护区等，其原来提议的名称或单词可能不十分恰当）

i. 在实地工作或调查中收集到的信息版权/所有权的问题，应在调查或其他活动进行前得到解决。

j. 原住民或托雷斯海峡岛民社区的愿望，与名称有关的以及与其现在占有土地或传统相关联地区有关的信息，必须得到尊重。

k. 协商必须尽量满足所有涉及方；如果未能达成完整协议，应寻求达成一致意见。

4.3 书写体系

用于制图与信息科学目的的地名，其正式形式与原住民和托雷斯海峡岛民的正确语言文字形式之间有明显不同时，以下规定可协助命名机构阐明这些议题。

a. 如果一个书写体系已经存在且被当地使用，该体系应被命名机构用作地名正确拼写的基础。

b. 如果书写体系不存在，应联系澳大利亚原住民与托雷斯海峡岛民研究院建立一个书写体系，来作为参考源。

c. 已经不再被使用的语言，其研究人员需要寻求语言学家的帮助，以确定准确的名称。

d. 名称应尽可能抄写准确，以使其发音接近于原住民语言的发音，使讲澳大利亚英语的人能基本发出这个音。

e. 英语通名应被用于说明相关地理实体的类型，除非文化原因不建议这样做。

f. 如果已获知，或能被确定，则应注明每个地名的源语言。

4.4 教育

针对源于原住民与托雷斯海峡岛民的名称，教育被看作是提高相关意识、知识和正确发音的重要因素；同时告诉更多群体，地名对文化的重要性。因此制定出以下规定，以协助命名机构处理教育议题，提升意识，纠正原住民地名的正确拼写和发音，为此命名机构应承诺：

a. 尽力在普及原住民和托雷斯海峡岛民地名的正确拼写和发音方面担负起教育者的角色。

b. 在制定澳大利亚原住民名称使用的国际远景目标上，与澳大利亚地名委员会（CCNA）一起担负起教育者的任务。

c. 传输一种认识，即原住民与托雷斯海峡岛民地名语言代表了其文化带来的财富，分享这些财富是使用者的道德义务。（这种认识涵盖了一些方面，如对某些限制的尊重、对来源的认可、对名称使用的授权等。）

d. 在原住民与托雷斯海峡岛民中创建一种认识，使其意识到能够通过地名来保存其文化，意识到尽量减少欧洲名称用于其景物命名的重要性（特别是对于有高度文化意义的地理实体）。

e. 在原住民与托雷斯海峡岛民中培养一种认识，即其愿望将被尊重。

f. 利用适当的协商机制，对命名机构人员进行教育。

g. 不断提高命名机构人员对原住民与托雷斯海峡岛民语言和文化的认识。

4.5　程序

原住民与托雷斯海峡岛民地名在制图上的使用不应与已有的制图法过分冲突。已制定出以下规则，协助命名机构处理原住民或托雷斯海峡岛民地名用于官方用途时可能出现的问题。

a. 当正式名称已经存在，不可能改变名称或改变名称不被接受时，可以采用一个双重命名体系或选择性名称，将其作为一个管理和教育工具，为对当地原住民或托雷斯海峡岛民社区具有意义的地理实体进行命名。

b. 来自某一特别地区的词汇，或原住民与托雷斯海峡岛民名称，不适合在其他地区正式命名。

c. 在任何可能的情况下，均应收集与地名含义及来源有关的当地历史和文化信息。

d. 在进行任何实地工作之前，由人类学家、语言学家、土地理事会、原住民与托雷斯海峡岛民，以及其他人曾做过的相关调查，应被视为一种资源。

e. 名称和拼写可能会被改变，以避免重复和便于发音，也能更好地保护当地和地区文化。

f. 罗马字符在使用上优先于其他音节形式。

g. 当某一个原住民与托雷斯海峡岛民名称存在多个选择性拼写时，与相关社区协商后，应只采用一种正式拼写。

h. 应在州/领地和联邦政府的协助下积极寻找源于原住民与托雷斯海峡岛民的地名。

i. 当州/领地的边界线对于地方原住民与托雷斯海峡岛民的文化和语言不存在意义时，各州/领地的相关机构应合作开展联合项目。

5. 审议

不建议将本政策性指南文件作为一套固定的程序和标准。制定本指南的目的是促进原住民与托雷斯海峡岛民名称的收集和正确使用。

对本政策性指南进行有意义的审议被认为是保证实现其目的和目标不可分割的一部分，本指南的目的和目标是满足且将继续满足原住民和托雷斯海峡岛民以及命名机构的需要和期望。

随着各命名机构启动相关项目以积极记录和使用原住民及托雷斯海峡岛民地名，预计将开展一个针对本指南持续的审议和修订过程。

南澳大利亚与西澳大利亚在开展记录项目时遇到了一些问题，这些问题初看很复杂。然而，通过与具体的原住民社区和个人进行协商，这些问题已经得到妥善解决。重要的是，应确保这种做法持续进行，特别是现在很多相关机构和个人的兴趣已经被激发出来。

6. 实施

每个命名机构均应遵行本指南，以确定如何使本指南适应其所在州/领地的政策与实践。本指南的部分内容将成为各州/领地命名机构正在使用的一般性政策的一部分内容。命名机构应在程序层面使本指南更系统，使其符合各州/领地目前正在实行的做法。

随着对本指南的细化和补充，澳大拉西亚地名委员会全国秘书处将处理新的变化，本指南如有变化，将向各州和领地命名机构发出正式通知，以供讨论和采用。

附件 B：双重命名说明指南

1. 名称顺序

在澳大利亚，无论同一地理实体两个名称中的哪一个最有可能被当地名使用，均应按顺序使用【见附件 A：4.5 条】。名称的顺序应被定期审议。如果要求使用分隔符，应在斜线前和斜线后用空格分开“. /.”。

在新西兰，目前的做法是使用最初的毛利语名称作为前面的名称（即，承认首先发现权），然后是斜线“. /.”和非毛利语名称。其他形式的双重名称根据具体案例来考虑。

2. 样式

双重名称的原住民部分和引进部分应采用同样的字体、铅字、字号、字形和颜色。

3. 管辖权

命名机构在命名顺序上应对制图部门给予指导。

4. 制图实践

双重名称的两部分均应在正式地图中出现，比如地形图和水文图。

新南威尔士州地名委员会报告指南

20 世纪 50 年代以来，联合国认识到地名标准化的重要性，并发布了许多关于这项议题的指南和指示。1966 年，新南威尔士州政府根据联合国的指导建立了新南威尔士州地名委员会来管理本州内地名。委员会获得《1966 年地名法案》的授权，给予其为地方指定名称的权力，调查和决定地名的形式、拼写、意义、发音、起源和历史；并决定每一个名称的应用位置、范围或其他参考因素。

委员会承诺为新南威尔士州尽可能提供最好的服务。由此，委员会在地形学领域成为国际“最佳实践”方法的领先。委员会确保其实践、指南和政策符合这一领域的国际标准。通过这样的工作，最大限度减少了地名重名、拼写混乱、位置及范围等相关问题。

一些组织如地方理事会、地图出版社将委员会提供的权威地名用于指示牌和地图的制作。委员会对于正式的郊区和地点的认定被房地产行业用于描述地产项目的位置。

目的和目标

委员会的目的和目标：

· 以认可和推广原住民地名的方式优先使用原住民地名，由此推动新南威尔士州内传统原住民语言的使用。

· 开发和实施建立权威性地址系统的计划，确保为应急服务部门提供一个可靠的支持系统，以向社会提供服务。

· 通过在州内为地理实体进行纪念性命名方式，认可普通澳大利亚人对社会的贡献。

· 重新开发委员会的信息系统，从而确保与社会有效沟通。

· 于报告年确认完成超过 400 个地名，从而最大限度减少地名的重名、拼写混乱、位置及范围方面的问题。

· 对于委员会管辖区以外的地名，通过合作的方式继续履行承诺，保证为新南威尔士州内道路、学校和国家公园命名的质量标准。

· 鼓励在州、国家和国际层面的地名标准化推广工作。

治理职能

根据《1966 年地名法案》的规定，委员会具有以下权力和职能：

· 为地方命名；

· 批准一个地方的记录名称作为其地名；

· 变更一个记录名称或地名；

· 决定一个记录名称或地名是否应被停止使用；

· 对某地名的正确拼写、命名和发音作出规定；

· 调查和确定地名的形式、拼写、意义、发音、起源和历史；

· 地名与其对应的位置、范围或其他相关方面；

· 编制和维护适合用于地名的原住民语言单词表并记录其含义与部落起源；

· 编制和维护地名词典，其中的地名应附有关于其拼写、含义、发音、起源和历史的记录；

· 出版地名词典；

· 对于部长（Minister）指出的地名相关事宜给予调查和建议；

· 编制、维护和出版道路名称表。

通过采纳在国家和国际上认可的命名政策和程序，委员会将积极寻求遵守这些法律的规定。

2006/2007 年委员会成员	委员会会议（4 次会议）
Warwick Watkins AMP：ISMP（Harv），MNatRes，DipScAgr，HDA（Hons），FAPI，FISA，JP 新南威尔士州测绘局长 自然任职	4（席）
Paul Harcombe BSurv（UNSW），MGeom（Melb） 首席测绘师，土地局 自然任职	4
Cheryl Evans 州图书馆 2006 年 12 月被重新任命，其职位将于 2007 年 12 月被审议	4

续表

2006/2007 年委员会成员	委员会会议（4 次会议）
Peter Woods Emeritus Mayor OAM，CMC，JP，BA，MLitt，TTC，CertCommMed，MACE，FAICD 新南威尔士州地方政府和各郡协会 2001 年 12 月被任命，2006 年 12 月任期结束	2
Alan Ventress BA，DipLIB 澳大利亚皇家历史学会 2006 年 12 月被重新任命，2011 年 12 月任期结束	4
Jack Devery BSc，MTCP 新南威尔士州地理学会 2001 年 12 月获任命，2006 年 12 月任期结束	2
Murray Chapman（已故）* 新南威尔士州原住民土地理事会 2001 年 12 月—2006 年 12 月在任	1
Stepan Kerkyasharian AM 社区关系理事会 2004 年 4 月获任命，2006 年 12 月任期结束	0
2007 年 3 月获任命的新成员	
Cr Fran Teirney 新南威尔士州地方政府和各郡协会 2006 年 12 月获任命，2011 年 12 月任期结束	1
Dr John Emery BA，MA，PhD，DipEd，DipT&CP 新南威尔士州地理学会 2006 年 12 月获任命，2011 年 12 月任期结束	1
Wajiha Ahmed BA，LLB，DipLaw 社区联系专员 2006 年 12 月被任命，2011 年 12 月任期结束	2
顾问 **	
Peter Orlovich 博士	4
Jakelin Troy 博士	4
Terry Pendleton	2
Gerard Herbert	4

· 委员会制定了规划局局长和新南威尔士州原住民理事会提名人的任职程序。

根据《1966 年地名法案》的规定，委员会可以任命顾问，对委员会权力和职能范围内的事项提出建议。委员会已经任命四名顾问，在语言学、历史学和定址议题上提供建议。

成员

·委员会成员根据《1966 年地名法案》第三部分的规定获得任命。法案规定总共 9 名成员，其中 4 名成员为新南威尔士州测绘局局长、规划局局长、州图书馆管理员和土地局官员（由该局局长提名），或是被以上人士提名的相应人员。

·剩下的 5 个职位应由以下机构提名：

·新南威尔士州地方政府协会与新南威尔士州各郡（Shires）协会联合提名的主管部门；

·澳大利亚皇家历史学会的主管部门；

·新南威尔士州地理学会的主管部门；

·新南威尔士州原住民土地理事会；

·社区关系委员会主席。

·这些成员由总督"任命"，任职期限不超过 5 年，并在任期结束时有权获得连任。

·如果有些被"任命"的委员职位在报告年出现空缺，则会有新成员补充进来。

·委员会会议

委员会每年召开 4 次正式会议。5 名成员构成法定人数。在任的新南威尔士州测绘局长作为委员会主任拥有审议表决权和一票决定权。

附属委员会；

技术与科学附属委员会。

技术与科学附属委员会（附属委员会）负责调查各类与原住民传统语言相关名称语言一致性议题，负责调查和制定委员会报告中与命名相关的议题，以及开展培训和研究项目。附属委员会每年召开两次会议，由历史学、语言学和地名学领域的学者和专家参与。

行政管理

《1966 年地名法案》第四部分对秘书和此类官员管理委员会事务作出了

规定。为实施这一职能，土地局聘用一个包含 4 名员工的小规模秘书处。土地局还为委员会提供后勤支持，以协助其日常运营工作。

指标			
指定	2004/2005	2005/2006	2006/2007
地理位置、地址名称和边界	180	280	188
批准的道路名称	991	1,099	908
双重命名	22	1	1
其他地名	172	124	259

业绩报告

新南威尔士州的法定定址工作

道路和地址名称对于居民、各理事会、应急服务部门和制图部门而言是重要的导航工具。包含这些名称的地名词典减少了混淆，降低了重名的现象，确保将恰当的名称正式化。作为成果，命名程序被标准化以确保任何变更均易于被社区成员和服务提供者理解及接受。

委员会对于确定新南威尔士州的全部郊区（suburbs）和地区（localities）的最终边界拥有法定责任。委员会在确定边界时与当地的各理事会紧密合作，因为当地居民是这些名称最重要的使用者之一。确定边界的过程是根据当地的一般性使用情况来认可现有名称并将其范围正式化。

委员会被要求获知所有的道路命名提议。测绘局长或注册主任可以反对任何不符合委员会指南的道路命名提议。

在报告年，委员会正式制定了超过 180 个地址位置的名称，批准了 908 个新的道路名称。

表彰杰出人物

委员会通过纪念性命名对为社会作出过特殊贡献的人给予表彰。纪念性地名是对成就突出的澳大利亚著名人士和普通民众的认可。

在报告年，委员会通过以其姓名给不同地理实体命名的方式表彰了超过 40 位个人，包含退伍军人、著名运动员、行业领袖、前任民选公务员、著名的原住民人士、社区领袖以及普通澳大利亚人。

原住民命名和文化多样性

委员会承诺在新南威尔士州内承认原住民的文化。为此，在为地方命名时，委员会尽可能优先采用传统原住民地名或与原住民起源相关的名称。委员会还通过其双重命名政策有意识地对已经拥有引入性名称的地理实体再恢复其传统原住民名称。在报告年，委员会正式认可了 6 个起源于原住民的地名，并为爱德华河（Adward River）指定了双重命名中的一个传统原住民名称“Kolety”。

委员会也鼓励体现社会文化多样性的地名。在报告年，委员会确定了两个体现文化多样性起源的名称。

未来关注

为努力确保与社会的关联，委员会已承诺在下一个报告年召开一次战略性规划会议。在过去的 12 个月里，委员会成员发生很大变动，委员会意识到这次会议可能是对委员会本身进行审议的恰当时机。根据设想，这次审议将包含如下主题：

· 愿景、使命和价值观；
· 各项目标和目的；
· 各类危险和威胁（情况分析）；
· 其他被认为相关的主题。

委员会还对其信息系统进行了独立评估，旨在确保其符合不断提高的社会期待。这次审议强调了委员会和土地局均需对系统改建进行投入，以确保在以下领域获得积极的成果：

· 权威性定址；
· 各初级数据库纳入权威性命名；
· 对空间范围的准确表述；
· 邮政编码的收集和管理；
· 与《1966 年地名法案》保持一致；
· 数据的暂时控制；
· 与其他主要数据库的整合。

在接下来的 12 个月里，委员会和土地局将在这些方面开展进一步工作。

法定报告

消费者反映

委员会的秘书处归土地局管理。因此，所有与投诉和消费者满意度相关的政策、制度和指南将根据土地局的指示来处理。

向非政府组织拨款

本报告年末向非政府组织拨款。

立法

在报告年末对《1966 年地名法案》作出改动。

出版物

委员会出版了各种文件，这些文件的设计旨在向社会通报与新南威尔士州内地名相关的议题。通过委员会网站或在委员会办公室，可以获得下列出版物：

- 地名委员会——新南威尔士州道路与地址位置命名程序
- 地名委员会——保护新南威尔士州的历史、文化和身份
- 确定新南威尔士州的各郊区和地区
- 双重命名——支持文化认可

地名委员会报告

- 新南威尔士州道路命名
- 纪念性命名
- 地名登记簿中的状态值术语表（Glossary of Status Values）
- 地名登记簿中的指定值术语表（Glossary of Designation Values）
- 地名确定指南
- 新南威尔士州农村定址
- 私人道路和社会小块土地上的道路命名和定址
- 道路命名指南

本报告中有关顾问、给付业绩（payment performance）、危险管理和保险，以及其他行政管理程序、政策和步骤的信息，请查阅土地局年度报告的各附件。

西澳大利亚州地名命名政策与标准

前　言（略）

简　介

命名的好处（略）

地名委员会

1936 年，当地的土地部长 M.F. 特洛伊（M.F. Troy）阁下，任命了一个咨询委员会，称为命名咨询委员会，由 J. S. 帕特博士（Dr. J.S. Battye，西澳大利亚大学校长，州档案馆董事会主席）任委员会主席，成员包括 J.A. 克莱因（J.A. Klein，文学硕士，教育总监）、J.P. 肯姆（J.P. Camm，测绘局长）、P. 哈斯勒克（P. Hasluck，西澳大利亚历史学会）、F.I. 布雷（F.I. Bray，西澳大利亚历史学会记录委员会）。

1987 年，委员会更名为地名委员会，今天仍然承担着类似的职责，即针对地名问题向部长提供建议，并代表部长决议。

委员会成员

地名委员会由土地部部长任命，代表来自西澳大利亚州地方社区、专业机构和政府机构的不同观点。它提供一个使州政府能够作出民主命名决定的机制，由来自以下机构的代表组成：

澳大利亚邮政局

社区代表（2 名）

原住民事务部

消防和应急服务部

矿产和石油部
公园和野生动物部
土地信息管理局（Landgate）– 主席兼执行官
西澳大利亚州干道管理局
西澳大利亚州记录办公室
澳大利亚城市发展协会（西澳大利亚分会）
西澳大利亚州警察局
西澳大利亚州地方政府协会（两名代表）

委员会职责

地名委员会负责以下事项：
就地名命名问题提供建议；
制定有利于批准和处理命名申请的政策；
制定用于地名的选择、命名或修改的规则和流程；
制定选择或命名原住民地名的流程和程序；
规定与地名有关的文化遗产或其他重大事项的评估标准；
确定对地名命名行动征求意见的要求；
规定关于西澳大利亚州地名命名的其他事项；
就制定和发展命名政策和标准向部长提供建议；
对命名政策和标准的信息进行宣传；
监督和审核命名对政策和标准的符合性；
执行与命名有关的其他职责。

根据土地部部长的要求，委员会应：对影响政府机构、主管部门或执行部门，可能引起公众、政府或其他外部人员浓厚兴趣的命名行动、交易和问题进行审核；以及对向第三方或外部发布的，包含可能引起媒体、公众或政府关注的命名问题的论文和报告进行审核和批准。

执行官与秘书处

地名委员会设一位执行官和一个秘书处，均由土地信息管理局提供。执行官负责协助主席计划和执行地名委员会的会议并实施委员会决议。执行官还负责代表西澳大利亚州参加国家咨询委员会会议，重点讨论各州和地区共同关心的问题，并制定国家指南，使全澳大利亚的命名方法更加统一。

进行标准的命名由执行官和土地信息管理局提供的秘书处（地名团队）管理。该办公室负责管理社区、地方政府、房地产、测绘行业等对地理实体、行政边界、聚居地和道路的命名需求。

秘书处还负责维护州地名辞典和保存基本信息的地名数据库。

秘书处的职责范围

为地理实体、聚居地和道路命名；

有要求时，为地理实体、聚居地和道路更名；

确定是否停止使用地理实体、聚居地和道路的名称；

采纳有关地理实体、聚居地和道路命名的拼写、命名和发音的国家和国际规则；

调查并确定地理实体、聚居地和道路名称的形式、拼写、含义、发音、来源和历史；

调查并确定地理实体、聚居地和道路名称适用的位置、范围或其他事项；

维护西澳大利亚州地名辞典和地名数据库；

就部长提出的关于地理实体、聚居地和道路名称的问题进行调查并提供建议；

澳大拉西亚地名委员会国家命名方法。1984 年，为就澳大利亚和新西兰地名使用的一致性进行协调和沟通，成立了澳大拉西亚地名委员会（CGNA），1993 年，成为政府间测绘委员会（ICSM）的常务委员会；

澳大利亚和新西兰的主要命名机构，均有代表参加澳大拉西亚地名委员会，包括澳大利亚国家地名调查局（ANPS）、大堡礁海洋公园管理局（GBRMPA）、澳大利亚南极管理局（AAD）、澳大利亚航道测量局（AHO）和国防部；

澳大拉西亚地名委员会每年召开会议，讨论各州和领地共同关心的问题，并制定指南，以反映国家命名方法。其职责范围包括：

促进社会上对地名更多的认识；

制定和推广国家地名指南；

推动地图、海图和电子应用程序使用正确的地名；

为本辖区和国家地名辞典的维护和制定、为澳大拉西亚地名委员会（CGNA）、南极研究科学委员会（SCAR）和海底地物名称附属委员会（SCUFN）提供支持；

为致力于地名的正确使用和保留，以及对其传统和文化重要性的认可方案予以支持；

为联合国地名专家组（UNGEGC）及其方案予以支持。

澳大拉西亚地名委员会地名一致性使用指南

地名委员会采用澳大拉西亚地名委员会于2008年拟制的国家《地名一致性使用指南》，包括《原住民与托雷斯海峡岛民地名使用指南》和《双重命名说明指南》。

本指南包括澳大利亚地名的选择、形式和应用方法。其替代1995年11月《澳大利亚地名指南》，由澳大拉西亚地名委员会（CGNA）在政府间测绘委员会（ICSM）的协助下制定，也是对澳大利亚空间数据结构方案的一个贡献。

澳大利亚英语是国家认可的语言，不过，来源于澳大利亚原住民语言地名的重要性，在《原住民与托雷斯海峡岛民地名使用指南》中得到认可。该指南还认可外部领地使用的语言，不一定是澳大利亚英语，因此其相应的通用语（工作语言）也可用于命名。

本指南提供一套国家标准，用于收集和使用原住民与托雷斯海峡岛民的地名，各州和领地命名机构收集和使用信息的统一方法，同时在整个澳大利亚范围内加强对原住民或托雷斯海峡岛民文化和传统的维护。

澳大拉西亚地名委员会（CGNA）的《双重命名说明指南》，为各州和领地提供了一套流程和标准，来正式采用双重命名，当地记录来自原住民、托雷斯海峡岛民、欧洲和其他文化的地理实体名称。

联合国地名专家组国际命名的一致性。1958年，联合国经济与社会理事会通过了一项决议，要求秘书长起草一份计划，在国家和国际层面实现国际地名的统一性。作为决议的结果，对国际上使用的地名进行标准化，成为联合国地名专家组（UNGEGC）的职责。

联合国地名专家组通过下属23个地理/语言小组和工作组行使职能，解决涉及培训课程、电子数据文件和地名辞典、罗马化系统、国家名称、术语和地名指南等问题，其活动包括发起专家组会议，制定指导原则，以实现命名处理程序的一致性，并推动各国的地名标准化进程。

亚洲东南部太平洋西南部小组（ASEPSW）

澳大利亚和新西兰通过澳大拉西亚地名委员会（CGNA），在联合国地名专家组（UNGEGC）中参加亚洲东南部太平洋西南部（ASEPSW）小组。此小组成员包括澳大利亚、不丹、文莱达鲁萨兰国、柬埔寨、斐济、印度尼西亚、老挝人民民主共和国、马来西亚、缅甸、瑙鲁、新西兰、巴布亚新几内亚、菲律宾、萨摩亚、新加坡、所罗门群岛、斯里兰卡、泰国、东帝汶、汤加、瓦努阿图和越南。西澳大利亚州地名辞典——州地名辞典秘书处负责维护本州的地名辞典和地名数据库，即GEONOMA。此数据库包含了西澳大利亚州已命名地理实体的正式名称和地理坐标。数据库由秘书处每天进行维护。

数据库也记录其他地名重要信息，如地名的标准拼写方法、地理实体类型、分类、衍化、地图编号、坐标，以及已知的其他名称或历史名称。GEONOMA是西澳大利亚政府认可的，所有已批准的地形地物、行政边界和道路名称（包括其位置和范围）的首要来源和官方登记系统。在GEONOMA中添加或修改的地名，将自动应用到其他关联的政府系统中的地理实体。

澳大利亚地名辞典

澳大利亚地名辞典是澳大利亚记录地名的综合数据库。此数据库由政府间测绘委员会（ICSM）和澳大拉西亚地名委员会（CGNA）合作维护。辞典中的信息由澳大拉西亚地名委员会各管辖区提供。信息的版权则归相关州、领地和这些信息的官方托管人所有。

澳大利亚地名辞典的记录包括自然地理实体、人口居住地、行政边界区域、地区以及人文地理实体，如矿山、教堂、学校、医院和机构等的名称和地点。地名辞典不包括其他属性信息，也不包括道路名称。

西澳大利亚政策和标准

在西澳大利亚州，有关于地理命名的法律和标准，用于协助和指导地理实体、聚居地和道路正式命名的实践。支持法律的政策和流程，提供必要的信息，供对道路、地理实体、景点、行政边界和聚居地命名和确定范围的个人或团体使用。

这些标准和政策的使用是强制性的，是在征求当地政府部门、应急服务与公共服务提供者及广大社区的意见和建议后制定的。

对政策和标准的需求

为符合法律要求，并提供开放透明的命名流程，需要制定政策和标准。本文件中的政策和标准，为地理实体、行政边界和道路命名提供依据，通过识别、保护和体现我们的文化、传统和风景，有利于实现社会的长期利益。应适用于西澳大利亚州所有地名。

保持地名命名书写系统（或拼写法）一致性，地方、国家和国际社会从事以下工作的人应注意：

通信，如邮政和新闻服务；

应急服务响应和自然灾害缓解；

环境管理；

地图和地图册的制作；

导航和旅游业；

房地产确认和地籍簿；

道路维护和开发；

统计和人口普查信息；

贸易和商业；

城市的区域规划；

植被和矿产测绘。

如果一个地理实体不是由政府部门或地方政府所有或维护，如所有者希望将地理实体的信息纳入西澳大利亚州地名辞典，应鼓励在命名流程中应用这些政策和标准，这样做能保证州地名辞典准确反映西澳大利亚州已命名地理实体的状态，且可将其纳入土地信息网络中使用。

法律和标准

·《土地管理法案》1997 年

这些政策和标准在 1997 年《土地管理法案》如下章节中规定：第二部分，

一般管理，第三节，概述；26. 土地分区和城镇的构成等；26A 新居住区道路和地区名称。

·《土地信息管理条例》2007 年

这些政策和标准在 2007 年《土地信息条例》“第 3 节，作为基本土地信息描述的信息”也有规定。

·《AS/NZS 4819：2011 农村与城市地址的确定》

土地信息管理局分配和记录的所有西澳大利亚州农村和城市地址，均依据 AS/NZS 4819：2011。这一标准由政府间测绘委员会（ICSM）街道地址工作组制定。

命名或更名

任何人、社会团体、组织、政府部门或当地管理机构，均可首先联系土地信息管理局的地名团队申请命名，或对现有名称或边界进行更名。

对于每个案例，要求先咨询当地相关管理机构。为了加速此流程，在提交土地信息管理局研究前，向当地相关机构提出申请，咨询或要求批准是很有帮助的。

地名委员会（GNC）决定

并非所有命名申请都要求提交地名委员会批准。根据 1997 年《土地管理法案》、1998 年《土地管理条例》和《授权书》（Instrument of Delegations），地名委员会的主席和执行官有权批准命名申请。地名团队将向申请人提供建议，如何继续提交命名提议，或为什么无法继续提交。

对更广泛社区意义重大；性质上有争议；要求符合公共安全利益；因不符合必要的政策和标准的命名，或者需要特殊考虑的申请，应提交给地名委员会。

每个由地名委员会确定的事项，都是针对具体问题，依据具体情况作出的决定。这样的决定不应以后续的命名审议作为先例。

提交给地名委员会的命名申请

命名申请提交给地名委员会后，地名委员会应：

确定命名提议的形式是否符合命名政策和标准；

如有要求，申请人、政府部门或政府机构，及其他利益方如受影响的当地土地所有者、企业或居民，需提供进一步的支持证据；

如问题涉及公共安全或可能引起混淆，征求相关应急响应或公共服务组织的意见；

考虑所有信息与原则、政策和程序的相关性，特别是来自公众和应急响应组织或其他公共服务组织的反对意见；

地名委员会作出最终决定前，将确定每个提议的内容，及识别因申请引发的问题。

对地名委员会决定的复审

除因部长有要求外，地名委员会作出决定后，只有当提议者提供新的或更多的相关信息时，才会重新考虑该问题。

如提议人对地名委员会就西澳大利亚州命名问题所作的决定感觉不满意，可要求土地部部长进行复审。要求复审的申请，应提交给地名委员会一份供其参考。

更正和修改

可以向地名团队提交适当的信息，要求对保存在地名辞典和地名数据库中的标准地名进行更正或更改。

对位置的更正或对拼写的修改申请，可向土地信息管理局提出，并包括如下信息：

提交更改申请的原因；

任何有助于改正可能异常情况的正式文件；

可能与更改有直接关联的，与地方政府、社区或原住民群体的往来信件；有助于确定地理实体、聚居地或道路位置的地图或示意图。

向地名委员会讲解的政策

与要求地名委员会研究问题直接相关的个人、利益团体或组织，可要求向委员会进行简要的正式讲解。委员会将决定是否听取讲解。此类申请及任何支持文件，必须在计划的会议日期前14个自然日前提交给土地信息管理局。

在计划的地理委员会会议日期和对此事进行讨论前，地名委员会成员留出最少 15 分钟，最多 30 分钟的时间向讲解人提问，执行官将记录讨论情况或问题，作为会议纪要的最终版本附件。

提出的问题必须与地名委员会议程中的讨论事项，或委员会的职能相关。对任何问题或回答，不得进行争论或讨论。

主席可接受或拒绝任何问题，或确定可能需要进一步研究的复杂情况，在会后以书面形式答复，这些情况也将作为会议纪要的附件。

正式名称的使用

由执行官、主席、地名委员会或土地部部长正式批准的地名，被认为是“标准的”或“官方的”地名。此类地名应在州地名辞典中记录为已批准，且必须在西澳大利亚州所有正式地图和空间数据产品中使用。

追溯性的适用

《西澳大利亚州地理命名政策和标准》不具有追溯性。但会制定新的地名政策或标准，并加强现有政策和标准，目的是确保过去的问题不会重复发生。

机构间合作

地名信息和系统使用的数据总是最新的，长期关系到公众、开发商、测绘员、州和联邦政府机构的利益，对应急服务尤其重要。

如命名问题超出地方政府机构的权限，或对更广大社区意义重大时，建议所有此类机构和团体在命名问题上相互合作。

符合公众利益

对现在地理实体、行政边界或道路名称的变更，都会影响到应急调度的交付和响应时间，土地产权的处理和公用事业与服务的提供。此类更改不仅影响当前社区和商业利益，还将影响未来的居民、企业、业主和访客。

因此，必须考虑任何提议命名行动对广大社区的长期后果和影响。只有可以表明对社区的长期利益超过任何私人或公司利益或短期效果时，此类提议才能被接受。

公共安全

任何新的地理实体、行政边界、道路名称或对其所做的更改，不得存在公共安全和操作安全的风险，不得干扰应急服务操作，不得对交通、公用事业、通信和邮政服务造成困扰。

其他法律或条例规定的名称

地方政府机构和部门的命名——1995 年《地方政府法案》。

选区的命名——1907 年《选举法案》。

语言与拼写命名政策

澳大利亚英语

澳大利亚英语是英语的一种，在澳大利亚全国使用，是大多数人口的第一语言。到 1820 年，澳大利亚英语已被确认与英国英语不同。它是由来自不列颠群岛操着不同方言，但相互能听懂的早期定居者的孩子们使用的，并很快发展为一种独特的英语类型。

西澳大利亚的地名只能采用一种语言形式，尽管人们承认其他形式可能早已存在且在使用中。新的申请要求使用单一语言形式，且应仅以标准澳大利亚英语书写。

来自非澳大利亚英语的名称应根据语言专家的意见使用，且应被使用该语言的社区接受。

原住民语言

来自地理实体、聚居地或道路所在地区的澳大利亚原住民语言的名称，必须用经认可的标准格式书写。

已命名的地理实体可保留传统语言，无须翻译为通用语言，可增加描述性术语表明地理实体的真正性质。

发音和使用

地名应易发音、拼写和书写。地理实体名称，含通用术语不得超过三个词；道路名称，含道路类型不得超过两个词；聚居地名称应为一个词。用于道路和聚居地的名称应较短。

此政策的一个例外，是原住民词语的使用。人们普遍接受，传统地名最初可能显得复杂，但随时间的推移，会被社区熟悉，并容易使用。

地名的拼写

人们认识到，适用于英语语言中其他词汇的拼写规则可能不适合用于确定地名的拼写。尽管这些标准拼写通常符合澳大利亚英语的规则，可能反映历史拼写方法或社区普遍使用、偏爱的格式，可能包含语法错误、拼写错误、组织错误或缩略词。

拼写的统一

在同一社区中，同一来源但应用于各种服务设施的名称，应与社区的正式名称拼写一致。相关联地理实体相同特征的名称，拼写形式也应一致。

相关联的名称，例如巴尔戈拉（Balgowlah）和巴尔戈拉高地（Balgowlah Heights），或者衍生自同一来源的名称，如麦克拉伦平原（McLaren Flat）和麦克拉伦谷（McLaren Vale），拼写应相同，而不能拼写成这样，如吉拉温（Girraween）和吉拉韦恩（Girrawheen）。

地名的特点

地名来自于口语，并持续受到口语的影响。因此，将其采纳为书面形式时，必须考虑这一点。人们经常注重地名的书面形式，包括拼写、大写、词语格式、书写标记，而这些有时可能与该地名口语表达的关系很小。

通名和专名

地名通常包括一个专名（也称为专有名词）和一个通名（整体组或类）元素。例如，坎宁顿（Cannington，Canning town）、以色列湾（Israelite Bay）或阿盖尔湖（Lake Argyle）。通名部分说明名称所指的地点、地理实体或地区的类型，专名部分用于区别特定的地点、地理实体或地区。

名称中的通名部分通常是单一的地形词汇，如溪（brook）、山（hill）、湾（bay）、峰（peak）及湖（lake）。如果一条水道比附近一个名为“河（rivers）”的水道小，则使用另一个词，如“溪（brook）”“溪流（creek）”或“小河（stream）”，可能更合适。专名可包括一个或多个词，如梅哈里（Meharry）、八十英里（80 Mile）和那拉那拉（NallahNallah）。

两部分形式很强大，书写时，通常会将词组合到名称的专名部分，如阿诺德公园小溪（Arnold Park Brook）和凯恩山公园（Cairnhill Park）。一些地理实体的名称可能很长，特别是当专名部分是介词短语时：洛切切群岛（Archipelago of the Recherche）、沙漠之泉的钻石（Diamond of the Desert Spring）、战神广场（Champ de Mars）、圣阿罗瓦伦岛自然保护区（St Alouarn Island Nature Reserve）。

有些地名中的通名很少见，例如，新伯恩巷（Shinbone Alley，山谷）、艾莫拉古桌面（Imorogu Tabletop，山）、戴维尔斯肘（Devils Elbow，地名）和朗德尔补丁（Rundle Patch，暗礁）。新地名应包含适合于地理实体性质的通名。通名应以英语或地理实体所在地区的原住民语言记录。

在英语中，通名通常在专名后。但“湖（lake）”“山（mount）”“角（cape）”“角（point）”既可在前，也可在后。“山（mount）”通常在人名前，如梅哈里山（Mount Meharry）和奥古斯都山（Mount Augustus）。所有通名通常应写全称，例如应使用 Mount 而非 MT 或 Mt，Point 而非 PT 或 Pt。

有时，来自原住民语言的名称，如果与专名融合在一起，会有一个含义与法语或英语通名相似的词。例如，巴德吉拉吉拉溪（Badjirrajirra Creek）、温格瓦伦纳山（Whingawarrena Hill）、格内敦宁山（Mount Gnurdungning）。尽管这样的名称是可接受的，但在原住民名称中使用通名并不是强制要求。

以“The”开头的名称

定冠词是语言的一部分，用于名词前，有时用于指特定类型的地形位置。“The”是澳大利亚英语中使用的唯一定冠词。有些单个词的名称，要求包含大写的冠词，如箭（The Arrows）、堤（The Causeway）、静水（The Deadwater）和德格雷（De Grey）。

新的道路和聚居地名称不应包含定冠词“The”，例如，大街、海滨大道及海滨。

仅在特殊情况下才考虑使用或保留定冠词，且只有必要时，才会强调一个独特的或突出的地形特征。

介词的使用

介词不应用于地理实体、行政边界或道路的命名。常用的介词包括“关于（about）”“在……上（above）”“在……之间（between）”“在……内（inside）”“附近（near）”“的（of）”“在……上（onto）”等。

扩展名、目的地、后缀、前缀及基本方向词

扩展名、限定语、基本方向词、前缀或后缀，如上（Upper）、新（New）、北（North）、南（South）、公园（Park）、树林（Grove）、高地（Heights）、水域（Waters）等，不得用于新的道路或聚居地名称。

道路、聚居地和地理实体的名称不应使用后缀，如巴巴多西北路（Babakin North West Road）、死马山西路（Dead Horse Hill West Road）、威宁西路（Wyening West Road）。将方向词或其他类似的词作为后缀，来定义一个名称的独特性，可能造成混淆和不必要的重复，因此将不会被批准使用。

新的目的地到目的地的名称，如米德兰—珀斯公路（Midland-Perth Road）应不准使用。

在正式名称中已经存在的包含连字符的道路名称，应保留并在所有用法中显示连字符，如米灵—穆拉公路（Miling-Moora Road）。

仅在特殊情况下才考虑使用或保留扩展名、限定语、基本方向词、前缀或后缀，且只有必要时，才会强调一个独特的或突出的地形特征。

“市（city）”“镇（town）”或“郡（shire）”等词的使用

“市（city）”“镇（town）”或“郡（shire）”等词，不应批准作为道路、行政边界、聚居地或地理实体名称的一部分，无论是单独使用还是与其他词组合，除非依据1995年《地方政府法案》或1997年《土地管理法案》的规定。

大写的使用

大写是在书写时将第一个字母大写，其他字母小写。作为专有地名一部分的词应大写，包括形容词、普通名词和定冠词。

例如：

奥里利亚溪马场支流（Aurillia Creek Racecourse Branch）

大茶树溪（Big Ti Tree Creek）

德拉普尔山脉自然保护区（De La Poer Range Nature Reserve）

大写规则的例外情况，包括多词地名中的冠词和介词。当地名中的通用部分有意忽略，专名前面的定冠词不应大写。例如：

洛切切湾岛（Archipelago of the Recherche）

西湖王（King of the West Lake）

阿本瑟拉齐斯关口（Pass of the Abencerrages）

地理实体的专有名称，如地区、政治分区、人口居住地、聚居地及地理实体的单数和复数形式均应大写。

波弗特平原（Beaufort Plains），霍姆斯特德（Homestead）

巴德金格拉区（Badgingarra Ward），丹达勒根（Dandaragan），地方政府地区边界

萨姆森溪流域地区（Samson Brook Catchment Area）

所有格、标点、连字符、变音符号和符号

· 所有格撇号

不得使用所有格撇号命名道路、行政边界或地理实体。在英语中，使用此类撇号代表所有权、占有或反映关联或附属于某物。

在过去地名中包含 -'s 或 -s' 的地理实体、聚居地和道路的名称，应将撇号全部去掉，如圣乔治大道（St Georges Terrace）、詹特斯角（Gentles Corner）、基恩尼斯角（Keanes Point）。

作为名称一部分的撇号可保留，如奥康纳（O'Connor）、阿戴尔（A'Dale）、德奥兰多（D'Orlando）。

· 连字符

不得使用连字符连接名称各部分。不过，用于行政名称中的连字符可使用，如卡尔古利—博尔德市（City of Kalgoorlie-Boulder）、奥古斯塔—玛格利特河郡（Shire of Augusta-Margaret River）。

过去命名包含连字符的地理实体和道路的名称应保留，如蜂虎溪（Bee-

Eater Creek）、宝路—瓦哈社区（Baulu-Wah Community）、米尼雅—艾克斯茅斯路（Minilya-Exmouth Road）。

· 变音符号

变音符号，也叫变音，在澳大利亚英语地名中不使用。对于来自非英语语言的地名，任何变音符号都不得带到英语中，吉奥格拉非湾的名称由 Géographe Bay 改为 Geographe Bay，佩龙角由 Cape Péron 改为 Cape Peron。

· 标点

以下在澳大利亚英语中使用的标点，不应在地名中使用：句号、逗号、冒号、分号、引号、感叹号、问题、省略号、连字符、破折号、撇号和括号。

· 符号和语标

符号或语标在书面语中代表一个完成的词或一句话。例如，英语符号和语标包括数字和符号，如 &、@、☺、☠,♒ 或 © # 和 %。

在命名道路、行政边界或地理实体时，不应使用符号或语标。

地名中的数字

道路、行政边界或地理实体名称中的全部或部分数字应写全称，如独臂角，One Arm Point，不写作 1 Arm Point，第七大街，Seventh Avenue，不写作 7th Avenue 或Ⅶ Avenue。

歧视性或贬义的地名

歧视性或贬义的地名是指在某个时间点让人感觉具有攻击性、侮辱性或对个人名誉、社会、道德、宗教或其他团体造成伤害的地名。人们承认，对“歧视性”或“贬义”的认知在不同时间和不同地点可能不同。地名委员会将根据公众的要求，并根据每个案例的具体情况，调查被认为是歧视性或贬义地名的状态。

所有正式使用的新地名应为容易识别的词或可接受的词语组合，必须悦耳、品位良好，且是目前在当地使用的。例外的情况下，一个地名可能对特定的群体、性别或宗教具有攻击性或贬义。这种情况下，地名委员会不批准这些名称正式使用。

由不自然的或不正确的词语组合成的地名，包括不同语言词汇组合或名和姓的元素融合的地名不可接受。

任何因一个地名具有贬义或明显冒犯性而申请对现行地名进行的更改，应以正式申请的形式转交地名委员会，且必须说明现有地名不可使用的理由。

在研究一项变更提议时，必须认真考虑所有相关因素，包括使用的范围、历史背景、使用者的想法和意图，以及词义。

普遍使用的地名

应优先考虑在正式地图上广泛使用的地名，政府记录中的地名，已证明有直接历史或地方意义的名称。如果地图和记录中长期使用的名称与当地广泛偏爱的用法有冲突时，应将此事提交地名委员会解决。

具有地理意义的地名，或早期探索者、发现者、定居者、自然主义者、测绘者的姓名作为地名，通常是可以接受的。如果其与西澳大利亚州的历史及命名地相关，则认为是合适的。

不接受改变长期存在的地名。必要时，必须考虑如何避免模糊或重名。此类决定应由地名委员会作出。

私人社区内的地名

任何位于私人地产、退休村、矿区小镇或其他非公共地区内的地理实体、行政边界或道路命名，均应依据这些政策和标准。

纪念性地名

过去，西澳大利亚州许多地理实体和地点，以在世人的姓名命名。使用捐赠者、皇室成员、国际或国内知名人物、船员、探险队成员、测绘员、留守家庭成员的姓名，但许多人和以其名字命名的地理实体没有关系。这种做法将不再得到支持。

地名委员会认可历史纪念性命名的意义，并建议继续对社区中的突出成就和事件予以认可。所有纪念性命名提议应适用以下政策：

所有纪念性地名提议应遵守与其他命名提议相同的标准；

提议的纪念性地名必须得到广大社区的支持，而不仅是一个地方政府、个人或特殊利益群体支持；

纪念性地名不应使用事故或灾难的受害者姓名命名或标记该地点；

之前或现在对土地的所有权，并不代表拥有使用纪念性地名的权利；

在出版物、景观题词或标记中使用非标准的纪念性名称，并不保证其将被标准地名记录采用；

如果地理实体已经存在一个长期使用且可接受的地名，则不应使用纪念性地名。

使用个人姓名

使用地名来纪念一个人物的提议，仅应在以下情况下予以考虑：

此类申请符合公众利益；

有证据表明提议得到社会的支持；

人物已去世至少 2 年；

新名称的申请人不是直系亲属，且已取得其家庭成员的书面许可；

用地名纪念的人物与地理实体有 20 年以上的长期直接关联，或对地物所在地区作出过重大贡献；

纪念拥有突出国家或国际声誉人物的名字命名，纪念人物与该地区有直接关联。如果没有直接关联，则不应考虑使用其姓名。

用于行政边界或道路的纪念性地名，应仅使用人物的姓，不应包括名。

用于地理实体的纪念性地名可使用人物的名或姓。昵称或其他非标准地名，也可以使用，但仅应与姓结合使用，如斯诺·班尼特公园（Snow Bennett Park）。是否批准此类名称，由地名委员会裁量，但优先考虑仅使用姓。使用谐音的名称，如哈罗德·“斯诺”·班尼特公园（Harold “Snow” Bennett Park）将不予考虑。

当前或最近对土地拥有所有权，或最近从事过公共服务，不应成为申请命名的充分依据。

要求批准纪念在世人物，或可被视为纪念在世人物的命名申请，不应予以考虑。

如当地政府或社会团体希望纪念一位在世人物，建议建造纪念牌匾，或以其名字命名一个社区设施，如建筑或体育场。但要求适用通常的命名政策和标准，以避免不必要的重名及可能与其他设施混淆。

首字母的使用

任何情况下，不应使用名字的首字母。例如，一个名为史密斯公园

（Smith Park）的地理实体，比称为 J.K. 史密斯公园（J.K. Smith Park）容易识别，因为其可能被公众错误地当作 JK 公园（JK Park）、K 公园（K Park）。

头衔、敬称和后缀名衔

头衔加在一个人的姓名前表示尊敬，如先生（Sir）、女士（Madam）等，还有职务、专业或学术资格。有些头衔是世袭的。后缀名衔是在一个人的姓名后面看到的字母或缩写，表示这个人拥有的地位、职务或荣誉。

当以获得头衔或后缀名衔人姓名命名地理实体、行政边界或道路时，这些头衔或名衔不应构成正式地名的一部分。

包含原姓名的信息必须与命名申请一起提交，且必须包含所有关于该人物获得的头衔或荣誉的相关参考信息。

用于姓名前的头衔包括：

男性的正式头衔	先生（Mr）
已婚女性的正式头衔	夫人（Mrs）
博士	Dr
教授	Prof
将军	Gen

常用的军事、服务和学术后缀名衔包括：

澳大利亚南极奖章	AAM
澳大利亚警察奖章	APM
文学学士	BA
澳大利亚爵级司令勋章	AC
勇敢十字奖章	CV
杰出服务奖章（澳大利亚）	DSM
医学博士	MD
乔治十字勋章	GC
太平绅士	JP
众议院议员	MP
立法议会成员	MLA
不列颠帝国勋章	MBE

续表

军功十字勋章	MC
澳大利亚官佐勋章	AO
御用大律师	QC

纪念事件

纪念事件的申请，必须是在该事件发生 5 年之后。纪念性地名不得用于标记事故或灾难的地点。

“二百周年”一词的使用

在道路、地理实体或行政边界名称中使用“二百周年”一词，或与其他词组合使用，在 1980 年《澳大利亚二百周年纪念授权法案》(联邦)(*Australian Bicentennial Authority Act* 1980 *Commonwealth*）中有规定。要求使用“二百周年”作为名称的一部分，需要得到负责此法案的相关联邦部长的批准。

“皇家”一词的使用

在道路、地理实体或行政边界名称中使用“皇家”一词，或与其他词组合使用，仅能用于被授予皇家特许状的道路、地理实体或行政边界。

皇家特许状由君主根据检察院的建议颁发。例如，佩珀斯皇家医院（Royal Perth Hospital）、皇家地理协会（Royal Geographical Society）和珀斯皇家历史协会（Royal Historical Society of Perth）。

缩写

在西澳大利亚州，不接受在标准地理实体、行政边界、聚居地或道路名称中使用缩写。地名中的山（Mount）和角（Point）不应缩写为“Mt”或“Pt”，而应使用全称。此政策的唯一例外，是敬称圣（Saint）的使用，可以缩写为国际承认的“St”。

为了保持一致，以 Mc、Mac、M’ 或 O’ 等开头的地名，在 Mc、Mac、M’ 或 O’ 与名称其他部分中间不得有空格。

防务词语和首字母缩略词

联邦法律1957年《防务（禁止使用的词语和字母）条例》，控制任何包含海军（Naval）、军事（Military）、空军（Air Force），或与联邦防务有关的服务、机构或人员的词语或字母组合。

要求使用此类词语的申请，应以书面形式向国防部提出，且必须说明提出此申请的依据。部长可同意或拒绝申请。

所有要求使用此类词语或字母组合的申请，仍必须作为正常的命名申请向地名委员会提交，只有当其符合所有其他要求的命名政策时，才予以考虑。

禁止使用的词语和字母有（但不限于）：

澳大利亚空军（Australian Air Force）

澳大利亚空军预备役（Australian Air Force Reserve – AAFR）

澳大利亚陆军（Australian Army）

澳大利亚国防部队（Australian Defence Force – ADF）

澳大利亚海军（Australian Navy）

国防部队（Defence Force）

澳大利亚皇家舰队（Her Majesty's Australian Ship – HMAS）

澳大利亚皇家空军（Royal Australian Air Force – RAAF）

澳大利亚皇家海军（Royal Australian Navy – RAN）

对澳新军团（Anzac）一词的保护

澳新军团（Anzac）是一个专有名词，首字母大写，其余字母小写。ANZAC一词在澳大利亚与新西兰军团（Australian and New Zealand Army Corps）作为军队或战斗群时使用，如“澳新军团登陆”或“澳新军团部队”。在澳大利亚、新西兰和英国都实施立法保护“澳新军团（Anzac）”一词的使用。

在澳大利亚，依据1920年《战争预防法案废止法案》，于1921年制定了《澳新军团（Anzac）一词保护条例》，以保护“澳新军团（Anzac）”一词和与其相似的词，防止不正确的使用。

依据条例，任何人不得在以下相关联的场合，使用“澳新军团（Anzac）”一词，或任何与其相似的词：

“任何贸易、企业、职业、专业或与任何娱乐、彩票、艺术协会相关，或作为任何私人住宅、船只、车辆、慈善机构或其他机构，任何相关建筑的名称或名称的一部分。”

除非获得退伍军人事务部部长的授权。

根据条例允许使用的情况

尽管多数使用“Anzac”的情况，要求退伍军人事务部部长的授权，但根据条例，也有一些情况不需符合此要求，如下：

命名的街道、道路或公园，在其内部或附近有与1914年8月4日开始的战争，或1939年9月3日开始战争有关的公共纪念碑［条例第3（2a）条］；以及命名或更名的街道、道路或公园，其名称在本条例生效时已包含“澳新军团（Anzac）”一词，或任何与其相似的词［条例第3（2b）条］。不符合上述情况时，申请使用“澳新军团（Anzac）”一词，要求取得退伍军人事务部部长的同意。下面对如何获得同意作出了规定：

要求使用此类词语的申请，应以书面形式向退伍军人事务部部长提出，且必须说明提出此申请的依据。

部长可要求申请人根据公告提供与申请相关的更多信息；且部长可同意使用该词语或字母组合，或拒绝申请。所有申请使用“澳新军团（Anzac）”一词的申请，仍必须作为正常的地理实体、聚居地或道路名称的命名申请提交。

只有当申请符合所有其他要求的命名政策时，地名委员会才可能协助申请人，取得退伍军人事务部部长的许可。

敏感或保密地名的记录

有时，地理实体的详细情况和位置应避免出现在公共领域。这些情况下，地名委员会将决定禁止公众了解这些地名是否符合国家利益。例如，原住民遗址位置，可能存在州或联邦安全影响，或地名委员会识别出的其他原因，如对公共安全的担忧。

这些地名及其位置仍将登记于州地名辞典中，但会被列入“敏感或保密”地名类别，且只对向负责管理此类信息的地名委员会提出正式书面申请的个人、机构或团体发布。

建筑、基础设施和其他设施的命名

为重要的社区建筑、基础设施和其他设施命名，是用来以可见的、持久的方式纪念值得认可的个人和团体，也是强调地标、地理实体或历史事件的重要性，不应被轻视。

建筑、基础设施或其他设施的新名称与现有名称不冲突是很重要的。应依据如下标准来评估此类地理实体名称是否合适：

名称是否具有地理、历史、文化或本地特色；

如果提名在世的人，他们必须业余为社区付出时间、金钱或服务至少10年；

可使用在其专业技术领域获得州、国家或更高层级认可至少10年的人物姓名；

名称中不得包含曾犯过刑事罪行的人；

已经使用过的姓不予考虑，即使来自不同家庭。可考虑使用该人物的姓名，如乔·史密斯图书馆（Joe Smith Library）；

以人名命名的建筑、基础设施和其他设施，可包括附加的功能名称，如果这样可用于说明建筑位置或帮助识别建筑。

公司名称应避免用于长期的认可。

政府设施的命名

有些名称由其他机构、机关或联邦、州、领地或地方政府管理。这些名称应提供给土地信息管理局，以便纳入州地名辞典，供社区和应急服务使用。

提议仍适用通常要求的命名政策，以避免重名或混淆。

学校名称的选择

西澳大利亚州的学校命名由教育和培训部负责。地名委员会对此类命名提议提供反馈和建议。

选择新学校名称时，应优先使用学校所在的郊区、城镇或聚居地的名称。

可以考虑的替代选项有：

本文件中规定的适合选作地名的名称；

与学校所在学区有历史关系的地名（如早期庄园的名称），除非与现有聚居地或郊区名称冲突；

学校所在道路的名称。

企业和商业名称

不得以商业企业、商标和非营利组织名称为道路、行政边界和地理实体命名。这一政策是为确保地名命名提议不带有任何商业利益或不利情况。

例外的情况可能适用于长期以来与该地区有关联，且非常受社会尊重的企业或组织。在这些情况下，申请必须说明提议名称的理由，并提供企业或组织与当地关联的证据。

是否正式批准此类名称由地名委员会决定。

名称中“有限”“专有”的使用

不允许在名称中使用“有限”或“专有”及其缩写形式，无论单独使用或与其他词结合使用均不允许。

就命名提议征求意见

当有新的命名问题出现时，新名称应征求各方意见。任何地理实体名称的提议，都应全面研究，然后征求相关社会团体和地方政府的意见，包括但不限于以下各方：

环境保护部

原住民事务部

西澳大利亚州皇家历史协会

进步协会

纳税人协会

地方政府

征求直接关联社区和扩大社区意见

直接关联社区是指将直接受到一项提议影响的社区居民、纳税人和企业。

扩大社区是指将直接受到一项提议影响的周边地区的居民、纳税人和企业；到该地区访问的人群；对该地区感兴趣或服务于该地区的政府和非政府组织。

作为最低要求，如果命名新聚居地、更改聚居地名称，或改变现有聚居地边界的提议将影响当地地址，必须书面征求直接关联社区的意见。

如提议不影响当前地址，可通过在当地或全州发行的报纸上发布广告，向直接关联社区征求意见。也可通过网站、信件、新闻简报、杂志、电子邮件、联系人列表和公告的方式，向直接关联社区和扩大社区宣传该提议。

征求公众意见的建议指南

以下建议指南，用于帮助获取公众的参与和支持：

必须真正努力鼓励公众参与决策流程；

必须通过公告、新闻、宣传页、报纸文章、互联网或公共活动，将信息宣传给广大利益相关者和感兴趣方；

如果提议者对社区的影响被认为是“中”或“高”，建议举行公众座谈。

作为最低要求，任何公众参与的项目必须提及如下元素：

说明将作出的提议或决定，包括其目的和需求说明；

说明计划参与社区的范围；

列出可能受影响的利益相关者，包括居民、业主、房主协会、企业及识别出的其他人员；

说明将要采取的行动或作出的决定如何通知感兴趣方和利益相关者，如书面形式、报纸、广播、电视、网站、海报（宣传页）、电子邮件、公众研讨会等；

文件规定公开征求意见期间，如最短 30 个工作日用于征求意见并审议每项行动或决定，开始日期、最终意见日期、如何获得背景文件、要求进一步提供信息人的联系方式；包含最终决定的信息必须提供给所有参与的利益相关者和感兴趣方。

不必要的更名

道路、行政边界或地理实体的更名提议，可提交给土地信息管理局，但此类提议必须有令人信服的理由，因为命名是为长久使用的。

不鼓励对现有名称进行任何变更，除非认为是为公共利益或安全原因。如果仅为更正或恢复历史用法本身，将不作为更名的理由予以考虑。

收到更名申请后，将联系所有相关机构和管辖区，寻求对提议的反馈意见。然后，该请求将被提交给地名委员会考虑。

如果地名委员会认为更名不必要或不重要，但更名得到充分的社会支持，且符合命名政策和标准，也可能批准，但会收取服务费。

反对意见的提出和研究

任何个人或组织，均可通过相关地方政府或直接向地名委员会，就一项命名提议提出反对意见。对于担心提议不符合命名政策和标准的反对意见将被解决。

当一项提议的社区支持率很低，但提议是出于公共安全或应急响应原因提出的，地名委员会可能会协助申请人，优化提议，以达到公众期望。

如果提议尚未得到公众支持，但不批准提议会使公共安全风险继续存在，地名委员会将批准提议，并寻求土地部部长的正式批准。

其他法定机构管理的地名

由相关政府立法确定或形成的地方政府及其他法律实体的名称，应被地名委员会接受。

此类命名应符合联邦或州政府专门立法确定的名称拼写和语言形式。拥有法定权力确定地理实体名称的联邦和州政府部门和机构，在考虑新的城市和类似法定区划名称时，应向地名委员会进行咨询。

由邮政机关、铁路公司和主要公共事业机构确定的设施名称，应符合地名委员会的命名政策和标准。由联邦、州和地区政府部门确定的土地区划名称，也应符合地名委员会的命名政策和标准且被接受。

联邦土地内道路或地理实体的命名

位于西澳大利亚州，但归联邦控制地区的地理实体，应由地名委员会正式命名。

地名委员会为联邦控制的地理实体命名前，应咨询相关联邦管理机构，且应适用所有相关命名政策。

依据《澳大利亚宪法》第 52（ii）节规定，联邦对其控制的地方，如机场、邮政局和防务设施拥有专有权。尽管联邦拥有控制权，但没有对地理实体进行命名或更名的法律权力。

跨州和领地边界的地理实体

根据国家命名政策，任何跨州和领地边界的地理实体，在边界两侧的名称必须相同。为此类地理实体选择名称，应由地名委员会、北部地区和南澳大利亚政府协议完成。

取得一致意见的首要责任，应由地理实体首先命名的州或地区，或由地理实体在其边界内面积最大的州或领地承担。

如地形地物体、行政边界或道路位于州或领地边界线附近，应避免重名。

沿海水域和高潮水域地理实体

位于西澳大利亚州沿海水域的低潮时露出的地理实体、永久性高于海平面的地理实体（高潮水域地理实体）和海底地理实体的命名，由相关法定机关或机构负责。

一般而言，地名委员会对海岸线以外 3 海里内的地理实体拥有命名管辖权。

水下地理实体和海洋名称

为水下地理实体或沿海突出地理实体命名或更名时，地名委员会应咨询澳大利亚航道测量服务局（AHS）。

澳大利亚航道测量服务局负责管理水下地理实体和海洋名称，是由 2001 年 5 月 23 日第 ROO/11/06 号决议《海洋边界与外海海底地理实体》规定的。其职责包括涉及对以下领域的研究、处理和管理：

澳大利亚沿海水域以外的海底地理实体名称；

邻近海洋边界和名称；

不归州和联邦地名机构管理的海上和导航地理实体，以及沿海地理实体、航道测量和海洋地理实体的名称。

澳大利亚航道测量服务局维护澳大利亚的海洋地名辞典，包含澳大利亚航海海图上显示的名称。

海洋边界

澳大利亚航道测量服务局负责维护和管理澳大利亚邻海海洋、外部领地和澳属南极地区的边界。

边界在国际航道测量组织（IHO）出版物第 S–23 号“海洋边界”中公布。在制作海图和准备航道测量出版物时，S–23 作为确定海洋边界的技术参考文件。

技术参考文件中显示的边界仅为航道测量目的确定，不应解释为有任何法律或政治关联。

地名别名或惯用地名

地名别名或惯用地名是指标准地名以外的任何当前或历史名称或拼写。

此类名称不得作为标准地名使用，应根据本文件规定的政策确定一个标准地名，来解决此问题。

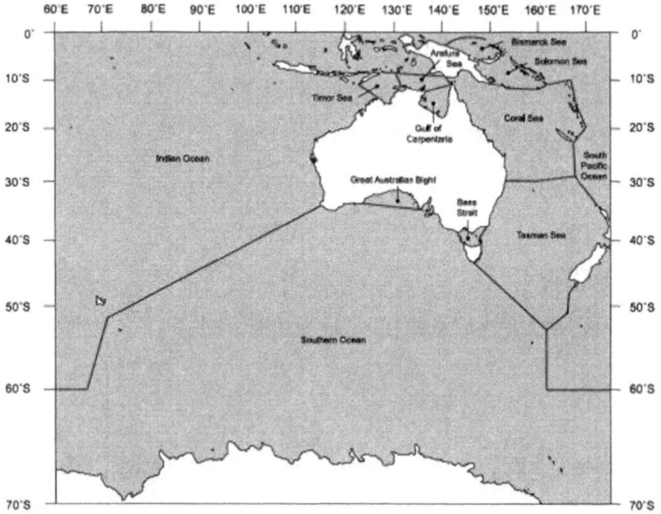

资料来源：海洋边界情况说明——澳大利亚航道测量服务局

原住民地名的认可和使用

地名委员会致力于推动、保护和恢复西澳大利亚州的原住民文化，并通过尽可能优先使用原住民地名，来确认这一理念。鼓励原住民地名的使用，也支持对有记录的原住民地名进行收集和整理。

如果可能，已知有记录的原住民地名，应通过历史背景、识别来源等方式进行澄清，尤其是在他们现居住地区和传统关联方面。

一个地区的原住民地名不应用于或移到另一个地区。

如一个地理实体名称已经以原住民名称和英语形式公布，两种形式都广泛使用，地名委员会可保留这两种形式，作为双重名称，或决定两者中哪个作为标准地名。

语言的正字法

在原住民语言有书写体系的地区，之前未记录的任何地名将以其已有书写体系中的形式记录。当有一个以上语言群体为地理实体命名时，所有其他名称都将以其适当形式记录。

经相关原住民社区同意后，将要用于公共领域的名称，为地理实体所在地语言群体使用的名称。

对于该语言中不存在可接受的拼字法新地名，应由一位涉及命名活动的原住民社区可接受的语言学家或拼字学家，确定一个实用的拼字法。

对于之前已记录的名称，但现在有更准确的拼写方法，将由地名委员会根据具体情况评估是否更改该名称的拼写方法。

对于此类更名，应考虑以下方面：

涉及的原住民社区的看法；

要求更改的范围；

预计更名对直接关联社区和扩大社区的影响；以文化敏感的态度进行更名的最佳方法。

澳大拉西亚地名委员会（CGNA）政策指南

地名委员会批准和使用的指导原则。以下摘自澳大拉西亚地名委员会（CGNA）《原住民与托雷斯海峡岛民地名使用指南》：

如可能，应取得相关社区或原住民与托雷斯海峡岛民研究所的授权，使用原住民或托雷斯海峡岛民地名，或取自任何来源的词，用于标准地理实体的命名；

当已经存在标准地名，且更名不可能或不可接受时，可使用双重命名体系，或使用其他名称，作为管理和教育工具，来命名对当地原住民或托雷斯海峡岛民具有重要意义的地理实体和环境实体；

原住民或托雷斯海峡岛民地名或来自一个特定地区的词语，不得用于其他地区的正式命名；

只要可能，应收集与地名的含义和来源有关的当地历史和文化信息；

当一个具体的原住民或托雷斯海峡岛民地名存在其他拼写形式时，应在征求相关社区意见后，仅使用一种标准拼写形式。

双重名称

当一个地理实体已经有一个非原住民来源的地名，且已在社区内被广泛接受时，可考虑采用双重命名。可能出现这样的情况，一个地理实体的标准地名包括原住民地名和引入的欧洲语言（或英语）地名。

双重名称可适用于任何地理实体和划定边界的地区，如州级森林和国家公园。

双重名称不得应用于文化实体，例如，聚居地、镇或区；皇家土地保护区，开放空间的休闲公园或保护区，基础设施；人工建造的地理实体，如道路、公路、桥梁或通信塔站等。

双重命名不应认为是对地名的优待，对每一个提议都应进行调查，以确定原住民地名是否拥有充分的社区支持，以替代现有地名。

双重名称必须是当地的原住民地名。只有存在书面或口传的确定证据，最好是历史证据，证明该地理实体有两个名称时，才应使用双重命名。

确定一个地名的位置和拼写方法，应由传统所有者或作为他们代表的组织负责。如果没有，则应将提议交给语言专家。

一旦双重名称被批准，与该地区相关的路标、地图和指南都应使用两个名称。

名称的顺序

提议命名一个之前未命名的地名，且有信息表明也可采用原住民地名时，这种情况下，非原住民地名应出现在组合名称的前面，充分反映当地社区的使用情况。

如非原住民地名在广大社区中支持率很低，而原住民地名的来源和应用得到支持，则原住民地名应出现在双重名称的前面。在一些情况下，可用唯一受广泛支持的原住民地名代替不受支持的非原住民地名，不再采用双重名称。

随着时间的推移，双重名称的顺序可能改变。采用临时双重名称，是帮助从欧洲地名过渡到原住民地名的有用流程。

双重名称的描述

双重名称应始终用斜线（/）隔开，且正式批准为一个地名。例如，韦伯山脉（Weaber Range/Jemandi Winingim）。

经批准和登记的地名应出现在正式地图、文件、出版物和路标中。双重名称的两个部分应使用相同的字体、字号、风格和颜色。

征求原住民社区的意见

所有双重命名提议，都要求得到该地区原住民权利代表机构，以及相关部落长者的支持。如果地理实体覆盖一个以上的原住民土地理事会区域，如河流、山脉等，则必须寻求每个相关委员会的批准。应将书面提议发给当地原住民土地理事会，详细说明提议使用双重名称的地理实体或文化遗址的情况。

因原住民土地理事会需要召集临时会议，研究提议，因此可能要求留出充足的回复时间。如果在三个月内未收到当地原住民土地理事会的回复，地名委员会可将提议提交给原住民事务部研究，并支持其批准。

地方政府参与

双重命名提议应得到相关地方政府的书面支持。强烈建议提议者征求当地居民和社会团体的意见，用于提交地方政府研究时的支持性信息。

地理实体的命名

地理实体的命名，为识别地理实体提供了即时的标签。与所有命名流程一样，一个地区内的重名经常造成混淆和误解，虽然在过去，这样的重名在地方行政区、州和全国范围内都很普遍。

在西澳大利亚州，地球表面上的地理实体，按地名类别考虑，如河流、沙漠、森林、湖泊等，称为自然地理实体。在西澳大利亚州命名流程中，地理实体可包括自然实体、政治实体和文化实体。

命名提议

地理实体的命名提议可来自公众、公司，或地方、州、联邦政府和法定机关。所有提议应符合命名政策和标准。每项提议应包括如下信息：

提议或更名的理由；

该实体无现有原住民地名的证据；

以经纬度表示的位置，可为地理坐标或澳大利亚地图网格（MGA）坐标；

在地图上清晰地标明准确范围；

照片或示意图；

提议地名的来源和含义。

所有提议在批准前应征求相关地方政府的意见。地名委员会的任何批准或拒绝命名提议决定，将依据所提供的信息作出。

命名或更名

批准新地名或地名变更时，推荐使用以下来源：

之前在该地区认同的来自原住民语言名称；

适合该地理实体的描述性名称；

与该地区有关的拓荒者；

战争牺牲者的姓名；

与该地区相关的历史事件的名称。

不批准仅对特殊群体有意义，或与某个地区毫无关联的提议名称。

基础设施名称仅应使用所在聚居地名称。例如，火车站应使用火车站实际所在的聚居地名称。

以下情况的地理实体认为是超出当地意义的：

位于两个或多个地方行政区；

位于重要的旅游区；

作为州或联邦项目的一部分提出；

主要水道；

主要海底或海岸地理实体；

主要文化、自然或休闲景观地理实体；与重要的原住民地理实体、故事或景观相关。

地理实体重名

未命名地理实体的提议名称不得重复。重名指距离很近，或拼写或发音相同的两个或多个地名。重名可给公众和应急服务提供者造成混淆。

当已有名称存在重复，发音、拼写相似（重名），且有可能造成混淆，应与当地政府和社区进行协商，对其加以区分。

对提议的重名研究

本政策并不排除专名部分的重复，只要地名委员会认为重名不会造成混淆。这类地理实体应位于相关来源合理的距离内，如碧德卢普瀑布（Beedalup Falls）位于碧德卢普国家公园（Beedalup National Park）里的碧德卢普溪（Beedalup Brook）内。

州边界附近的地理实体名称

如地理实体位于州边界附近，必须注意避免与其他州或领地使用的地名重名。

地名类别（通名）的使用

所有地理实体名称应包括地名类型或通名，作为名称的一部分。这些词应从西澳大利亚州使用的地名类型正式清单中选择，如有需要可向地名委员会索要。地名类别的正确使用，可减少地名的混淆。

唯一的例外情况，是原住民名称或词语中已经包含详细的地名类型。

确定命名范围

所有命名提议必须定义地名适用的地区或范围，例如，一个地理实体提议必须包括图心坐标，线性地理实体必须包括详细路线。

对地理实体名称提议的决定，应规定该名称正式适用的地理实体边界。

更改地理实体名称

地理实体的标准地名应当长久不变。

地名委员会不鼓励在没有适当理由的情况下更改标准地名。不过地名委员会仍以个案处理所有提议，提议均会得到谨慎的评估。

对更名提议的研究

被要求审核一项更名提议时，地名委员会应考虑以下方面：

为使标准用法与长期存在的当地用法一致而提出的变更；

为减少命名问题而提出的提议，如贬义的名称、重名或之前根据错误信息批准的名称；

之前应个人或（公共或私人）组织要求，用于纪念或其他仅对提出人重要的原因而提出的提议；

社区强烈支持更名的证据。

公园和保护区的命名

公园和保护区命名提议

由地方政府管理的公园和保护区的命名提议应符合所有相关命名政策，且应包含明确标示拟命名地区的地图或示意图。所有提议必须由相关地方政府提交给土地信息管理局批准。

由其他管辖机构管理的公园和保护区的命名提议，在提交前应咨询相关地方政府。

公园和保护区的名称不应重复，也不应与当地行政区内现有公园或保护区名称的拼写或发音相似。

“保护区”一词的使用

如根据 1997 年《土地管理法案》，整个地区被命名为正式保护区，且已被分配正式的保护区编号，则“保护区”一词，仅可作为地名的一部分使用。地名适用于保护区的整个范围，不适用于互不相连的土地，但同一地名可适用于多个相邻的保护区。

以邻近的街道或地理实体命名

应优先以相邻的街道或地理实体为公园或保护区命名，以最有利于对该公园和保护区的识别。

如公园或保护区以邻近街道命名，道路类型不应成为保护区名称的一部分。

公园或保护区命名

大于1公顷的公园或保护区，不得使用在世人的姓名作为纪念或解释。

如果公园或保护区是为纪念个人，则其必须与该地区有长期的直接联系，为公园或保护区所在地区，为本州作出过重大贡献。这里所说的联系或贡献包括：

在地方政府议会中任职两个或多个任期；

与当地社会团体或服务团体有二十年或更长的联系；

与地方、州政府机构或组织有二十年或更长的联系；

通过个人行动，保护、恢复、加强或维护一个地区，为该社区或地区带来长期的重大改善；

为社区或组织的服务必须是自愿的；且名和姓的组合可接受。曾对土地拥有所有权不是提议命名的可接受理由，除非之前的标准适用。

社区支持的证据

公园或保护区命名的提议，应包含社区对此名称强烈支持的证据。这种支持可通过以下方式确认：

在当地报纸发布广告，邀请发表意见；

在当地图书馆张贴广告；

在公园或保护区竖立标牌，宣传提议的名称；

在公园或保护区周边地区，以书面形式向居民进行宣传；

以及向当地进步协会宣传提议的名称，邀请他们发表意见。

体育场、亭台或其他社区建筑的命名

公园或保护区的组成部分，如亭台、体育场、花园等的命名，可用于纪念对该地理实体的建立或对整个社区作出贡献的在世的社区成员。

如果公园或保护区作为整体已经命名，则此类地理实体不要求正式批准。但地名应符合命名政策和标准，以确保在西澳大利亚其他地区没有重名。这有助于应急服务提供者在有需要时提供早期响应。

应将此地名通知地名委员会，以确保该地名、其出处和位置被记录，并包含到地图中。

公园和保护区的更名

为公园和保护区选择的名称是为长久使用的，不鼓励为这些地理实体更名。如果在特殊情况下，提议为公园或保护区更名，应将申请提交给地名委员会研究，地名委员会将认真评估申请的好处。

任何更名必须提供广大社区支持的证据。

聚居地名称和边界

聚居地（也称为郊区）是明确定义的独特行政地理区域，以便准确确定房产街道地址，并支持及时送达服务。

向地名委员会提出创立或更改聚居地的名称或边界申请，可能由公众、地方政府或其他政府机构提出。许多情况下，对聚居地的更名，由相关地方政府机关发起。例外情况如下：

当聚居地跨两个或多个地方行政区时，所有影响到的地方政府将被要求协调命名、更名或边界变更；当考虑命名为新聚居地的地区，归某个正在进行大型土地再开发项目的政府部门或机关管辖。

聚居地名称的选择

选择聚居地名称，必须考虑地名对广大社区的影响。选择地名时，应认识到聚居地名称可能要担负展现特定历史、地理渊源或与另一个州或领地的连接作用。对此类关联的调查，必须包含在确定新聚居地名称的评估中。

澳大拉西亚地名委员会（CGNA）的《地名一致性使用指南》，要求所有聚居地名称提议必须与其他州或领地进行磋商，以确保提议名称不在其他管辖区的保留备用名称清单中。土地信息管理局将代表提出命名提议的地方政府，协助进行此类磋商。

各管辖区可随时提交聚居地名称给澳大拉西亚地名委员会（CGNA）列为待批准状态，澳大拉西亚地名委员会将根据申请理由，对申请进行评估，确定是否批准。经澳大拉西亚地名委员会批准后，提议的聚居地名称将保留在批准清单中 5 年，除非该地名已正式使用，或被提交申请的管辖区撤回。已批准的聚居地名称在 5 年后允许续期，但需要向澳大拉西亚地名委员会提出申请。

合适的聚居地命名标准

新聚居地名称应突出西澳大利亚州特点，并与该地区有直接关联。可从以下类别中选择地名：

原住民名称——地理实体或描述性名称；

地点名称或早期地产名称；

早期探险者、拓荒者或在该地区定居者；

国务活动家或前西澳大利亚州政治家；

与西澳大利亚州有关的船只或事件，产自该地区的植物或动物；

聚居地不应以在世人的姓名，或以与该区没有或少有重要联系的人名命名。

聚居地名称的重复

聚居地名称在澳大利亚范围内不得重复。

聚居地名称不得与澳大利亚其他聚居地使用的名称在拼写或发音上相似。例如吉拉温（Girraween，北部领地）、吉拉温（Girraween，新南威尔士州）、吉拉温（Girraween，昆士兰州）或吉拉韦恩（Girrawheen，西澳大利亚州），奥尔福德山（Mount Alford，昆士兰州）和艾尔福雷德山（Mount Alfred，维多利亚州）。

聚居地名称的长久性

聚居地名称及其边界长久使用，只有理由充分时才应更名。如果由于特殊的情况提议更名，则将适用通用政策。

聚居地的双重名称或其他名称

一个聚居地应只有一个标准地名。聚居地不得使用双重名称或其他名称。

使用原住民名称作为聚居地名称

地名委员会支持使用原住民名称作为西澳大利亚州的聚居地名称。任何由原住民来源衍生的聚居地名称，必须是该地区使用的名称，且应经原住民社区同意。同意的证据必须随附在命名提议中。

如可能，原住民社区和名称可用于聚居地名称。

如聚居地名称来自原住民语言，且存在书面格式，应与书面格式一致。

地产名称、宣传性名称、社区名称和地区名称

用于房地产营销的小区或开发区的地产名称、小区或宣传性（冠名）名称，不得用于替代正式聚居地名称。此类名称破坏街道地址的正确使用，可能给应急服务提供者和未来居民造成困惑，不应在西澳大利亚州得到官方认可。

此类名称只可由开发商在开发早期用于营销文件中，且必须与正式聚居地名称结合使用，在房屋或土地销售广告或一般通信中，不得在未使用正式聚居地名称的情况下使用，例如，兰福德地产（Ranford Estate）、坎宁谷（Canning Vale）或布赖顿地产（Brighton Estate）、巴特勒（Butler）。

使用此类地名时，应符合通用命名政策和标准，如避免重名，且当地产实际位于一个聚居地内时，仅使用聚居地名称作为地产名称。

所有此类名称，均应通知土地信息管理局，以便其被记录下来作为参考，并有助于协调应急响应。

现有基础设施的名称，如购物区、学校和其他设施，不应作为聚居地的适合名称，除非其符合通用命名政策和标准。

聚居地的更名

正式的聚居地名称长久使用。更名提议必须提交给地名委员会，且必须符合相关命名政策。只有能够证明有充足的理由，更名申请才可能成功。提议的名称应符合命名政策和标准。

在下列情况下，提议可能不会成功。

提议寻求采用一个开发商的地产名称、宣传名称，旨在支持其开发；

提议寻求采用现有基础设施的名称，如学校、购物区、医院等；

提议名称与该地区毫无关系，或为编造的名称；

提议的名称与澳大利亚一个现有聚居地名称重名或拼写、发音相似；

提交的支持性请愿书仅代表一方观点；

地方政府不支持提议；

未进行广泛的社会调查；

提议没有得到当地社区的强烈支持；

提议是在城市开发后对一个聚居地的全部或一部分进行更名。

聚居地边界描述

确定新聚居地边界，或更改现有聚居地边界，应考虑如下事项：

所有边界应明确定义，应连贯，且不得与另一聚居地边界重叠；

聚居地应与道路中心线（主要公路、划分的车道和铁路），地籍信息，或明显的地理实体，如河流、海岸线、溪流保持一致；

如果自然地理实体，如水道用作聚居地的边界，则边界应采用此类地理实体的中心线；

聚居地不应定义为另一聚居地内的孤岛。例如，所有聚居地应与两个或多个其他聚居地，一个其他聚居地及一个州或海洋共用边界；

聚居地边界不应将符合社区利益的地区分隔开；边界不应将单块土地或地块平分。地名委员会可能考虑批准的例外情况，可能包括大面积的土地，如森林、湖泊或国家公园。

更改边界

当向一个地区有效送达服务受到阻碍，不能确定正确的街道地址，土地被继续开发，或修建了新的主要道路时，将需要更改聚居地的边界。

如果确定更改将给社区带来巨大好处，则会实施更改。这些好处包括：

更改支持西澳大利亚州警察局、应急服务提供者和澳大利亚邮政局的要求；

更改缓解社区进出一个地区的困难；

提议对整个社区有好处；

地区的面积和提议的边界；更改支持 AS/NZS 4819：2011 规定的正确街道地址要求。

为主观感觉或经济利益提交的更改提议将不被支持。

聚居地大小

聚居地不应小到无法与周边地区区分，但为实用目的，其大小应合理。

城市和农村聚居地的大小和地块数量要求如下：

城市开发聚居地应至少 100 公顷，地块数量最少 1,000 个，最大面积 10,000 公顷，城市聚居地的理想面积约为 500 公顷。

农村开发聚居地最小应为 1,000 公顷，没有最大限制。农村聚居地的理想面积约为 2,500 公顷。

地方政府和州边界

当一个聚居地跨两个或多个地方政府边界时，应对聚居地边界进行审核，使之与地方政府边界一致。

聚居地边界不得超出西澳大利亚州边界。

邮政编码

澳大利亚邮政局负责分配四位数的邮政编码。这些编码是为协助有效处理和送达邮件，按地理区域分配的。

分配新的邮政编码或现有邮政编码的决定，是根据操作效率确定的。为此类决定提供支持的方面包括澳大利亚邮政网络的配置、交通连接情况和递送安排。

地名委员会在审核所有聚居地边界的提议时，应考虑澳大利亚邮政局的要求。

聚居地审核

应定期对受到城市发展和住宅加密影响地区的聚居地边界进行审核，并在适当时予以更改。

此类修改将确定边界是否仍然能够充分定义该地区的现有状况。如果大规模的开发创造出一个独立区域，与周边景观区分开来，或由于主要道路的建设形成一个小区，则地名委员会可能认为有必要建立新的聚居地。

政府机构和应急服务

负责提供公共服务和应急响应服务的组织，可提交建立或更改聚居地的建议或提议。只有能够证明更改符合社区的最大利益时，才能提交该提议。此类提议应包括以下信息：

地方政府应考虑建立或更改聚居地的详细背景信息；

提议的名称及清晰显示提议聚居地边界的地图或示意图；

所有历史资料、支持性文件和详细参考信息，说明提议名称和边界被认为是适当的；

说明提议的名称和边界符合本文件中规定的政策；

收到提议后，地名委员会将与相关地方政府联络，地方政府将审核提议。如果其同意该提议，将启动正式批准流程；

如果一项申请是为公共安全考虑提出的，应要求相关地方政府部门在30日内回复，并在初次回复召开的一次会议中处理该请求。

地名委员会研究聚居地边界提议

如果地名委员会批准命名申请，将与相关地方政府协商，向广大社区宣传该提议。如果在征求意见期间没有收到反对意见，地名委员会将继续处理提议。

如果提议在征求意见期内收到反对意见，地名委员会将延迟进行进一步处理，并就反对意见与地方政府联络。如有要求，此问题将提交地名委员会研究。

如地名委员会认为提议符合命名政策和标准，且符合社区的最大利益，将建议正式批准提议。

如地名委员会认为提议不符合政策，提议将被退回给相关地方政府，要求提供进一步信息，或建议重新拟制提议，使之在将来被接受，进行研究和批准。

道路名称和范围

道路命名

在西澳大利亚州，道路名称是标准化的，以协助应用正确的地址信息，并确保采取一致的方法，以有利于应急服务、交通和货物交付。如果不采用既定的道路政策，应急服务的提供、公用事业和邮政送达都会受到影响。

在西澳大利亚州，应适用以下道路命名政策：

所有道路均需命名，包括通常向公众开放或用于服务提供的私人道路，包括但不限于：

公路、快速路和高速公路；

综合设施，如大学、医院和退休村内的道路；

保护区、州级森林、水源保护区和其他政府管理的土地上的道路，以及行人专用道路，如商业街或台阶。所有道路命名提议均应提交给土地信息管理局批准；

主要州级道路的命名应符合命名政策和标准，且应提交土地部部长批准。名称选择流程应包括与相关州和地方政府机构磋商，且应包括征求广大社区的意见。

任何命名、更名或扩展道路的提议，应明确标明该名称适用的道路全长。道路的长度应是从起点到终点的距离，包括位于这两点间的转弯，划分的车道和弯曲部分。

道路名称不应模糊或给道路使用者造成困惑。道路名称应适用于单一、清楚、无障碍的道路，从 A 点到 B 点，清晰合理。

道路不适合使用双重命名，这样的提议不会批准。

道路名称的提议应包括以下信息：

提议或更名的理由；

道路名称的出处和来源；

地方政府所在地、聚居地和地产名称；

在地图上标明范围和起止点；

照片或示意图；以及任何其他支持性信息，如历史文章、参考资料、出版物等。

公共道路

公共道路是指任何开放的、专用的或官方公布的公共道路，无论是依据1977年《土地管理法案》第二部分一般性管理，第三节概述，或依据其他法案。

作为提交提议的前提条件，所有创立、扩展或表明道路地界的调查文件，必须显示正确的批准道路名称。如果没有批准名称，新道路名称必须由土地信息管理局正式批准后，才可提交调查文件。为加快此流程，开发者或其代理应提交一份概念规划，及道路名称提议给相关地方政府。然后，由地方政府将名称提议提交土地信息管理局批准。

私人道路

私人道路是不向公众开放或用于其他服务的道路。

为居民和企业提供的应急服务和其他服务的送达，经常因私人道路名称没有正式登记而受到阻碍。为了减少这种混乱，标准化地址分配及支持应急服务，所有道路命名政策和地址确定标准均应适用。对此类道路，将按正常命名申请处理，并提交给土地信息管理局批准。

私人道路包括但不限于：

通向斧形街区的道路或车道；

在社区详细平面图中显示的道路；

各类集群开发区中的道路；

私人地产上的道路，如房车停车场中的道路；以及其他形式的“通行权”。为私人地产上的道路命名，并不意味着土地信息管理局、秘书处、地名委员会或土地部部长，除保证该道路名称符合西澳大利亚州要求的命名政策外，接受对该道路的责任。

保留道路名称

地方政府可要求合格的道路名称自批准之日起在其边界内保留使用5年。如果该地名在批准后5年内未使用，该道路名称的批准和保留无效。经申请，可延长保留期，但如果未延期，道路名称即可供其他政府申请使用。

申请使用保留清单上的名称，需书面提交，且必须列出正确的拼写方法及提议名称的出处，才能根据当前的命名流程审核其适宜性。

审核结束后，土地信息管理局将向地方政府提供清单，列出经正式批准并在道路名称数据库中保留的合格道路名称。

商业街和人行通道命名

商业街和人行通道应根据现行道路命名政策和标准命名，名称应记录为私人道路名称，需要时，可用于分配道路地址。

如商业街或公共通道是作为正式保护区修建的，名称要求与实际保护区相同，则该名称应单独作为道路名称和地理实体名称（保护区）记录。

道路范围

巷道和短路

城市的新发展和再开发带来人口密度的增加，使许多短而窄的巷道和通行权道路需要名称。如果巷道需要一个名称来确定地址，或经调查已成为公共道路，则应命名。

此类道路的命名是受到支持的，且应优待使用道路类型“巷（LANE）”及不超过6个字母的短地名。斧形地块的岔道不应当作巷道。

短的道路，如只有5个或更少地址，小的不开放道路，或私人道路，未来不会加长，或不会增加地址，可能不需要单独的地名。如果需要地址号，可分配到其连接的道路上。

连续通行的道路

命名道路应只包括车辆通行的一段道路。如果一条道路被分隔成为两条不相连的通行路段，则应分别命名。通常的分隔物包括未架桥的河流、步行路段、栅栏等。

如果分隔物是以下情况，上述要求不适用：

被安全岛分开的同一道路的两侧；分类公路的一部分，通过城镇时被有一个当地名称的路段分开。

道路名称的组成部分

道路名称元素

每一条道路的名称，均应包括一个单一的名称元素，后面跟随道路类型，如史密斯路（Smith Road）、琼斯街（Jones Street）等，而不能用黑天鹅道（Black Swan Drive）、约翰·史密斯大街（John Smith Avenue）。

一条道路全程应使用一个名称。

不得使用不包含通名的道路名称，类型举例：大道（Broadway）、堤道（Causeway）、大街（The Avenue）、林荫大道（The Boulevard）、滨海大道（The Esplanade）、小街（The Mews）、海滨（The Strand）等。

道路类型

所有道路名称均应包括通名。

通名必须从《AS/NZS 4819：2011 农村与城市地址的确定》的“附录 A，通名——澳大利亚”的列表中选择。本文件“第 9.2 节：适合在澳大利亚使用的通名”提供了此列表。

通名的选择，应能传达道路的功能和特点，如通名的“说明”栏的描述。

通名不得用于区分发音相同或相似的不同道路名称，如里德街（Reed Street）、里德新月形街（Reed Crescent）和里德道（Reed Way）。此类道路应认为是重名，不能接受。

这种情况也适用于发音相似的名称，如里德街（Reed Street）、里德新月形街（Rede Crescent）和里德道（Reid Way）。

不可接受的道路名称

如“第 2.2 节，地名的特点，以‘THE’开头的名称”中规定的，定冠词“the”不应批准用于道路名称，例如，木栈道（The Boardwalk）、滨海大道（The Esplanade）、海滨（The Strand）等，不再是可接受的道路名称。

通名不得作为名称元素的一部分，如天鹅全景路（Swan View Road）、南山顶路（Southern Crest Road）、海滨景观路（Beachview Drive）、湖景大街

（Lakeview Avenue）、全景街（View Street）或林荫道（Boulevard Way）。

道路重名

同一个地方政府辖区中不得有重名的道路，无论道路类型是否相同。提交批准的道路名称不得存在以下情况：

包括与现有道路名称拼写相似；

与现有道路名称发音相似；

与现有道路名称在同一聚居地；

在相邻聚居地；

在同一地方行政区；

在一个大城市周边地区重复 6 次以上，天鹅河（Swan River）北面 3 个，南面 3 个；

在西澳大利亚州重复 15 次以上；

在一个大城市周边地区，与现有重名道路距离小于 10 千米，以及在农村地区，与现有重名道路距离小于 50 千米；

这些情况还适用于发音或书写相似，以及在发音相似的郊区，距离超过 10 千米，如弗里斯特弗尔德（Forrestfield）/弗里斯特德尔（Forrestdale）、伍德布里奇（Woodbridge）/伍德里奇（Woodridge）、弗里曼特尔（Fremantle）/东弗里曼特尔（East Fremantle）等。

相邻地方政府辖区的道路也应避免重名。

更改道路命名

道路名称是为长久使用的。除非有充分的理由，不鼓励为道路更名。可认为支持更名的理由如下：

道路布局重新设计；

交通流量变化；

邮件送达问题；

原地名容易拼错；

重名问题；以及房产街道地址确定问题。当一条道路被改成不开放式道路，成为两条或多条分开的路段时，有必要重新命名。这样的分隔可能给应急服务和其他服务送达该地区带来困难。为一个路段重新命名，也可用于解决地址编号问题。

提交更改道路名称时，选择的新名称应符合所有必要的命名政策和标准。

对于地区性道路，更名必须获得广大社区的支持；对于地方性道路，则必须得到受影响的土地所有者和居民中大多数人的支持。

还应考虑应急服务对于道路命名明确性的要求。

提议通常要求得到地方政府的支持，但土地部部长对此类问题拥有最终权力。

被认为不重要或不必要的道路更名申请将收取服务费用。

环状路和旋转路的命名

环状路和旋转路是指车流穿过中央环岛顺时针通行的交叉路口，用来控制车流，缩短时间耽搁，解决大量车流的问题，提供充分的视野距离。这二者的主要区别是，旋转路的直径远远大于环状路。

环状路和旋转路的所有进出通道，必须明确命名，并设立足够的标牌。

环状路

环状路是一种环形交叉口，专门为控制车流而设计，其特点包括所有进入车流的流量控制，车道指引，曲线车道，以及引导合理车速，还具有提供人行道和自行车道的特点。

环状路不应有名称或设立地址。

旋转路

旋转路的特点是直径很长（最短 40 米）。与环状路不同，在旋转路上，对于一些车辆，可能要求变道。

旋转路可命名，但此类申请必须符合以下要求：

州公路的旋转道命名应咨询西澳大利亚州主要道路管理局（MRWA）；

旋转道的命名应咨询有管辖权的地方政府；

旋转道路名称应唯一，在西澳大利亚州不得重名；

旋转道路名称应短，且最好是当地原住民出处的名称；

旋转道路名称不得与其他交叉道路相同；

旋转道路上不得设立地址。

州级道路

主要道路管理局（MRWA）负责管理西澳大利亚州所有快速路、高速公路和主要道路，统称为州级道路。管理范围也包括与州级道路相关的匝道和旋转道路。

交通部部长要求，所有由州政府出资新建的道路，主要道路管理局应在建设前与州政府协商确定合适的名称。然后建议州政府是否选择该名称，或是否由主要道路管理局向社区征求意见，或采取其他行动确定适当的地名，供州政府考虑。主要道路管理局将州政府选择或批准的名称通知给土地信息管理局。

本文件中规定的命名政策和标准应适用于所有命名行动。

政府管理土地上的道路

联邦、州、领地、地方政府机关或机构，负责管理其管辖土地上的道路，应与土地信息管理局联络，制订命名方案和流程。

本文件中的命名政策应适用于所有此类命名活动及道路范围。选择的名称以及可能名称的出处，应转交给土地信息管理局，以便此信息能在州地名辞典中记录。

旅游大道/线路

为协助向海外和东部各州的游客推广西澳大利亚州多样的景观、风景和其他“特殊地点”，可建立州级旅游大道。

州级旅游大道应为具有全州意义的优质道路，以其能够展现并连接本州一些独特的自然地理实体或特别的风景区而被选中。

旅游大道必须为游客提供有意义的线路，与众不同的感受，促进本州的旅游业。

应要求被确定为旅游大道的道路保持高标准。如果不遵守标准，这类大道的价值就会削弱，这一方案的价值也会消失。

一条仅连接国家公园、州级森林、观景点或其他人造或自然地理实体的线路，不足以被指定为州级旅游大道，它们可以用来加强旅游大道的作用，但不能将旅游大道作为唯一的目标。同样，一条连接城镇普通地理实体和设施的线路，也不构成成为旅游大道的依据。

地方景观大道

如果一条线路不符合州旅游大道的评估标准，被认为是具有合理的旅游价值的，可认定为地方景观大道。

如果一条线路没有任何旅游价值，且会带来误导或负面影响，则不能批准成为景观大道。

一般评估标准

应按以下标准对旅游价值进行评估：

旅游大道/线路必须具有重要的旅游资源，应提供一系列重要风景或自然地理实体，应比正常线路上的一般地形或风景具有更大的吸引力；

线路的主题和名称必须反映独有的特点，且不与其自然或物理环境或本州或国家的任何其他正式地理实体、道路或线路发生冲突；

不应批准线路使用无特色名称，如"海洋旅游大道（Marine Tourist Drive）"、"遗产旅游大道（Heritage Tourist Drive）"或"野花旅游大道（Wildflower Tourist Drive）"，因为它们不是本州一个具体地点独特的线路；

旅游线路不应依赖于仅具有季节性吸引力的旅游资源，也不应依赖于并非永久性地理实体的旅游资源，如野花；

提议的旅游线路应由相关地方政府、地方游客中心、西澳大利亚州旅游委员会，以及当地社区和企业的批准；

对可能不熟悉当地情况的驾驶员提供安全保障；

仅包括封闭的维护道路，避免危险的直道或坡道，以及不适合大量旅游者车流的单行道；

不应是干线道路（如主要地方政府道路及国家或州级高速公路），只能在必要时使用干线道路一段较短的距离（不超过 5 千米），以保护旅游线路的连续性；

不得位于建成区或市中心；

避免可能被货车或其他非旅游车流拥堵的十字路口或道路交叉；以及能够引导驾驶者回到主要线路的路标。游客的舒适度固然重要，但有时将无法提供标准的游客服务和设施，如食宿、加油，或旅游信息，特别是在本州的边远地区。

有关整个地区的旅游信息，包括宣传册、地图指南，应在游客中心或线路上的服务点提供。只要有路边信息服务区，该区地图上就应标明旅游路线。

申请旅游线路的认可（略）

对现有州级旅游大道/线路的审核（略）

州级景观大道、旅游大道和线路的确认（略）

命名程序

西澳大利亚州所有道路、行政边界及地理实体的命名及其正式边界的提议，应符合本文件规定的命名政策和标准。

提交名称申请

任何人均可直接向土地信息管理局提交道路、行政边界或地理实体的命名、更名提议，均应以书面方式提交，并要求包括所有必要的支持性信息。

此类提议，在发给土地信息管理局前，应提交给相关地方政府，要求其提供意见或批准。所有直接提交给土地信息管理局的申请，在采取进一步行动前，将被转交至必要的地方政府，要求其提供意见或批准。

所有命名提议必须包含如下信息：

提议的理由；

详细说明新修改名称具备合理性；

提议名称符合本文件规定政策的证据；

如果提议不符合政策，需要有证据证明该名称具有正当理由，包括征求应急服务和其他服务提供者意见的证据；

待研究的道路、行政边界或地理实体的地点（包括相关聚居地和地方行政区）或范围；

表明需命名地区或道路整个范围的地图或示意图；

有关已进行的任何征求公众意见的信息，或收集到的支持证据；

如提议不需提交给地方政府，应取得地方政府支持的证据；

如提议名称出自原住民名称，应提交相关原住民群体意见证据；

如提议命名或更名的名称，跨两个或多个地方行政边界，应提交所有相关地方政府意见的证据；

提议者的详细联系方式。

适宜性调查

收到道路、行政边界或地理实体命名或更名提议后，土地信息管理局将对申请进行调查，确保其符合本文件规定的政策。

如申请不完全符合政策，土地信息管理局可协助提议者修改提议，以保证其符合性。如提议被认为轻率，则会被拒绝，而不予以进一步考虑。

对于使用来自原住民语言名称的提议，尚未进行或完成向相关原住民群体征求意见的，土地信息管理局可提供协助。

如提议是依据本文件规定的政策提出的，则不要求向应急服务或其他服务提供者征求意见。这些政策是与利益相关者磋商制定的，已经包含其命名要求。

一旦提议符合政策和程序，则应继续进行批准标准地名。如不完全符合政策，申请人可将此问题提交给地名委员会在其下一次季度会议中进一步研究。

处理申请

确保申请符合必要的政策后，土地信息管理局地名团队官员将采取行动，准备正式文件。文件包括命名提议的摘要，拟应用地名的地点，以及清晰、准确的地图或示意图，标明道路、行政边界或地理实体的具体范围和位置。文件将提交给地名委员会执行官批准。

提交给地名委员会的提议，连同提议者提供的用于支持命名的所有相关来往信函和文件，将用于委员会会议。

如地名委员会批准提议，将准备一份批准文件，供地名委员会主席批准。正式批准后，将通知提议者。

如地名委员会选择不批准该名称，地名团队将告知提议者拒绝的理由。

新名称或更改名称的批准

经授权，地名委员会执行官代表土地部部长批准提议。由地名委员会建议的批准书将由地名委员会主席批准。

一旦名称被正式批准，新名称或更改名称将纳入州地名辞典。有关名称的出处、位置、演变、历史名称（如有）、名称所在的地方政府和聚居地，以及正式批准的日期，也将同时记录。

新批准名称的通知

批准经处理并纳入州地名辞典后，将通知所有提议者及涉及的地方政府。此信息将被纳入土地信息管理局的核心系统和产品。

应要求地方政府（或提议者）确保将新名称或更改名称通知其他利益相关者或服务提供者。

道路类型

适合在澳大利亚使用的道路类型

下表摘自 AS/NZS 4819：2011 附录 A：“道路类型——澳大利亚”。西澳大利亚州使用的开放式道路、非开放式道路，或仅供人行的道路类型应从此表中选择。

道路类型	缩写	说明	开放式	非开放式	仅人行
胡同（Alley）	Ally	通常为城市或乡镇中狭窄的道路，通常穿过城市街区或广场	√	√	
通路（Approach）	App	通向公众感兴趣场所的道路（如公共开放空间、商业区域、沙滩等）	√		
拱廊（Arcade）	Arc	带拱形顶棚通道，或任何带顶棚的通道，特别是两侧有商店的			√
大街（Avenue）	Av	通常两侧种植树木的宽阔道路	√		
木栈道（Boardwalk）	Bwlk	步行区或小路，尤其指以木板铺成的，供行人，及有时供车辆，观赏海边或水边风景			√
林荫大道（Boulevard）	Bvd	通常以树木或小块草坪装饰的，平坦宽阔的道路	√		

续表

道路类型	缩写	说明	开放式	非开放式	仅人行
防火带（Break）	Brk	原准备用作防火带的表面成型或未成型的车辆通道	√		
辅道（Bypass）	Bypa	使车辆能通过拥挤区域或其他有障碍区域的替代道路	√		
下山路（Chase）	Ch	通向山谷的道路	√	√	
环路（Circuit）	Cct	环绕一个区域的道路	√		
封闭道路（Close）	Cl	短的封闭道路		√	
中心环道（Concourse）	Con	围绕一个中心区域（如公共开放空间或商业区域的道路）	√		
短巷（Court）	Ct	短的封闭道路		√	
新月形街道（Crescent）	Cr	新月形交通通道，特别是当两头归入同一条通道的情况	√		
山顶路（Crest）	Crst	通向山顶或山峰的道路	√	√	
快车道（Drive）	Dr	没有太多横街的，可持续通过车流的宽阔道路	√		
入口（Entrance）	Ent	连接其他道路的道路	√		
滨海/滨河大道（Esplanade）	Esp	沿海滨或河岸修建的平坦道路	√		
消防通道（Firetrail）	Ftrl	原准备用作防火带的成型或未成型的车辆通道	√		
高速公路（Freeway）	Fwy	高速多车道的快速路，进入受限或受控	√		
林间道（Glade）	Glde	通常为树林覆盖的山谷中的道路	√	√	
农庄路（Grange）	Gra	通往农庄、中心地点、公共开放空间、购物区等的道路	√		
林荫道（Grove）	Gr	有一丛丛树木的道路	√	√	
公路（Highway）	Hwy	主要道路或通道；主要路线	√		

续表

道路类型	缩写	说明	开放式	非开放式	仅人行
巷（Lane）	Lane	墙壁、建筑等中间的窄路；狭窄的乡村或城市道路	√	√	
环线（Loop）	Loop	从主路离散再加入主路的道路	√		
商业街（Mall）	Mall	有顶棚的人行道、步行区或购物区			√
小街（Mews）	Mews	一组房屋中的道路		√	
行进路（Parade）	Pde	公共的人行道或两侧有良好行人设施的车行道	√		
景观道路（Parkway）	Pwy	通过公园或开放草地的道路	√		
过道（Passage）	Psge	用于行人的狭窄街道			√
小路（Path）	Path	通常用于行人的道路			√
小马路（Place）	Pl	短的，有时狭窄的道路		√	
广场环路（Plaza）	Plza	包围一个区域的四面道路，使之形成一个市场或空地		√	
步行区（Promenade）	Prom	拥有大量公共设施用于休闲散步的道路；公共散步场所	√		
埠头（Quays）	Qys	通向水边或伸入水中的卸货港道路	√		
匝道（Ramp）	Ramp	公路或高速公路上下口	√		
秘密通道（Retreat）	Rtt	形成一个隐蔽地的道路		√	
山脊路（Ridge）	Rdge	沿山脊而建的道路	√		
上坡道（Rise）	Rise	通向较高地点或位置的道路	√	√	
道路（Road）	Rd	主要供车辆使用的开放道路或公共通道	√		
广场环道（Square）	Sq	围绕一个用作空地的区域或建筑群的四面道路	√	√	
台阶（Steps）	Stps	主要由台阶构成的通道			√

续表

道路类型	缩写	说明	开放式	非开放式	仅人行
街道（Street）	St	乡镇、城市或城市地区的公共道路；特别是一侧或两侧有人行道和建筑的经过铺设的通道	√		
地下道（Subway）	Sbwy	地下通道或隧道，供行人穿过道路、铁路或河流等			√
街巷（Terrace）	Tce	两侧房屋通常高于路面的道路	√	√	
小道（Track）	Trk	单行道。通向自然林区的公路。“小道（Track）”和“小径（Trail）”的解释限于公路，但在许多地区［如塔斯马尼亚州（Tasmania）］，这两个词更多地与步行而非车流相关联	√		
小径（Trail）	Trl	见“小道（Track）”	√		
全景路（View）	View	俯瞰周围地区全景的道路	√	√	
观景路（Vista）	Vsta	能够观赏风景或景观的道路	√	√	
人行道（Walk）	Walk	仅用于行人限制通行的通道			√
道（Way）	Way	从一个地点到另一个地点的道路，通常不像大街（avenue）或街道（street）那样直	√		
码头（Wharf）	Whrf	码头上的道路	√	√	√

适合在西澳大利亚州使用其他道路类型

除了上述道路类型外，还有一些例外情况，可能要求使用其他前缀或后缀。

“道路（Jalan）”一词，作为用于科科斯（基林）群岛（Cocos［Keeling］Islands）和圣诞岛（The Territory of Christmas Island）上的道路名称。“道路（Jalan）”一词是马来语中的道路或街道，例如，古鲁路（Jalan Guru）和霹雳路（Jalan Perak）。

用于描述小路或小道的原住民词语也可使用。例如，“巴南（Banan）”

一词仅在金伯利（Kimberley）地区作为道路类型使用，例如：Berewereng Bannan 和 Templetonia Banan。

政策和标准的升级

随着空间信息的持续进步和更新，有必要随时对政策和标准进行升级，以确保体现最新的地名命名标准。

升级需要由地名委员会批准，并由土地部部长签署。所有修订均会通过土地信息管理局网站提供给地方政府和公众。

升级记录

版本	日期	章节	修订
草案	06/12/2012	整个文件	由地名委员会签署
1.0	01/01/2013	整个文件	首次下发
1.1	31/01/2013	第 4.4 节	将“当地原住民土地理事会”更改为“本地权利代表机构”
1.2	11/02/2013	第 8.1.2 节	将“道路命名政策和标准”更改为“道路命名政策和地址确定标准”，将“作为标准命名应用”更改为“作为常规命名应用”
1.3	20/05/2013	第 6.1 节	增加“公园和保护区的名称不应重复，也不应与当地行政区内现有公园或保护区名称的拼写或发音相似”
1.4	13/06/2013	第 7.3 节	第一段，将“命名政策和标准（naming policies and stands）”更改为“命名政策和标准（naming policies and standards）”
1.5	15/07/2013	第 3.8.1 节	增加“昵称或其他非标准名称，也可以使用，但仅应与姓结合使用，如斯诺·班尼特公园（Snow Bennett Park）。是否批准此类名称，由地名委员会裁量，但优先考虑仅使用姓。使用回升的名称，如哈罗德·‘斯诺’·班尼特公园（Harold ‘Snow’ Bennett Park）将不予考虑”
1.6	30/07/2013	第 3.11 节	增加“澳新军团（Anzac）是一个专有名词，首字母大写，其余字母小写。ANZAC 一词在澳大利亚与新西兰军团（Australian and New Zealand Army Corps）作为军队或战斗群时使用，如‘澳新军团登陆’或‘澳新军团部队’。在澳大利亚、新西兰和英国都实施立法保护‘澳新军团(Anzac)’一词的使用”
1.7	21/08/2013	第 1.2.1 节	将“土著居民事务部”更改为“原住民事务部”，将“环境与保护部”更改为“公园与野生动物部”

续表

版本	日期	章节	修订
1.8	15/10/2013	第 3.13 节	将“为社区建筑、基础设施和其他设施命名，是用来以可见的、持久的方式纪念值得认可的个人和团体的机会，也是强调地标、地理实体或历史事件的机会，不应被轻视”更改为“为重要的社区建筑、基础设施和其他设施命名，是用来以可见的、持久的方式纪念值得认可的个人和团体的机会，也是强调地标、地理实体或历史事件的机会，不应被轻视”。 将“可使用在其专业技术领域获得国家认可的人物姓名；”更改为“可使用在其专业技术领域获得州、国家或更高层级的认可至少十年的人物姓名。”

引用文件

本文件引用了以下文件：

《AS 1742.6-2004 统一交通控制设备手册——旅游和服务标志》

《AS/NZS 4819：2011 农村与城市地址的确定》

1980 年（联邦）《澳大利亚二百周年纪念授权法案》

1900 年《澳大利亚联邦宪法》（宪法）

1957 年（联邦）《防务（禁止使用的词语和字母）条例》

1907 年《选举法案》

政府间测绘委员会（ICSM），2012 年 4 月《地名一致性使用指南》（包括《原住民与托雷斯海峡岛民地名使用指南》和《双重命名说明指南》）

1997 年《土地管理法案》

2007 年《土地信息法案》

2007 年《土地信息条例》

1995 年《地方政府法案》

依据 1920 年《战争预防法案废止法案》修订的 1921 年第 2 号法定规章《澳新军团（Anzac）一词保护条例》

《澳大利亚宪法》第 52（ii）节

海底地理实体名称和海洋地点名称情况说明——澳大利亚航道测量服务局

定义、术语和缩略语

AAD	澳大利亚南极管理局
缩写 （Abbreviation）	一个词或词组的简短形式。通常包括从该词或词组中取的一个字母或一组字母。例如，abbreviation 这个词本身，可由 abbr.、abbrv 或 abbrev 代表
入口 （Access point）	道路上使公众可到达一个地址的位置
首字母缩略词 （Acronym）	由一个固定的词组或一组词的首字母或一组字母构成的词，如 ANZAC 代表澳新军团（Australian and New Zealand Army Corps）
地址 （Address site）	一个被分配地址的地点
AHS	澳大利亚航道测量服务局
其他名称 （Alternative name）	同一个地理实体的另一个名称
ANPS	澳大利亚国家地名调查局
’ （Apostrophe）	“’”用于替代一个词中省略的字母（如 cannot=can’t），表示所有格（如 Jane’s room），及用于复数形式、一些数字和缩写中
批准 （Approval）	通过授权机构代表土地部部长允许使用道路、行政边界或地理实体名称的书面报告
ASEPSW	联合国地名专家组（UNGEGC）23 个语言/地理小组之一，亚洲东南部太平洋西南部小组
双名 （Binomial）	由两个名称或术语组成或与之有关
CNGA	澳大拉西亚地名委员会
：（Colon）	“：”用于直接指向下面的事项（如清单、解释、引用或应用）
， （Comma）	“，”用于表示一个句子在语法结构上分隔不同的部分
—— （Dash）	“——”用于表示一个句子的思想或结构的停顿
定冠词 （Definite Article）	“The”是英语中使用的唯一定冠词。用于限制一个名词的含义，使其指代说话者/书写者与听众/读者都知道的东西
双重名称 （Dual name）	由两个必须同时使用的名称组成的名称，通常是一个原住民名称，一个欧洲语言名称
当地地名 （Endonym）	在地理实体所在地出现的，正式的或长期使用的地理实体名称

续表

AAD	澳大利亚南极管理局
长期使用的地名（Established Name）	持续在书面和口语中出现的地名，且有历史或当前的书面材料或民俗支持
悦耳（Euphonious）	声音令人愉快，好听，和谐
外来名（Exonym）	地理实体所在地区以外的某个语言中使用的地名，与地理实体所在地的正式语言或长期使用的语言的形式不同
成形的（Formed）	与道路相关时，指道路修建或准备用于车辆或行人通过
地名辞典（Gazetteer）	地理辞典或包含有关地理实体、聚居地和道路的重要参考信息的辞典，可包含一个地方的位置、地理实体的面积、来源或演变等信息
GBRMPA	大堡礁海洋公园管理局
通用（Generic）	关于或描述整个群体或类别，一般的
地理的（Geographic）	来自或关于地理的；与一个特定地区地形相关的
地理实体（Geographic Feature）	地球上的要素。有两种类型：自然地理实体和人造地理实体
地名（Geographic Name）	用于地理实体的名称；一个具体的地理实体是什么、曾是什么或被称为什么的专有名词、特定术语或表达；一个自然或人造景观或海景的相对永久部分，在特定文化环境中拥有可识别的身份；可指地球上的任何地方、地理实体或地区，或一组相关的类似地点、地理实体或地区
GEONOMA	ORACLE 公司开发的数据库系统，由土地信息管理局 Landgate 维护，包含西澳大利亚州的正式地名辞典和其他相关的地名信息
地名委员会（GNC）	地名委员会
指南（Guideline（s））	为帮助理解一个原则、政策或程序而提供的信息
历史名称（Historical Name）	一个地方或地理实体在早期历史中使用的地名；该地名可能已作废或当前仍在使用
同音/同名（Homonymous）	具有相同或相应的发音或名称
敬称（Honorific）	表达尊敬的称谓、短语或语法形式
连字符（Hyphen）	“-”用于一个词的两个部分中间，可用于按音节将一个词分开到两行

续表

AAD	澳大利亚南极管理局
ICSM	政府间测绘委员会
通用语（Lingua franca）	或工作语言，沟通语言，媒介语言，是不说同一种语言的人们之间使用的，用于沟通的语言，尤其指第三种语言
地方政府（Local Government）	由州和领地管理的第三级政府，可指郡、镇或市
当地用法（Local Usage）	与一个实体有频繁联系的人频繁使用的，该实体的当前通用地名，无论口头或书面使用
聚居地（Locality）	用于定义相关的邻里或社区的地理区域。聚居地通常指农村，但该词可与更多指代城市的“郊区（Surburb）”一词互换
语标（Logogram）	频繁出现的词或词组的传统简化符号，例如 &、@、$ 或 ©
可能/可（May）	表示存在可选项
必须（Must）	表示强制
MRWA	西澳大利亚州主要道路管理局
正式名称（Official Name）	地理名称及其书写形式和应用，由地名委员会批准并认可在整个西澳大利亚使用。标准地名由秘书处和/或地名委员会政策或决定确定
正字法 Orthography	规定或定义一种语言中使用的一套符号（字母），以及如何书写这些字母的规则。通常指拼写方法，但拼写仅是正字法的一部分，还包括连字、大写、断字、重音和标点等其他要素
( )（Parenthesis）	“( )”用于详述或解释插入一段话中的一个词、词组或句子
。（Period or Full Stop）	用于表示句子的结束
地名（Placename）	同地理名称（Geographic Name）
政策（Policy）	与特定地形条件有关的声明或条例。用于指导和确定当前或未来的决定
介词（Preposition）	通常指句子中的宾语与其他部分的时间、空间或逻辑关系，如下面的例子中：书在桌子上（the book is on the table）；书在桌子下（the book is beneath the table）。最常用的介词有“关于（about）”“在……上（above）”“穿过（across）”“在……后（after）”“相反（against）”“沿着（along）”“在……中间（among）”“在……周围（around）”“在（at）”“在……之前（before）”“在……后面（behind）”“在……下面（below）”“在……下面（beneath）”“在……旁边（beside）”“在……之间（between）”“超过（beyond）”“但是（but）”“被（by）”“尽管（despite）”“往下（down）”“在……期间（during）”“除……外（except）”

续表

AAD	澳大利亚南极管理局
介词 （Preposition）	“为了（for）”“从（for）”“在……里（in）”“在……里面（inside）”“进入（into）”“像（like）”“在……附近（near）”“……的（of）”“离开（off）”“在……上（on）”“在……之上（onto）”“向外（out）”“在……外面（outside）”“在……之上（over）”“越过（past）”“自从（since）”“穿过（through）”“贯穿（throughout）”“直到（till）”“到（to）”“向（toward）”“在……下（under）”“在……下面（underneath）”“直到（until）”“在……之上（up）”“在……上面（upon）”“和（with）”“在……之内（within）”“没有（without）”
原则 （Principle）	适用于所有在其范围内的地形条件的公认的或声称的行动或行为规则；用于指导和确定当前和未来的决定
程序 （Procedure（s））	规定实现一个具体目标各步骤的一套指导文件，如向地名委员会提交提议的程序；进行任何行动或流程的行为或方式；行为
“” （Quotation Marks）	“”主要用于表示直接引用另一个人的一段话，或一段文字的开始和结束
保留清单 （Reserve Register）	地方政府保留的道路名称前缀的清单，用于未来使用。在州地名辞典中的 RVRD 地理实体类别是记录
道路 （Road）	在本文件中，道路是指用于车辆和行人通过和开放式通道，可以是成形的或修建的，也包括向公众和送达服务开放的私人道路
SCAR	南极研究科学委员会
SCUFN	海底地理实体名称附属委员会
秘书处（Secretariat）	负责立法机构、委员会或组织的行政事务的办公室（团队）
; （Semicolon）	“；”用于连接两个独立的句子，表明其关系比用句号分隔的句子密切
顺序（Sequential）	逻辑顺序，不一定是统一的
应（Shall）	表示一种说法是强制性的
应该（Should）	表示推荐，可表示高度期望结果，仅在特殊情况下是非强制的
具体的（Specific）	明确规定，确定
州级道路（State Road）	由西澳大利亚州主要道路管理局管理的道路
郊区（Suburb）	用于宣言相关邻里或社区的地理区域。郊区通常指城市，但该词可与更多指代农村的“聚居地（Locality）”一词互换
符号（Symbol）	字符符号，如 & 或 #
地形 （Topographic）	对一个地方或地区的详细准确描述；在地图上对一个地方的地理实体的图形化表示，表明其相对关系和高度
地形学 （Topography）	描述一个特定地方、城市、镇、一片土地的科学或实践；对任何地球地理实体或文化地点的详细说明和描述

续表

AAD	澳大利亚南极管理局
地名学（Toponomy）	对一个地方的名称（地名）、其来源、含义、用法和类型的科学研究
未命名地理实体（Unnamed Feature）	未知有口头或书面名称的地理实体
非官方名称（Unofficial Name）	未经正式认可的地名
变异名称（Variant Name）	过去或当前使用的，不同于正式名称的地理实体的名称或拼写方式
口头名称（Verbal Name）	人们日常口语中对一个地方、地理实体或地区使用的名称
书面名称（Written Name）	手写或印刷的地名；例如，手写的字母、日记、记录或报纸或地图上印刷的，或正式的电子记录中的名称

土地信息管理局 Landgate

地名确定指南

本指南由新南威尔士州地名委员会（GNB）于 1996 年 10 月 17 日通过

1. 被提议的任何起源于独特地理实体的地名，如形状、植被、动物等，都可以被接受；但是在这一过程中，应小心避免与已经用于其他地理实体的名称重名。

地名委员会倾向于避免常用地名的重名。沙（Sandy）、后（Back）、秃（Bald）、深（Deep）、长（Long）、袋鼠（Kangaroo）、芦苇（Reedy）、岩石（Rocky）、泉（Spring）和石（Stony）是这类名称的实例。

2. 应尽可能地使用易于发音的名称。

3. 应优先使用源自原住民或具有历史背景的名称。

4. 鼓励使用体现社会文化多样性的名称。

5. 不倾向于改变已经长期使用的名称，除非是出于避免模糊性和重复性的需要。

6. 如果被认为是合适的，可以继续使用杰出人物的姓名作为地名，特别是早期的探险家、殖民者和自然科学家的姓名。

7. 作为地名的人名一般应是已逝者姓名，但是地名委员会根据判断，有可能批准对当地社会作出过杰出贡献、健在人的姓名作为地名以示纪念。土地所有权并非将所有人姓名用于地理实体的充分理由。地名委员会不会批准将公职人员的姓名用作地理实体的名称。

8. 只有在需要适当表彰某位人士或避免模糊的情况下，地名委员会才会批准将某人的第一个名字或其教名作为地名的一部分。

9. 应避免组合长且粗陋的名称以及包含两个或两个以上单词的名称。

10. 应尽可能避免为同一地理实体（如溪流或山脉）的不同部分命名，而应将一个名称用于整条溪流或整座山脉。

11. 不赞成以江河的汊口、狭长水域或支流（如北支和南支）来命名。一般而言，江河的支流应优先使用各自独立的名称。

12. 不赞成使用方位基点作为现有名称的前缀或后缀。但已经很好建立起来的名称如果具有此种前缀或后缀，也可以被批准。

13. 如果一个名称因当地长期使用习惯而发生变化或俗化，通常并不建议尝试恢复其最初的形式；应采纳一般性使用所支持的拼写方式。

14. 如果对于同一地方、地点或地理实体，有两个或更多的可供选择的名称均被当地使用，根据以上规定，地名委员会可以采纳其中一个被认为合适的地名。

15. 无论何时，应尽量避免所有格形式，但不应损害地名的发音或改变其描述性应用，例如："Howes Valley"在书写时应去掉撇号。

16. 应尽量避免用连字符连接地名的不同部分。

17. 不批准被认为具有冒犯性或可能具有冒犯性的名称。

免责声明

本情况说明书不应被当作法律建议使用，欲获得关于这一主题的更多信息，请咨询相关立法机构。© March 2013 LPI（B）P13/13/006

版权所有

新南威尔士州地名委员会。本指南可被免费复印并散发，用于多重目的。不过，还有一些应用受到限制。请见 www.gnb.nsw.gov.au 上的版权通知或联系地名委员会。

地名委员会（GNB）

地名命名指南 2010

（第二版）

《维多利亚州地理实体、聚居地和道路命名或更名指南》

国际标准书号（ISBN）978-1-74242-663-1（印刷版）
国际标准书号（ISBN）978-1-74242-625-9（在线版）

免责声明

本出版物可能会对您有所帮助，但维多利亚州政府及其员工不保证本出版物没有任何瑕疵，或完全适合您的具体目的。因此，我们不承担因依赖本出版物提供的信息而产生的任何责任、错误、损失或其他后果。

目的和原则

指南用途

任何对命名流程感兴趣的人，从当地居民或企业主，到公园游客或政府雇员，都可以从本指南中找到关于对维多利亚州的地理实体、聚居地和道路的命名、更名或改变界限的分步信息。

本指南对于维多利亚州命名机构来说是强制性的。本指南是经过与各市政委员会、政府部门、应急响应和公共服务提供者详细磋商后制定的。本指南依据国家标准和政策，为全州建立标准化的统一命名程序提供坚实的基础。

本指南依据 1998 年《地名法案》第 5 节制定。法案规定如下：

（1）总督可根据部长的建议，并依据政府公告颁布的命令，制定有关地名的选择、命名和更名程序的指南。

（2）在不限制第（1）节规定的普遍性的情况下，本指南：

（a）必须规定进行地名的选择、命名和更名时应遵守的规则和流程；

（b）必须规定在选择、命名原住民或托雷斯海峡岛民的地名前应遵守的流程；

（c）必须规定评估与地名有关的文化遗产或其他重大事项的指标；

（d）必须规定进行地名的选择、命名或修改前的咨询要求；

（e）可规定与地名命名有关的任何其他事项。

本指南提供了地名登记系统（VICNAMES）的详细信息（参见第 1.6 节），以及对 1998 年《地名法案》负责的部长。

指南作用

本指南是为维多利亚州的地理实体、聚居地和道路进行命名、更名及调整边界时使用的指导性文件。

本指南的内容主要分为四个章节。

第 1 节：目的和原则

第 2 节：地理实体

第 3 节：聚居地

第 4 节：道路

第 1 节包括命名流程的一般信息，并详细说明适用于地理实体、聚居地或道路的命名、更名或改变边界的各种情况的原则。第 1 节的信息应与第 2、3、4 节规定的各原则和程序结合使用。

地名登记官和地名咨询小组及各类命名机构职责的信息。

命名指南的必要性

持续准确地使用地名，对许多日常活动都非常重要，正如联合国地名专家组（UNGEGN）所说：

“地名可用于识别和反映文化、传统和景观。对准确地名的正确使用，可对从事以下活动的本地社区、国家和国际团体带来好处：

贸易与商业；

人口普查和统计；

产权和地籍；

城市和地区规划；

环境管理；

应急服务响应和自然灾害救助；

地图和地图册出版；

通信，包括邮政和新闻服务；

航海和旅游。

鉴于联合国地名专家组提到的以上所有原因，本指南提供一个结构性框架，以确保维多利亚州地理实体、聚居地和道路名称的确定，是以符合社会长远利益的方式进行的。

命名或更名对象

任何地理实体、聚居地（公共的或私人的）道路都可以使用本指南规定的原则和程序进行命名、更名或改变边界。归政府所有或由政府管理的地理实体、聚居地和道路、所有超越地方意义的地形（自然）实体，以及应录入地名登记系统（VICNAMES）的私人道路，都必须符合本指南的规定。

当一个地理实体不是归政府部门或机构所有或维护时（如文化中心、酒庄、体育中心或农庄），强烈鼓励其业主在命名过程中采用本指南中的原则。为确保地名登记系统（VICNAMES）准确反映维多利亚州已命名地理实体的状态，对这些私人拥有的地理实体名称也做记录。

在维多利亚州有许多不同类型的地理实体，拟制命名提议并提交给登记官的责任也各不相同。指南第 2 节，将详细说明各类地理实体的不同命名流程。

市政委员会通常是聚居地命名的主管机构，详细信息见第 3 节。

地名登记系统（VICNAMES）中登记的道路类型信息见第 4 节。

地理实体、聚居地、道路命名、更名及流程

政府部门和机构负责维护维多利亚州一些地理实体、聚居地和道路的名称，另外还有一些由私人或某些组织确定并所有。下表是个人或组织命名流程的三个阶段。

阶段	谁可以做	更多信息
谁可以提议新名称 谁可以提议更改名称 谁可以提议更改边界	任何人（个人、社团、组织、政府部门或机构）都可提出新名称、更改现有名称或改变边界的提议	第 1.5（a）节 第 1.5（b）节

续表

阶段	谁可以做	更多信息
谁可以拟制命名、更名或改变边界的提议	命名机构通常是市政委员会、政府部门或机构，他们负责向地名登记官提交命名提议	第 1.5（c）节
	第 2 节规定了负责拟制地理实体命名提议部门的详细信息	第 2 节
	聚居地的主管机构通常是聚居地所在地的市政委员会。详细信息见第 3 节	第 3 节
	负责道路命名的主管机构的信息，见第 4 节开始部分	第 4 节
	如果确定地理实体、聚居地或道路已超越地方意义，可由地名咨询委员会拟制或审议命名提议。详细信息见第 1.5（f）节	第 1.5（f）节
谁有权批准、更改或拒绝将命名提议录入地名登记系统（VICNAMES）	这些机构包括： · 对 1998 年《地名法案》负责的部长； · 地名登记官； · 地名咨询小组及委员会 此外，如果在拟制命名提议的过程中，命名机构发现其不符合本指南的原则，命名机构可决定拒绝该提议，且不向登记官提交	第 1.5（d）节 第 1.5（e）节 第 1.5（f）节

（a）公众人士

欢迎公众人士参与命名流程。公众可向相关命名机构提交提议［详情请参考第 1.5（c）节］，为他们感兴趣的地理实体、聚居地、道路命名、更名或调整边界。有关命名提议程序的详细信息，以及公众提交提议时应向命名机构提供的信息，在本指南相关章节（地理实体、聚居地、道路）均有说明。

公众还可在一项命名提议征求公众意见阶段，向命名机构表达支持或反对意见，详见原则 1（M）。

如公众人士认为命名机构所做的决定是错误的，其批准的一项提议不符合本指南规定，也可直接向登记官上诉，要求研究并解决。关于提出反对意见流程的详细信息，在原则 1（N）中有规定。

（b）利益相关者

各利益相关者，如应急响应和其他服务提供者，可通过三种方式参与命名流程。他们可以：

· 向负责命名的机构提出地理实体、聚居地或道路名称或边界提议；

· 就地理实体、聚居地或道路的现有名称或边界的问题，提示命名机构和登记官，并要求对此进行调查；

·协助登记官确定一项命名、更名或更改边界的提议是否符合本指南的规定。

（c）命名机构

针对可命名的地理实体、聚居地和道路的多样性，存在多种命名机构。基本上，负责为其管辖区内的地理实体、聚居地或道路拟制命名提议的市政委员会、政府部门或机构，以及私人组织，都是命名机构。即使他们并不负责地理实体或道路的维护或对其拥有所有权，这一点也仍然适用。

关于哪些机构负责拟制各类地理实体的命名提议，在第 2 节有详细规定。

对于聚居地，主管机构是聚居地所在市的市政委员会，在第 3 节有详细规定。

负责道路命名机构的信息见第 4 节。

（d）对 1998 年《地名法案》负责的部长

对 1998 年《地名法案》负责的部长，任命地名登记官（根据法案第 7 节规定）及地名咨询小组的成员（根据法案第 14 节规定）。

法案第 11（5）节规定，部长可委托登记官将地名录入地名登记系统（VICNAMES），且根据法案第 12（1）节规定，还可委托登记官就命名问题向委员会提出咨询。

关于登记官和地名咨询小组和委员会的详细内容，请参考下面第（e）和（f）小节。

（e）地名登记官

登记官的权力和职能（根据法案第 8 节规定），包括保持和维护地名登记系统（VICNAMES），在线登记地名，并监督和审议地名是否符合本指南。

登记官负责监督地名办公室（OGN）的工作。地名办公室的主要职责，是协助公众人士和命名机构，为地理实体、聚居地和道路拟制稳健的命名提议。

根据部长、地名咨询委员会或命名机构的要求，登记官负责维护维多利亚州的地名登记系统（VICNAMES），录入和修改其条目。

登记官还负责根据部长的要求，或当命名提议超越地方意义时［参见原则 1（G）］，负责维护由部长任命的地名咨询小组，分配小组成员以选出各类委员会。

关于地名咨询小组和委员会的详细信息，请参考下面（f）小节。

（f）地名咨询小组和委员会

地名咨询小组和委员会成员的任命，以及管理其流程和委员会的程序，在法案第 12 到 17 节有规定。关于组建委员会的原因，及委员会研究内容的信息如下。

组建委员会的原因

根据法案第 14（1）节规定，部长负责维护可组成委员会的人员。委员会可根据以下五种原因，由登记官组建：

根据法案第 12（1）节规定，部长委托登记官组建委员会，就一项命名提议（或一组相互独立的提议）提供咨询；

登记官确定命名提议（或一组相互独立的提议）是超越地方意义的，且应组建委员会，以作出对提议的决定［关于什么样的命名提议属于超越地方意义的，见原则 1（G）］；

命名机构确定在其管辖区内收到的一项提议（或一组相互独立的提议）须由委员会监督并作出最终决定；

部长、登记官或命名机构要求澄清或证实一项命名原则、政策或程序；以及公众人士就命名机构（作为最终提议向登记官提交）的一项命名决定提出上诉。

组建委员会

组建委员会时，登记官必须［根据法案第 12（3）节的规定］任命一名主席及至少两名其他成员。［根据法案第 16（2）节规定］委员会的法定人数由大多数成员来确定。

部长或登记官可随时从相关组织或政府部门和机构中指派人员参加一个特别委员会。这些成员将被要求向委员会中被任命的小组成员提供协助和提议。

委员会研究事项

委员会应进行以下活动，研究命名提议，确定关于原则、政策或程序问题的答复，或审议一项来自命名机构的提议：

· 确定命名提议的现有形式是否符合本指南要求的所有原则、政策和程序；

·如有要求，向命名机构、政府部门或发展机构，及其他有关方，如受影响的当地土地所有者、企业或居民，寻求进一步的支持性证据；

·如可能出现公共安全问题或造成混乱，与相关应急响应或公共服务组织进行协商；研究所有信息与本指南原则的相关性，特别是公众、应急响应服务或其他公共服务组织提出的反对意见。

委员会作出决定

为了作出最终决定，委员会将确定命名提议的价值，或识别本指南规定的现行原则和政策应用中出现的问题。然后，委员会将据此向登记官提出提议，说明应如何继续处理命名提议或对原则和政策进行澄清。

委员会在研究公众对命名机构提议提出的反对意见时，将衡量命名机构是否依据本指南行事。

如果确定命名机构依据本指南行事，委员会应建议接受命名提议。

如确定命名机构未依据指南行事，委员会应提供如何解决此问题的建议。

法案第 12（3）节规定，就会议提出的问题，必须由三个成员，或多数成员投票作出最终决定。如果委员会中支持与反对票数相等，则由主席投决定票。

根据法案第 13 节的规定，对于被咨询的问题，委员会必须向登记官提供最终提议。根据法案第 11（3）节规定，登记官必须按委员会的提议，增加或修改地名登记系统（VICNAMES）的条目。

地名登记系统和 VICNAMES

法案第 9 节对地名登记系统作出规定，包括地点名称以及街道和道路名称（依据 1958 年《调查协调法案》第二部分规定）。

地名登记系统是一个电子系统，即所称的地名登记系统（VICNAMES），可在 www.dse.vic.gov.au/vicnames 网站上查阅。

法案第 9（2）节规定，登记官可以任何格式保存地名登记系统。

地名登记系统（VICNAMES）保存着维多利亚州所有地理实体、聚居地，道路正式登记和记录的信息和数据。对每个条目，地名登记系统（VICNAMES）都保存以下信息：

地名；

历史地名（如有）；
历史沿革（如有）；
双重名称（如相关）；
惯用地名（如有）；
名称状态；
坐标（图心）；
地理实体所在地的地方行政区；
命名机构；
公告日期；
登记日期。

地名登记系统（VICNAMES）与维多利亚州政府的空间数据系统（Vicmap）相关联。地名登记系统（VICNAMES）与空间数据系统（Vicmap）相关联，可确保地名登记系统（VICNAMES）中的信息与地理实体、聚居地和道路的空间表征相一致，使空间数据系统（Vicmap）中包含地理实体、聚居地和道路正式登记或记录的名称。

地名登记系统（VICNAMES）中地名的状态

地名登记系统（VICNAMES）中的地名有八种状态类别，其中最常见的是登记名称或记录名称：

地名状态	描述
登记名称（Registered）	这类地名是依据法案合法登记，作为政府机构管理或协调的地理实体、聚居地或道路的标准地名
双重名称（Dual）	这类地名是指同一个地名包括一个土著名称和一个非土著名称，必须作为该地理实体的合法登记名称而同时使用［见原则 1（L）］
历史地名（Historical）	指不再正式使用，但被记录作为参考信息的地名
基准名称（Base）	如果一个地理实体的记录名称受制于有限期的私人合同，这是其终身名称［见原则 2（D）］
记录名称（Recorded）	私人实体拥有命名权时的地理实体名称（见第 2.2 节）
传统地名（Traditional）	传统澳大利亚土著名称，不是地理实体的标准地名（见第 2.5 节）
临时名称（Interim）	新学校标准地名命名流程进行过程中的暂定名称

续表

地名状态	描述
提议新名称（Proposed New）	被提议，但尚未被登记官批准的地理实体、聚居地和道路的新名称
提议更改名称（Proposed Change）	为已有名称的地理实体、聚居地或道路提议的新名称，但尚未被登记官批准

原则

以下原则必须与本指南另外三节规定的，与地理实体、聚居地和道路相关的具体原则结合使用。制定这些原则，是为了确保命名、更名或更改边界流程中不出现混淆、错误或歧视。

原则 1（A）语言

除非是专用名词，地名必须用标准澳大利亚英语或地理实体、地点或道路所在地的澳大利亚土著语言可识别的格式书写。

连字符可用于表示地理实体范围的地名中，如梅利克 – 芒捷（Mellick-Munjie）教区或哈塔 – 库尔基内（Hattah-Kulkyne）国家公园，或用于地名中含有用连字符连接的姓，如贝登堡（Baden-Powell）水潭。

通名是地名的一部分，用于指示地理实体的类型。例如，浅口（Shallow Inlet）中的“口（Inlet）”，小沙漠（Little Desert）中的“沙漠（Desert）”，桑迪角（Sandy Point）中的“角（Point）”（“Inlet”“Desert”“Point”是通名）。通名通常构成地理实体名称的一部分，但并不是所有名称中都包含通名，比如格兰扁山脉（The Grampians）。来自代表地理特征语言的名称通常使用此类通名，并且被允许这样使用，除非特定的组合让人产生重复的感觉。

地名应易于发音、拼写和书写，且最好不要超过三个词（包括地理实体或道路类型）或 25 个字符。

此要求存在一个例外情况，在澳大利亚土著语言中，传统的地名最初是一种复杂愿望的表现，随着时间的推移，已被人们所熟悉并在社区中使用。

在为地理实体、聚居地或道路命名时，“The”这个词不是合适的前缀。

如果地名来自使用变音符号的语言，变音符号将被忽略。例如，瑞莫角（Cape Reamur，不用 Cape Réamur）。

必须删除名称最后面的撇号，且地名的前面不应包含所有格。例如，威尔逊岬，是 Wilsons Promontory，而不是 Wilson's Promontory。

不允许使用缩写。一个例外是敬语“圣（Saint）”。例如，山（Mount）必须以全称登记或记录，但如命名机构有要求，Saint 可记录为 St。

为保持一致性，以 Mc 或 Mac 开头的地名，在 Mc 或 Mac 与名称其他部分中间不应有空格。

原则 1（B）确认符合公共利益

需要考虑地理实体、聚居地或道路命名、更名或改变边界为广大居民带来的长期后果和影响。改变现有地名或边界将不仅影响现在的社区居民，还将影响未来的居民、企业、业主和访客。改变聚居地和道路的现有地名和边界会影响应急响应区划分、土地所有权和地址。一项提议，只有能够表明其对社区长期利益超过私人或公司利益，或超过其短期效果时，才能被登记。

原则 1（C）确保公共安全

地名和边界不得危害公共安全和应急响应的操作安全性，或导致交通、通信和邮政服务的混乱。许多应急响应服务和其他公共服务（如邮政）是按聚居地边界或道路延伸长度划分的，命名提议必须确保不会给操作带来负面影响。

例如，聚居地的边界，必须不仅对当地居民有意义，也要对访客有意义。同样，道路名称的范围应确保引导行人和车辆顺畅地沿整条道路从一端到另一端。

原则 1（D）确保不重名

地名不得重复。相距很近，且完全相同或拼写、发音相似的两个（或更多）地名，应被认为是重名。例如，White、Whyte、Wite 和 Wiet 被认为是相似且重名。

在同一聚居地或以下距离内不得出现重名：

大城市地区，5 千米以内。大城市地区包括城市及其周边的郊区，比如墨尔本市（Melbourne）的肯辛顿（Kensington），麦尔登市（Melton）的卡罗琳泉（Caroline Springs），休姆市（Hume）的布罗德梅多斯区（Broadmeadows）；

地区性城市地区，15 千米以内［地区性城市地区包括中心枢纽城市及其周边的郊区，例如巴拉腊特市（Ballarat）的巴拉腊特中心区（Central Ballarat）和士兵山（Soldiers Hill），大本迪戈市（Greater Bendigo）的艾伦巴克（Ironbark），以及东吉普斯兰郡（East Gippsland Shire Council）的班斯代尔（Bairnsdale）]；

农村或偏远地区30千米以内［农村或偏远地区是位于城镇以外的地区，例如西维么拉郡（West Wimmera Shire Council）的尼尔（Nhill），莫伊拉郡（Moira Shire Council）的尤安迈特（Youanmite）和高山郡（Alpine Shire Council）的哈利特维尔（Harrietville）]。

如命名机构不确定适用类别，应联系地名办公室进行咨询。或者采用谨慎的方法，使用30千米的搜索半径检查重名。

如地理实体或道路位于州边界附近，应注意避免在另一个州有以上规定距离内的重名。

研究聚居地名称时，命名机构应参考第3节：聚居地，以及原则3（G）澳大利亚独有的聚居地名称。

地名登记系统（VICNAMES）网站可用于检查重复的地理实体、聚居地和公路名称。

原则1（E）避免方向性名称

必须避免使用基本方向词（北、南、东、西）。一个提议名称若使用基本方向词以区别于相似名称，将被认为是重名。在这种情况下，应选择不同的名称，以明确区分两个或多个地理实体、聚居地或道路。

例如，把史密斯大街（Smith Street）更名为史密斯西大街（Smith Street West）和史密斯东大街（Smith Street East），是不可接受的名称，需要把大街的一端或两端都进行更改。

原则1（F）指定地理实体、聚居地或道路的范围

拟制地理实体、聚居地或道路命名提议时，命名机构必须明确定义地名适用的地区和范围。作为最低要求，地理实体（不包括水道）的命名提议必须包括图心坐标，聚居地必须包括多边形级属性，道路或水道必须包括详细线路。

例如，道路名称应适用于从道路的一端到另一端，即到道路终点或与其他道路的相交点。

水道的名称应适用于从水道开始处到与另一条水道或水体交汇处。

原则1（G）名称与地点相关联

地名应与该地区相关，应优先考虑当地社区使用的非标准地名。基础设施地理实体应使用聚居地名称。例如，火车站应以火车站所在聚居地的名称

命名。私人地产的名称不应用于地理实体或聚居地，以避免未来可能发生的定址问题。

如地理实体、聚居地或道路超越地方意义，其名称应与更大的社区相关联。被认为超越地方意义的地理实体、聚居地或道路，通常会被分为以下一个或多个类别：

位于两个或多个城市地区；

位于重要的旅游区内；

被提议作为州或联邦政府项目建立；

是主要水道；

是主要的水下或海岸线地理实体；

拥有重要文化地理实体、自然地理实体或休闲景观地理实体；与重要的土著特征、故事或景观相关联。

在这些情况下，命名机构可要求登记官组建地名咨询委员会，对命名提议作出决定。详细内容参见第 1.5（f）节。

原则 1（H）使用纪念性名称

地名命名经常会用来纪念一个事件、人物或地点。

应避免使用在世的人物姓名，因为随着时间的推移，公众的态度和观点可能会改变。

用于聚居地或道路的纪念性名称，应仅使用人物的姓，而不用名。用于地理实体的纪念性名称可使用人物的名和姓，不过最好仅使用姓。

任何情况下，不得使用名的首字母。这样做，是为了确保不会因名称使用的不一致而使应急响应服务和邮政服务被耽误。例如，对于同一地理实体，如果公众可能使用约翰公园（John Park）、爱德华公园（Edward Park）和约翰·史密斯公园（John Smith Park）等名称。那么，名为史密斯公园（Smith Park）的地理实体比名为约翰·爱德华·史密斯公园（John Edward Smith Park）的地理实体容易识别。

命名机构应尽一切努力，取得被纪念人家庭成员的同意。提交提议时，应向地名办公室提交表明委员会尝试与家庭成员协商的支持性证据。

在特殊情况下，如命名机构希望以一位在世人物的姓名来命名一个地理实体、聚居地或道路，则必须向登记官书面申请，寻求豁免此原则。命名机构必须在就最终的命名提议征询公众意见或作出决定前，说明提议使用在世者姓名的原因，并寻求豁免。

原则 1（I）使用商业或企业名称

与原则 1（H）的原因类似，命名机构不应以下列名称作为地名：

商业企业；

品牌名称；

非营利组织。

如果某企业或组织在相当长的时间内与该地区有关联，且非常受公众的尊重，也可以作为例外情况。在这些情况下，命名机构必须在开始就最终的命名提议征询公众意见或作出决定前，向登记官提出书面申请，并寻求对此原则的豁免。命名机构必须在豁免申请中，说明提议使用此名称的原因，并提供该企业或组织与该地区关联的证据。

原则 1（J）地名不得具有歧视性

地名不得对种族、民族、宗教、残疾、性取向或性别造成伤害。

原则 1（K）认可和使用澳大利亚土著名称

只要相关原住民社区同意，鼓励使用传统澳大利亚原住民名称作为地理实体、聚居地和道路的名称。鼓励由原住民团体组成命名机构的咨询小组，以识别原住民名称（参见下面的程序一节）。

对命名提议征求公众意见前，应向相关原住民社区征求意见。如存在一个以上原住民群体，命名机构必须征求所有群体的意见。强烈提议命名机构制定征求原住民意见的流程，文件《征求原住民群体的意见》。

程序

命名机构应建立征求原住民意见的流程，包括与要命名或更名的地理实体、聚居地或道路所在地区的传统所有者及广泛的原住民群体合作。如只有一个群体在该地区享有利益，可以向其发送信件的方式征求意见，说明命名提议，并要求在 30 日内反馈。或者，最好以电话或面谈的方式联系，讨论命名提议。

原住民群体表达同意的方式，可以是通过会议或电话会谈批准提议，或由原住民组织的代表书写并签署的信件批准提议。

如果原住民组织没有对征求意见和合作请求作出响应，命名机构应联系地名办公室。地名办公室可协助命名机构向维多利亚原住民语言团体和维多利亚土著人事务处寻求进一步提议。如果命名机构无法取得对提议名称的响应或接受，可要求登记官研究命名提议，适当时，也可征求地名咨询委员会下属的土著名称委员会的提议。

关于如何识别当地原住民社区，如何组织征求意见会议，以及如何回复可能出现的问题，可参考文件《征求原住民群体的意见》。

原则 1（L）双重地名

澳大利亚各州和地区使用双重地名，作为对长期存在的不同文化和语言群体地名的认可。

在维多利亚州，通过命名同时认可两种文化的方法，是以两个不同的名称，构成一个双重名称的两部分，通常一个部分来自非原住民语言，另一部分来自澳大利亚原住民语言。

提出双重命名提议的命名机构，需要研究以下事项。

双重名称可用于自然地貌地理实体（如岛屿、山、山脉、河流）以及划定边界的地区，如国有森林或国家公园、国有储备土地及开放空间的休闲场所。双重地名可应用于以下情况：

聚居地、城镇或农村地区；

基础设施人造地理实体，如道路、公路、桥梁或通信塔台。

如地理实体已有被广泛接受的非原住民名称，且新的信息表明其也可适用原住民名称时，应优先考虑使用双重命名。

在这种情况下，如果提议使用双重名称，在双重名称中，只要非原住民名称能很好地反映出当地社区的使用情况，则应将该部分放在前面。

如非原住民名称在公众中支持率低，原住民名称的来源和使用得到支持，则在双重名称中，原住民名称应出现在前面。在某些情况下，可使用受到广泛支持的单一原住民名称，取代不受支持的非原住民名称，不使用双重名称。

双重名称正式登记时，除顺序外，将不区分非原住民部分和原住民部分。如果要求使用可视的分隔符，则应为斜线（即“/”），前后各加一个空格。可以有如下两种方式：两个名称都使用地理实体类型（仅一次），或仅非原住民名称使用地理实体类型。例如，以下两种情况都可接受：

格兰扁/加里维德国家公园（Grampians /Gariwerd National Park）或格兰扁国家公园/加里维德（Grampians National Park /Gariwerd）。

双重名称一旦登记，就应完整使用，尤其是在地图、路标和法律文件中，不得使用缩写版。

原则 1（M）征求公众意见

对任何命名提议，命名机构必须征求公众意见。征求意见的层面和形式可根据命名提议调整，详细情况可参考下面的程序信息。

对于目前没有直接受到影响的居民、企业或纳税人的小区内的新道路命名，此原则不适用。关于澳大利亚原住民名称的使用，适用原则 1（K）。原则 1（M）不适用于私人道路的命名（参考第 4.5 节），也不适用于由维多利亚州道路管理局（VicRoads）维护的公路。维多利亚州道路管理局有自己的指南，将很快出台。

此原则应与文件《征求社会意见》结合阅读。

对于命名、更名和改变边界的提议，需要向两类公众团体征询意见：

直接相关社区，包括受提议直接影响的地区的居民、纳税人和企业；扩大社区，包括受提议直接影响的地区周边的居民、纳税人和企业；来该地区访问的团体；在此地区有利益或服务的政府或非政府组织。

作为最低要求，如果命名、更名或改变的边界提议将影响当地地址，命名机构必须（以信件或电子邮件）书面联系直接相关社区。

信件必须寄给地产的纳税人，如纳税人不是业主居住者时，则必须寄给居民或租赁企业。

当需要进行调查，以衡量公众意见时，业主自住的地产应有两票，例如，一票给地产的业主，一票给地产的居住者。

如果提议可能影响 2007 年《土著居民遗产条例》的居民、纳税人和企业［参考原则 2（B）］，命名机构必须（以信件或电子邮件）书面联系直接相关社区。

如提议不影响当前地址，命名机构必须在当地全州发行的报纸上发布广告，征求公众意见。命名机构也可通过网站、信件、新闻简报、杂志、电子邮件联系人列表和公告的方式，向直接相关社区和扩大社区宣传该提议。

通过信件或广告进行的沟通必须说明如下信息：

提议命名、更名或改变边界的地理实体、聚居地或道路的地点和范围（配地图及书面描述）；

提议选择该名称或新边界的原因；

邀请公众反馈，截止日期为自信件发出或广告发布日期（较早者）起 30 日内；（如提议被命名机构接受，并被登记官批准）说明在 6 到 12 个月内，澳大利亚邮政局可继续记录并认可原地址，以确保原地址到新地址的顺利过渡（信中还应说明澳大利亚邮政局可能无法保证送达地址不正确的邮件，提议顾客使用其标准地名）。

为了让社会参与命名、更名及改变边界的提议，确认公众的支持，强烈建议命名机构向直接相关社区和扩大社区进行调查。

调查必须参考本指南，且必须包括以下信息：

说明提出提议的背景；

说明不回复调查将被视为“默许”[①]提议；

说明必须回答以下两个问题：

1. 您是否同意对________进行命名/更名/调整边界的提议？

2. 您是否支持提议的名称________或边界位置（如地图所示）？

要为回复调查者留出空间填写其姓名、地址和联系方式。

鼓励命名机构邀请直接关联社区或扩大社区提出合适的地名或边界，使公众了解只有符合本指南的地名才会被考虑。

命名机构通过社区调查确定一组合适的或首选的地名或边界后，必须再次征求社区意见，以确定地名或边界的最终提议。命名机构向居民、纳税人和企业发出的首选地名，必须符合本指南规定的原则。

未经再次咨询提出的提议，将因不符合本指南而被登记官拒绝。

关于整理和分析调查结果；征求意见流程，包括识别需要征求意见的人和群体；拟制信件和广告；发放调查；举行公开会议；以及对反对意见回复的详细信息，文件《征求社会意见》。

征求意见流程分步指南

在文件《征求社会意见》中，对以下步骤还有更进一步的分解。

第 1 步　拟制命名提议。

---

① 默许应仅用于命名机构对一个命名提议寻求公众响应的情况。

如果命名机构有多个命名提议，应发布两次调查。第一次应要求公众回复他们的首选名称，如果没有收到响应，则不能作为对任何提议名称的默许。

如果第一次调查的结果可确定首选名称，应针对首选名称进行再次调查，如没有回复，则可认为是对首选名称的默许。如果对多个名称的调查发出后，没有得到明确的首选项，命名机构应选择一个名称，再次进行社会调查，并对命名机构的首选名称给出 30 天的期限，用于提出反对意见。

确保选择的名称符合 2010 年《地名指南》规定的原则。

第 2 步　制定征求意见策略。

确定征求意见的时间表。征求对象，征求方式，整理反馈，以确保选择的地名得到社会认可。

制定统一策略，确保命名机构的流程合规，使地名办公室尽快批准。

第 3 步　确定向谁征求意见。

命名机构必须决定是否向直接关联社区和扩大社区征求意见。进一步解释原则 1（M）中的程序和补充文件。

第 4 步　扩大对提议的知晓度并邀请反馈。

可采取以下方法扩大对提议的知晓度，邀请反馈：

在报纸上发布公告；

向直接关联社区或扩大社区发送信件；

进行调查（仅用于直接关联社区）；

使用互联网网站；

召集公众大会。

第 5 步　分析社区反馈。

进行此步骤时应参考原则 1（N）。为助于分析反馈，编制表格，用于整理和组织信息。

关于此步骤及以上所有步骤的进一步指导，可参考文件《征求社会意见》。

原则 1（N）提出、研究和解决反对意见

· 反对意见

反对意见是指社区成员通知命名机构，有一个或多个人不同意命名或更名提议的方式。

· 提出反对意见

任何人或组织均可在相关命名机构公开征求意见期间，对命名、更名或改变边界的提议提出反对意见。反对意见必须在 30 日的反馈期内直接向命名机构提出［参考原则 1（M）］。

· 研究反对意见

在公开征求意见期间收到的任何反对意见，命名机构必须予以研究。所有反对意见，必须纳入评估报告，说明反对意见，并指出与本原则的相关性，以及委员会对该反对意见的回应。命名机构仅需要研究与违背本指南原则有关的反对意见。如果调查是用于确定社会对提议的支持情况，可参考 http://www.dse.vic.gov.au/namingguidelines 上的补充文件《征求社会意见》，了解关于调查结果分析的信息。

如果社会对提议的支持率很低，但提议是基于公共安全和应急响应问题而提出的，命名机构应尝试对提议进行优化或更改，使之符合社会期望。如果命名机构认为不会得到社会支持，但不批准提议会持续对公共安全造成风险，则应寻求地名办公室的提议。地名办公室可将此问题提交地名咨询委员会［详细信息见第 1.5（f）节］。

如果命名机构接受提议，并将其提交登记官研究，则必须提供详细信息，说明反对意见，以及将如何处理，或已经处理的方式。

如果命名机构决定支持反对意见，可选择放弃提议，或者选择优化或更改提议，以确保其符合本指南。如命名机构决定优化或更改提议，则必须重新向社会征求意见，以确定社会的支持情况。

· 解决反对意见

命名机构必须书面通知反对者，告知命名提议的结果。如反对意见是关于提议不符合本指南原则的，则回应中必须说明：

反对意见是如何处理的；命名提议被接受且发给登记官研究并纳入地名登记系统（VICNAMES）或被拒绝的原因，以及后续优化、更改的方式，或选择放弃。

如命名机构接受提议，给反对者的信件中也需要包括向登记官进行上诉的详细信息。只有当反对者能证明如下情况时，才可进行上诉：

命名机构在审议期间没有考虑反对意见，或提议没有合理地符合本指南；

给反对者的反馈需要说明，向登记官提起上诉，必须在命名机构接受提议或将信件发给反对者（二者中时间较晚的）30 日内提出；

上诉必须书面提出，并发给地名办公室的地名登记官。

原则 1（O）通知命名决定

只有在命名机构收到登记官的通知，正式命名、边界或名称更改已在地名登记系统（VICNAMES）中登记，才可通知直接关联社区和扩大社区受影响的成员及其他利益相关者。地名办公室批准提议后 30 日内，将在提议网页 www.dse.vic.gov.au/namingplaces 发布公告，并发送通知到命名机构。公告将包括电子地图链接，供命名机构下载并分发给所有当地利益相关者，包括当地应急响应及公用事业服务提供者。

如果提议影响具体地址，命名机构必须通知直接关联社区的居民、纳税人和企业。命名机构还应通知以下当地组织和利益相关者：

澳大利亚邮政局；

房地产中介机构；

燃气、水和电力供应部门；

市政税管理部门；

当地测绘机构。

建议命名机构将被批准提议的详细信息，提供给以下可能有兴趣了解新的或更改的地名和边界的当地组织。

因为官方通知发放到全国各机构可能会有延迟，且用于更新纸质版地图的详细信息可能被各种系统过滤，因此，重要的是，要将此信息分发到在当地的以下地点：

火车站；

急救网络分支；

国家消防局消防队和城市消防队消防站；

州应急响应服务地方总部；

旅游信息中心。

地名办公室组织将通知发放到全州和全国各机构，包括应急服务和邮政服务部门，以及空间信息或测绘组织。包括：

澳大利亚邮政局；

应急服务电信管理机构；

澳大利亚应急管理空间信息网络——（维多利亚委员会）成员包括维多利亚急救中心、维多利亚警察局、国家消防局、州应急响应服务中心、可持续发展和环境部、司法部和人力资源服务部；

维多利亚房地产协会；

澳大利亚统计局；

澳大利亚选举委员会；墨尔本地图（Melway）、UBD 和其他空间信息或测绘机构。

此信息也会通过各种网络分发给国际组织，如谷歌地球和微软虚拟地球。

注：公路信息更新发布在空间数据系统（Vicmap）交通图上。

原则 1（P）标志牌

任何情况下，在收到登记官通知命名提议已被批准、发布公告并登记或记录到地名登记系统（VICNAMES）中前，命名机构不得安装或展示标志牌。在向登记官提交命名提议前已存在的标志牌并非某一名称将被登记的有效论据。

因所命名的是地理实体、聚居地或道路，标志牌的设计和显示也不相同。有关标志牌的具体信息在本指南第 2、3、4 节有规定。

提议命名机构尽早向登记官申请，以确保地名被批准、公告，并登记到地名登记系统（VICNAMES）和空间数据系统（Vicmap）中。这将有助于货物和服务的交付，确保应急服务的及时提供。

其他与地理命名相关的法律、条例和政策：

1989 年地方政府法案；

2004 年道路管理法案；

1987 年规划与环境法案；

2006 年土著居民遗产法案；

2007 年土著居民遗产条例；

AS/NZS4819：2011 农村与城市地址确定；

1958 年调查协调法案。

可持续发展和环境部

Department of Environment，Land，Water and Planning

《维多利亚州地理实体、聚居地和道路命名或更名指南》更新

随着空间信息领域的持续改善和变化，有必要不定期地对本指南进行更新，以确保其反映最新的标准。更新需由总督批准，任何批准的修订将通知命名机构及其他有关各方。

地理实体是指在景观中容易识别的独特地理位置或属性。例如，地理实体可以是山、水道、建筑、突出的结构、公园等。

如何使用本节

本节规定的地理实体命名、更名方式或重新确定其边界或空间参照点。

本节提供的信息，用于分步指导命名流程，从最初选择名称，到拟制命

名提议，到登记和通知地名登记系统（VICNAMES）中新的或变更的条目。

本节内容分为五个部分。

第 2.1 节：适用于地理实体的命名原则

第 2.2 节：私营公司或个人作为命名机构的地理实体

第 2.3 节：市政委员会作为命名机构的地理实体

第 2.4 节：州政府部门或机构作为命名机构的地理实体

第 2.5 节：拥有传统澳大利亚土著名称的地理实体

适用于地理实体的命名原则

除本指南第 1.8 节规定的原则外，地名还必须遵守以下原则。

原则 2（A）地理实体类型

地理实体类型应包括到地名中，并放在唯一的地理实体名称后面。这样做，是为了减少名称所适用的地理实体类型的混淆。例如，沃特兰公园（Waterlands Park）这一命名，让使用者理解沃特兰（Waterlands）这个地理实体是一个公共场地。

对此用法的一个例外，是如果土著名称中已经包含详细的地理实体类型，则使用传统土著名称或词语。例如，Birrarung Marr 是墨尔本的一个公园，Woiwurrung 语中的 Marr 翻译为英语，即是“公园（park）”的意思。

原则 2（B）水道

命名机构应了解 2007 年《土著遗产条例》第 23 节的如下规定：

（1）根据第（2）条规定，水道或距水道 200 米以内的土地，是具有文化遗产敏感性的区域。

（2）如果水道的一部分或距离水道 200 米以内土地的一部分，已遭到重大地面扰动，则该部分不是文化遗产敏感区。

根据条例描述，水道是指根据 1998 年《地名法案》规定登记的河、湾、溪或支流。只有纳入地名登记系统（VICNAMES）的名称，才受 2006 年《土著居民遗产法案》要求的制约。

被认为具有文化遗产敏感性的地区，对在其中进行开发活动将受到限制。详细信息可查阅条例，或咨询规划与社区发展部维多利亚土著居民事务处。

为符合条例规定，命名机构有必要准确详细地描述其提议命名或更名的任何水道的完整范围，这将确保正式记录的清晰明确。命名机构还必须征求可能受到水道命名影响的直接关联社区的意见。进一步信息请参考原则 1（M）。

原则 2（C）位置性名称

如果根据位置选择名称，则应以官方位置名称命名地理实体。如果位置名称用于定义并定位地理实体，如 Ballarat Avenue of Honour 的位置名称应出现在地理实体名称的前面。

居民区、房地产和小区的记录名称，不应用于地理实体名称。这样处理的原因是，如果许多地理实体都以当地房地产或居民区命名，而不使用官方位置名称，可能使公众对该地区的官方地址感到困惑。

例如，在 Smithurst 这个位置，名为 Blue Water Lakes 的地产内的一个未命名保护区，不应使用“Blue Water Lakes Reserve”这个名称，而应提议使用“Smithurst Reserve”，或者，如果这个名字已经被使用，则应选择另一个名称（或许可以使用纪念当地历史事件或人物的名称）。

原则 2（D）基本名称

根据私人赞助合同，用以吸引游客的地理实体名称（如体育馆或音乐厅），还应为了应急响应服务管理的需要，分配一个“基本名称”。基本名称的目的，是提供一个在地理实体整个生命周期内使用的名称，尤其是当私人赞助名称可能更改时。

如墨尔本达克兰区的体育馆。原名 Colonial Stadium，后改为 Telstra Dome，之后又改为 Etihad Stadium，基本名称可以认为是 Docklands Stadium。赞助名称仅在赞助合同适用期内记录在地名登记系统（VICNAMES）中，之后，该名称将被改为历史状态。基本名称则将在地理实体的整个生命周期内登记于地名登记系统（VICNAMES）中。

私营公司或个人作为命名机构的地理实体

有许多地理实体由私人公司或个人命名，这样的例子包括但不限于体育场馆、酒庄、旅游景点、娱乐场所或购物中心。

记录地理实体名称的原因

因为清晰明确命名维多利亚州的地理实体是非常重要的，特别是出于应急响应和其他服务的原因，登记官强烈建议私有地理实体命名任务的各个组织遵守本指南规定的命名原则。本指南是与应急响应组织和其他服务组织合作制定的，为全州范围内的命名程序提供了可靠的依据。

对业主和公众的价值

地名登记系统（VICNAMES）中包含的信息，是地名信息的确定数据来源，定期发送给全国范围内的应急服务、邮政、空间信息和测绘机构网络。向登记官提供私人命名地理实体的信息，可确保所有相关组织了解地理实体的存在及位置，并正确拼写其名称。

地名登记系统（VICNAMES）中记录地名方式

拥有或维护被认为具有公共利益的地理实体（如体育馆、音乐厅、酒庄、突出结构等）的私营公司或个人，将被邀请以书面形式向登记官提交有关地理实体的范围和位置的详细信息，以及其名称的背景信息。经过研究，登记官会将这些信息记录到地名登记系统（VICNAMES）中，并提供给所有利益相关方［详见原则 1（O）］。

地名登记系统（VICNAMES）中记录名称的状态

“记录名称”状态适用于私人实体拥有命名权的地理实体，并表明其不属于本指南的范畴，不能被登记，仅为公共安全和公共信息起见而被纳入地名登记系统（VICNAMES）。

根据私人赞助合同命名，用以吸引参观者的地理实体（如体育馆和音乐厅），也可以为应急服务管理的目的，指定基本名称。基本名称可由政府、私营实体或地名办公室确定。进一步的详细信息请参考原则 2（D）。

市政委员会作为命名机构的地理实体

发起提议

公众人士可向负责地理实体所在地区的市政委员会提交命名或更名提议。提议应包括：

· 地理实体的位置（及是否与当前名称相关）；
· 提议的理由（即当前名称被认为不够合适的原因）；

· 详细说明提议名称的合理性；

· 提议人的联系方式、已完成的征求意见的信息，或从一些团体或社区收集的支持信息；说明提议的名称符合本指南第 1 节和第 2 节规定的原则。

收到公众人士的命名提议后，委员会中负责此事的人员应按本指南第 2.3.2 节规定，发起正式提议流程。

如果提议命名或更改名称的地理实体超出城市边界，相应委员会的人员应协调对提议的处理，或联系地名办公室进行咨询，或移交给地名咨询委员会［详细情况请参考第 1.5（f）小节及原则 1（G）］。

应急响应或其他公共服务提供者

提供应急服务或其他服务（如邮政或电信）的组织，可向负责地理实体所在地区的市政委员会提交命名或更改名称的提议。提议应包括以下内容：

· 地理实体的位置（是否与当前名称相关）；

· 市政委员会考虑变更现有名称或登记新名称的详细背景信息；

· 详细说明新名称的合理性；

·（如果提供了提议的新名称）说明新提议名称符合本指南第 1 节和第 2 节规定的原则。

收到应急服务或其他服务提供者的命名提议后，委员会中负责此事的人员应按本指南第 2.3.2 节规定，发起正式提议流程。

如果这一请求是为公共安全考虑提出的，市政委员会必须在 30 日内回复，并在针对首次回复的一次会议中处理该请求。

通常，应急响应或其他公共服务提供者不会就新名称提供提议。这种情况下，市政委员会必须找到合适的名称。

如果提议命名或更改名称的地理实体超出城市边界，相应委员会的人员应协调对提议的处理，或联系地名办公室进行咨询，或移交给地名咨询委员会［详细情况请参考第 1.5（f）节及原则 1（G）］。

市政委员会

市政委员会可自行提出命名提议。拟制提议时，市政委员会应考虑使用当地历史地理实体或事件，或发生在该地区事件的独特属性来为地理实体命名或更名。

市政委员会必须考虑定期与当地利益群体（如历史协会和慈善组织）举行会议，制定合适的地名清单。

市政委员会也可举行命名竞赛。这种情况下，市政委员会应联系地名办公室，且应执行第 2.4.3 节规定的流程。

如果市政委员会寻求使用土著居民名称拟制命名或更名提议，在开始拟制提议时，即应与相关土著社区取得联系，请他们共同参与。

关于此征求意见流程的信息可参考原则 1（K）及文件《征求原住民群体的意见》。

选定名称后，市政委员会应按本指南第 2.3.2 节规定，发起正式提议流程。

如果提议命名或更名的地理实体超出城市边界，相应委员会的人员应协调对提议的处理，或联系地名办公室寻求提议，或移交给地名咨询委员会 [详细情况请参考第 1.5（f）节及原则 1（G）]。

正式提议流程

第 1 步　检查信息。

检查提议命名方是否提交了所有必要的信息——如信息不全，要求其在 30 日内提供补充信息。

第 2 步　检查是否符合原则。

市政委员会必须检查名称是否符合本指南第 1 节和第 2 节规定的所有原则。

如果提议不符合原则，或委员会确定提议性质轻率，鼓励委员会联系地名办公室，以征求其意见。在此阶段，可对提议进行修改使之符合原则，或予以拒绝。

第 3 步　征求土著人社区的意见。

如果提议的名称来自澳大利亚土著语言，或者是该地理实体的传统土著名称，市政委员会应在最初征求当地相关土著居民群体的意见，并获得他们的参与和同意。

关于征求意见流程的详细信息，见原则 1（K）及文件《征求原住民群体的意见》。

第 4 步　征求应急响应和其他服务提供者的意见。

如果委员会已确认命名提议符合本指南规定的原则，则无须进一步征求应急响应或其他服务提供者的意见。为确保能够减少重名和混淆的问题，本指南与利益相关者共同协商制定。

如果委员会不确定命名提议是否符合原则（比如，当可能出现重名时），可利用在线通知和编辑系统（NES），征求地名办公室和应急响应及公共服务提供者的意见。这一过程应在征求公众意见之前进行，确保不会将不合适的提议提供给公众以征求反馈意见。

第 5 步　征求公众意见。

对于任何地理实体的命名提议，征求可能感兴趣或可能影响到的一般公众的意见，都是非常重要的。

征求直接关联社区和扩大社区的意见，仅应在委员会确认名称符合本指南原则后进行。如果委员会对此不确定，可联系地名办公室，征求其进一步的意见。有关此咨询过程的详细信息，可查阅原则 1（M）。

第 6 步　委员会研究。

上述步骤完成后，则必须拟制关于此提议的报告。报告必须包括：

关于提议如何符合本指南第 1 节和第 2 节原则的讨论；关于征求意见阶段收到的任何异议和意见的讨论及作出的回应。

委员会接受或拒绝提议的决定需要正式记录。这一要求也适用于由其委托机构作出的决定。[①] 这两种情况下，委员会决定必须通知回应提议方。

有关提议被接受并提交给登记官研究后，如何处理反对意见并通知反对者的进一步信息，可查阅原则 1（N）。

将提议提交地名办公室（OGN）

委员会工作人员应使用在线通知与编辑系统（NES）将提议提交给地名办公室。利用这一在线工具，委员会可方便地将提议提交登记官，并通过登记官提交到可持续发展和环境部的信息服务处（ISB）。

通过在线通知与编辑系统（NES）提交提议时，委员会必须随附以下信息。

· 必须包含一封信，提供如下信息：

---

① 一些情况下，委员会可能倾向于将命名过程的权力“委托”给组织内的有关官员。在这种情况下，无须由委员会成员对名称进行批准。不过，市政委员会将委托官员的详细信息，通过由 CEO 签署的官方信件转交地名办公室（OGN），用于存档备查，这是非常重要的。

地理实体的详细情况（如可能，应包括应急响应所需的地址和入口）；

提议名称的背景及被选中的原因；

征求意见的过程、结果及如何处理反对意见的详细情况；

说明名称符合本指南第 1 节和第 2 节规定的原则；

提议被委员会接受或由其委托官员提交的通知。

· 一份报告，包含如下信息（如相关）：

一份来自受咨询的原住民群体的同意书；

向应急响应和公共服务提供者征求意见的详细情况［如果使用在线通知与编辑系统（NES）征求意见，此证据将自动附在向地名办公室提交的报告中］；

调查资料的副本；

收到的去除身份信息（即删除个人信息）的公众反对意见。

一份发给反对者的信件，说明其可以［按原则 1（N）规定］向登记官提交进一步的反对意见；一份委员会会议纪要，说明已接受提议，或委员会工作人员已将权力委托出去。

登记官研究提议

收到命名或更名一个地理实体的提议时，地名办公室将在 www.dse.vic.gov.au/namingplaces 的提议（Proposals）页面，上传有关提议的详细信息，并发信给命名机构，告知已收到提议。

如命名机构反馈在征求意见期间收到了反对意见，在委员会接受提议并通知反对者后 30 日内，登记官将不会考虑批准提议，参见原则 1（N）的规定。

研究提议时，登记官将检查新的名称是否符合本指南的所有原则，特别是，没有重名，且已征求相关社区的意见。

如登记官认为提议符合指南要求，将对提议予以公告（参见第 2.3.5 节），并更新 www.dse.vic.gov.au/namingplaces 上的提议（Proposal）页面，以体现程序已进行到此阶段。

登记官可能认为名称超越地方意义，在这种情况下，应征求地名咨询委员会的意见［参见第 1.5（f）节］。地名办公室将更新 www.dse.vic.gov.au/namingplaces 上的提议（Proposal）网页，体现程序已进行到此阶段。

如登记官认为提议不符合本指南的规定，将把提议退回命名机构，要求其提供进一步信息，或建议其拟制新提议，以便将来被考虑接受。

地名不会被登记或记录到地名登记系统（VICNAMES）中。地名办公室将更新 www.dse.vic.gov.au/namingplaces 上的提议（Proposal）网页，体现程序已进行到此阶段。

对提议予以公告

一旦名称被登记官批准登记，将在《维多利亚州政府公告》中发布，通知该名称已被登记。

公告将包括以下内容：

新名称；

现有名称（如相关）；

地理实体范围的详细书面描述；

地址（如相关）；

地理实体所在的城市区域和聚居地；

命名机构；

DSE 地理命名网站的网页链接，用于查阅提议及地理实体的地图。

公告是表明提议将被登记到地名登记系统（VICNAMES）的官方通知。

登记和通知

一旦提议被公告，登记官将把新的或修改后的地理实体名称的详细信息录入地名登记系统（VICNAMES）。公告日期将被记录为正式登记日期。名称一经登记，地名办公室将通知利益相关者，并鼓励命名机构按原则 1（O）的要求，通知当地利益相关者。

历史信息

详细记录选择地理实体名称的原因是非常重要的。这样做将确保后代能够了解历史信息，并使命名过程透明化。

一旦名称被公告，命名机构就应登录地名登记系统（VICNAMES），并录入关于新名称的历史信息。此信息应解释该地名被选中的原因，以及该地名与该地区的关联。

标志牌

标志牌必须符合原则 1（P）的具体规定。此外，地名标志牌可采取委员会认为合适的任何样式或设计，以确保社区成员容易找到、识别并阅读该名称。作为最低要求，地名标志牌应设置在主要入口处，保证发生紧急情况时，来访者能够容易识别该地理实体。

在公告并登记名称后 30 日内，必须竖立标志牌。

对于来访者可能难以描述地址的地理实体（如公园中的烧烤点、海滩上的游泳点、国家森林中的步行路线），可以选择使用应急标志牌。这些标志牌是供应急服务电信管理机构（负责接听 000 电话的部门）使用的地理编码，可提供准确的位置信息和进入该地区的方向，用于应急响应。

州政府部门或机构作为命名机构的地理实体

拥有或维护公共地理实体（如学校和医院）的州政府部门或机构，是这些地理实体的命名机构。

由于不同部门中的命名机构所管理的地理实体性质不同，登记官倾向于为各个部门或机构分别制定各自的命名指南。本指南出版时已有的指南列在下面 2.4.1 节中。

如果州政府部门或机构没有制定单独的命名指南，则适用第 2.4.2 节规定的通用指南。

具体部门或机构的指南

以下政府部门和机构，经与登记官协商，已制定自己的命名指南。这些指南适用于其管辖区内的所有地理实体（道路，如本指南第 4 节所讨论的）。

以下清单仅为本指南出版时达成的协议。

教育部儿童早期发展处（Department of Education Early Childhood Development）

维多利亚公园管理局（Parks Victoria）

维多利亚道路管理局（VicRoads）

农村消防局（Country Fire Authority）

州政府部门和机构通用指南

没有单独命名指南的州政府部门和机构应遵守以下程序。

政府部门、机构或其部长，可以采取三种方式为地理实体命名。

部门或机构可与地名办公室合作，内部确定地理实体（聚居地或道路）的适当名称，并遵守第 2.4.3 节规定的流程。这种方式可由相关部长或地名咨询委员会批准提议，再由登记官正式批准。

部门或机构可制定地理实体（聚居地或道路）命名的公开竞争流程，并与地名办公室合作，确定最终的命名提议。这一选项应遵守第 2.4.3 节规定的流程。采用此选项，可由地名咨询委员会对提议作出最终决定，或由相关部长作出最终决定。

部门或机构的部长可写信给对 1998 年《地名法案》负责的部长，要求其行使法案第 11（5）节规定的权力，要求登记官将地名录入地名登记系统（VICNAMES）。

确定命名提议的部门流程

州政府部门和机构可以内部拟制命名提议或举办公开的命名竞赛。这两个流程非常相似，因此，下面将两个流程一起介绍，同时提出程序上的细微差别。

第 1 步　确定名称。

内部确定名称。部门或机构内部拟制的命名提议，应考虑以历史人物或事件，或在当地发生的事件的独特属性来为地理实体进行命名或更名。

通过公开竞赛确定名称。部门或机构应联系地名办公室，讨论确定适当的竞赛形式。基本要求是要对竞赛进行广泛宣传，并引用本指南。

第 2 步　应用原则。

选择地理实体名称或候选名单时，政府部门应检查名称是否符合第 1.8 节和第 2.1 节规定的所有原则。

第 3 步　征求土著人社区的意见。

如果提议的名称来自澳大利亚土著语言，或者是该地理实体的传统土著名称，政府部门或机构应在最初征求当地相关土著居民群体的意见，并得到他们的参与和同意。关于征求意见流程的详细信息，见原则 1（K）及文件《征求原住民群体的意见》。

第 4 步　征求应急响应和其他服务提供者的意见。

政府部门已确认命名提议或候选名单符合本指南规定的原则，则无须进一步征求应急响应或其他服务提供者的意见。因本指南与应急响应和公共服务提供者共同协商制定，确保能够减少重名和混淆的问题。

如果政府部门或机构不确定命名提议是否符合原则（比如，出现重名时），可利用在线通知与编辑系统（NES），征求地名办公室和应急响应及公共服务提供者的意见。

第 5 步　征求公众意见。

针对原则 1（M），鼓励（但不强制）政府部门和机构征求社区意见。建议在联系登记官讨论提议后进行。

第 6 步　联系地名登记官。

在提议程序的这一阶段，政府部门和机构应联系地名办公室，采取以下两项行动之一：

请其批准提议名称或候选名称［完成此步骤后进入 2.4.4（a）］；

寻求地名咨询委员会的支持，以作出关于提议名称的最终决定［完成此步骤后进入 2.4.4（b）］。

政府部门和机构应书面联系地名办公室，并在提交的申请中包含以下信息。

包括一份简要报告，说明：

地理实体的详细信息（如可能，应包括应急响应所需的地址和入口）；

提议名称或候选名称的背景，及被选中的原因；说明名称符合本指南第 1 节和第 2 节规定的原则。

包括进行的任何公开征求意见的详细信息，包括调查资料以及收到的去除身份信息（即删除个人信息）的公众意见。

如相关，应附上来自土著社区的同意书；

如相关，应包含向应急响应和公共服务提供者征求意见的详细情况，包括发出的信件和收到的回复。

说明部门或机构是否寻求批准提议名称或候选名单，还是希望登记官召集地名咨询委员会，对提议作出最终决定。

登记官研究提议

（a）要求批准

如果提议名称符合本指南的原则，登记官将批准该名称，并提供书面证明给部门或机构。

如名称提议不符合指南，登记官将提出修改建议，以确保修改后的提议不违背原则。政府部门和机构可按其意愿修改提议，并重新提交给登记官批准。

政府部门或机构可依据登记官的批准，请部长批准命名提议。如部长批准该提议，部门或机构应将此批准的副本提供给登记官，登记官将按照本指南第 2.4.5 节和第 2.4.6 节规定的流程，予以公告并登记。

（b）向委员会咨询

如果部门或机构希望地名咨询委员会提供帮助，作出最终命名决定，登记官将依据法案第 12 到 16 节的规定召集委员会。

委员会将在成员最早的方便时间召集，并按本指南第 1.5（f）节规定的程序进行。

对提议予以公告

一旦名称选定，并经提议部门或机构的负责人批准，或经地名咨询委员会批准，登记官将在维多利亚州政府公告中，发布地名登记的通知。

公告的内容将包括：

新名称；

原名称（如相关）；

地理实体范围的详细书面描述；

地址（如相关）；

地理实体所在的地方行政区和聚居地；

命名机构；DSE 地理命名网站的网页链接，用于查阅提议及地理实体的地图。

公告是表明提议将被登记到地名登记系统（VICNAMES）的官方通知。

登记和通知

一旦提议公告，登记官将把新的或修改后的地理实体名称的详细信息录入地名登记系统（VICNAMES）。公告日期将被记录为正式登记日期。

名称一经登记，地名办公室将按原则 1（O）的规定通知利益相关者，也鼓励政府部门或机构按原则 1（O）的要求，通知当地利益相关者。

标志牌

标志牌必须符合原则 1（P）的具体规定。此外，地名标志牌可采取政府部门或机构认为合适的任何样式或设计，以确保社区成员可容易地找到、识别并阅读该名称。

作为最低要求，建议应在主要入口处设置地名标志牌，保证发生紧急情况时，来访者能够容易地识别。

在公告并登记名称后 30 日内，必须竖立标志牌。

对于来访者可能难以描述的地址（如公园中的烧烤点、海滩上的游泳点、国家森林中的步行路线），可以选择使用应急标志牌。这些标志牌是供应急服务电信管理机构（负责接听 000 电话的部门）使用的地理编码，可提供准确的位置信息和进入该地区的方向，用于应急响应。

拥有传统澳大利亚土著地名的地理实体

维多利亚州的许多地理实体具有传统土著名称。许多情况下，这些地理实体与西方概念的定义不同（如贝丘、石崖峭、高山或沙滩上的地点、岩层或石阵），把其名称纳入地名登记系统（VICNAMES）同样重要。

鼓励社区成员按照以下两种方式之一，登记或记录这些名称。

登记传统地名，将传统地名登记到地名登记系统（VICNAMES）中，并认可其标准用法。该名称将出现在该地区的常规地图上（请参考本指南的第 2.5.1 节）。

“传统”或“历史”名称作为惯用地名，将其记录到地名登记系统（VICNAMES）。该地名不会被认可为正式用法，且不出现在常规地图中。但是，该名称可以被研究者找到，用于专业地图（请参考本指南第 2.5.2 节）。

对传统澳大利亚土著地名的正式登记

任何人或组织均可拟制提议，登记某个地理实体的传统土著名称，无论该名称是否已有登记名称。

如果一个地理实体已经有正式登记名称，现在标准地名和传统土著地名将构成双重名称记录［详细信息请参考原则 1（L）］。

如果地理实体已有当地社区普遍使用的非标准地名，非标准地名和传统地名可登记为双重名称。

如果地理实体还没有正式登记名称，土著社区可要求将传统地名单独登记。

拟制登记提议

第 1 步　识别名称

任何人、群体或组织（土著人、研究者或研究组织、感兴趣的公众人士）均可依据历史文件或与地理实体所在地区相关的特定文化知识，来识别一个地理实体的传统地名。

第 2 步　确定地理实体的其他名称

提议者必须检查该地理实体是否存在其他正式登记或记录的名称，或社会上是否使用一个非标准地名。

如果存在这样的名称，提议者必须提交命名提议，使之与现有已登记的或非标准地名一起，作为双重名称［参考原则 1（L）］。

如果地理实体没有登记、记录或正在被使用的其他名称，传统名称可单独登记。

第 3 步　确认名称

为地理实体识别传统地名后，必须由地理实体所在地的传统所有者群体进行确认。在个别情况下，可以由超过一个群体、机构或组织确认。在任何情况下，名称必须经过该地区拥有认可遗产能力的所有群体确认［这些群体的清单，见原则 1（K）及文件《征求原住民群体的意见》］。

所有相关的传统所有者群体必须按原则 1（L）的规定，对登记的地名（无论是双重名称还是单一名称）给出书面或口头同意。

第 4 步　联系命名机构

提议者应联系命名机构，直接向其提交命名提议。命名提议必须根据本指南，由负责维护地理实体的市政委员会、政府部门或机构进行处理。

将地名记录为“传统”地名或“历史”地名。

在某些情况下，土著社区可能不想将传统地名正式登记。由此，社区可要求在地名登记系统（VICNAMES）中将地名记录为“传统”地名或“历史”地名。

传统地名是指在前殖民时代使用的地名。历史地名是指在后殖民时代形成的地名。将一个地名记录为传统地名或历史地名，意味着它将不会出现在官方地图上，但该地名的历史和意义将被记录，作为参考信息。

申请记录传统或历史状态

任何人或组织都可按如下步骤，拟制提议，将地理实体的土著名称记录为传统或历史状态。

第 1 步　识别名称。

任何人、群体或组织（土著人、研究者或研究组织、感兴趣的公众人士）均可依据历史文件或与地理实体所在地区相关的特定文化知识，来识别一个地理实体的传统地名或历史地名。

第 2 步　确认名称。

为地理实体识别传统地名后，必须由地理实体所在地的传统所有者群体进行确认。在某些情况下，可能超过一个群体、机构或组织。在任何情况下，地名必须经过该地区拥有认可遗产能力的所有群体进行确认。这些群体的清单，见原则 1（K）及文件《征求原住民群体的意见》。

所有相关传统的所有者群体必须按原则 1（L）的规定，对登记的地理实体名称（无论是双重名称还是单一名称）给出书面或口头同意。

第 3 步　确定地理实体的其他名称。

提议者必须检查该地理实体是否存在其他正式登记或记录的名称。这样做可以帮助识别地理实体的传统地名或历史地名的地点。

第 4 步　联系地名办公室（OGN）。

提议者应联系地名办公室，申请在地名登记系统（VICNAMES）中将名称记录为传统地名或历史地名。

申请应包括如下信息：

地理实体位置的详细信息（如可能，应包括应急响应所需的地址和入口）；

传统地名或历史地名的背景（包括传统语言，以及如有可能，其文化遗产）；

来自所有相关土著社区的同意书。

第 5 步　研究并记录申请。

登记官将研究申请，并确认地名已由相关土著社区确认并同意记录。

如果申请提供了要求的信息，名称将在地名登记系统（VICNAMES）中被记录为传统地名或历史地名。登记官将通知提议者和支持提议的土著人社区。

如果申请没有提供要求的信息，登记官将联系提议者讨论该申请。地名办公室将向提议者提供帮助，解决获取背景性文化遗产信息，或取得来自相关土著社区的同意等问题。

聚居地

定义

聚居地是维多利亚州的行政地理区域，按社区特点或景观特点划分。在城市地区，通常指“郊区（suburb）”。每个聚居地有经正式认可和登记的边界，与其他聚居地没有重叠。由于其独有的清晰名称和边界，聚居地为确定地址提供了官方参照点。

居住区不是聚居地，因为它没有经官方认可并登记的边界。因此，居住区的地名不能用作地址。

如何使用本节

本节规定如何为维多利亚州的聚居地命名和更名，并规定如何更改边界。

本节的内容应与本指南第 1 节规定的原则和政策结合起来使用。

本节的信息分为五个部分。

第 3.1 节：适用于聚居地的原则

第 3.2 节：不应做什么

第 3.3 节：市政委员会建立的新聚居地

第 3.4 节：政府部门和机构建立的新聚居地

第 3.5 节：对现有聚居地名称或边界的改变或变更

关于聚居地的定义和命名的更多信息，可参考标准《AS/NZS 4819：2011 农村与城市的地址确定》。

登记聚居地和边界的责任

多数情况下，对聚居地命名、更名及对边界定义的管理，是聚居地所在市政委员会的责任，但有两种情况除外。

有些情况下，聚居地位于两个或多个城市地区。这种情况下，涉及的所有城市需协调命名、更名或任何更改边界问题，最终提议将由地名咨询委员会进行评估［参考第 1.5（f）节］。

还有一些情况下，考虑确定新聚居地名称的地区，可能属于进行大型土地再开发项目的政府部门或机构，如新兴地区管理局（Growth Areas Authority）的管辖范围内。对于这种类型的提议，有专门的指南，在第 3.4 节有规定。

适用于聚居地的原则

原则 3（A）边界位置

聚居地边界应与地籍分布、道路中心线或易于辨认的地貌，如水道或山脉一致。基本上应按照以下惯例：

1. 如果有主干道路分隔社区，聚居地的边界应设置在道路的中心线。如果是双车道，请联系地名办公室（OGN）讨论边界的选择。

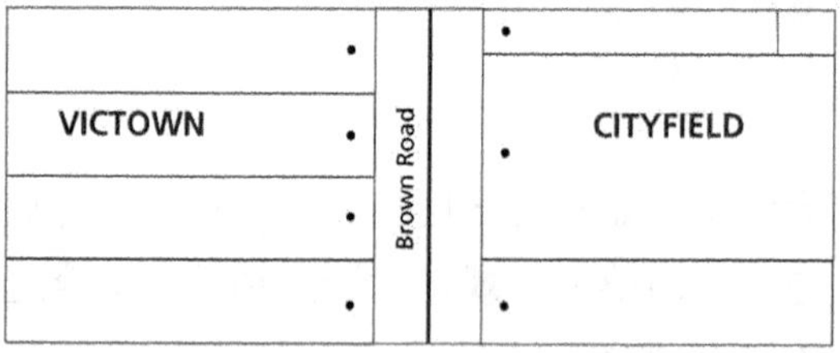

2. 如果在次要道路上的居民和企业被认为是同一社区的一部分，提议将聚居地边界设置在面向道路的地产项目后部边界。

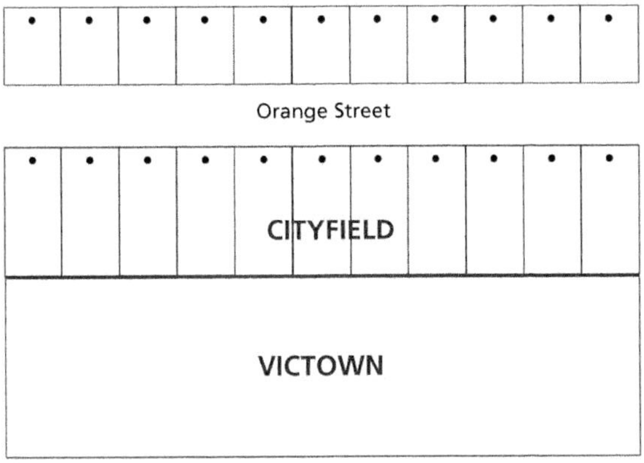

3. 对于仅一端通行的道路和一端封闭的道路，聚居地边界应包围道路尽头的地产项目，使从同一条道路可达的地产项目的地址为同一聚居地。

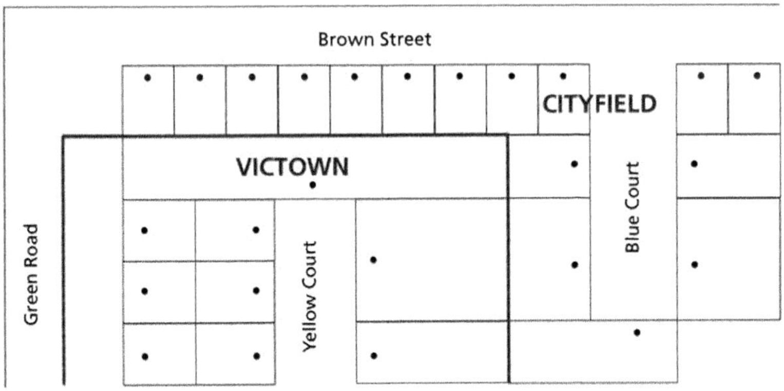

4. 位于角落的街区的聚居地边界应与从同一条道路可达的居民区相同。对于这种边界的位置，有四种选项，如下图 a、b、c、d 所示。

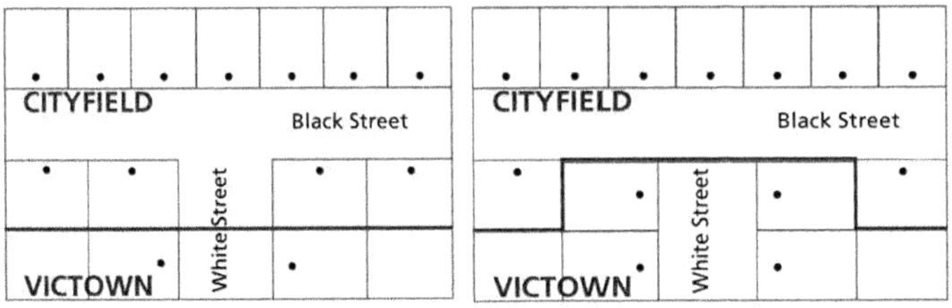

图 a　　图 b

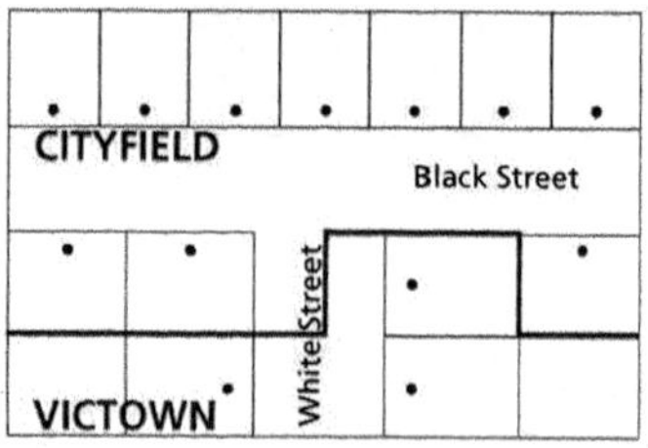

图 c

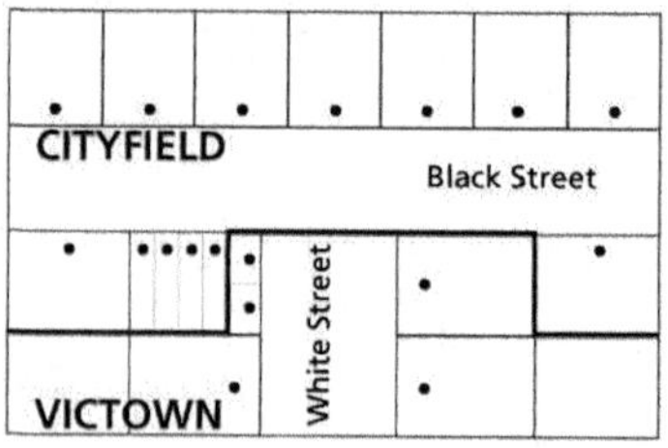

图 d

图 a. 表示对于从布莱克大街（Black Street）到达的，位于角落的地产项目，如何划定边界。

图 b. 表示对于从怀特大街（White Street）到达的地产项目，如何划定边界。

图 c. 表示对于一个角落街区从布莱克大街进入，另一个角落街区从怀特大街进入时，如何划定边界。

图 d. 表示对于一处房地产中有多个商店前门或住宅从布莱克大街和怀特大街都可到达时，如何划定聚居地边界。由于这种情况下有多个选择，应联系地名办公室，征求其意见。

5. 如果一处地产项目位于角落，且该街区被分为一个或多个新的地产项目，可从一条道路到达，该道路地址通常被定义为另一聚居地，则应更改聚居地边界，将被分割的新地产项目纳入进来。例如：

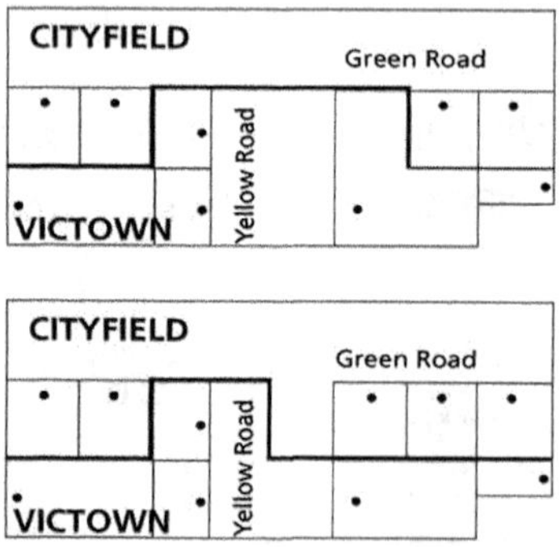

6. 聚居地边界应考虑斧形房地产的位置。理想情况下，如果一处房地产能从作为聚居地边界的道路，通过通行权或私人道路到达，聚居地边界则应包含斧形房地产。

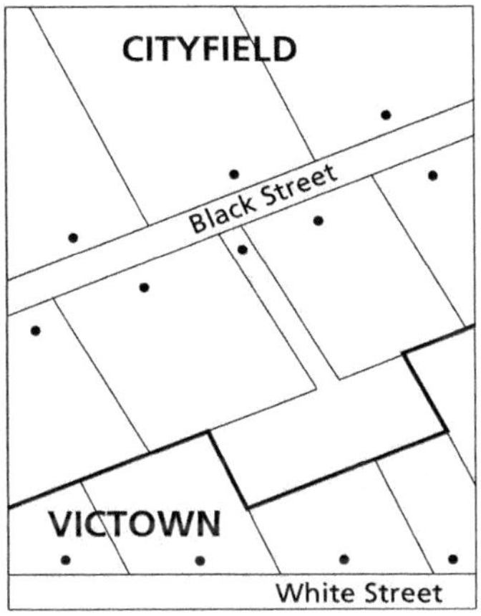

7. 如果自然地理实体，如水道或山脉用作聚居地边界，则应以地理实体的中心线作为边界。例外情况包括墨累河（Murray River）、湖泊、主要河流和海洋边界。这些情况应联系地名办公室，征求他们的意见。

8. 处于另一个聚居地内的岛屿，不得定义为聚居地。例如，所有聚居地必须与两个或多个其他聚居地有共同边界，或者一面是另一个聚居地，另一面是州界或海洋。

原则 3（B）房地产与小区名称

房地产和小区的名称，被认为是居住区的名称，因此不是官方认可的地址。如果市政委员会考虑为包含新建房地产或小区的地区建立新的聚居地，应优先考虑确定一个新的、能代表该地区的景观或历史特点的唯一名称。

推广新的房地产项目

开发商和土地所有者推广新的房地产项目时，必须使用正确的聚居地名称。任何地产项目名称不得与现有聚居地名称冲突。

如果将土地开发作为新的聚居地来推广，则依据 2010 年《竞争与消费者法案》（Cth），可能被认为具有误导性和欺诈性。

例如，在泰勒（Taylor）市郊区推广一处名为绿山地产（Green Hills Estate）的新房地产项目，不具有误导性和欺诈性。但是，如果说绿山（Green Hills）将是新建房地产项目的新聚居地，则具有误导性和欺诈性。

应注意 2010 年《竞争与消费者法案》（Cth）已经取代 1974 年《贸易实践法案》（Cth）。

市政委员会应谨慎选择流程，确保新聚居地的提议地名符合本指南第1节规定的所有原则，尤其要注意将地名与地点关联，不得为有商业利益的地点命名。

原则3（C）规模

所有社区和景观地理实体均大小不一，因此，确定一个聚居地的规模难度较大。

通常，聚居地的定义，要以方便提供应急服务和邮政服务为目的。因此，聚居地不能过小，以至于难以与周边地区区分；也不能过大，使公众不清楚确切的边界。市政委员会必须举证，所提议的聚居地边界对当地居民、企业和来访者都是合理的。

原则3（D）连字符

聚居地的名称不得使用连字符。

原则3（E）地方行政区边界审议

当聚居地跨越两个或多个地方行政区边界时，应对聚居地边界进行审议，使之与地方政府管辖区保持一致。

原则3（F）聚居地标志牌

应尽可能在主路和干道处设置充足的聚居地标志牌，特别是来访者不熟悉的农村和边远地区。

原则3（G）聚居地名称应在澳大利亚具有唯一性

聚居地名称不得与澳大利亚其他聚居地名称重名。例如，在维多利亚州建立的新聚居地不应在昆士兰州已经存在。

聚居地名称的拼写或发音不应与澳大利亚其他聚居地名称相似（例如“White”与“Whyte”）。请参考第一节中的原则1（D），以确保名称不重复。

注：新兴地区管理局分配的区划（PSP）名称，除非得到地名办公室的批准，不得用于新聚居地名称。

预留聚居地名称

由于向地名办公室咨询合适的名称、征求公众意见、委员会批准及最终确定新聚居地名称需要很长时间，委员会可将提议名称提交地名办公室进行在线记录，以确保其他州或地区不出现重名。

不应做什么

以下是确定聚居地边界或名称时避免出现的提议：聚居地名称不应太长或难以发音；

提议名称不应具有攻击性、种族主义、侮辱性或贬义；

聚居地边界不应与其他聚居地边界重叠；

聚居地不应跨越城市边界；

聚居地边界不应将土产或土地分割开——参见下面的示意图。

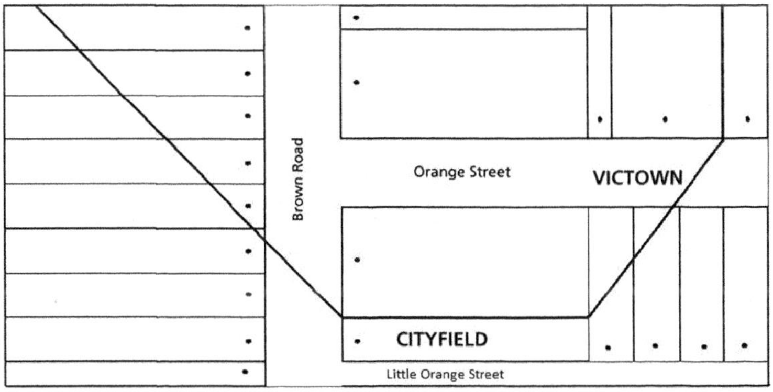

上例表明聚居地边界如何不应被划定。Brown Road 或 Little Orange Street 上的房产没有明确的边界。

聚居地边界没有清晰确定时，市政委员会应调整边界使之与确定的可区分的地理实体相一致，例如地籍分布、中心线、小溪、河流、铁路等。

市政委员会建立的新聚居地

在确保维多利亚州所有地区的聚居地被正确定义和命名，市政委员会承担着重要职责。

随着维多利亚州人口的增长，经常会建立新的居民区和商业区。市政委员会应确保定期审议聚居地边界，并评估其是否充分反映了现有状况。

如果要在一个地区进行唯一的大型开发项目，例如建设一组与周边景观很容易区分的小区，市政委员会应考虑建立新的聚居地。

建立新聚居地可以令该地区的居民和企业能够使用唯一的地址名称。

如果提议的聚居地位于两个或多个城区，各市政委员会应联系地名办公室帮助协调，进行提议。

在下一节中包含分步指导，介绍当提议聚居地处于一个或多个城市时，就如何实施流程。

如何发起提议

公众

公众人士可向负责聚居地所在地区的市政委员会提交建立新聚居地的提议。提议应包括：

关于为什么委员会应考虑建立新聚居地的详细背景信息；

聚居地的提议名称和边界；

详细说明某个具体名称和边界的合理性；

提议人的联系方式、已进行的征求公众意见的信息，和从一些团体或社区收集的支持信息；说明提议的名称符合本指南第1节和第3节规定的原则。

收到公众人士的命名提议后，委员会中负责的人员应按本指南第3.3.2节规定，发起正式提议流程。如果提议成立的聚居地是跨两个或多个城市区域的，相应委员会的人员应根据本指南中本节的政策和原则协调对提议的处理。

应急响应或其他公共服务提供者

提供应急服务或其他公共服务的组织，可向负责聚居地所在地区的市政委员会提交建立新聚居地的提议，并只有当其能够证明提议符合社区利益时才可提交。提议应包括以下内容：

市政委员会考虑建立新聚居地的详细背景信息；

提议的聚居地名称和边界；

详细说明某个具体名称和边界的合理性；

说明提议名称和边界符合本指南第1节和第3节规定的原则；

收到应急服务或其他服务提供者的提议后，委员会中负责此事的人员应按本指南第3.3.2节规定，发起正式提议流程；

如果提议成立的聚居地是跨两个或多个城市区域的，相应委员会的人员应根据本指南本节的政策和原则协调对提议的处理；

如此请求是为公共安全考虑，市政委员会必须在30日内回复，并在针对首次回复的一次会议中处理。

市政委员会

市政委员会可自行提出建立新聚居地的提议，也可举行新聚居地的公开命名竞赛（但不得以竞赛方式确定边界）。这种情况下，市政委员会应联系地名办公室，且应采用第 3.4.1（b）节规定的流程。

如果市政委员会寻求土著居民名称来拟制命名或更名提议，在开始拟制提议时，即应与相关土著社区取得联系，请他们共同参与。

关于此征求意见流程的信息可参考原则 1（K）及文件《征求原住民群体的意见》。

名称和边界确定后，市政委员会应按本指南第 3.3.2 节规定，发起正式提议流程。

正式提议流程

第 1 步　检查信息

检查提议命名方是否提交了所有必要信息，如不全面，要求其在 30 日内提供补充信息。

第 2 步　应用原则

选择名称和边界时，市政委员会应检查名称是否符合第 1 节和第 3 节规定的所有原则。

如果提议不符合原则，或委员会确定提议性质轻率，鼓励委员会联系地名办公室进行咨询。在此阶段，可对提议进行修改使之符合原则，或予以拒绝。

第 3 步　征求土著人社区的意见

如果提议的名称来自澳大利亚土著语言，市政委员会在最初征求当地相关土著居民群体的意见，并得到他们的参与和同意。

第 4 步　征求应急响应和其他服务提供者的意见

如果委员会已确认命名提议符合本指南，则无须进一步征求应急响应及其他服务提供者的意见。为确保能够减少重名和混淆的问题，本指南与应急响应及其他服务提供者共同协商制定。

如果委员会不确定命名提议是否符合本指南（比如出现重名或边界混淆

时），可利用在线通知与编辑系统（NES），征求地名办公室和应急响应及公共服务提供者的意见。这一征求意见过程应在征求公众意见之前进行，确保未将不合适的提议提供给公众以征求反馈意见。

第 5 步　征求公众意见

征求公众意见包括可能影响该地址的居民、纳税人和企业的意见。

征求直接关联社区和扩大社区的意见，仅应在委员会确认名称和边界符合本指南原则后进行。如果委员会对此不确定，可联系地名办公室进一步咨询。

第 6 步　委员会研究提议

上述步骤完成后，应拟制关于此提议的报告。报告必须包括：关于提议符合本指南第 1 节和第 3 节原则的讨论；关于征求意见阶段收到的任何异议、意见的讨论及作出的回应。

委员会接受或拒绝提议的决定需要正式记录。这一要求也适用于由其委托机构作出的决定。[①] 这两种情况下，委员会决定必须以通知来回应提议方。

有关提议被接受并提交给登记官研究后，如何处理反对意见并通知反对者的进一步信息，可查阅原则 1（N）。

将提议提交地名办公室（OGN）

委员会工作人员应使用在线通知与编辑系统（NES）将提议提交地名办公室。这一在线工具，方便委员会将提议提交登记官，并通过登记官提交到可持续发展和环境部的信息服务处（ISB）。

通过 NES 提交提议时，委员会必须随附以下信息：

一封信函包括以下信息：

新聚居地现有边界和提议边界，该地区现有聚居地详细情况；

提议名称和边界背景及选择原因；

说明名称和边界符合本指南第 1 节和第 3 节规定的原则；

征求意见的过程、结果及处理反对意见的详细情况；

提议被委员会接受或由其委托官员提交的通知。

① 在一些情况下，委员会可能倾向于将命名过程的“权力委托”给组织内的有关官员。在这种情况下，无须由委员会成员对名称进行批准。不过，市政委员会将委托官员的详细信息，以由 CEO 签署的官方信件转交地名办公室（OGN），用于存档备查，这点很重要。

一份报告，包含以下信息（如相关）：

一份来自咨询原住民群体的同意书；

向应急响应和公共服务提供者征求意见的详细情况［如果使用在线通知与编辑系统（NES）征求意见，此证据将自动附在向地名办公室提交的报告中］；

调查资料的副本；

去除身份信息（即删除个人信息）的公众反对意见。

一份发给反对者的信件，说明其可以［按原则1（N）规定］向登记官提交进一步的反对意见；一份委员会会议纪要，说明已接受提议或委员会工作人员已将权力委托出去。

登记官研究提议

收到建立新聚居地的提议时，地名办公室上传有关提议的详细信息，并发信给命名机构，告知已收到提议。

如在征求意见期间无反对意见，登记官将继续研究提议。如在征求意见期间收到了反对意见，登记官将在委员会通知反对者后，延迟30日后开始对提议的研究，参见原则1（N）的规定。

研究提议时，登记官将检查新的名称和边界是否符合本指南的所有原则，特别是，应没有重名，且建立新聚居地符合社区的长期利益。如登记官认为提议符合指南要求，将对提议予以公告（参见第3.3.5节），并更新www.dse.vic.gov.au/namingplaces上的提议（Proposal）页面，以体现程序已进行到此阶段。

登记官可能认为提议超越地方意义，在这种情况下，将征求地名咨询委员会的意见［参见第1.5（f）节］。

如登记官认为提议不符合本指南的规定，将把提议退回命名机构，要求提供进一步信息或重新拟制，为将来重新提议、研究和登记奠定基础。

地名和边界不会被登记或记录到地名登记系统（VICNAMES）中。

对提议予以公告

一旦名称被登记官批准登记，将在《维多利亚州政府公告》中发布，通知该名称已被登记。

公告将包括以下内容：

档案编号；

新名称；

将要在其中建立新聚居地的名称；

边界位置的详细书面描述；

聚居地所在地方行政区；

地名办公室网站的网页链接，用于查阅提议及聚居地的地图。

登记和通知

一旦提议公告，登记官将把新聚居地的详细信息录入地名登记系统（VICNAMES）。公告日期将被记录为正式登记日期。一经登记，地名办公室将按原则 1（O）的规定通知利益相关者，也鼓励政府部门或机构按原则 1（O）的要求，通知当地利益相关者。

历史信息

为确保后代能够了解历史信息，并使命名过程透明，详细记录选择聚居地名称的原因至关重要。

一旦名称被公告，命名机构就应登录地名登记系统（VICNAMES），并录入关于新地名的历史信息。此信息应解释地名命名依据，以及该地名与该地区的关联。

政府部门和机构创立新聚居地

政府部门和机构有时会进行大型土地再开发项目。如果开发的规模很大或地位很重要，可能会考虑在该地区建立新的聚居地。下面提供的信息，可供政府部门和机构（如新兴地区管理局）使用，作为建立新聚居地的分步指导。

发起提议

发起提议时，政府部门应该已经为提议的新聚居地划定边界。边界应符合本指南的本节和第 1 节规定的原则。部门或机构可联系地名办公室，寻求如何确定边界的提议。

政府部门和机构可以通过内部流程确定新聚居地名称，或举办公开命名竞赛。两个过程相似，因此将两个流程一起介绍，同时提及程序上的细微差别。

（a）内部确定名称

为帮助通过内部流程确定名称，政府部门应考虑使用历史人物或事件名称，或在当地发生事件的独特属性。

（b）通过公开竞赛确定名称

要通过公开竞赛确定提议名称，部门或机构应联系地名办公室讨论，确定适当的竞赛形式。作为基本要求，应对竞赛进行广泛宣传，并引用本指南。竞赛信息中应明确定义新聚居地提议边界。

正式提议流程

第 1 步　应用原则

选择提议名称和边界时，政府部门或机构应检查提议是否符合第 1 节和第 3 节规定的所有原则。

如提议不符合原则，建议政府部门或机构联系地名办公室进行咨询。在此阶段，可对提议进行修改使之符合原则，或予以拒绝。

第 2 步　征求聚居地所在市政委员会的意见

政府部门或机构应征求提议聚居地所在市政委员会的意见。委员会可协助确定合适的边界，征求社区意见，并就提议对该地区现在地址的影响提供意见。

第 3 步　征求土著人社区的意见

如果提议的名称来自澳大利亚土著语言，或者是该地理实体的传统土著名称，政府部门或机构应在最初征求当地相关土著居民群体的意见，并得到他们的参与和同意。关于征求意见流程的详细信息，见原则 1（K）及文件《征求原住民群体的意见》。

第 4 步　征求应急响应和其他利益相关者的意见

如果政府部门或机构已确认命名提议符合本指南，则无须进一步征求应急响应及其他服务提供者的意见。因为本指南是与这些应急响应及其他服务提供者共同协商制定的，这些原则就是为了确保能够减少重名和边界混乱的问题。

如果政府部门或机构不确定命名提议是否符合这些原则（比如出现重名或

边界混淆时），可利用在线通知与编辑系统（NES），征求地名办公室和应急响应及公共服务提供者的意见。这一过程应在征求公众意见前进行，以确保不会将不合适的提议提供给公众以征求反馈意见。

第 5 步　征求公众意见

尽管内部拟制命名提议的政府部门或机构无须征求社区意见，仍建议向建立新聚居地可能影响到其地址的居民、纳税人和企业征求意见。

向直接关联社区和扩大社区征求意见，仅应在委员会确认提议名称及其边界符合本指南原则后进行。如果委员会对此不确定，可联系地名办公室进一步咨询。

第 6 步　联系地名办公室（OGN）

在提议程序阶段，政府部门或机构应联系地名办公室，采取以下两项行动之一：

请登记官批准聚居地的提议名称和边界［完成此步骤后进入 3.4.3（a）］；寻求地名咨询委员会的协助，以作出关于提议聚居地名称和边界的最终决定［完成此步骤后进入 3.4.3（b）］。

政府部门或机构应书面联系地名办公室，并在提交的申请中包含以下信息。

一份简要报告，需说明：

新聚居地的提议边界，及该地区现有聚居地的详细情况；

提议名称的背景及选择原因，说明名称和边界符合本指南第 1 节和第 3 节规定的原则。

征求意见的详细信息，包括调查资料，以及去除身份信息（即删除个人信息）的公众意见。讨论应包括部门或机构如何解决所提交反对意见的详细情况。

如相关，来自土著社区的同意书。

如相关，向应急响应和公共服务提供者征求意见的详细情况，包括发出的信件和收到的回复。

说明部门或机构是否寻求批准提议名称或候选名单，或希望登记官召集一个地名咨询委员会，以对提议作出最终决定。

登记官研究提议

（a）请求批准

如果提议名称和边界符合本指南的原则，登记官将批准该提议，并提供书面证明给政府部门。

地名办公室将更新提议（Proposal）网页，以体现程序已进行到此阶段。

如名称提议不符合指南，登记官将提出修改建议。政府部门或机构可修改提议，并重新提交给登记官批准。

政府部门或机构可依据登记官的批准，请部长批准命名提议。如部长批准该提议，部门或机构应将此批准的副本提供给登记官，登记官将按照本指南第 3.4.3 节和第 3.4.5 节规定的流程，对新的聚居地予以公告并登记。

（b）咨询委员会

如果部门或机构希望地名咨询委员会提供帮助，作出最终命名决定，登记官将依据法案第 12 到 16 节的规定召集委员会。

地名办公室将更新提议（Proposal），以体现程序已进行到此阶段。

在成员方便且第一时间召集委员会，并按本指南第 1 节规定的程序进行。有关地名咨询委员会及其程序的进一步信息请参考第 1.5（f）节。

对提议予以公告

一旦新聚居地的建立经登记官批准并登记，《维多利亚州政府公告》将发布公告。

公告内容包括：

档案编号；

新名称；

将要在其中建立新聚居地的名称；

边界位置的详细书面描述；

聚居地所在的地方行政区；DSE 地名网站的网页链接，用于查阅聚居地提议及聚居地的地图。

一旦提议被公告，登记官将把新聚居地的详细信息录入地名登记系统（VICNAMES）。公告日期将被记录为正式登记日期。

一经登记，地名办公室将按原则 1（O）的规定通知利益相关者，也建议政府部门按原则 1（O）的要求，通知当地利益相关者。

对现有聚居地名称或边界的改变、变更

随着人口的增长，需要确保聚居地的名称和边界能够反映居民需求。某些情况下，可能需要考虑该地区住户和企业分布情况变化，或由于人口结构的变更，而改变聚居地边界。

在下一节中包含分步指导，介绍当提议聚居地处于一个或多个城市时，就如何实施更改聚居地名称或边界的流程。

发起提议

公众

公众人士可向负责聚居地所在地区的市政委员会提交建立新聚居地的提议。提议应包括：

委员会考虑更改名称或边界的详细背景信息；

新聚居地名称或边界；

详细说明新名称或边界的合理性；

提议人的联系方式、已进行的征求公众意见的信息，和从一些团体或社区收集的支持信息；说明提议的名称符合本指南第 1 节和第 3 节规定的原则。

收到公众人士的命名提议后，委员会负责此事的人员应按本指南第 3.5.2 节规定，发起正式提议流程。如果提议改变边界的聚居地是跨两个或多个城市区域，相应委员会的人员应协调对提议的处理。

应急响应或其他公共服务提供者

提供应急响应服务或其他公共服务（如邮政或电信服务）组织的员工，可向负责聚居地所在地区的市政委员会提交建立新聚居地的提议。

只有服务提供者能够证明提议符合社区利益时才可提交。提议应包括以下内容：

市政委员会考虑更改名称或边界的详细背景信息；

聚居地新名称或边界；

详细说明新名称或边界的合理性；

说明提议名称和边界符合本指南第 1 节和第 3 节规定的原则。

收到应急服务或其他服务提供者的提议后，委员会中负责此事的人员应按本指南第 3.5.2 节规定，发起正式提议流程；

如果提议成立的聚居地是跨两个或多个城市区域，委员会相应人员应协调对提议的处理；

如此请求是考虑公共安全，市政委员会必须在 30 日内回复并采取行动。

市政委员会

市政委员会可自行提出更改聚居地名称或更改其边界的提议。只有当市政委员会能够证明提出的提议符合社区长期利益，才可考虑更名或更改边界。

如果市政委员会寻求使用土著居民名称以拟制命名或更名提议，在开始拟制提议时，即应与相关土著社区取得联系，请他们共同参与。

关于此征求意见流程的信息可参考原则 1（K）及文件《征求原住民群体的意见》。

名称和边界确定后，市政委员会应按本指南第 3.5.2 节规定，发起正式提议流程。

正式提议流程

第 1 步　检查信息

检查提议命名方是否提交了所有必要信息，如不全面，要求其在 30 日内提供补充信息。

第 2 步　应用原则

选择名称和边界时，市政委员会应检查名称是否符合第 1 节和第 3 节规定的所有原则。如果提议不符合原则，或委员会确定提议性质轻率，建议委员会联系地名办公室进行咨询。在此阶段，可对提议进行修改使之符合原则，或予以拒绝。

第 3 步　征求土著人社区的意见

如果提议的新名称来自澳大利亚土著语言，或者是该地理实体的传统土著名称，市政委员会应在最初征求当地相关土著居民群体的意见，并得到他们的参与和同意。关于征求意见流程的详细信息，见原则 1（K）及文件《征求原住民群体的意见》。

第 4 步　征求应急响应和其他服务提供者的意见

如果委员会已确认命名提议符合本指南规定的原则，则无须进一步征求应急响应及其他服务提供者的意见。为确保减少重名和混淆的问题，本指南与应急响应及公共服务提供者共同协商制定。

如果委员会不确定命名或更改边界提议是否符合本指南（比如出现重名和边界混淆时），可利用在线通知与编辑系统（NES），征求地名办公室和应急响应及公共服务提供者的意见。这一过程应在征求公众意见之前进行，以确保未将不合适的提议提供给公众以征求反馈意见。

第 5 步　征求公众意见

征求公众意见包括可能影响到其地址的居民、纳税人和企业的意见。

征求直接关联社区和扩大社区的意见，仅应在委员会确认新名称或边界符合本指南原则后进行。如果委员会对此不确定，可联系地名办公室进一步咨询。

第 6 步　委员会研究提议

上述步骤完成后，应拟制关于此提议的报告。报告必须包括：

关于提议如何符合本指南第 1 节和第 3 节原则的讨论；关于征求意见阶段收到的任何异议、意见的讨论及作出的回应。

委员会接受或拒绝提议的决定需要正式记录。这一要求也适用于由其委托机构作出的决定。[①] 这两种情况下，委员会的决定必须通知给提议方作为回应。有关提议被接受并提交给登记官研究后，如何处理反对意见并通知反对者，可查阅原则 1（N）。

将提议提交地名办公室（OGN）

委员会工作人员应使用在线通知与编辑系统（NES）将提议提交地名办公室，在线工具方便将提议提交登记官，并通过登记官提交到可持续发展和环境部的信息服务处（ISB）。

通过 NES 提交提议时，委员会必须随附以下信息。

一封信函，提供如下信息：

新聚居地现有边界和提议边界，及其他受影响聚居地的详细情况；

---

① 在一些情况下，委员会可能倾向于将命名过程的“权力委托”给组织内的有关官员。在这种情况下，无须由委员会成员对名称进行批准。不过，市政委员会将委托官员的详细信息，以由 CEO 签署的官方信件转交地名办公室（OGN），用于存档备查，这点很重要。

提议名称或边界的背景及选择原因（如相关）；

说明名称和边界符合本指南第 1 节和第 3 节规定的原则；

征求意见的过程、结果及处理反对意见的详细情况；

提议被委员会接受或由其委托官员提交的通知。

一份报告，包含如下信息（如相关）：

一份来自原住民咨询群体的同意书；

向应急响应和公共服务提供者征求意见的详细情况［如果使用在线通知与编辑系统（NES）征求意见，此证据将自动附在向地名办公室提交的报告中］；

调查资料的副本；

去除身份信息（即删除个人信息）的公众反对意见。

一份发给反对者的信件，说明其可以［按原则 1（N）规定］向登记官提交进一步意见；一份委员会会议纪要，说明已接受提议，或委员会工作人员已将权力委托出去。

登记官研究提议

收到更改聚居地名称或边界的提议时，地名办公室将上传有关提议的详细信息，并发信给命名机构，告知已收到提议。

如征求意见期间收到了反对意见，登记官在委员会通知反对者后，延迟 30 日对提议进行研究。按原则 1（N）的规定，这 30 日的时间，是留给反对者提出进一步反对意见的时间。

研究提议时，登记官将检查提议的新名称或边界是否符合本指南的所有原则，特别是，新名称应没有重名，或改变边界可认为符合社区的长期利益。

如登记官认为提议符合指南要求，地名办公室将对提议予以公告（参见本指南第 3.5.5 节），并更新提议（Proposal）页面，以体现程序已进行到此阶段。

登记官若认为提议的聚居地变更超越地方意义，将征求地名咨询委员会的意见。

关于地名咨询委员会的进一步详细信息，见本指南第 1.5（f）节。

如登记官认为新的名称或边界提议不符合本指南规定，将把提议退回命名机构，要求提供进一步信息，或建议其重新拟制，以便将来再次提议，进行研究和登记。

新地名或边界不会被登记或记录到地名登记系统（VICNAMES）中。

对提议予以公告

一旦新名称或边界被登记官批准登记，将在《维多利亚州政府公告》中发布，通知该名称已被登记。

公告包括以下内容：

档案编号；

受影响聚居地的已有名称；

受影响聚居地的新名称（如相关）；

新边界位置的详细书面描述（如相关）；

受影响聚居地所在的地方行政区；

地名办公室网站的网页链接，用于查阅提议及聚居地边界的地图。

登记和通知

一旦提议被公告，登记官将把新聚居地名称或边界的详细信息录入地名登记系统（VICNAMES）。公告日期将被记录为正式登记日期。

一经登记，地名办公室将按原则 1（O）的规定通知利益相关者，也鼓励命名机构按原则 1（O）的要求，通知当地利益相关者。

道路

在本指南中，道路是指任何公共和私人拥有的路基大道或小道，可由车辆或步行通过，可用于分配地址，或从一个地点到达另一个地点，或到达一个地理实体。例如，道路包括巷、公路、街道、高速公路、消防通道、自行车道和人行道。

使用本节的内容

本节提供了关于“道路协调机构”（市政委员会或政府部门和机构）如何命名其管辖区内的道路——包括公共道路和私人道路。任何情况下，道路协调机构应遵守 2004 年《道路管理法案》和 1989 年《地方政府法案》规定的道路定义和管理职责。

本节的信息分为五个部分：

第 4.1 节：道路命名原则（应与第 1.8 节规定的主要原则结合使用）

第 4.2 节：市政委员会协调的公共道路

第 4.3 节：政府部门和机构协调的公共道路

第 4.4 节：位于居民区或商业区的道路

第 4.5 节：位于私人地产上的私人道路（如退休村、房车停车场或农业区）

道路命名主体

根据 2004 年《道路管理法案》和 1989 年《地方政府法案》，维多利亚州的主要道路命名机构（道路协调机构）是：

维多利亚州道路管理局（VicRoads）；

市政委员会；

州政府部门或机构［包括墨尔本港、高山度假区管理委员会、维多利亚州城市管理局（VicUrban）等］。

2004 年《道路管理法案》和 1989 年《地方政府法案》都允许道路协调机构命名道路，并发布公告，通知道路的正式名称。但是，法案规定，在任何情况下，道路协调机构必须根据本指南行事。

因此，道路协调机构在发布公告前，必须根据本法案行事，并确保提议符合各项命名原则和程序。重要的是，道路协调机构提议的道路名称，必须获得登记官的批准后才能发布公告。发布公告前要求完成的流程和程序信息，在本指南第 4.1、4.2、4.3、4.4、4.5 节规定。

道路命名类别

所有道路，无论是公共道路还是私人道路，均可被命名并登记到地名登记系统（VICNAMES）中。因此，任何车辆和行人均可通过，且市政委员会、公众、应急服务和公共服务提供者感兴趣的道路，均应根据本法案规定的原则和程序予以正式命名。

例如，应被命名并登记的道路包括，到达河流或防洪堤等工作点的通道，建筑物中间或后部的维护通道，到达种植园或多块地产的私人道路。

注：如果提供通道主路上的房产地址已很充分，则具有五个以下地址的车道无须命名。私人土地或公共财产上的车道不应被命名，除非能表明存在公共安全风险，在交付货物或服务时容易造成名称混淆。

私人道路命名并登记到地名登记系统（VICNAMES）中的原因

必须识别私人道路和通行权道路，给予唯一命名，从而有助于为维多利亚州所有地点确定标准化的地址。

应急响应和公共服务提供者需要依赖正式登记的道路名称，这样才能确保私人道路上的地点和范围能够在维多利亚政府的空间数据库（Vicmap）中得到唯一的识别，并可因此在大多数相关组织以及公共的测绘产品上找到。登记私人道路名称还意味着位于私人道路上或与之相关联的地产、地理实体，可以被分配合适且正式认可的地址编号。

通过正式登记流程分配的地址，用于应急服务和其他服务的提供，以及向移动电话和固定电话发送紧急警报通知。如果私人道路名称没有登记，且没有分配正式地址，经常会阻碍为居民和企业提供应急服务和其他服务。

私人道路命名可由业主、开发商、应急服务提供者、市政委员会或公共利益团体发起，但是名称的登记流程是需要由当地市政委员会完成的。关于命名流程和程序的详细情况，见第 4.4 和 4.5 节的规定。

道路命名原则

道路命名机构应确保命名提议符合本指南第 1.8 节规定的原则及以下所有原则。

原则 4（A）AS/NZS 4819：2011 农村与城市地址的确定

除本指南所作规定外，道路命名必须符合标准《AS/NZS 4819：2011 农村与城市地址的确定》的规定。该标准规定了如何导出基准点及如何分配地址编号。下面的 4（B）和 4（C）则规定了一些基本的通用原则。

原则 4（B）范围：道路的路线、起点和终点

任何命名或更名道路的提议，都需要明确指出该名称适用的范围。道路的范围是指其起点和终点，以及该道路在这两点间的路线（包括转弯，划分的车道和曲线）。

道路名称不得引起歧义或给使用者带来困惑。例如，道路名称应以明确合理的方式，适用于从 a 点到 b 点单一的、无阻挡的畅通道路。道路名称不应采用“循环”或“不连贯”的方式。

例如，在一些情况下，会对一条道路的一部分提出更名的提议。在这种

情况下，道路协调机构必须明确指出将对道路的哪一部分更名，哪一部分保留原名。

原则 4（C）地址和编号

当确定地址是道路命名或更名提议的一部分时，应始终遵循以下基本要点。这些要点仅代表《AS/NZS 4819：2011 农村与城市地址的确定》中规定的一小部分规则，建议道路协调机构查阅该标准，了解详细提议。

1. 每处独立所有权的土地或建筑物，无论是民用还是商用，均应分配唯一地址，例如医院、火车站、宗教场所、公园、遗迹、教育设施等。

道路的编号和确定必须与到达地产、住所、建筑等地理实体的进入点相关。地址中使用的道路名称必须是建筑前门或入口距主要通道最近的已有名称道路。

地址编号和名称应在入住前的开发过程中尽早分配。这一点必须遵守，以确保提议得到充分审议，更重要的是，这有助于货物和服务的送达，及应急响应服务的提供。

当地理实体是一处综合建筑物（如购物中心或休闲场所）的一部分时，应适用《AS/NZS 4819：2011 农村与城市地址的确定》规定的地址确定规则。关于综合建筑物内私人道路的登记流程，见本指南第 4.4 和 4.5 节的规定。

2. 必须选择一个适用于所有地址编号的基准点。所有地址编号的原点或基准点，应为该道路尽头的交叉点，此交叉点最常被使用或计划最常被使用。主要道路，如高速公路编号的原点或基准点通常是首都，当道路不连接首都时为大城市。

3. 整个聚居地内的命名道路、主要道路和高速公路上的编号应是系统、连续的。根据房产位于城市或农村环境不同，地址编号标准及其应用也不同。具体用法和举例见《AS/NZS 4819：2011 农村与城市地址的确定》。

在城市地区，从基准点方向，在道路右侧的地址点，应从 2 开始编号，按偶数顺序编号。参考第 7 条，一端封闭的道路编号。

如果在一个特定地区，采用相反的编号惯例，该惯例可以继续使用，但不得超出该地区。

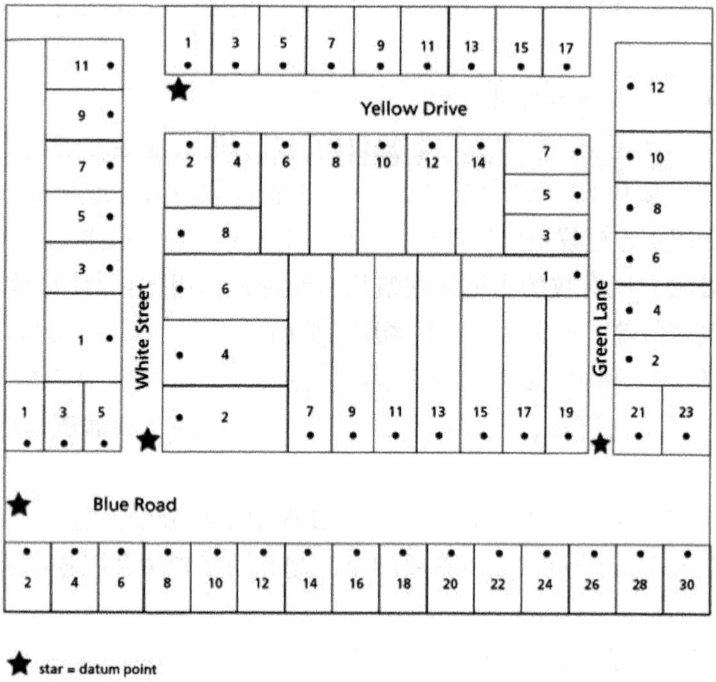

4. 地址号应清晰合理，应按顺序从小到大编号。编号应为正整数（没有零、分数或小数）。地址编号应不超过 5 位数（即最大 99999），且如有需要，加一个大写字母后缀。分配地址编号前不得加“期（Lot）”字样。

5. 如果提议道路，作为分多期开发的小区的一部分，将分几个阶段修建，包含基准点的路段尚未建设，命名和地址确定机构应预留道路第一部分的地址编号。

这种情况不适用于道路两端均已建成，中间部分尚未建成的情况。在这种情况下，道路两端均应采用唯一的名称。中间路段建成后，两个独立的道路名称应从其基准点延伸，直到在新建成的中间部分的十字路口相交。

如欲给完成后道路命名，则应更改这两条独立道路的名称，并重新进行地址编号，以明确道路的完整性。

6. 如果一条道路使用同一个名称并经过一个以上聚居地，最好使编号唯一，并在整条道路上保持连续。对于特别长的道路，可以按中心点进行合理分段，每一段使用一个编号系统。中心点的位置应使所有聚居地完全处于一个合理路段内。

7. 拥有路名及 5 个以下地址长度较短的一端封闭的道路，可以从左侧开始编号，忽略通常的两侧分别以奇数和偶数编号的规则。这种情况下，也可以使用字母后缀，以减少重新编号的可能性。

有 5 个以上地址的一端封闭道路应左侧以奇数编号，右侧以偶数编号。这种情况下，不得使用字母后缀。

原则 4（D）道路通名

所有道路必须分配通名，适当描述道路特点。道路通名必须从本指南附录 1 的合格道路通名列表（替代 AS/NZS 4819 中发布的道路通名列表）中选择。如果是新的地产，应必须考虑以最终地产形式来选择道路通名。例如，一条最初为一端封闭的道路，如果可以证明这条路最终会变成一条通道，则为开放式街道。

道路通名不得用于区分发音或拼写相同与相似的不同道路。例如，White Street、White Crescent 和 White Lane，将被认为是重名，是不可接受的。同样的要求适用于 Whyte Street、Wite Crescent 和 Wyte Lane（或类似的组合）。

原则 4（E）不可接受的道路名称

定冠词“the”仅用于道路名称是不可接受的（例如，将一条道路命名为 The Avenue 是不可接受的）。

通名不得用于构成道路名称，例如后街路（Back Street Road）或大道街（Boulevard Street）。

数字不得用于道路名称，无论是全字母拼写的还是数字格式（例如，Four、Fourth、4 或 4th 都不可接受）。这是因为此方式可能导致道路名称和地址编号间的混淆。

上（upper）、下（lower）、小（little）、老（old）、新（new），以及基本方向词北（north）、南（south）、东（east）、西（west），不得作为道路名称的一部分。唯一的例外是：

当名称来自一个当地地理实体，如“小屋（little hut）”“老橡胶（old gum）”时；

当名称来自使用基本方向的聚居地名称，如西吉朗路（Geelong West Road）是可接受的名称，因为西吉朗（Geelong West）是一个聚居地名称；史密斯南路（Smith South Road）、南史密斯路（South Smith Road）和下史密斯路（Lower Smith Road）不可接受，因为它们不是聚居地名称。

目的地到目的地名称，如墨尔本－吉朗公路（Melbourne-Geelong Road）不可接受。因为存在太多别名的可能性，如墨尔本公路（Melbourne Road），吉朗公路（Geelong Road），吉朗－墨尔本公路（Geelong-Melbourne Road），甚至在公路穿过乡镇时，出现大街（High Street）这样的当地名称；因此，最好使用单一名称。

不得使用连字符和“和（and）”字样。

原则 4（F）被阻断或改道的道路

如果因建设其他道路或地理实体使道路被阻断，道路一端应使用一个新的唯一名称。当应急服务车辆无法穿过整条道路从一端到达另一端时，这样做尤其重要。

这种情况下，不适合将基本方向（北、南、东、西）用于道路的一端或两端的名称。因为社会上将基本方向作为同一地区唯一道路名称的认同是有限的。应急服务和邮政服务也会受到严重影响。

在下例中，多数社区成员在请求应急响应或发送信件时会忽略使用基本方向——这样会妨碍这些服务的有效提供。

<table>
<tr><td colspan="2">7 Smith Street South Melbourne Victoria 3000</td><td colspan="3">7 Smith Street North Melbourne Victoria 3000</td></tr>
<tr><td colspan="5">如基本方向用于道路名称，公众可能会错误地使用以下地址，来书写上面的地址</td></tr>
<tr><td>7 Smith Street Melbourne Victoria 3000</td><td>或</td><td>7 Smith Street South Melbourne Victoria</td><td>或</td><td>7 Smith Street North Melbourne Victoria</td></tr>
</table>

原则 4（G）标志牌

道路标志牌的大小、字体和颜色在《AS1742 统一交通控制设备手册》《AS1744 道路标志牌中的字母和数字格式》和《AS/NZS 4819：2011 农村和城市地址确定》中规定，且应适用于维多利亚州所有道路标志牌。

只有可接受的道路类型缩写（见附录 1）才可应用在道路标志牌上。

此外，标志牌的位置也是命名机构需要考虑的重要问题。道路标志牌应设置在道路交叉口或交界处，设置在不阻拦视线，且不被树木和建筑物遮盖的位置。在常规的道路交叉口和十字路口，也应设置道路名称标志牌，使公众能够辨别自己所在的位置，特别在农村地区。

提议命名机构尽早向登记官提交申请，以便合格的名称能够被批准、公告并登记到地名登记系统（VICNAMES）中。这将有助于货物和服务的送达，并保证应急服务的充分提供。

私人道路的标志牌应说明其为私人道路，不对公众开放。

市政委员会协调的公共道路

本小节的目的是介绍对市政委员会负责管理和维护的道路进行命名和更名的方式。

发起提议

公众

公众人士和社会上感兴趣的团体可提交道路命名或更名提议。

提议需提交给道路所在或穿过地区的市政委员会——特别要注意联系委员会进行咨询，因为可能需要适用单个命名原则。

提议应包括：

道路的位置（及是否与当前名称相关）；

委员会应考虑命名或更名的详细背景信息；

提议的名称；

详细说明提议名称的合理性；

提议人的联系方式、已进行的征求公众意见的信息，从一些团体或社区收集的支持信息；

说明提议的名称符合本指南第 1 节和第 4.1 节规定的原则。

收到公众人士的命名提议后，委员会负责此事的人员应按本指南第 4.2.2 节规定，发起正式提议流程。如果提议命名或更名的道路跨两个或多个城市区域，相应委员会的人员应协调对提议处理，联系地名办公室（OGN）进行咨询，或移交给地名咨询委员会［详细情况请参考第 1.5（f）节及原则 1（G）］。

应急响应或其他公共服务提供者

提供应急服务或其他服务（如邮政或电信）的组织，可向道路所在或穿过地区的市政委员会提交道路命名或更名的提议。服务提供者只有证明命名或重命名提议符合社区利益，才可提交提议。

提议应包括以下内容：

道路的位置和范围（及是否与当前名称相关）；

市政委员会应考虑变更现有名称或登记新名称的详细背景信息；

详细说明新名称的合理性；

（如果提供了提议的新名称）说明提议名称符合本指南第 1.8 节和第 4.1 节规定的原则。

收到应急服务或其他服务提供者的命名提议后，委员会负责此事的人员应按本指南第 4.2.2 节规定，发起正式提议流程。

如果这一请求是为公共安全提出的，市政委员会必须在 30 日内回复，并在针对首次回复的一次会议中处理该请求。通常，应急响应或其他公共服务提供者不会就新名称提议。这种情况下，市政委员会必须找到合适的名称。

如果提议命名或更名的道路跨两个或多个城市区域，相应委员会的人员应协调处理提议，联系地名办公室进行咨询，或移交给地名咨询委员会［详细情况请参考第 1.5（f）节及原则 1（G）］。

市政委员会

市政委员会可自行提出道路命名提议。服务提供者只有证明重命名提议符合社区利益，才可提交该提议。

市政委员会也可命名征集，同时联系地名办公室，且应执行第 4.3.3 节规定的流程。

如果市政委员会寻求使用土著居民名称来拟制命名或更名提议，在开始拟制提议时，应与相关土著社区取得联系来共同参与。

关于此征求意见流程的信息可参考原则 1（K）及文件《征求原住民群体的意见》。

选定名称后，市政委员会应按本指南第4.2.2节规定，发起正式提议流程。

正式提议流程

第 1 步　检查信息

检查提议命名方是否提交了所有必要的信息。如不全面，要求其在 30 日内提供补充信息。

第 2 步　应用原则

选择新名称和边界时，市政委员会应检查提议是否符合第 1.8 节和第 4.1

节规定的所有原则。

如果提议不符合原则，或委员会确定提议性质轻率，建议委员会联系地名办公室进行咨询。在此阶段，可对提议进行修改使其符合原则，或予以拒绝。

第 3 步　征求土著人社区的意见

如果提议的新名称来自澳大利亚土著语言，市政委员会应从一开始就征求当地相关土著居民群体的意见，并获得他们的参与和同意。

关于征求意见流程的详细信息，见原则 1（K）及文件《征求原住民群体的意见》。

第 4 步　征求应急响应服务和其他利益相关者的意见

如果委员会已确认命名提议符合本指南规定的原则，则无须进一步征求应急响应及其他服务提供者的意见。本指南与应急响应及其他服务提供者共同协商制定，目的是为确保能够减少重名和混淆的问题。

如果委员会不确定命名提议是否符合本指南（比如出现重名或混淆时），可利用在线通知与编辑系统（NES），征求地名办公室和应急响应及公共服务提供者的意见。这一征求意见过程应在征求公众意见之前进行，以确保未将不合适的提议提供给公众以征求反馈意见。

第 5 步　征求公众意见

对于可能影响到其地址的社区成员，包括居民、纳税人和企业，必须征求意见。

征求直接关联社区和扩大社区的意见，仅应在委员会确认提议名称符合本指南原则后进行。如果委员会对此不确定，可联系地名办公室进一步咨询。

对于在新名称道路上邮件投递业务地址，委员会应特别注意原则 1（M）的规定。

第 6 步　委员会研究

上述步骤完成后，必须拟制关于此提议的报告。报告必须包括：

关于提议如何符合本指南第 1.8 节和第 4.1 节原则的讨论；关于征求意见阶段收到的任何异议、意见的讨论，及作出的回应。

委员会接受或拒绝提议的决定需要正式记录。这一要求也适用于由其委托机构作出的决定。[①]这两种情况下，委员会决定必须通知提议方作为回应。有关提议被接受并提交给登记官研究后，处理反对意见并通知反对者的进一步信息，可查阅原则 1（N）。

将提议提交地名办公室（OGN）

委员会工作人员应使用在线通知与编辑系统（NES）将提议提交地名办公室。在线工具可方便将提议提交，并通过登记官提交到可持续发展和环境部的信息服务处（ISB）。

通过在线通知与编辑系统（NES）提交提议时，委员会必须随附以下信息：

必须包含一封信，内容包括如下信息：

道路的现有范围和提议范围的详细信息［根据原则 4（B）］；

提议名称的背景及选择原因；

详细说明提议更名的原因（如相关）；

征求意见的过程、结果及处理反对意见的详细情况；

说明名称符合本指南第 1 节和第 4 节规定的原则；

提议被委员会接受或由其委托官员提交的通知。

一份报告，包含如下信息（如相关）：

来自原住民咨询群体的同意书；

向应急响应和公共服务提供者征求意见的详细情况［如果使用在线通知与编辑系统（NES）征求意见，此证据将自动附在向地名办公室提交的报告中］；

调查资料的副本；

去除身份信息（即删除个人信息）的公众反对意见；

发给反对者的信件，说明其可以［按原则 1（N）规定］向登记官提交进一步反对意见；

委员会会议纪要，说明已接受提议，或委员会工作人员已将权力委托出去。

① 在一些情况下，委员会可能倾向于将命名过程的“权力委托”给组织内的有关官员。在这种情况下，无须由委员会成员对名称进行批准。不过，市政委员会将委托官员的详细信息，以由 CEO 签署的官方信件转交地名办公室（OGN），用于存档备查，这点是很重要的。

登记官研究提议

收到命名或更名一条道路的提议时，地名办公室将在 www.dse.vic.gov.au/namingplaces 的提议（Proposals）页面，上传有关提议的详细信息，并发一封信给命名机构，告知已收到提议。

如命名机构提到该提议在征求意见期间收到了反对意见，在委员会接受提议并通知反对者后 30 日内，登记官将不会考虑批准提议。根据原则 1（N）的规定，这 30 天的时间供反对者提交进一步反对意见。

研究提议时，登记官将检查命名或更名提议是否符合本指南的所有原则。

如登记官认为命名或更名提议不符合本指南的规定，将把提议退回命名机构，要求提供进一步信息，或提议其重新拟制，以便重新提议，进行研究并登记。

对提议予以公告

一旦新名称被批准登记，将在《维多利亚州政府公告》的月度通知中发布，通知新的或更改的道路名称已在维多利亚州登记。

公告将包括以下内容：

道路现有名称（如相关）；

道路新名称；

道路范围的详细书面信息；

道路所在聚居地；

道路所在地方行政区；

道路命名机构；

地名办公室网站的网页链接，用于查阅提议及道路的地图。

登记和通知

一旦提议被公告，登记官将把新道路名称的详细信息录入地名登记系统（VICNAMES）。公告日期将被记录为正式登记日期。

名称一经登记，地名办公室将按原则 1（O）的规定通知利益相关者，并鼓励命名机构按原则 1（O）的要求，通知当地利益相关者。

标志牌

标志牌必须符合原则 1（P）和 4（G）的具体规定。

名称被公告并登记后 30 日内，必须竖立标志牌。

如果在名称登记 30 日后，该地点仍在施工，应竖立临时标志牌，直到道路正式通行。

政府部门或机构协调的公共道路

由于不同部门中命名机构管理的道路性质不同，登记官倾向于为各个部门或机构分别制定各自的命名指南。

如果政府部门或机构没有制定单独的命名指南，则适用第 4.3.2 节规定的通用指南。

具体部门和机构的指南

以下州政府机构，经与登记官协商，已制定自己的命名指南。这些指南适用于其管辖区内的所有道路。以下清单仅为本指南出版时达成的协议。

维多利亚公园管理局（Parks Victoria）

维多利亚道路管理局（VicRoads）

如何拟制提议

不受单独道路命名指南管辖的州政府部门和机构应遵守下面程序：

基本上，对属于政府部门、机构所有或由其维护的道路，有三种可能的命名方式。

部门或机构可与地名办公室合作，内部确定适当的道路名称，并执行第 4.3.3（a）节规定的流程。这种方式可由相关部长或地名咨询委员会批准提议，由登记官签署。

部门或机构可制定道路命名的公开征求意见流程，并与地名办公室合作，确定最终的命名提议。这一选项应遵守第 4.3.3（b）节规定的流程。采用此选项，可由地名咨询委员会对提议作出最终决定，或由相关部长作出最终决定。

部门或机构的部长可写信给负责地名的部长，请其行使法案第 11（5）节规定的权力，要求登记官将地名录入地名登记系统（VICNAMES）。

如何确定提议名称

州政府部门和机构可以内部拟制命名提议或举办公开的命名征集。这两个流程相似，因此，下面将两个流程一并介绍，同时提出程序上的细微差别。

（a）内部确定名称

部门或机构内部拟制的命名提议，应考虑以历史人物或事件，或在当地发生事件的独特属性来为道路进行命名或更名。

（b）通过公开竞赛确定名称

部门或机构应联系地名办公室，讨论确定适当的竞赛形式。基本要求是对竞赛进行广泛宣传，并引用本指南。

准备提议

第 1 步　应用原则

选择道路名称或候选名单时，政府部门和机构应检查名称或候选名单是否符合第 1.8 节和第 4.1 节规定的所有原则。

第 2 步　征求所在市政委员会的意见

政府部门或机构应征求道路所在市政委员会的意见。部门或机构应争取与市政委员会合作拟制提议，或至少通知市政委员会其命名、更名计划。这样能保证其作为确定地址的机构，为道路上的地产，分配新地址或更改现有地址。

第 3 步　征求土著人社区的意见

如果提议的名称，或候选名单的任何名称来自澳大利亚土著语言，政府部门或机构应在最初征求当地相关土著居民群体的意见，并同时邀请他们参与并获得同意。关于征求意见流程的详细信息，见原则 1（K）及文件《征求原住民群体的意见》。

第 4 步　征求应急响应和其他利益相关者的意见

如果政府部门或机构已确认提议名称或候选名称符合本指南规定的原则，则无须进一步征求应急响应及其他服务提供者的意见。

本指南是与应急响应及公共服务提供者共同协商制定，目的是确保能够减少重名和混乱的问题。

如果政府部门或机构不确定命名提议是否符合这些原则（比如出现重名

时），可利用在线通知与编辑系统（NES），征求地名办公室和应急响应及公共服务提供者的意见。

这一过程应在征求公众意见前进行，以确保不会将不合适的提议提供给公众。

第5步　征求公众意见

内部拟制命名提议的政府部门或机构需征求扩大社区意见（可以选择这样做），但必须征求道路命名或更名可能影响到其地址的居民、纳税人和企业的意见。

联系地名登记官

在提议程序的这一阶段，政府部门或机构应联系地名办公室，采取以下两项行动之一：

请登记官批准提议名称或候选名称［完成此步骤后进入4.3.6（a）］；

寻求地名咨询委员会协助，作出关于提议名称的最终决定［完成此步骤后进入4.3.6（b）］；

政府部门或机构应书面联系地名办公室，并在提交的申请中包含以下信息。

一份简要报告，说明：

道路现有范围和提议范围的详细信息；

提议名称的背景及选择理由；

详细说明提议更名的原因（如相关）；

说明名称和边界符合本指南第1节和第3节规定的原则。

征求意见的详细信息，包括调查资料，以及去除身份信息（即删除个人信息）的公众意见。

征求应急响应和公共服务者意见的详细情况，包括发出的信件和收到的回复。（如相关来自土著社区的同意书）

说明部门或机构是否寻求批准提议名称或候选名单，还是希望登记官召集一个地名咨询委员会，以对提议作出最终决定。

登记官研究提议

（a）登记官研究请求批准的提议

如果提议名称符合本指南的原则，登记官将批准该名称，并提供书面证明给政府部门或机构。

如名称提议不符合指南，登记官将提出修改提议，以确保其符合原则。政府部门或机构可修改提议，并重新提交登记官批准。

（b）登记官研究要求向地名咨询委员会进行咨询的提议

如果部门或机构希望地名咨询委员会提供帮助，作出最终命名决定，登记官将依据法案第 12 到 16 节的规定召集委员会。

对提议予以公告

一旦名称选定，并经提议部门或机构的部长、地名咨询委员会或登记官批准，将在《维多利亚州政府公告》的月度通知中发布，通知新的或更改的道路名称已在维多利亚州登记。

公告将包括以下内容：

道路现有名称（如相关）；

道路新名称；

道路范围详细书面信息；

道路所在聚居地；

道路所在地方行政区；

道路命名机构；

地名办公室网站的网页链接，用于查阅提议及道路的地图。

登记和通知

一旦提议被公告，登记官将把新道路名称的详细信息录入地名登记系统（VICNAMES）。公告日期将被记录为正式登记日期。

名称一经登记，地名办公室将按原则 1（O）的规定通知利益相关者，并建议命名机构按原则 1（O）的要求，通知当地利益相关者。如有要求，命名机构可能会根据各种道路法案的规定，发布自己的道路命名公告，此决定由命名机构作出。

标志牌

标志牌必须符合原则 1（P）和 4（G）的具体规定。

用于确定地址的名称被公告并登记后30日内，必须竖立标志牌。

如果在名称登记30日后，该地点仍在施工，应竖立临时标志牌，直到道路正式通行。

位于居民区或商业区的道路

注：第4.4节于2011年7月1日生效，适用于向维多利亚土地管理局（Land Victoria）申请登记的所有小区规划。

本小节的目的，是规定作为居民区或商业区一部分的道路的命名和更名流程。

由谁负责

小区规划内道路的命名，通常由开发商负责。但应注意，小区规划需要由负责的市政委员会或州政府部门、机构批准。

开发商对小区规划内的道路名称提议，但道路命名机构是负责批准小区规划的市政委员会或州政府部门、机构。

理想情况下，开发商和命名机构应合作拟定符合要求的小区内道路名称。

命名流程是怎样的

在委员会认证前，开发商准备小区规划文件时，应向道路命名机构进行咨询，包括探讨该地区可能的道路名称，及道路命名机构是否提议采用适当的主题（如土著文化遗产符号或其他当地历史事件、人物），供开发商考虑。

开发商必须确保提交认证的小区规划中包含的道路名称，符合本指南规定的原则。不符合本指南，需要在小区登记前或登记后更名。

在小区认证阶段，道路命名机构或小区批准和认证机构必须确保规划中的道路名称符合本指南的原则。如任何一方认为本指南中的一个或多个道路名称不符合本指南，应要求开发商更改不合适名称，以确保其符合要求。

小区规划提交给维多利亚州土地管理局（Land Victoria）登记时，地名办公室可能对道路名称进行审议。如果可以表明所提交规划中的道路名称不符合本指南的原则，地名办公室将要求小区批准和认证机构更改不符合规定的名称。

小区道路规划一经登记，道路名称即录入地名登记系统（VICNAMES）。

登记官将名称录入地名登记系统（VICNAMES）的行动，作为事实上的通知制度。

标志牌

标志牌必须符合原则 1（P）和 4（G）的具体规定。

道路名称通过 SPEAR[①] 小区流程批准后，必须在规划认证后，且现场基础设施施工开始后 30 日内竖立标志牌（这是为确保应急响应服务能够对施工阶段该地区发生的事故作出响应）。

如果在名称登记 30 日后，该地点仍在施工，应竖立临时标志牌，直到道路正式通行。

名称录入地名登记系统（VICNAMES）后发现不符合规定的情况

如果小区道路名称被批准并录入地名登记系统（VICNAMES），但后来发现其不符合本指南原则，登记官有权要求道路命名机构更名。更名应由命名机构和开发商合作完成。

如果可以表明，登记的名称将影响应急响应或其他服务，当登记官有要求时，必须更名。命名机构必须在收到登记官要求 90 日内更改名称，使之符合要求。

维护及责任

如果道路维护是开发商或私人土地所有者的责任，对小区道路进行命名或更名，并不代表将道路维护的责任移交给处理新名称提议的道路命名机构（市政委员会或州政府部门或机构）。

位于私人地产上的私人道路

本小节的目的，是规定私人地产上道路命名和更名流程，用于确定地址，方便寻找道路。私人道路包括商业伐木点、房车停车场、退休村或封闭社区。

如果私人道路是一处或多处房产的通道，且该房产无法使用其他通道的

① SPEAR 是电子规划申请咨询流程（Streamlined Planning through Electronic Applications and Referrals）的首字母缩写。这一系统使用户可以在线处理规划许可和小区申请。

名称来确定明确的城市或农村地址，则应对该私人道路进行命名和登记。

名称登记原因

私人地产上道路的命名，通常由地产业主负责。道路通常不对公众开放，有时利用安全门限制通行。即使这些道路一般不允许公众通行，也会为其命名，以方便综合地产内进行道路导航。

综合地产内不规划、不受监管的道路命名，影响应急响应和其他服务提供，特别是当名称不符合本指南要求，或未经正式登记时。

如果私人地产上的道路名称未在地名登记系统（VICNAMES）中登记，居民或企业的正式地址，则被定为综合地产所在位置的原始地址。例如，在房车停车场内，无论其内部某条道路使用什么名称，所有房车均采用如下地址：

Ms R. Smith
c/o Sunshine Caravan Park
457 Green Road
Melbourne
Victoria 3000

或者，使用如下综合地产的地址：

Ms R. Smith
Site 4，Happy Street
c/o Sunshine Caravan Park
457 Green Road
Melbourne
Victoria 3000

在这两种情况下，使用原始地址和地产地址并不理想，因此，登记官强烈建议对地产内的道路名称进行正式登记。

对地产内道路名称进行正式登记，能确保其详细信息存储到维多利亚州政府空间数据系统（Vicmap），并因此可从大多数相关组织和公共地图产品中查到。

登记私人道路名称，还意味着可以为位于私人道路上的地产或地理实体分配官方认可的合适地址编号。这样，上例中的地址将是：

Ms R. Smith
4 Happy Street
Melbourne
Victoria 3000

命名流程

综合地产业主在修建道路时应咨询市政委员会，如果市政委员会希望提议合适的主题供业主考虑，咨询过程中也可讨论可能使用的道路名称。

业主必须确保道路名称符合本指南规定。

综合地产业主必须向道路所在地的市政委员会提交道路命名的平面图或地图。市政委员会检查提议是否符合本指南，如符合，将提议提交登记官批准。

委员会工作人员应使用在线通知与编辑系统（NES）将提议提交地名办公室。在线工具可方便将提议提交登记官，并通过登记官提交到可持续发展和环境部的信息服务处（ISB）。

如果可以证明，提议名称将影响应急响应或其他服务的提供，则必须更名，且必须在收到市政委员会或登记官要求 90 日内更改。

私人道路名称录入地名登记系统（VICNAMES）

收到为私人地产上的私人道路命名或更名的提议后，地名办公室将在提议（Proposals）页面，上传有关提议的详细信息，并发信给市政委员会，告知已收到提议。

研究提议时，登记官将检查命名或更名提议是否符合本指南的原则。如登记官认为提议符合指南要求，地名办公室将对提议予以公告，并更新提议（Proposal）页面，以体现程序已进行到此阶段。

如登记官认为命名或更名提议不符合本指南，将把提议退回到命名机构，要求提供进一步信息，或提议其重新拟制，以便将来能够被接受，予以考虑和登记。

公告

一旦新名称被登记官批准登记，将在《维多利亚州政府公告》的月度通知中发布，通知该新的或更改的道路名称已在维多利亚州登记。

公告将包括以下内容：

道路现有名称（如相关）；

道路新名称；

道路范围详细书面信息；

道路所在私人综合地产名称（如相关）；

道路所在聚居地；

道路所在地方行政区；

道路命名机构；

地名办公室网站的网页链接，用于查阅提议及道路的地图。

公告是表明提议将被登记的官方通知。

标志牌

标志牌必须符合原则 1（P）和 4（G）的具体规定，费用由业主承担（根据市政委员会和本指南的规定执行）。

私人道路的标志牌应说明其为私人道路，不对公众开放。

标志牌必须在现场基础设施施工开始后 30 日内竖立（这是为确保应急响应服务组织能够对施工阶段该地区发生的事故作出响应）。如果在名称登记 30 日后，该地点仍在施工，应竖立临时标志牌，直到道路正式通行。

维护及责任

如果道路维护是私人地产或综合地产业主的责任，登记名称并不代表将道路维护的责任移交给处理新名称提议的道路命名机构（市政委员会或州政府部门）。

附录 1：接受登记的道路类型

一端封闭的道路

道路类型	缩写	说明
封闭道路（CLOSE）	CL	短的封闭道路
短巷（COURT）	CT	短的封闭道路

续表

道路类型	缩写	说明
小街（MEWS）	MEWS	一端被一组房屋包围的道路
小马路（PLACE）	PL	短的，有时狭窄的道路
广场环路（PLAZA）	PLZA	包围一个区域的四面的道路，使之形成一个广场或空地
秘密通道（RETREAT）	RTT	形成一个隐蔽地的道路

不开放式道路或开放式道路

道路类型	缩写	说明
巷（ALLEY）	ALLY	通常为城市或乡镇中狭窄的道路。也可以是穿过城市街区或广场中央的小路
堤道（CAUSEWAY）	CSWY	架在水面、沼泽或沙地上的道路
下山路（CHASE）	CH	通向山谷的道路
山顶路（CREST）	CRST	通向山顶或山峰的道路
林间道（GLADE）	GLDE	通常为树林覆盖的山谷中的道路
林荫道（GROVE）	GR	有一丛丛树木的道路
巷（LANE）	LANE	墙壁、建筑等中间的窄路；狭窄的乡村或城市道路
上坡道（RISE）	RISE	通向较高地点或位置的道路
广场环道（SQUARE）	SQ	围绕一个用作空地的区域或建筑群的四面的道路
街巷（TERRACE）	TCE	两侧房屋通常高于路面的道路
全景路（VIEW）	VIEW	俯瞰周围地区全景的道路
观景路（VISTA）	VSTA	能够观赏风景或景观的道路
码头（WHARF）	WHRF	码头上的道路

开放式道路

道路类型	缩写	说明
通路（APPROACH）	APP	通向公众活动场所，如公共开放空间、商业区域、沙滩等
大街（AVENUE）	AV	通常两侧种植树木的宽阔道路
林荫大道（BOULEVARD）	BVD	通常以树木或小块草坪装饰的，平坦宽阔的道路
防火带（BREAK）	BRK	原准备用作防火带的表面成形或未成形的车辆通道
辅道（BYPASS）	BYPA	使车辆能通过拥挤区域或其他有障碍区域的替代道路

续表

道路类型	缩写	说明
环路（CIRCUIT）	CCT	环绕一个区域的道路
中心环道（CONCOURSE）	CON	围绕一个中心区域，如公共开放空间或商业区域的道路
新月形街道（CRESCENT）	CR	没有太多横街的新月形交通通道
快车道（DRIVE）	DR	没有太多横街的，可持续通过车流的宽阔道路
入口（ENTRANCE）	ENT	连接其他道路的道路
滨海（滨河）大道（ESPLANADE）	ESP	沿海滨或河岸修建的平坦道路
消防通道（FIRETRAIL）	FTRL	原准备用作防火带的成形或未成形的车辆通道
高速公路（FREEWAY）	FWY	高速多车道的快速路，进入受限或受控
农庄路（GRANGE）	GRA	通往农庄、中心地点、公共开放空间、购物区等的道路
公路（HIGHWAY）	HWY	主要道路或通道；主要路线
立体交叉道（INTERCHANGE）	INTG	公路或高速公路的连接处，使车流相交
环线（LOOP）	LOOP	从主路分出后又加入主路的道路
行进路（PARADE）	PDE	公共的人行道或两侧有良好的行人设施的车行道
景观道路（PARKWAY）	PWY	通过公园或开放草地的道路
步行区（PROMENADE）	PROM	拥有大量公共设施用于休闲散步的道路；公共散步场所
埠头（QUAYS）	QYS	通向水边或伸入水中的卸货港的道路
匝道（RAMP）	RAMP	公路或高速公路上下口
山脊路（RIDGE）	RDGE	沿山脊而建的道路
道路（ROAD）	RD	可以乘坐（交通工具通过的）地方；车辆、行人或动物使用的开放道路或公共通道；或作为从一个地点到另一个地点移动的道路
街道（STREET）	ST	乡镇、城市或城市地区的公共道路；特别是，一侧或两侧有人行道和建筑物的经过铺设的通道
收费路（TOLLWAY）	TLWY	向收费机构付费使用的道路
小道（TRACK）	TRK	单行道或通向自然林区的公路。“小道（Track）”和“小径（Trail）”的解释限于公路；但在许多地区，如塔斯马尼亚州（Tasmania），这两个词更多地与步行而非车流相关联

续表

道路类型	缩写	说明
小径（TRAIL）	TRL	见小道（TRACK）
地下通道（UNDERPASS）	UPAS	带拱形顶棚通道，或任何带顶棚的通道，特别是两侧有商店的通道
道（WAY）	WAY	两条街中间的通道。通常不像大街（avenue）或街道（street）那样直

仅限步行的道路

道路类型	缩写	说明
拱廊（ARCADE）	ARC	带拱形顶棚通道，或任何带顶棚的通道，特别是两侧有商店的通道
木栈道（BOARDWALK）	BWLK	步行区或小路，尤其指以木板铺成的，供行人，及有时供车辆，观赏海边或水边风景
商业街（MALL）	MALL	有顶棚的人行道、步行区或购物区
小路（PATH）	PATH	通常用于行人的道路
过道（PASSAGE）	PSGE	用于行人的狭窄街道
台阶（STEPS）	STPS	主要由台阶构成的通道
地下道（SUBWAY）	SBWY	地下通道或隧道，供行人穿过道路、铁路或河流等
人行道（WALK）	WALK	仅用于行人的限制通行的通道
码头（WHARF）	WHRF	码头上的道路

白俄罗斯共和国

地理实体名称

（2010 年 11 月 22 日列入《国家法案清单》，N2/1742）
（2010 年 10 月 14 日白俄罗斯共和国国民会议代表院审议通过，2010 年 10 月 14 日白俄罗斯共和国国民会议共和国院审议通过）

本法为以下行为提供法律依据：对地理实体进行命名或更名，对其名称进行识别、规范、使用或国家登记，对作为历史文化遗产的地理实体名称进行保护。

第一章　总　则

第一条　本法所用基本术语及其定义

1. 行政区域单位——州、区、村委员会，及设有地方执行委员会、执行机构和管理机构的城市和城镇。

2. 对地理实体名称进行识别——对现有但未被登记或过去存在的地理实体名称进行识别。

3. 地理实体——现存或过去存在过的、可用某种地理名称（如自然地理对象、行政区域单位、地域单位、居民点的组成部分、交通站点等）指代的、有自然或人为地理边界的、相对稳定的整体构造。

4. 对地理实体名称进行国家登记——收集地理实体的信息以对其进行识别，并将信息录入国家地理实体名称清单。

5. 地理实体名称——地理实体特有、可用于识别的名称。

6. 对地理实体名称进行规范——挑选并确定地理实体名称的规范写法。

7. 交通设施——火车站、汽车站、停车点、地铁站、港口、码头、机场等。

8. 对地理实体进行更名——根据本法或其他法律对地理实体名称进行更名。

9. 对地理实体进行命名——根据本法或其他法律赋予地理实体名称。

10. 居民点的组成部分——道路交通网络的组成部分及城市规划结构中类似组成部分［如街道、主干道、广场、林荫道、小路、环湖（河）路、公路、环道、小巷、通道、死胡同、下坡、入口、小区、会让站、公园、街区等］。

11. 区域单位——不设地方执行委员会、执行机构和管理机构的居民点、小区及特殊用途区域（如自然保护区、国家公园、禁猎区、禁渔区、禁伐区、自然遗迹区域、历史文化用地、国防用地、自由经贸区及根据总统决定设立的其他特殊用途区域等）。

12. 自然地理实体——大陆、山峰、山脉、山脊、悬崖、峡谷、冰川、平原、低地、谷地、凹地、滩地、火山、洞穴、海洋、海湾、岛屿、湖泊、池塘、沼泽、水库、河流、运河等。

第二条　本法适用范围

1. 除非本条第 2 和第 3 款另有规定，否则本法适用于对白俄罗斯共和国境内的所有地理实体的命名、更名，及对其名称的识别、规范、使用和国家登记。

2. 本法不适用于对白俄罗斯共和国境内的特殊用途区域（如自然保护区、国家公园、禁猎区、禁渔区、禁伐区、自然遗迹区域、历史文化用地、国防用地、自由经贸区及根据总统决定设立的其他特殊用途区域）及由白俄罗斯研究人员设立的地理实体的命名、更名及对其名称的识别、规范或使用。

白俄罗斯共和国境内的特殊用途区域（如自然保护区、国家公园、禁猎区、禁渔区、禁伐区、自然遗迹区域、历史文化用地、国防用地、自由经贸区及根据总统决定设立的其他特殊用途区域）的命名、更名及对其名称的识别、规范或使用由以下法律规定：环境保护法、合理利用自然资源法、历史文化遗产保护和使用法、国防法、国家安全法、执法法、企业法、经济法等。

除非白俄罗斯共和国签订的国际条约另有规定，白俄罗斯共和国境内由白俄罗斯研究人员设立的地理实体命名、更名及对其名称的识别、规范或使用均由白俄罗斯共和国部长委员会决定。

3. 为保护和使用地理标志而使用地理对象名称的程序由 2002 年 7 月 17 日实施的《白俄罗斯共和国地理标志法》(白俄罗斯共和国国家法案清单，2002 年，N84，2/876) 规定。

为进行测地和制图活动而使用地理对象名称的程序由 2008 年 7 月 14 日实施的《白俄罗斯共和国关于地理测量和制图活动法》(白俄罗斯共和国国家法案清单，2008 年，N175，2/1493) 规定。

第三条　关于对地理实体进行命名或更名，对其名称进行识别、规范、使用和国家登记的法规

1. 关于对地理实体进行命名或更名，对其名称进行识别、规范、使用和国家登记的法规(以下简称关于地理实体名称的法规)以白俄罗斯共和国宪法为基础，由本法和其他法案构成，其中包含白俄罗斯共和国签订的关于地理实体名称的国际条约。

2. 若白俄罗斯共和国签订的国际条约对本法另有规定，则按国际条约执行。

第四条　关于地理实体名称的基本原则

关于地理实体名称的基本原则为：

对地理实体进行命名或更名，对其名称进行识别、规范、使用和国家登记的合法性；

须考虑国家利益，地理、历史、自然、民族、社会、文化及其他条件，以及居住在相应地理实体范围内的白俄罗斯共和国公民(以下简称公民)的意见；

国家对于地理实体名称的保护。

第五条　关于对地理实体进行命名或更名，对其名称进行识别、规范、使用和国家登记的统一协调，关于地理实体名称的争议

1. 关于对地理实体进行命名或更名，对其名称进行识别、规范、使用和国家登记的统一协调由白俄罗斯共和国部长委员会下属的地名委员会实行。

2. 关于地理实体名称的争议由白俄罗斯共和国部长委员会下属的地名委员会根据有关法律依法解决。

第六条　关于资金来源

关于地理实体名称有关活动的资金来源为共和国预算资金、地方预算资金及其他合法来源。

第二章　白俄罗斯共和国总统、国家机构和公民在地理实体名称有关方面的权力

第七条　白俄罗斯共和国总统在地理实体名称有关方面的权力

白俄罗斯共和国总统：

制定关于地理实体名称的统一国家政策；

对州、区、州直辖市下辖区、明斯克市下辖区进行命名及更名，及对州直辖市进行更名；

行使白俄罗斯共和国宪法、本法及其他法律规定的其他权力。

第八条　白俄罗斯共和国部长委员会的权力

白俄罗斯共和国部长委员会：

保障关于地理实体名称统一国家政策的执行；

向白俄罗斯共和国总统提议对州、区、州直辖市下辖区、明斯克市下辖区进行命名及更名，及对州直辖市进行更名；

命名和更名自然地理实体；

确定地理实体名称的国家登记程序，建立和更新白俄罗斯共和国国家地理实体名称清单；

设立白俄罗斯共和国部长委员会下属地名委员会，确定其条例和章程，并组织工作；

行使白俄罗斯共和国宪法、本法、其他法律及白俄罗斯共和国总统所颁布命令规定的其他权力。

第九条　白俄罗斯共和国国家财产委员会的权力

白俄罗斯共和国国家财产委员会：

执行关于地理实体名称的统一国家政策；

确定识别和规范地理实体名称的程序；

确定将地理实体名称从白俄罗斯语翻译成俄语、从俄语翻译成白俄罗斯语，以及从白俄罗斯语和俄语翻译成其他语言的规则和方法；

确定用拉丁字母转写地理实体名称的规则；

在白俄罗斯共和国外交部协调下，保障和协调与政府机构、外国地名机构、外国科研中心、国际组织和国际基金会在关于对地理实体进行命名或更名，并对其进行识别、规范、使用和国家登记方面的合作；

行使本法和其他法律规定的其他权力。

第十条　白俄罗斯共和国州委员会、明斯克市委员会的权力

1. 州委员会：

向白俄罗斯共和国部长委员会提议对州、区、州直辖市下辖区进行命名及更名，及对州直辖市进行更名；

对区下辖市、镇进行更名，对村委员会进行命名及更名；

行使本法和其他法律规定的其他权力。

2. 明斯克市委员会：

向白俄罗斯共和国部长委员会提议对明斯克市下辖区进行命名及更名；

对明斯克市组成部分进行命名和更名；

行使本法和其他法律规定的其他权力。

第十一条　白俄罗斯共和国州直辖市委员会的权力

州直辖市委员会：

向州委员会提议对本市进行更名、对本市下辖区进行命名及更名；

对本市组成部分进行命名及更名；

行使本法和其他法律规定的其他权力。

第十二条　白俄罗斯共和国区委员会的权力

区委员会：

向州委员会提议对区下辖市、镇进行更名，对村委员会进行命名及更名；

对系区域单位的区下辖市的组成部分、系区域单位同时亦系区行政中心的镇的组成部分进行命名和更名；

对乡村居民点进行命名和更名；

行使本法和其他法律规定的其他权力。

第十三条　白俄罗斯共和国区下辖市委员会、镇委员会、村委员会的权力

区下辖市委员会、镇委员会、村委员会：

向区委员会提议对村居民点进行命名和更名；

对系行政区域单位的区下辖市的组成部分、系行政区域单位的镇的组成部分、系行政区域单位但非区行政中心的镇的组成部分、村居民点的组成部分进行命名和更名；

行使本法和其他法律规定的其他权力。

第十四条　白俄罗斯共和国地方执行委员会的权力

1. 地方执行委员会对所在区域内设置在居民点内的公共交通停靠点、地铁站进行命名和更名，同时行使本法和其他法律规定的其他权力。

2. 州及明斯克市执行委员会：

向白俄罗斯共和国部长委员会提议对自然地理实体进行命名及更名；

通过协商后对本州及明斯克市内的交通设施（设置在居民点内的公共交通停靠点、地铁站除外）进行命名及更名。

3. 村执行委员会、镇执行委员会、区下辖市执行委员会对载客汽车停靠点进行命名及更名。

第十五条　公民的权力

公民有权：

就地理实体名称发表意见；

对本法第十至十四条及本法第二十一条第 1 款的第一部分中指出的国家机关（组织）提议对自然地理实体、行政区域单位、系居民点的区域单位、系居民点的市下辖区进行命名及更名，对交通设施进行更名。

享有法律规定的其他权利。

第三章　对地理实体进行命名或更名，对其名称进行识别、规范、使用和国家登记

第十六条　关于对地理实体进行命名或更名的要求

1. 地理实体的名称应反映居住在该地区公民的意见。此外，它通常还应体现该实体的地理、历史、自然、民族、社会、文化等特征和所在地特色，以及符合白俄罗斯语和俄语的构词、发音和修辞标准。

2. 州、区和村执行委员会的名称需源自其行政中心的名称。当其行政中心的名称改变时，该州、区或村执行委员会的名称可以保留。

当两个或多个居民点合并为一时，通常只保留其中一个居民点的名称。

交通设施的名称通常应源自其所在或邻近的居民点或其组成部分的名称。

3. 可以用历史事件以及对国家和社会作出巨大贡献的人物姓名命名地理实体。

4. 不允许：

用对国家和社会作出巨大贡献，健在人物姓名命名地理实体；

对在同一个行政区域单位或同一个居民点的区域单位中的几个同类地理实体赋予相同的名称（不同居民点的组成部分、不同城市的区、不同居民点的公共交通停靠点除外）。在对行政区域单位或系居民点的区域单位进行命名或更名时，使用在白俄罗斯共和国境内已有的名称；

仅用数字或其他非语言字符作为地理实体的名称；

对与白俄罗斯共和国的历史文化遗产有关的地理实体进行更名，但本条第 4 款第 3 点规定的情况除外；

对地理实体的命名同白俄罗斯共和国的历史、文化、公共利益、人道标准、道德标准不符。

5. 允许对地理实体进行更名：

在同一个行政区域单位或同一个系居民点区域单位中同类的地理实体出现重名的情况下；

在不得不恢复某些地理实体的历史名称情况下；

在地理实体的功能或用途发生实质性变化的情况下；

在其他情况下。

关于对行政区域单位、居民点的区域单位、市下辖区进行更名，或对居民点组成部分进行命名和更名的决定，还应当包括实现该决定的过渡规定。

第十七条　地理实体名称语言

1. 在白俄罗斯共和国境内应以白俄罗斯语对地理实体进行命名，并通过音译的方式翻译成俄语。在进行国家登记时，地理实体的白俄罗斯语名称和俄语名称都应录入。

2. 将地理实体名称从白俄罗斯语翻译成俄语、从俄语翻译成白俄罗斯语，以及从白俄罗斯语和俄语翻译成其他语言的规则和方法由白俄罗斯共和国国家财产委员会确定。

第十八条　对地理实体的名称进行识别和规范

1. 地理实体的名称应当根据国家机构和其他国家组织的档案、地图、参考资料、百科全书及其他来源的档案确定，同时应当考虑地名领域专家以及居住在该地理实体范围内的公民意见。

2. 对地理实体名称应采取统一、规范的拼写，同时也应考虑国家利益、地理、历史、自然、民族、社会、文化等条件以及科学研究的结果。

3. 对地理实体的名称进行识别和规范的程序由白俄罗斯共和国国家财产委员会确定。

第十九条　自然地理实体命名及更名的程序

1. 地方议会、行政管理机构及其他组织可以提出为自然地理实体命名及更名的建议。公民可在当地地方会议或地方全民公决就该问题表决通过后提出为自然地理实体命名及更名的建议。

2. 为自然地理实体命名及更名的建议，应根据自然地理实体所处位置，向该辖区的州或明斯克市执行委员会提出建议。

建议应包括：

为自然地理实体命名及更名的依据（合理性）；

推荐的名称；

建议中还可以包括与推荐名称有关的制图材料、费用计算书和概算书。如果公民提出建议，则应在相关文件中附上地方会议或地方全民公决通过的决定。

3. 州或明斯克市执行委员会应在收到有关建议之日起一个月内对其进行审议。

如果该建议在州或明斯克市执行委员会未能通过，则根据该条第 1 款和第 2 款所规定的方式提交新的建议；

如果该建议得到州或明斯克市执行委员会批准，它将被提交至白俄罗斯共和国国家财产委员会审批；

如果在建议提案中并未包含与推荐名称有关的制图材料、费用计算书和概算书，需补充提供；

应该在自然地理实体所处行政区域单位、居民点的区域单位媒体上发布该建议，让民众对此有所了解，由公民提出的建议除外，在网上发布相关信息时需注明就该问题举行征集民众意见的地点。

4. 州或明斯克市执行委员会在建议信息发布后一个月内对公民的意见进行总结和分析。

在本款第一点规定的期限内，如果公民向有关地方行政和管理机构提交就此问题举行地方全民公决的文件，为自然地理实体命名或更名的程序将被暂停，直至全面公决就该问题作出决定或地方行政和管理机构关于拒绝命名或更名的决定在举行该全民公决的倡议小组完成注册。

5. 为自然地理实体命名及更名的建议、白俄罗斯共和国财产委员会就此建议作出的结论、与推荐名称有关的制图材料、费用计算书和概算书、地方全民公决通过的决定和民众意见分析（如果举行过）均递交至州或明斯克市执行委员会，由白俄罗斯共和国部长委员会下属的地名委员会进行审议。

6. 州或明斯克市执行委员会将把为自然地理实体命名及更名的建议、白俄罗斯共和国部长委员会下属的地名委员会作出的结论及该条第 5 款指出的相关文件递交白俄罗斯共和国部长委员会，并由该委员会作出相关决定。

如果为自然地理实体命名及更名的建议由州或明斯克市执行委员会发起，应该在建议提案中附上该条第 5 款指定的相关文件及白俄罗斯共和国部长委员会下属的地名委员会作出结论。州或明斯克市执行委员会将把这些文件提交给白俄罗斯共和国部长委员会，并由该委员会作出相关决定。

7. 为自然地理实体命名或更名的建议在白俄罗斯共和国部长委员会通过之日起，如果没有其他法令对此作出规定，推荐的名称或新名称被认为有效。

白俄罗斯共和国部长委员会关于为自然地理实体命名或更名的建议审议通过后10日内，需将其递交给白俄罗斯共和国国家财产委员会或经其授权的其他国家名称统计组织。

第二十条　关于对行政区域单位、居民点的区域单位、市下辖区，或对居民点组成部分命名及更名的程序

1. 地方议会、行政管理机构及其他组织可以提出为行政区域单位、系居民点的区域单位、市下辖区，或对居民点组成部分命名及更名的建议。公民可在当地地方会议或地方全民公决就该问题表决通过后提出为行政区域单位、系居民点的区域单位、市下辖区，或对居民点组成部分命名及更名的建议。

2. 建议应包括：

州和区命名及更名工作由州执行委员会负责；

明斯克市下辖区的命名及更名工作由明斯克市执行委员会负责；

州下辖市命名及更名工作由州（州下辖市）执行委员会负责；

区下辖市、镇、农村居民点和村委会命名及更名的工作分别由区、市（区下辖市）、镇和村执行委员会负责；

州直辖市下辖区和组成部分的命名和更名工作由市（州直辖市）的执行委员会负责；

区下辖市的组成部分、镇、农村居民点、村委会命名及更名工作，由区、市（区下辖市）、镇和村执行委员会负责；

建议应包括：

为行政区域单位、系居民点的区域单位、市下辖区，或对居民点组成部分命名及更名的依据（合理性）；

推荐的名称；

建议中还可以包括与推荐名称有关的制图材料、费用计算书和概算书。如果系公民提出建议，则应在相关文件后附地方会议或地方全民公决通过的决定。

3. 地方执行委员会在收到有关建议之日起三个月内对其进行审议。

如果该建议在地方执行委员会未能通过，则根据该条第1款和第2款所规定的方式提交新的建议。

如果该建议得到地方执行委员会的批准，为行政区域单位、居民点的区

域单位命名及更名的文件将被递交至白俄罗斯共和国国家财产委员会；

关于为行政区域单位、居民点、州直辖市下辖区或明斯克市下辖区命名及更名的建议将递交至白俄罗斯共和国部长委员会下属的地名委员会，并由该委员会作出相关决定；

该建议应提交给相关执行委员会，如果建议提案中未包含与推荐名称有关的制图材料、费用计算书和概算书，需一并提交，以便执行委员会对此作出评估。

如果该建议不是由所处行政区域单位、居民点区域单位的下级地方执行委员会（如果有）提出，需对这些单位进行告知。

除由公民提出的建议外，应在行政区域单位、居民点的区域单位媒体上发布有关建议，让民众对此有所了解。发布时需注明就该问题征集民众意见的地点；

相关执行委员会应在收到为行政区域单位、居民点的区域单位、市下辖区，或对居民点组成部分命名及更名的建议后一个月内对其进行审核，并须提供与推荐名称有关的制图材料、费用计算书和概算书；

下级地方执行委员会应在收到为行政区域单位、居民点的区域单位、市下辖区，或对居民点组成部分命名及更名的建议后 3 个月内进行审核，并做好答复准备。

4. 地方执行委员会在建议发布后一个月内对公民的意见进行总结和分析。

在本款第一点规定的期限内，如果公民向有关地方行政和管理机构提交就此问题举行地方全民公决的文件，为行政区域单位、居民点的区域单位、市下辖区，或对居民点组成部分命名及更名的程序将被暂停，直至全面公决就该问题作出决定或地方行政和管理机构关于拒绝命名或更名的决定在举行该全民公决的倡议小组完成注册。

5. 根据该条第三款中第三部分有关规定，在收到国家机构或委员会答复后三个月内，如命名及更名的建议并未提交给相关机构和委员会，在对民众意见进行分析后执行委员会需再次对为行政区域单位、居民点的区域单位、市下辖区，或对居民点组成部分命名及更名的建议进行审核，并作出决定。如果该建议在他们职权范围内，或根据本法第十条至第十三条规定，将该建议及执行委员会对其审核顺利通过的决定、其他收到的相关文件一并提交给所处辖区的地方执行委员会，或白俄罗斯部长委员会，进而提交给总统进行审核并给出意见。

6. 根据该条第二款中第一部分有关规定，如果为行政区域单位、居民点的区域单位、市下辖区，或对居民点组成部分命名及更名的建议由地方执行委员会提出，该建议应包括：

该条第二款所规定的文件；

与推荐名称有关的制图材料、费用计算书和概算书；

白俄罗斯共和国国家财产委员会对为行政区域单位、居民点的区域单位、市下辖区，或对居民点组成部分命名及更名的建议作出结论；

白俄罗斯共和国部长委员会下属的地名委员会作出结论；

该建议所处辖区内下级地方执行委员会（如果有）作出的意见；

根据该条第五款规定，对民众意见进行分析；

根据本法第十条至第十三条有关规定，上述文件是地方执行委员会作出决定的基础，或将这些文件提交给地方执行委员会，使其对行政区域单位、居民点的区域单位、市下辖区，或对居民点组成部分命名及更名的建议作出决定，或提交给白俄罗斯共和国部长委员会，进而提交给总统对其进行审核并给出相关意见。

7. 自白俄罗斯共和国总统或地方执行委员会对为行政区域单位、居民点的区域单位、市下辖区，或对居民点组成部分命名及更名的建议审核通过日起，如果没有其他法令对此作出规定，推荐的名称或是新名称被认为有效。

白俄罗斯共和国总统或地方执行委员会对行政区域单位、居民点的区域单位、市下辖区，或对居民点组成部分命名及更名的建议审核通过后10日内，需将其提交给白俄罗斯共和国国家财产委员会或经其授权的其他国家名称统计组织。

第二十一条　交通基础设施实体命名及更名程序

1. 为交通基础设施实体（设置在居民点内的公共交通停靠点、地铁站除外）命名及更名的工作由该实体创建组织机构（法定继承人）负责。

为设置在居民点间的载客汽车停靠点命名及更名，由相应的村、镇、市（区下辖市）执行委员会负责。

2. 在该条第一款中指出的组织机构，在收到为交通基础设施实体命名及更名的建议后应将其提交至州或明斯克市执行委员会；

建议应该包括：

为交通基础设施实体命名及更名的依据（合理性）；

推荐的名称；

与推荐名称有关的制图材料、费用计算书和概算书；

州或明斯克市执行委员会在收到该建议后一个月内对其进行审核，并做好答复准备。

如果该建议未能在州或明斯克市执行委员会审议通过，可根据该条中第一部分和第二部分所作的规定提交新的建议。

如果为交通基础设施实体（除火车站、港口和机场外）命名或更名建议经州或明斯克市执行委员会审议通过，州或明斯克市执行委员会将把有关答复及该条第二款中列出的文件一并交给提出建议的组织机构。

如为火车站、港口和机场命名或更名的建议经州或明斯克市执行委员会审议通过，州或明斯克市执行委员会将把有关答复及该条第二款中列出的文件一并提交给白俄罗斯共和国部长委员会下属的地名委员会并请其作出答复；

如为火车站、港口和机场命名或更名的建议未能在白俄罗斯共和国部长委员会下属的地名委员会审议通过，可根据该条中第一部分和第二部分所作出的规定提交新的建议。

如该建议在白俄罗斯共和国部长委员会下属的地名委员会审议通过，地名委员会将把州或明斯克市执行委员会的答复及该条第二款中列出的文件一并交给提出建议的组织机构。

3. 该条第二款中列出的对交通基础设施客体具有管理权限的组织（法定继承人）可将为交通基础设施实体更名的建议提交至地方执行委员会、行政机构或其他组织。如公民提出建议，且该建议已在地方会议或全民公决中通过，也可以将建议递交相关组织机构；

建议应该包括该条第二款中第二部分和第三部分所列出的文件及与推荐名称有关的制图材料、费用计算书和概算书。如为公民提出的建议，则应在相关文件后附地方会议或当地全民公决通过的决定。

该条第一款中列出的对交通基础设施实体具有管理权限的组织（法定继承人），自接到为交通基础设施客体更名的建议日起一个月内对其进行审议；

根据该条第一部分和第二部分有关规定，如该建议经审议未能通过，可提交新的建议；

如对交通基础设施实体具有管理权限的组织（法定继承人）经审核通过该建议，则需准备与推荐名称有关的制图材料、费用计算书和概算书（如果该建议中并未包含上述文件），并将其一并递交至有关州或明斯克市执行委员会。

根据该条第二款中第三部分至第八部分有关规定，州或明斯克市执行委员会、白俄罗斯共和国部长委员会下属的地名委员会对为交通基础设施实体更名的建议进行审议。

4. 为设置在居民点内的公共交通停靠点、地铁站命名及更名工作由这些设施所处行政区域的地方行政执行机构负责。

5. 根据该条第一款或第四款有关规定，为交通基础设施实体命名或者更名的建议经相关机构审议通过、作出决定后被认为有效。

为交通基础设施实体命名或者更名的建议经审议通过后 10 日内，需将其递交给白俄罗斯共和国国家财产委员会或经其授权的其他国家名称统计组织。

第二十二条　白俄罗斯共和国国家财产委员会，白俄罗斯共和国部长委员会下属的地名委员会

对为地理实体命名及更名的审议。

1. 白俄罗斯共和国国家财产委员会对自然地理实体、行政区域单位、居民点的区域单位命名及更名建议的审议应在一个月内完成，并作出答复。

2. 白俄罗斯共和国部长委员会下属的地名委员会对自然地理实体、州下辖区、明斯克市铁路站点、港口及机场、行政区域单位、居民点的区域单位命名及更名建议的审议应在一个月内完成，并作出答复。

3. 根据白俄罗斯共和国部长委员会所规定的程序，白俄罗斯共和国国家财产委员会、白俄罗斯共和国部长委员会下属的地名委员会应对该条第一款和第二款中列出的地理实体命名及更名的建议进行审议。

第二十三条　地理实体名称的使用

根据本法有关规定，地理实体名称得到确认后，各领域国家机关和其他组织必须使用这一名称。

第二十四条　国家地理实体名称注册

1. 现有地理实体的名称，根据本法或其他立法法令有关规定，地理实体

名称应在国家注册，包括新出现且以前未命名的地理实体。

地理实体名称的国家注册在白俄罗斯共和国地理实体名称国家目录中完成。

2. 白俄罗斯共和国部长委员会负责制定地理实体名称的国家注册、地理实体名称国家目录创建和管理的程序。

第四章　最终条款

第二十五条　过渡条款

本法规定适用于生效后的地理实体名称领域。

第二十六条　对某些法律的补充和修正

1. 对白俄罗斯共和国语言法（1990 年 1 月 26 日生效，并于 1998 年 7 月 13 日修订）（白俄罗斯苏维埃社会主义共和国法令汇编，1990 年 28 号第 46 条；白俄罗斯共和国国民议会公报 1998 年 28 号第 461 条）进行以下补充和修改：将第 5 章的标题应再补充“（名称）”；将第 32 条第一部分中的“名称”和“或俄语”应改为“名称”和“通过音译方法将其翻译成俄文的语言”；

第二部分修改如下：不位于白俄罗斯共和国境内的地理实体名称（白俄罗斯研究人员发现的地理实体除外）需根据其原始语言的写作传统，翻译为白俄罗斯语和俄语，被修改过的或新出现的则根据原始语言进行音译。

2. 2002 年 7 月 17 日确定的白俄罗斯共和国法第 1 条第 4 款“关于地理标志”（在白俄罗斯共和国国家法律法案登记，2002 年，第 84 号，2/876）应删除。

3. 2008 年 7 月 14 日确定的“白俄罗斯共和国法”第 1 条第 5 款“关于测地线和制图活动”（在白俄罗斯共和国国家法律法案登记，2008 年，第 175 号，2 /1493）应修改如下：

地理实体——在大自然地壳和人类活动范围内相对稳定、完整的，现有或过去存在的具有特定地理位置的构造：自然地理实体、行政区域单位、居民点的区域单位、居民点的组成部分、交通基础设施实体。

第二十七条　实施本法条款的措施

白俄罗斯共和国部长委员会在三个月内应：

根据本法作出决定；

确保白俄罗斯共和国国家管理机构、政府下设机构根据本法制定规范性的法律法案；

采取其他必要措施来执行本法的规定。

第二十八条　本法生效

本法自正式公布之日起三个月后生效，本条和第二十七条自本法正式公布之日起生效。

白俄罗斯共和国总统：
亚历山大·格里戈里耶维奇·卢卡申科
（Alexander Grigoryevich Lukashenko）

比利时王国

公共道路和地点命名法令

1977 年 1 月 28 日（修订后）

第一章　一般原则

第 1 条　只有市镇政府才有权确定或修改公共道路和地点的名称。

第 2 条

1. 对于公共道路和地点的命名，应优先从当地历史、艺术文化生活、地名学和民间文化中查找信息。

2. 不能使用生者姓名。

只能考虑在历史、科学或社会领域获得了公认声誉的人物姓名。

优先选择的姓名是对该市镇或其附近区域具有重要影响的人物。

皇室成员的姓名，不论是逝者还是生者，只能在事先征得政府同意的情况下使用。

第二章　地名学皇家咨询委员会

第 3 条　创建了地名学佛兰芒皇家咨询委员会。其使命是向市镇政府提供建议，以确定或修改公共道路和地点的名称。

（佛兰芒皇家委员会由一个中央委员会组成，佛兰芒政府也可以设立省委员会，佛兰芒政府决定委员会的组成和运作。）

第三章　确定和修改公共道路、广场名称的有关要求

第 4 条　市镇政府希望改变公共道路和广场的名称：

1. 以书面形式提议，并向市镇选举登记名单里所有相关道路和地点沿线的、在比利时有已知住所的居民通报原因。他们可在 30 日内向有关地方当局提交任何评论和意见。（纠正语言和拼写错误除外，此种情况只需获得省级地

名学委员会的意见即可执行调整。）

<DCFL 1997-02-04/34，art. 2，生效：25-02-1997>

2. 征求市镇文化和文化娱乐委员会的意见。该委员会在 30 日内以书面形式向行政部门提出意见。市镇政府可征求地名学皇家咨询委员会的意见。如果在规定时间内未收到任何意见，则视作同意。

<DCFL 2002-11-29/34，art. 3，002；生效：27-12-2002>

3. 通过布告栏公开提议；任何评论和意见都可以在 30 日内发送给市镇当局。

本部分规定的第 1、2 和 3 款程序必须同时进行。

市镇当局在款 1 中提到的通报（在第 2 款中提到的意见请求中）和第 3 款中提到的发布告示中须明确 30 日期限开始计算的日期。

<DCFL 2002-11-29/34，art. 3，002；生效：27-12-2002>

在规定期限结束时，市镇当局形成一份载有所述评论和意见的记录报告。

第 5 条　为确定新道路和地点的名称，应适用第 4 条第 2、3 款规定的规则。

（废除）<DCFL 2002-11-29/34，art. 4，002；生效：27-12-2002>

第四章　最后条款

第 6 条　如果使用公共道路和广场的名称，名称应包括所选名称的解释性说明。

第 7 条　（废除）<DCFL 2002-11-29/34，art. 4，002；生效：27-12-2002>

第 8 条　<DCFL 01-07-1987，art. 4，生效：01-09-1987> 佛兰芒政府制定执行该法令的程序。

第 9 条　该法令在比利时官方公报 Moniteur Belge 上公布三个月后生效。

颁布现行法令，命令盖国家印章，并由 Moniteur Belge 出版。

1977 年 1 月 28 日交于布鲁塞尔

大不列颠及北爱尔兰联合王国

国家地形测量局收集和记录地名的政策文件

1. 介绍

英国没有专门管理地名的政府机构。国家地形测量局（Ordnance Survey）在纸质和数字产品上描述的地名被认为是英国的标准地名。

为英国国内的地点、建筑物收集一致的、明确的、权威的专有地名、邮政编号以及描述性注释是国家地形测量局承担的一项公共职责之一。

本文件概述了地名在国家地理数据库中记录的政策，然后通过地图等产品和服务向用户提供。

2. 定义

第一，专名，是指赋予某一地点、建筑物的名称，以区别于其他具有类似性质的地方。

第二，描述性文本，是指描述地名的性质，例如道路、石碑。

第三，可选专名，是指有些地方具有多个地名，这些词有时在同一种语言中出现，如 Blencathra 和 Saddleback，但更常见的是在不同语言中出现，如 Snowdon 和 Yr Wydffa。

第四，白话名，是指当地的昵称或俚语名，如 The Pregnant Pin。

3. 治理

本文件归国家地理数据库（NGD）委员会所有，自 2015 年 6 月 22 日起生效，直至被新文件取代为止。

4. 政策

4.1 专名

国家地形测量局负责记录和收集英国国内的行政区域、街道、建筑物等专有地名。专名对于清楚标识位置和避免使用者混淆非常重要。

在决定记录地点、街道或建筑物名称时，国家地形测量局主要依据当地的习惯，该局向有关部门进行查询和咨询，以便在尽可能权威的情况下，为所有地方确定最合适的名称、形式和拼写。

国家地形测量局对记录和公布地名具有最终决定权。如出现一地多名，且地名均被普遍使用，需要同时记录这些名称。

4.2 使用另一种语言的专名

英国国内的地名通常是用英语记录的。由于绝大多数人使用英语，只以英文制作地图、服务和产品并不妨碍用户理解这些资料。英国是一个文化多元的国家，人们说多种语言，有时用另一种语言记录地名也是允许的。

除英语外，1993 年《威尔士语法》、2011 年《威尔士语测量法》和 2005 年《盖尔语法》赋予了这些语言在威尔士、苏格兰以及英国全境的特殊法律地位。

在这些语言普遍使用的地方，当两种语言的名字都被接受并在当地使用时，国家地形测量局将记录双重地名。对于这些地名，都需要具备实际使用的证据。在没有证据的情况下，不会将英文名称翻译成其他语言，反之亦然。值得注意的是，有些地名仅用威尔士语或盖尔语表示，原因是这些名称被当地公认。

英国还使用许多其他语言，包括康沃尔语、爱尔兰语和苏格兰低地语，都被《欧洲区域或少数民族语言宪章》认可，但在英国没有任何立法的情况下，国家地形测量局不能将这些语言作为地名的官方用语。同样的情况也适用于那些不被承认为英国官方语言的其他语言，如乌尔都语、旁遮普语、波兰语等，虽然它们可能在部分地区被广泛使用。

根据《欧洲区域或少数民族语言宪章》，当其他语言被承认为区域或少数民族语言，同时，英国、苏格兰或威尔士的法律要求官方使用该语言，国家地形测量局将承认这些语言。

国家地形测量局可收集当地的昵称或俚语名，供产品及服务使用，但这并不属于该局公共职责范围内应尽的义务。

注：国家地形测量局是英国的国家制图局，负责为英格兰、苏格兰和威尔士的国家地图和地理数据库收集地名信息。

韩文罗马标音法

第 1 项　元音标音方法

1. 单元音

ㅏ	ㅓ	ㅗ	ㅜ	ㅡ
a	eo	o	u	eu
ㅣ	ㅐ	ㅔ	ㅚ	ㅟ
i	ae	e	oe	wi

2. 双元音

ㅑ	ㅕ	ㅛ	ㅠ	ㅒ
ya	yeo	yo	yu	yae
ㅖ	ㅘ	ㅙ	ㅝ	ㅞ
ye	wa	wae	wo	we
ㅢ				
ui				

[**提示 1**]

“ㅢ”即使发“ㅣ”的音时，也标记为“ui”。

（例）광화문 Gwanghuimun

[**提示 2**] 长元音无其他特别标音方法。

第 2 项　辅音的标音方法

1. 破裂音

ㄱ	ㄲ	ㅋ	ㄷ	ㄸ
g，k	kk	k	d，t	tt
ㅌ	ㅂ	ㅃ	ㅍ	
t	b，p	pp	p	

2. 破擦音

ㅈ	ㅉ	ㅊ
j	jj	ch

3. 摩擦音

ㅅ	ㅆ	ㅎ
s	ss	h

4. 鼻音

ㄴ	ㅁ	ㅇ
n	m	ng

5. 边音

ㄹ		
r，l		

[提示 1]

“ㄱ、ㄷ、ㅂ”在元音前标记为“g、d、b”，在辅音前或词尾标记为“k、t、p”。（根据［ ］里的发音进行标记。）

구미	Gumi	영동	Yeongdong	백암	Baegam
옥천	Okcheon	합덕	Hapdeok	호법	Hobeop
월곶［월곧］	Wolgot	벚꽃［벋꼳］	beotkkot	한밭［한받］	Hanbat

[提示 2]

“ㄹ”在元音前标记为“ r ”，在辅音前或词尾标记为“ l ”。但“ㄹㄹ”

标记为“ll”。

구리	Guri	설악	Seorak	칠곡	Chilgok
임실	Imsil	울릉	Ulleung	대관령	
[대괄령]	Daegwallyeong				

第 1 项　发生音韵变化时，按照变化的结果进行标音。

1. 辅音中间发生同化作用

백마 [뱅마]	Baengma	신문로 [신문노]	Sinmunno	종로 [종노]	Jongno
왕십리 [왕심니]	Wangsimni	별내 [별래]	Byeollae	신라 [실라]	Silla

2. 添加“ㄴ、ㄹ”的情况

학여울 [항녀울]	Hangnyeoul	알약 [알략]	allyak

3. 口盖音

해돋이 [해도지]	haedoji	같이 [가치]	gachi	굳히다 [구치다]	guchida

4. “ㄱ、ㄷ、ㅂ、ㅈ” 이与 “ㅎ” 相遇，发送气音

좋고 [조코]	joko	놓다 [노타]	nota
잡혀 [자펴]	japyeo	낳지 [나치]	nachi

但是，在体言（名词、数词、代名词总称为体言）中“ㄱ、ㄷ、ㅂ”后出现“ㅎ”时书写为“ㅎ”。

묵호（Mukho）

집현전（Jiphyeonjeon）

[**提示**] 重辅音并不单独标音。

압구정	Apgujeong	낙동강	Nakdonggang	죽변	Jukbyeon
낙성대	Nakseongdae	합정	Hapjeong	팔당	Paldang
샛별	saetbyeol	울산	Ulsan		

第 2 项　发音混淆时，可以在音节中间加入（-）。

중앙	Jung-ang	반구대	Ban-gudae
세운	Se-un	해운대	Hae-undae

第 3 项　固有名词第一个字母大写。

부산	Busan	세종	Sejong

第 4 项　名字按先姓后名的顺序标记。虽然名字的标记规则是连写，但也可以在中间加入(-)。[允许( )中的标记方法]

민용하 Min Yongha（Min Yong-ha）

송나리 Song Nari（Song Na-ri）

1. 名字中的音韵变化不表现在标音中。

한복남	Han Boknam (Han Bok-nam)	홍빛나	Hong Bitna (Hong Bit-na)

2. 姓的标音单独进行规定。

第 5 项　"도、시、군、구、읍、면、리、동(道、市、郡、区、邑、面、里)"等行政区域以及"가(街)"分别标记为"do、si、gun、gu、eup、myeon、ri、dong、ga"，前面加入(-)。(-)前后发生音韵变化并不反映在标记当中。

충청북도	Chungcheongbuk-do	제주도	Jeju-do
의정부시	Uijeongbu-si	양주군	Yangju-gun
도봉구	Dobong-gu	신창읍	Sinchang-eup
삼죽면	Samjuk-myeon	인왕리	Inwang-ri
당산동	Dangsan-dong	봉천 1 동	Bongcheon 1 (il)-dong
종로 2 가	Jongno 2（i）-ga	퇴계로 3 가	Toegyero 3（sam）-ga

[提示]"시、군、읍"等行政区域的代名词可以省略。

청주시	Cheongju	함평군	Hampyeong	순창읍	Sunchang

第 6 项　自然事物、文化遗产、人造景观等不能加入(-)。

남산	Namsan	속리산	Songnisan
금강	Geumgang	독도	Dokdo
경복궁	Gyeongbokgung	무량수전	Muryangsujeon
연화교	Yeonhwagyo	극락전	Geungnakjeon
안압지	Anapji	남한산성	Namhansanseong

续表

남산	Namsan	속리산	Songnisan
화랑대	Hwarangdae	불국사	Bulguksa
현충사	Hyeonchungsa	독립문	Dongnimmun
오죽헌	Ojukheon	촉석루	Chokseongnu
종묘	Jongmyo	다보탑	Dabotap

第 7 项　人名、公司名、团体名可以按照以往习惯进行标记。

第 8 项　在学术论文等特殊领域，可以使用韩文标记。虽然也依据第 2 章，但“ㄱ、ㄷ、ㅂ、ㄹ”只标记为“g、d、b、l”。不发音的“ㅇ”可以标记为(-)，在字首时省略。需要其他分隔符时也可以加入(-)。

집	jib	짚	jip
밖	bakk	값	gabs
붓꽃	buskkoch	먹는	meogneun
독립	doglib	문리	munli
물엿	mul-yeos	굳이	gud-i
좋다	johda	가곡	gagog
조랑말	jolangmal	없었습니다.	eobs-eoss-seubnida

举例

전체 찾기

번호	우리말	로마자 표기
12851	가경동	Gagyeong-dong(O) Kagyeong-dong(X) Gakyeong-dong(X) Kagyŏng-dong(X)
12850	가계 해수욕장	Gagye beach(O) Kagye beach(X)
12849	가계	Gagye(O) Kakye(X) Kagye(X)
12848	가곡	gagok(O) Gagok(X) kagok(X) gakok(X) kakok(X)
12847	가곡동	Gagok-dong(O) Kagok-dong(X) Gakok-dong(X) Kakok-dong(X)
12846	가곡면	Gagok-myeon(O) Kagok-myeon(X) Gakok-myeon(X) Kakok-myeon(X) Kagok-myŏn(X)
12845	가교비	Gagyobi(O) Gakyobi(X) Kagyobi(X) Kakyobi(X)
12844	가금면	Gageum-myeon(O) Kageum-myeon(X) Gakeum-myeon(X) Kagŭm-myŏn(X)
12843	가나안	Ganaan(O). Kanaan(X)
12842	가남면	Ganam-myeon(O) Kanam-myeon(X) Kanam-myŏn(X)

1 2 3 4 5 6 7 8 9 10

地名的英文标记准则

国土地理信息院 2014.11.05 修订
国土地理信息院 2015.12.29 修订
国土地理信息院 2018.12.27 修订

第一章 总 则

第一条（目的） 本准则旨在规定地名的英文标记，以此准则标记的地名可在国内外使用时保持统一性，以向外国人提供正确的地名信息。

第二条（术语定义） 在此准则中使用的术语定义如下：

地名指对自然或人为形成的地形、地质、地区等赋予的名称，主要有以下类型：

地名分类	类型	例
自然地名	陆地地名	山地、河川、湖泊等
	海上地名	岛、海岸、海峡等
	海底地名	海底峡谷、海底丘陵等
人工地名	设施名称	机场、桥梁、水库、公园、政府机关
	文化遗产	宫殿、城墙、王陵等
	行政地名	行政区域、道路名称

地名的专名指如“××山”中的“××”，位于地名的前半部分，多包含该对象物体的由来及特征等特点意义。

地名的通名指如“××山”中的“山”，位于地名的后半部分，多包含该对象物体的类型和实际形状等普遍性意义。

“罗马音标记”指根据韩语的标准发音法将该音通过英文字母标示出来。

“意译”指将后要素根据第三章中的属性意译法，将地名含义通过英文体现出来。

第三条（适用范围） 在地图、书籍等中标记地名时适用此准则。

第二章 标记的标准

第四条（一般原则） 地名的英文标记适用以下准则。

罗马音标记应遵循《韩语的罗马音标记法》。

自然地理实体名称的专名和通名均应用罗马音标记。

人文地理实体名称的专名通过罗马音标记，通名通过意译标记。

若地名本身来源于英文词语，应用其原本的英文词标记。此时，国家、机构、企业的名称是外来语时不用罗马音标记，而用各国家、机构、企业本身使用的名称标记。

例：탱크바위	坦克岩	Tank bawi
올림픽 공원	奥林匹克公园	Olympic Park
호주 대사관	澳大利亚大使馆	Australian Embassy
한국전력공사	韩国电力公社	Korea Electirc Power Cor-poration

在同时使用意译标记时，体现地名属性的单词首字母大写，在地名的罗马音后空一格进行标记。

例：경포호	镜浦湖	Gyeongpoho Lake

地名标记过长时，可根据英语国家通用的缩略法，将相关部分缩写。

例：인천국제공항	仁川国际机场	Incheon International Airport → Incheon Int'l Airport
서울교육대학교	首尔教育大学	Seoul National Univer-sity of Education → Seoul Nat'l Univ. of Education

地名中出现数字时，应用阿拉伯数字标记。

例：제 1 폭포	第 1 瀑布	Je1pokpo
영동 4 교	永东 4 桥	Yeongdong4gyo

韩文中的空格在使用罗马音标记时忽略不计，在使用意译标记时根据单词进行空格。

大小写根据第 8 项中的空格来确定，第一个字母大写，其余字母小写。

在标记准则相互冲突时，选择可操作性更大的一项。

第五条（自然地理实体的标记） 自然地理实体的标记准则如下：

专名与通名均使用罗马音标记。

例：한강　汉江　Hangang / 북한산　北汉山　Bukhansan

为加强理解，可同时对其属性进行意译。

例：한강　汉江　Hangang River /북한산　北汉山　Bukhansan Mountain

海洋地名根据《海洋地名标准化便览（国立海洋调查院）》进行标记。

第六条（人文地理实体的标记） 人文地理实体的标记准则如下：

除桥梁名、文化遗址名、道路名及行政区域名称以外，一切人文地理实体的专名均使用罗马音标记，通名使用体现其属性的意译标记。

例：광장시장　广藏市场　Gwangjang Market
용두산 공원　龙头山公园　Yongdusan Park
연화초등학교　莲花初中　Yeonhwa Elementary School
예당 저수지　礼唐水库　Yedang Reservoir

桥梁的专名和通名均使用罗马音标记，同时后附体现属性的意译。

例：이순신대교　李舜臣大桥　Yisunsindaegyo Bridge
삼일교　三一桥　Samilgyo Bridge

文化遗迹作为地名使用时，专名和通名均用罗马音标记。

例：경복궁　景福宫　Gyeongbokgung
불국사　佛国寺　Bulguksa

为加强理解，根据《文化遗迹名称英文标记的基本规则》中的规定，可在罗马音标记后附体现属性的意译。

例：경복궁　景福宫　Gyeongbokgung Palace
불국사　佛国寺　Bulguksa Temple

街路巷名根据《道路名称及地址工作便览（行政自治部）》中的“道路名称及地址的罗马音标记”进行标记。

例：강남대로　江南大街　Gangnam-daero
대학로　大学路　Daehak-ro
발산길　钵山街　Balsan-gil

行政区域名称根据《韩语的罗马音标记法》进行标记。

例：서울특별시　首尔特别市　Seoul
부산광역시　釜山广域市　Busan
충청북도　忠清北道　Chungcheongbuk-do
제주특별자치도　济州特别自治道　Jeju Special Self-Governing Province

청주시 清州市 Cheongju-si 或 Cheongju
양주군 杨州郡 Yangju-gun 或 Yangju
도봉구 道峰区 Dobong-gu
순창읍 顺昌邑 Sunchang-eup 或 Sunchang
삼죽면 三竹面 Samjuk-myeon

第三章　地名类型的意译

第一节　自然地理实体名称

第七条（山地/平原） 山地、平原相关地名类型意译标记如下：

区分	属性意译标记	备注
山脉	Mountain Range	例：太白山脉
山	Mountain	例：雪岳山
峰	Peak	例：天王峰
坡	Parasitic Cone	例：月郎坡
岭	Pass	例：大关岭
溪谷	Valley	包含山谷
高原	Plateau	例：盖马高原
岩块类	Block Stream	例：琵瑟山岩块流
岩石	Rock	例：仙岩
崖	Cliff	例：纳博伦悬崖
火山口	Crater	例：济州火山口
平原	Plain	例：湖南平原
田地	Field	例：水村田
盆地	Basin	例：罗里盆地
森林	Forest	例：竹林
洞穴	Cave	例：天湖洞

第八条（河流、泉水） 河流、泉水相关地名类型意译标记如下：

类型	属性意译标记	备注
江、河	River	主要对象为国家、地方级的河流 例：汉江
川	Stream	小型河流 例：过夏泉
瀑布	Falls	例：天地渊瀑布
泉水	Spring	例：过夏酒泉
矿泉	Mineral Spring	例：灵山矿泉
温泉	Hot Spring 或 Spa	

第九条（湖水、湿地） 湖水、湿地相关地名类型意译标记如下：

类型	属性意译标记	备注
湖	Lake	例：忠州湖
沼泽	Marsh	例：牛浦沼
湿地	Wetland	例：云谷湿地

第十条（场所） 场所相关地名类型意译标记如下：

类型	属性意译标记	备注
栖息地	Habitat	例：大水薙鸟繁殖地

第十一条（海岸、海上） 海岸、海上相关地名类型意译标记如下：

类型	属性意译标记	备注
海岸	Coast	例：东海岸
海滩	Beach	例：明沙十里（元山海滨沙滩）
海角	Cape	例：长山岬
滩涂	Tidal Flat	例：新万金滩涂
岛	Island	例：独岛
列岛、群岛	Islands	例：金五列岛
半岛	Peninsula	例：边山半岛

第二节　人文地理实体

第十二条（交通设施） 对交通设施相关地名类型意译标记如下：

类型	属性意译标记	备注
机场	Airport	
大巴站	Bus Terminal	
公交站	Bus Stop	
港口	Port	
码头	Quay	
火车站	Station	
地铁站	Subway Station	
高速路	Expressway	
地下车道	Under Passageway	
桥梁	Bridge	不论桥梁种类，均标记为 Bridge 如：李舜臣大桥、龙头 4 桥

第十三条（便利设施） 便利设施相关地名类型意译标记如下：

类型	属性意译标记	备注
医院	Hospital	中医院为 Oriental Medicine Hospital
诊所	Clinic	中医诊所为 Oriental Medicine Clinic
传统市场	Tradition Market	

第十四条（休闲设施） 休闲设施相关地名类型意译标记如下：

类型	属性意译标记	备注
亭子	Pavilion	
公园	Park	国立公园 National Park 道（省）立公园 Provincial Park 郡（县）立公园 County Park 水边公园 Waterside Park（包括湖边公园、水库公园、河滨公园等） 例：一山湖水公园 临皋河滨公园
广场	Square	例：光化门广场

第十五条（教育设施） 教育设施相关地名类型意译标记如下：

类型	属性意译标记	备注
幼儿园	Kindergarten	
大学	University	例：首尔大学：Seoul National University 首尔市立大学：University of Seoul 遵循第四条第四项：有正式英文标记的设施用其本身名称

第十六条（宗教设施） 宗教设施相关地名类型意译标记如下：

类型	属性意译标记	备注
寺庙	Temple	
庵、小寺	Hermitage	
天主教堂	Catholic Church	大教堂 Cathedral
基督教堂	Church	

第十七条（水利设施） 水利设施相关地名类型意译标记如下：

类型	属性意译标记	备注
大坝	Dam	
防波堤	Sea Wall	
水库	Reservoir	例：礼唐水库

第十八条（行政机关） 行政机关相关地名类型意译标记如下：

类型	属性意译标记	备注
特别市市厅	City Hall	例：首尔特别市厅
广域市市厅	City Hall	例：釜山广域市厅
道厅	Provincial Office	例：京畿道厅
郡厅	-gun Office	例：丹阳郡厅
区厅	-gu Office	例：松坡区厅
邑事务所	-eup Office	例：泰安邑事务所
教育厅	Office of Education	
警察署		

附　则

第一条（实施日） 此准则从发布之日起施行。

第二条（未规定事项） 对于此准则中未列举出类型意译地名，根据第二章的标记准则，按照英语国家通用的意译方式进行英文标记。

第三条（有效期限） 根据《关于训令、规范等发布及管理的规定（总统训令第 394 号）》的要求，考虑此准则发布后相关法规及实际条件的改变，此准则有效期至 2021 年 12 月 29 日。

地址法

吾玛格丽特二世（Margrethe Ⅱ），以天赐丹麦王国女王身份申明：

下述法律已获得丹麦国家议会通过，吾批准其施行。

第一章　目的

第一条　本法律意在确保：

（一）全国统一的路名和地址系统，方便导航和确认方向。

（二）所有路名和地址在丹麦地址数据库中都以标准模板登记，使得该数据库为路名和地址信息的权威来源。

（三）丹麦地址数据库中的所有信息实现电子化，并且免费对公众开放，使所有人都可以便捷、平等地获取同样的信息。

第二章　关于路名、地址等的规定

地址办公室

第二条　地方政府下辖地址办公室，有权依据本法律对其下辖区域中所有的路名、地址及城市附加名作出规定。

路名

第三条　地址办公室有权为以下类型道路命名：

（一）所有公有道路（见《公有道路法》第三条第一款第二项对公有道路的定义）。

（二）所有私有公共道路（见《私有公共道路法》第十条第一款第三项）。

第二款　根据《私有公共道路法》第十条第一款第九项，地址办公室可以为私有道路及本条第一款中未提到的其他交通区域命名。

第三款　同一邮政编码内，两条路不得重名。

第四款　能源和气候大臣有权制定关于道路命名的详细规定，包括路名拼写的正确性和唯一性、地理范围和道路代码。此外，大臣还有权就第二款所包含的供公众通行的私有道路和其他交通区域制定详细规定。

第四条　针对第三条第一款第一项中提及的公有道路，根据《公有道路法》第十二条，属于国道的，地址办公室在制定路名和门牌号时需征得国家道路委员会同意。

第二款　针对第三条第二款中提及的私有道路及其他交通区域，依据第三条第四款中的第二点，地址办公室在制定路名和门牌号时需征得土地所有人的同意。当双方无法达成一致时，以地址办公室制定的路名和门牌号为准。

第三款　当一处不动产、一栋建筑或一个技术设施由国防部或司法部所使用时，地址办公室应在与相关部委达成一致的前提下为其命名。

第四款　当多个地址办公室之间，一个或多个地址办公室与国家道路委员会、国防部或司法部之间就路名和门牌号的制定产生分歧时，各方可将案件上报交由能源和气候大臣仲裁。

邮政编码和城市附加名

第五条　《邮政法》第二十一条中规定的附带邮区名称的邮政编码应被整合于全国路名和地址系统之中，以确保路名和地址的地理唯一性。

第二款　地址办公室有权决定是否将城市下辖的乡、镇、岛等的名字以附加名的形式添加到地址中。同时，地址办公室应划定该附加名适用的地理范围。

第三款　能源、供应和气候大臣有权制定有关城市附加名的详细规定，包括其拼写正确性、唯一性以及地理范围。

地址

第六条　地址是一个综合的名称，表示通往一个空地、一幢建筑、一幢建筑的一部分或一个技术设施的途径。由地址所构成这一综合名称包含了路名、门牌号、楼层指引、房间号指引、城市附加名、邮政编码以及地址所在邮区的名称。

第七条　地址办公室有权为所有已建成或规划建设中的不动产制定地址。

第二款　地址办公室应为每间民宅制定一个唯一的地址。

第三款　由国防部和司法部所使用的建筑或设施，以及依照《建筑和住宅注册法》及其附加规定无须在建筑住宅数据库中登记的不动产无须制定地址。

第四款　地址办公室有权决定一个地址中所包含的信息，包括路名、门牌号、层号、房间号、城市附加名。地址应当具有唯一性，不应与其他地址混淆。

第五款　一个地址中所包含的门牌号特指从外进入该建筑或该建筑的一部分入口。若一个地址指代的是一处空地，门牌号则特指进入其的入口。

第六款　能源和气候大臣有权决定给本条第一、二款中提到的建筑之外的不动产命名。在特殊情况下，亦可授予同一幢建筑多个地址。

产权所有者上报义务

第八条　不动产的所有者在接到地址办公室的申请后，应主动提供道路地址命名所需相关资料，并保证所提供资料的真实性。

第二款　有关产权所有者上报义务的具体规定由能源和气候大臣制定。

第三章　指示牌和检查

指示牌

第九条　土地所有人有义务在通向建筑的主入口处设置带有地址办公室指定门牌号的指示牌。这个指示牌应显眼，不与其他标志混淆（此规定不适用于本条第二款第二点以及第三款中提到的情况）。

第二款　若一幢建筑同时拥有多个门牌号，根据第七条第五款的规定，本条第一款中提到的指示牌应置于建筑中相对应的入口处。若一个或多个指示牌无法从主入口处看到，土地所有人应在每个入口处设置导引牌。

第三款　在门牌号所属建筑不属于土地所有人的情况下，建筑所有人有义务设置本条第一款、第二款第一点中提及的指示牌。

第四款　地址办公室有权要求土地所有人按统一规格制作设立指示牌。此规定同样适用于本条第三款中提及的情况。

第五款　针对第三条第二款中提及的私有道路及其他交通区域，地址办公室有权要求土地所有人制作设立和周边地区统一规格的指示牌。

第十条 地址办公室有权决定门牌号和导引牌的外观、架设和照明情况，但国道上的指示牌外观必须获得国家道路委员会的批准。

第二款 在能源和气候大臣的授权下，地址办公室有权要求建筑所有人设立标有楼层和房间号的指示牌。

检查

第十一条 地址办公室有权依法对每一幢不动产在外围设置的指示牌和室内公共区域设置的指示牌进行检查，以确保这些指示牌符合第九、十条中提及的标准。

第二款 地址办公室只有在取得特殊法律许可的情况下才能检视室内非公共区域，且前提条件是，地址办公室要制定地址，或其认为存在指示牌严重缺失的情况。

第四章 丹麦地址数据库

权威性

第十二条 丹麦地址数据库（下称数据库）是由能源和气候大臣建立、运行和维护的覆盖全国的基础数据库。数据库中储存了所有有关路名和地址信息。

第二款 能源和气候大臣为数据库的官方数据责任人。

第三款 各地方政府按能源和气候大臣的规定在该数据库进行注册。

第四款 能源和气候大臣在与地方政府代表协会达成一致后决定国家和地方政府就该数据库建立、运行、维护、发展所产生相关费用的分摊情况。其他部门若自愿承担一部分费用，可自行与能源和气候大臣商议。

授权和外包

第十三条 能源和气候大臣有权将建立、运行、维护和发展丹麦地址数据库（下称数据库）的任务外包给另一个公共职能部门或私人企业。

第二款 根据本条第一款，被授权的公共职能部门或私人企业应主动承担有关数据库建立、运行、维护和发展的任务。相关任务应周期性外包。外包服务应遵守《外包服务条例》中有关公共事务合作的相关规定。

第三款　如有关方面不满根据本法及相关规定作出的决议，可依据《外包投诉委员会法》中的规定及其他相关规定向外包投诉委员会提出异议。

第四款　能源和气候大臣有权对被授权的公共职能部门或私人企业就数据库运行的情况进行审查。

第五款　国家审计局有权要求被授权的私人企业出示相关财务报表。

第六款　能源、供应和气候大臣有权就数据库的建立、运行、维护和发展为第一款中被授权的公共职能部门或私人企业制定具体规定，并依照第二款的规定指派任务。具体操作规程由被授权的公共职能部门或私人企业在能源和气候大臣的指导下拟定。能源和气候大臣有权要求被授权的公共职能部门或私人企业向其提供一切必要信息。

丹麦地址数据库中包含的信息

第十四条　地址办公室应在丹麦地址数据库（下称数据库）中依照本法及相关规定登记有关道路名称、地址和城市附加名。

第二款　道路名称应在数据库中登记以下信息：

（一）道路名称和简称（系统中位置有限的情况下将会使用简称）。

（二）该道路大概的地理位置和延伸范围。

（三）邮政编码和城市附加名（如有）。

（四）所属地方政府和道路编号。

（五）道路名称的状态。

（六）道路名称启用日期。

第三款　地址应在数据库中登记以下信息：

（一）道路名称、门牌号、楼层和房间号（如有）。

（二）地址所属城市的附加名（如有）。

（三）地址所属邮政编码。

（四）地址的地理位置和所连接的道路交通网。

（五）地址所属的教区和选区。

（六）地址所在的地块。

（七）地址所属的建筑或设施（如有）。

（八）地址所属地方政府名称。

（九）地址状态。

（十）地址启用日期。

第四款　邮政编码和城市附加名应在数据库中登记以下信息：

（一）邮政编码所代表的邮区名称、邮政编码及邮区的命名日期。

（二）城市附加名及其命名日期。

第五款　能源和气候大臣应确保数据库可以获取到城市附加名和邮政编码所覆盖的地理区域的相关信息。

第六款　能源和气候大臣有权制定在数据库中录入第二款至第四款之外信息的进一步规定。

与其他基础数据库的共享

第十五条　丹麦地址数据库中有关行政地理区划、土地区划、建筑或设施的数据，依据本法第十四条第二款至第四款，以及第十四条第六款相关的其他规定，从以下基础数据库获取权威信息：

（一）丹麦地籍数据库（有关土地区划方面的数据）。

（二）丹麦建筑住宅数据库（有关建筑和设施方面的数据）。

（三）丹麦行政地理区划数据库（有关行政地理区划方面的数据）。

基础数据的使用

第十六条　能源和气候大臣有责任确保丹麦地址数据库中有关道路名称和地址的信息（见第十四条第二、三款）及有关城市附加名和邮政编码的信息（见第十四条第四款）以电子版形式作为公共基础数据免费向公众开放。

第二款　其他公共基础数据库在登记个人、企业、不动产和建筑信息时，如其中涉及道路名称或地址相关内容，都应以丹麦地址数据库中记录的信息作为权威来源。

第三款　公共部门和机构在建立新电子系统时应对系统进行设定，如其中涉及道路名称或地址相关内容，都应以丹麦地址数据库中记录的权威信息为准。

第四款　如其他公共部门发现丹麦地址数据库中的信息有错误或缺失，该部门应立即将有关情况向地址办公室通报。

审查

第十七条 依据第十二条第三款，能源和气候大臣有责任对各地政府运行丹麦地址数据库的情况进行审查。

第二款 为确保审查顺利进行，能源和气候大臣有权要求地方政府向其提交相关信息、数据和文件。

第五章 申诉、委任和惩罚措施

申诉

第十八条 如个人或集体对地址办公室根据本法律或有关法规作出的决议有异议，相关法律问题可以向能源和气候大臣申诉。

第二款 以下个人或集体有权申诉：

（一）与决议直接相关的个人或集体。

（二）与决议的结果有重大利益相关的个人或集体。

第三款 如有异议，相关个人或集体应在收到决议之日起 4 周内进行申诉。若决议以公告形式公之于众，提出申诉的最后期限以公告之日算起。如有特殊情况，能源和气候大臣有权决定废除提出申诉的最后期限。

第四款 对决议提出的申诉无法即时生效。除非能源和气候大臣有其他决定。

第五款 相关个人或集体在依据第一款使用申诉权之前不得将决议提交法庭。如需申请法庭裁决，诉讼应于能源和气候大臣作出决议后 6 个月之内提交法庭。

委任

第十九条 能源和气候大臣有权委任其下属政府机关施行本法规中赋予的权利。

第二款 能源和气候大臣有权制定关于相关个人或集体对本条第一款中提及的下属单位作出决定进行申诉的具体规定，包括决议的不可申诉性。

处罚措施

第二十条 如个人或集体故意或因疏忽大意出现下列行为，将被处以罚款，因违反其他法律而受到更严重处罚的情况除外：

（一）未提交第八条第一款中提及的相关信息或文件。

（二）未按第九条第一、二、四、五款中的规定设立标识。

第二款 违反本法规补充条例的个人或集体也将以罚款形式处罚。

第三款 违法的企业等（法人）也可根据《刑法》第五章的规定进行处罚。

第六章 法规施行时间和居民身份证信息修改

法律施行时间

第二十一条 本法律施行时间由能源和气候大臣决定（本条第二款中提到的条款除外）。能源和气候大臣亦有权决定分期施行本法律中的不同条款。

第二款 本法律中第十二、十三、二十二和二十四条将于2017年7月1日起施行。

居民身份证信息（CPR）修改

第二十二条 地方政府应尽快确保居民身份证上注册的地址与能源和气候大臣所公开的地址信息一致。

第二款 如果居民身份证信息系统中存在依据现行规定登记的地址信息，应及时从居民身份证信息系统中删除。

第七章 其他法律的变动

第二十三、二十四条 本法律的实施会导致《建筑住宅登记法》和《居民身份信息法》中相关条例的变动。

译者注：因这些变动与本法规的实施无关，所以不在此处具体翻译。

第八章 适用领土范围

第二十五条 本法律不适用于法罗群岛和格陵兰岛。但第二十四条中《居民身份信息法》的变动可能会对格陵兰岛当地社会有所影响。本法律于 2017 年 2 月 1 日于克里斯蒂安堡通过。

由玛格丽特二世（Margrethe Ⅱ）女王陛下签发。

道路名称和地址条例

根据2017年2月1日发布的第一百三十六号法令，即《地址法》中的第三条第四款、第五条第三款、第七条第六款、第八条第二款、第十条第二款、第十二条第三款和第十四条第六款，以及2017年4月26日发布的关于地区信息的第三百八十号法令，并在与地方政府协会协商后，依照2018年4月10日发布的第二百六十三号行政命令，即关于数据供应和效率署权力分配的行政命令的第一条第九款、第四条第一款、第二款、第四至七款、第十款以及第十五款，授权规定如下：

第一章 总 则

第一条

地址办公室依照《地址法》第二章和第四章以及本条例，制定和登记路名、地址以及城市附加名。

路名、地址和城市附加名的制定原则是，任何人都能够借助导航等最简单可行的方法定位并前往想去的道路或是地址。

路名、地址和城市附加名应采取统一登记方式，面向公民、企业及政府部门公开更新后的正确信息。

地址的制定和登记只是一种实施办法，不会导致权利变更。

定 义

第二条

在本条例中出现的词汇解释如下：

进入点：平面图中的地理点，代表某个地址的位置。

地址：综合名称，表示通往一个空地、一幢建筑、一幢建筑的一部分或一个技术设施的途径。

制定：第一次确定新名称（例如路名、地址和城市附加名）的操作，以及更改或废弃现有名称的操作。

工作日：一周中除周六、周日、公众假期、宪法日、平安夜和新年前夜以外的日子。

区片：由地籍编号和地段所确定的区域。

已命名道路：独立于市政边界的交通区域，且此处已经制定了路名。

总不动产：根据地籍登记需要进行统一的一个或几个地籍编号。

路名：用来表示街道或小路的一部分，或是类似交通区域和地区的专有名称。

路名线：表示已命名道路的大致地理线。

路名区域：地理区域，用来表示已命名道路的大致位置，使得该道路定位可以跟周边的其他已命名道路区别开来。

道路网：整体道路系统。

道路点：代表在已命名道路上的某一位置的地理点，能够设置进入点。

第二章　道路命名

路　名

第三条

根据《地址法》第三条第一款，地址办公室应当为所有的公有道路和私有公共道路命名。无论该道路上有无可使用的地址，本条都适用。

根据《地址法》第三条第二款，除公有道路和私有公共道路外，地址办公室有权为私有道路及其他交通区域和地区命名。“其他交通区域”指私有的空地及空场，以及公有和私有小路。“其他地区”指没有真正道路网的特殊有边界区域等，例如没有道路的小岛，或建筑分散，只有小径的自然区。对于“其他交通区域和地区”，可以制定一个单独路名，作为整个交通区域或地区的名称，在其基础上制定地址。

第四条

地址办公室需要按照《地址法》第四条为国道和私有道路命名。

路名应按照本条例第一条第二款的原则制定，指代某特定的连贯交通区域。

当某一道路网或小路网中有（或规划有）一条或多条岔路时，命名原则须依照本条例第一条第二款，以便依照本条例第十七条第二款和第三款的规定制定门牌号码。

如果某条已命名道路由于永久性的物理措施被分割，导致交通区域被划分为几个单独的部分，须由地址办公室决定现有命名是否仍符合本条例第一条第二款的原则，或者是否需要为该道路单独的部分制定新路名。

如果某条已命名道路跨越一个或多个市区边界，或者该道路可通往另一市区内的地址，需相关地区政府的地址办公室之间进行协商。如适用，参见《地址法》第四条。

第五条

路名最多可包含 40 个字符。应尽可能避免路名中的缩写。

每个路名都应具备道路寻址名称，最多包含 20 个字符。等于或少于 20 个字符的路名，路名本身即为道路寻址名称。多于 20 个字符的路名，道路寻址名称使用路名缩写。缩写应尽可能达到 20 个字符，路名中的每个单词都应有所体现。道路寻址名称的开头应尽可能避免缩写，便于按字母顺序排序。

路名和道路寻址名称应根据丹麦语言委员会制定的《丹麦官方正字法》制定。路名和道路寻址名称中的字符包括丹麦字母表中的大写和小写字母（a—å）、ä、é、ö、ü、数字 0—9、空格、连字符、点和撇号。由大写字母组成的罗马数字也可以出现在路名和道路寻址名称中。

当地址办公室需要制定一个包含现有地名的新路名，并且该地名已收录至地名委员会的《丹麦地名名录》中时，地址办公室必须在该路名中使用名录中给出的名称。

路名的唯一性

第六条

根据《地址法》第三条第三款，同一邮政编码内的两条路不得重名。根据本条例第八条，命名时也不允许使用同一邮政编码下已预留的相同或相似的路名。

根据本条例第八条，制定新的路名时不能使用 15 千米范围内已预留或已被定为另一道路名称的路名。

如果两个路名仅有以下区别，将会被视为相同：

拼写不同，但发音相同；

有无属格“s”；

指定式或非指定式变形；

几个相同单词写成合成词；

相同单词的缩写和全称；

相同单词的替代写法；

相同单词的邻近变体或派生词；

当两个路名的正常语速发音和快速发音很有可能被混淆时，它们会被认定为相似。

地址办公室可以独自或与同一大区内的其他地区政府合作制定除第一至四款规定之外的其他规定。

路名线和路名区域

第七条

地址办公室应为每一条已命名道路划定一条路名线，第二款和第三款的情况除外。划定路名线是为了显示该道路大致的地理路径。

如果某一已命名道路的路径或延伸范围还不确定，应用路名区域来代替，代表该道路大致的地理位置。在该道路的路径被确定后，地址办公室应根据本条第一款，将路名区域改为路名线。

如果在某个交通区域或地区制定了一个路名，但该交通区域或地区不是公有道路、私有公共道路、私有道路、公共小路或是私有小路，须根据该交通区域或地区所覆盖地区，为该道路划定一个路名区域。

路名的预留

第八条

地址办公室有权在丹麦地址数据库中预留路名，以便日后使用。在本条例的第五条和第六条中可以找到预留路名的相应使用方法。预留的路名可以适用于部分或是整个市区范围。

路名首次最多可以预留 3 年，但可以多次延长至共计 12 年。

道路代码

第九条

各市的每条已命名道路都在丹麦地址数据库中被分配了一个道路代码。如果某条道路涉及多个城市，则每市分配一个代码。道路代码由 0001—9899 间的 4 位数字组成。

某市内的某条道路的标识由道路代码与经济和内政部制定的 4 位市政代码共同组成，该标识具有唯一性。市内的每条道路只能有一个道路代码，每个道路代码只能指向市内的一条道路。

道路代码不允许更改。如果某条已命名道路属于某市的路段需要重新命名、更名，应保留原本道路代码。如果某条已命名道路属于某市路段的某一部分要更名，新路名会被单独分配一个新的道路代码。

如果某市内的两条已命名道路合为一条，且只保留其中一个路名，那么只保留该路名对应的道路代码。如果某市内的两条已命名道路合为一条，且原有路名都被新的路名所取代，则保留拥有更多地址的原有路名所对应的道路代码。

道路命名时间

第十条

道路应尽早命名。从某一新区域开始进行规划、开发和设计城市发展时起，一旦地址办公室获得了足够的信息，能够暂时评估该地区需要哪些路名、路名线或路名区域时，就应着手给道路命名。

在制定好路名前，该道路可以暂时通过路名线、路名区域或分配的道路代码来标识，也可用地址办公室制定的临时名称来标识。

地址办公室有权决定已命名道路和制定的路名何时生效。

第三章　城市附加名

第十一条

依据本条第五款，地址办公室有权制定城市附加名。一个地理区域内的所有地址中都应包含该地区的城市附加名。

可以使用城市的名字作为城市附加名，也可以使用当地的地名，例如某城区或某岛的名字。城市附加名应根据丹麦语言委员会制定的《丹麦官方正字法》制定。如果使用的地名来自丹麦地名委员会的《丹麦地名录》，那么也应与其保持一致。制定城市附加名时应尽可能避免缩写。

城市附加名最多可包含 34 个字符。可使用的字符包括丹麦字母表中的大写和小写字母（a—å）、ä、é、ö、ü、数字 0—9、空格、连字符、点和撇号。由大写字母组成的罗马数字也可以出现在城市附加名中。

同一邮区（邮政区域）内的城市附加名应能够互相区分。

地址办公室应划分城市附加名适用的地理区域，使其处于该市的边界之内。该地理区域可以由一个或多个地区组成，各地区内可以有空隙。

由地址办公室来决定已确定的城市附加名何时生效。

第四章　地址

地址名称

第十二条

地址办公室在制定地址时应决定地址中所包含的路名、门牌号码、楼层（指引）和房间号（指引）（如适用）。它们将会指向该地址所属的建筑物、建筑物的某部分、区片等。每个地址的总地址名称应该具有唯一性。

地址中的路名应指代能够到达该地址的已命名道路。如果有多个可能的道路，地址办公室应考虑路权和其他实际情况，决定在地址中使用哪条道路。

地址中的门牌号码应使用能够从外部进入该地址所在的建筑物的途径，即入口等。如果从该入口能够到达多个地址，则这些地址共享同一个门牌号码。

如果一个地址属于某个技术设施，该技术设施会被看作是一个建筑物，门牌号码指代进入该技术设施的通道。如果一个地址属于某片空地，门牌号码指代进入该区域的途径，如车道或大门等。

如果某个建筑物的外部入口是一个外部的楼梯，且该楼梯是该建筑物的一部分，则在制定门牌号码时，该楼梯在地面上的起始点会被视为入口。如果有多个入口、外部楼梯或类似事物，能够到达相同的地址，在制定门牌号码时应选择最重要的进入途径。

地址中的楼层（指引）和房间号（指引）应精准地显示在该建筑物内到达本地址的进入途径，即该地址所在的楼层及房间号（如适用）。

如果某一楼层中只有一个地址，则房间号（指引）可以省略。对于只制定了一个地址的独户住宅、排屋等，不用制定楼层（指引）或房间号（指引）。

在制定地址时，地址办公室应查明该地址是否属于应属的邮政编码，以及是否位于应属的城市附加名的可能区域内。

进入点

第十三条

地址办公室应给每一个地址都设置一个进入点，用来代表门牌号码中使用的外部进入通道的位置，参见本条例第十二条第三款或第四款。如果该门牌号码是由多个地址共享的，只会设置一个进入点。

进入点设置在该地址所属的建筑物或地块的外部轮廓内约 3 米处，参见本条例第十二条第三款或第四款。如果某个建筑物或地块上存在多个进入点，设置这些进入点时，应使它们尽可能符合相应的入口等的位置。

如果一个地址属于某个独立的技术设施，参见本条例第三十五条，尽可能把该设施视为建筑物来设置进入点。

道路点

第十四条

地址办公室应为每个进入点设置一个道路点。

设置道路点，是为了标识在某一已命名道路上可到达某一地址的地点，本条第三款的情况除外。

如果是车道，道路点应设置在其他的道路网上。如果是无道路网的岛，道路点应设置在离该地址最近的停泊港。

制定地址的时间

第十五条

如果地址办公室根据本条例第二十六条至第三十五条评估认为应当制定地址，且地址办公室所掌握的信息足以评估地址及相应的进入点和道路点需要设置，则应当尽早开始制定地址。制定地址时间可能与现有的建筑或技术设施的分割、地块登记、建造、翻新以及更改用途有关。

在制定好地址内的路名、门牌号码以及楼层（指引）和房间号（指引）（如有）之前，可借助进入点和道路点来确定临时地址。

由地址办公室来决定制定好的地址何时生效。

第五章　门牌号码、楼层（指引）以及房间号（指引）的制定

门牌号码

第十六条

由地址办公室来制定门牌号码。当地址办公室要在国道和私有道路上制定门牌号码时，需要遵循《地址法》第四条第一、二和四款。如果某处房产、建筑物或技术设施由国防部或司法部所使用，地址办公室在制定门牌号码时需要遵循《地址法》第四条第三款和第四款。

门牌号码最多包含四个字符，其中必须包含 1—999 的数字，也可能附加一个 A 至 Z 间的某个大写字母，数字与字母之间没有空格。字母也是门牌号码的一部分。门牌号码中有无字母都可以同等使用。当制定新门牌号码或更改门牌号码时，为防止混淆，不允许使用 I、J、O 和 Q 四个字母。

按照升序排列时，数字相同但没有字母的门牌号码应排在有字母的门牌号码之前，随后按字母表顺序排序，本条例第十八条第五款的情况除外。

第十七条

制定门牌号码时，每个门牌号码在该街道中只出现一次。应沿着该道路按照升序进行制定，门牌号码起始处的左侧采用单数，右侧采用双数，本条例第十八条的情况除外。如果某条道路上已经采取了相反的方法制定门牌号

码，则保持原样。

应用第二款中的规定时，如果某条道路上有一个或多个分岔路，须假定在分岔处划定一条中轴线或分界线，沿着该线制定单双数的门牌号码，本条例第十八条的情况除外。

对于盲道和单向道路等，门牌号码应从该道路与能够到达该道路的其他道路网相连的一端开始按照升序制定。对于其他道路，门牌号码应从该道路离本市中心最近的一端，或是与其他道路网的最重要部分相连的一端，开始按照升序制定。

制定门牌号码时可以跳过某些号码，以便未来建造新建筑物或提升建筑物密度时，可以直接使用中间号码，而不必改变已经制定好的门牌号码。

无论某条已命名道路是否涉及了多个城市，本条第一至五款内的规定都适用，参见本条例第四条第五款。

对于涉及了多个城市的已命名道路，相关的地址办公室需要就各市可支配的门牌号码段进行协商。

第十八条

如果地址办公室评估认为某些区片或建筑由于位置，无法进行系统、逻辑的门牌号码制定（见本条例第十七条第二款和第三款），这种特殊情况下，可以不考虑单双数，按照普通升序制定该地区的门牌号码。

本条第一款也适用于以下情况：已存在的建筑，它们的门牌号码是按照升序进行制定，没有考虑单双数，经地址办公室评估，认为现有的门牌号码已充分实现了系统性与逻辑性。

使用本条第一款和第二款的前提是，在已命名道路上，按照升序排列的门牌号码涵盖了所有地址，并且采取了必要的预防措施，使被误解的风险最小化，例如在指路牌或导引牌上写明门牌号码段等。

如果某条道路在门牌号码已经制定好后被改为盲道、单向道路等，地址办公室有权决定不执行本条例第十七条第四款中的第一点，如果地址办公室评估认为其没有违反本条例第一条第二款，可以保留现有的门牌号码。

当有字母和无字母的两个数字相同的门牌号码属于同一建筑物或紧密相连的两个建筑物时，若地址办公室判定这是特殊情况，可以不执行本条例第十七条第二款，参见本条例第十六条第三款。前提是已经采取了必要的预防措施，使被误解的风险最小化，例如使用明显的指示牌等。

如果某地区在 2018 年 5 月 7 日之前就已经制定了现有的门牌号码，地址办公室评估认为该地区的门牌号码可正常使用，且不违反本条例第一条第二款，可以不执行本条例第十七条第二款内的规定。前提是已经采取了必要的预防措施，使风险最小化，例如使用明显的指示牌等。

外部楼梯和通道

第十九条

如果一幢建筑物一楼的通道和走廊等可以到达上面的楼层，且地面可以直达一楼的每个房门，一楼的各入口需要制定带有单独门牌号码的地址。对于上面的楼层，能够到达这些楼层的门、楼梯或是外部楼梯需要制定单独的门牌号码。需要按照本条例第二十条、第二十二条和第二十三条来制定楼层（指引）和房间号（指引）。

楼层（指引）

第二十条

楼层（指引）这样命名：

kl 表示地下室楼层

st 表示底层

1 表示一层/一楼

2 表示二层/二楼

3 表示三层/三楼，以此类推，

底层是地面所在的楼层，或紧贴地面的那个楼层。

有多个地下室楼层的建筑物这样命名：

kl 表示紧贴底层之下的那个地下室楼层。

k2 表示 kl 下面的那个地下室楼层。

k3 表示 k2 下面的那个地下室楼层，以此类推。

对于购物中心、大学、职业高校、医院和其他较大的建筑群，指示牌或其他信息标识可以使用专业术语，等同于“层”或“楼”。

对于有商业用途或属于某些机构的购物中心、大学、职业高校、医院和其他较大的建筑群，地址办公室可决定不遵循本条第一至三款的规定，而是使用1、2、3等楼层（指引），无论1层（指引）是否为紧贴地面的楼层，只要是最低层即可。但楼层（指引）0、–1、–2、–3等不能作为地址中的楼层（指引）。

楼层（指引）的标识

第二十一条

如果地址办公室判定，在一幢建筑物中很难定位楼层，地址办公室有权要求业主在每层的一个或多个公用通道中放置和维护指示牌等，用明显且易于理解的方式标示出楼层（指引）。

房间号（指引）

第二十二条

除非地址办公室依照第二十三条作出了其他规定，房间号（指引）应基于所在楼层的公共通道区域制定，即该房门所在的公共入口区域、楼梯平台、楼道或走廊等。

如果某层的公共通道区域只有一个地址，可以不设房间号（指引），本条例第二十三条的情况除外。

如果某层的公共通道区域有两个或三个入口，则使用tv、th和mf三个方向名称来表示该门与到达方向的相对位置。在楼梯中，方向是根据到达楼梯平台前，最上面的一阶楼梯判定的：

tv表示左边的门，

th表示右边的门，

mf表示以上两门间的第三道门（如果需要）。

如果某层的公共通道区域有四个或多个入口，应该用门号替代方向名称。门号最多包含四个字符。门号从楼层的左边到右边，从1开始按照升序依次制定。门号的开头不允许使用0。

如果入口的数量发生变化，例如房间进行了打通或是隔断，地址办公室应确保公共通道区域中的所有入口都被分配了方向指引或房号，参见本条第一至四款。

第二十三条

地址办公室可以按照业主的建议，为该建筑物内的所有或部分门制定系统化的指引名称，以替代本条例第二十二条第三款和第四款中提到的方向指引或房号。

如果地址办公室判定，业主按照本条第一款中规定建议的房间号（指引）不能清楚地体现对应的房门，地址办公室有权制定另一套系统化的名称。

系统化的房间号（指引）最多包含四个字符。字符可以是从 a 到 z 的小写字母、0—9 间的数字以及连字符。但是房间号（指引）的开头不允许使用 0。为防止房间号（指引）和门牌号码混淆，字母应尽可能处于数字之前。

房间号（指引）的标识

第二十四条

如果地址办公室按照本条例第二十三条为建筑物中的所有房门制定了一个系统化的名称，业主应当在每个房门上或房门边放置标有房间号（指引）的指示牌等，并对其进行维护。

如果地址办公室判定，在某幢建筑物内的公共通道区域中，救援队等很难通过借助方向指引或门号（依照本条例第二十二条制定）来对相关的房门进行定位，则地址办公室有权要求依照本条第一款内的规定放置指示牌。

第六章　地址的制定

第二十五条

当地址办公室为国防部或司法部使用的房产、建筑物或技术设施制定地址时，需要遵循《地址法》第七条第三款。

制定地址的一般规定

第二十六条

对于每个已建设、计划建设或已被划为建设用地的区片，地址办公室都应按照本条第二至五款内的规定，至少单独制定一个地址。

根据《地址法》第七条第二款，地址办公室应为每个民宅单独制定一个地址。民宅可以理解为在丹麦建筑住宅数据库（BBR）中登记为居住用途的单体。如果发生以下情况，则可以为一个民宅制定多个地址：

该民宅的一部分有商业用途，且该部分有独立的入口。

该民宅面积较大，且有一个或多个入口作为货运通道、员工通道等。

地址办公室应给每个私有公寓都至少单独制定一个地址。

除本条第二款和第三款提到的情况之外，地址办公室有权给建筑物或建筑物的某些部分单独制定地址，本条例第二十八条至第三十四条的情况除外。

也可以为已建设区域或设施的其他部分、已经计划要规划或建设的区域和其他空地或设施单独制定地址，本条例第三十五条和第三十六条的情况除外。

地址办公室不得废弃已登记在丹麦建筑住宅数据库（BBR）中的建筑、私有公寓或其他单体的地址。

多层建筑

第二十七条

除了本条例第二十六条中制定地址的一般规定外，对于多层建筑，地址办公室如认为有需要，可以制定一个只包括路名和门牌号码的地址，用来指代进入街面上的某商店等的途径，参见本条例第三十条第五款和第六款。本条也适用于区片内没有单独地址的其他建筑或设施。

自留地区域

第二十八条

《自留地法规》中规定的允许建设的自留地区域中，各区片以及杂货店、售货亭、集体房屋等公共功能区应该由地址办公室单独制定地址。制定好的门牌号码应当在各区片和公共功能区中被清楚地展示。

符合《自留地法规》，但不允许建设（除工具棚等）的自留地区域中，地址办公室应至少制定一个指代主要到达途径的地址。

地址办公室在自留地区域中制定路名时，应遵循下列某个方法：

每个内部的道路或小路都制定一个路名。

该区域的名称用作整个区域的路名。

该地址使用能够到达该区域的道路名称。

在按照本条第三款第一项或第二项制定了路名后，门牌号码不需要考虑单双数，按照升序制定，参见第十八条。

度假中心

第二十九条

对于有集体度假用途或由度假中心等使用的房产，且该房产由多个建筑物组成，建筑物间有内部的道路网或小路网，除本条例第二十六条规定的制定地址的一般规定外，本条以下第二款和第三款中的特殊规定也适用。

对于度假屋、生产单位（参见《企业登记法》第四条）、公众可以进入或受公众监督的功能区，每个主要的外部入口都应该至少制定一个地址。

路名的制定应参照下列某一种方法：

该区域内的每条内部道路或小路都制定一个路名。

为整个区域制定一个路名。

此处的地址使用能够到达该区域的道路的名称。

路名按照本条第三款第一项或第二项制定好后，门牌号码可以不考虑单双数，按照升序制定，参见本条例第十八条。

由多个企业使用的房产

第三十条

对于由多个企业使用的房产，除本条例第二十六条中制定地址的一般规定外，本条下列的第二至五款中的特殊规定也适用。在此，“多个企业”可理解为不由同一法人（企业登记号码）（参见《企业登记法》第三条）或同一集团下属的法人（参见《公司法》第五条第十九款）来运营的多个生产单位（参见《企业登记法》第四条）。

对于生产单位，或其他公众可进入或受公众监督的功能区，每个主要的外部入口都应该至少制定一个地址。

如果某个入口（参见本条第二款）能够到达多个楼层，每个楼层都应至少制定一个地址。如果一个楼层中只制定了一个地址，不必制定房间号(指引)。

本条第一至三款内的规定不适用于已在丹麦建筑住宅数据库（BBR）中登记的民宅中经营的自由经济个体，如理发店、日托班等，也不适用于通常在民宅中经营的个体。

对于那些进入道路受到限制或管制的特殊有边界区域，例如游乐园，地址办公室可以无视本条第二款，决定不为其单独制定一个地址。

如果某个建筑物的某个外立面已经存在了入口或是楼梯门，且该门已经制定了门牌号码以及一个或多个地址，则地址办公室有权无视本条第二款，决定不为该建筑物的这一外立面上另一个临街且能够通往商铺等的入口单独制定一个地址。

如果地址办公室使用了本条第六款内的规定，应为制定了门牌号码的入口或楼梯门制定一个只包含路名和门牌号码的地址，以便相关的商铺使用。

购物中心

第三十一条

对于购物中心等有商业用途的房产，除本条例第二十六条中制定地址的一般规定外，本条下列的第二至四款中的特殊规定也适用。

对于购物中心或其他公众可进入或受公众监督的功能区，它们每个主要入口都应该至少制定一个地址。

每个位于购物中心内的商铺等都应至少单独制定一个地址。

在制定整个购物中心的地址时，地址办公室有权按照本条例第二十条第五款内的规定，制定带有楼层（指引）的地址。地址办公室还有权决定，可以使用购物中心内现有的、系统化的商铺名称作为地址中的房间号（指引），参见本条例第二十三条和第二十四条。

医院、大学和职业高校

第三十二条

对于医院、大学和职业高校等，除本条例第二十六条中制定地址的一般规定外，本条下列的第二款和第三款中的特殊规定也适用。

对于生产单位（参见《企业登记法》第四条）、公众可进入的功能区、其他主要功能区或受公众监督的功能区，每个主要外部入口都应该至少制定一个地址。

如果相关的入口能够到达多个楼层，每个楼层都应至少制定一个地址。如果一个楼层中只制定了一个地址，不必制定房间号（指引）。

其他机构

第三十三条

对于被多个公共机构或私有机构所使用的房产，除本条例第二十六条中制定地址的一般规定外，本条下列的第二款和第三款中的特殊规定也适用。

对于公众可进入的功能区、受公众监督的功能区或者构成生产单位的功能区（参见《企业登记法》第四条），每个主要外部入口都应该至少制定一个地址。

如果某一已制定地址建筑物的楼外设施，休闲场所和运动场所等，没有和该建筑物相连，则需要为该设施单独制定地址。

港口区域和房船

第三十四条

对于港口区域，无论它们是公有还是私有，除本条例第二十六条中制定地址的一般规定外，本条下列的第二至四款中的特殊规定也适用。

对于生产单位（参见《企业登记法》第四条）、公众可进入的功能区或受公众监督的功能区，每个主要的外部入口都应该至少制定一个地址。

如果相关的入口（参见本条第二款）能够到达多个楼层，每个楼层都应至少制定一个地址。如果一个楼层中只制定了一个地址，不必制定房间号（指引）。

如果有居住或商业用途的房船计划、实际或通过其他形式使用港口区域中的一片指定区域，则需要制定足够数量的地址，保证每个房船都有一个单独的地址，以便可以在能到达该船的码头上放置进入点。

技术设施

第三十五条

除本条例第二十六条中的一般规定外，还应为大型的独立技术设施，例如风力发电机、天线杆和公共厕所等单独制定地址。

本条第一款还适用于以下情况：火车站、公交站或停留站主要入口的相关使用；作为建筑物的一部分或位于地下公共停车场中的车道和公共通道主要入口的相关使用。

本条第一款和第二款不适用于以下情况：相关设施紧邻某个已制定了地址的建筑物，或与该建筑物共享一条通道。

空地等

第三十六条

地址办公室有权为其他空地或设施单独制定地址，例如公园、绿地、游乐场、运动场、休息区、没有建筑物的墓地和有公共通道的景点（包括停车场）。

临时建筑

第三十七条

如果某一区域中有多个用于临时实际居住的建筑，例如小型建筑物、棚屋和帐篷等，地址办公室有权参照本条例第一条第二款，采取实际措施，即为其单独制定地址。

在本条第一款所提到的区域中，可以给能够到达该区域的道路上一定数量的标桩制定地址，以替代相关建筑物。

第七章　在丹麦地址数据库中登记

已命名道路的登记

第三十八条

地址办公室在丹麦地址数据库中为本市所有的已命名道路进行登记，本条第七款的情况除外。

对于每条已命名道路，地址办公室都应在制定好路名和地址名称，对其进行登记。如果路名中含有读音和拼写不一致的缩写，还应登记一个用作发音的路名。

对于每条已命名道路，地址办公室都应登记和更新该道路的地理位置信息，包括路名线或路名区域，参见本条例第七条。

在对已命名道路进行登记时，丹麦地址数据库会给该道路分配唯一的标识码，标识码在该道路的使用期内一直有效。

在对某市的已命名道路进行登记时，丹麦地址数据库会给该道路分配道路代码，并关联市政代码。道路代码应按照本条例第九条内的规定进行更新维护。

在对已命名道路进行登记时，丹麦地址数据库会基于丹麦行政地理区划数据库（DAGI）提供的信息，关联关于该路名涉及某个或某些邮政编码的信息。

如果某个已命名道路整体或部分位于已制定城市附加名的地理区域（参见本条例第十一条第一款），在对已命名道路进行登记时，丹麦地址数据库会基于丹麦行政地理区划数据库（DAGI）提供的信息，关联该城市附加名的有关信息。

如果某一已命名道路涉及了多个市（参见本条例第四条第五款），则需要由涉及地区政府进行协商，决定由某市的地址办公室负责进行本条第二款和第三款中提到的登记事宜。各地址办公室都有权依照本条例第十七条第七款进行协商，对本市范围内相关道路的门牌号码段进行登记。

登记或删除已命名道路

第三十九条

命名或更改路名时，地址办公室应在丹麦地址数据库中登记第三十八条第二款和第三款中提到的信息，并确保其内容明显更新且对外发布。

在本条例第三十八条第二款和第三款提到的信息发布并登记之前，以及在决定新路名生效日期之前，其状态应登记为“临时”。在确定路名之前，可以登记由地址办公室决定的临时名称。

当必要的信息都已登记，且选择了路名的生效日期时，应登记该日期。在路名生效之日，其状态登记应改为“生效”，本条例第四十一条的情况除外。

当决定将某条已命名道路从该市已命名道路名录中删除时，该道路的状态应自更改生效之日起被登记为废弃。

地址办公室应该在相关信息发布后的5个工作日内在丹麦地址数据库中进行本条第一至四款提到的登记。

预留路名的登记

第四十条

地址办公室应在丹麦地址数据库中登记所有为日后使用而预留的路名，参见本条例第八条。

对于预留路名，应登记名称以及其希望所属的市内地理区域。

拼写检查

第四十一条

当数据供应和效率署通过丹麦地址数据库中被告知了新的路名和道路寻址名称，且在5个工作日内进行了拼写检查，没有否决这些名称时，这条已命名道路才可以更改状态为“生效”。

城市附加名的登记

第四十二条

地址办公室应在丹麦地址数据库中登记本市所有城市附加名。丹麦地址数据库会将该登记转移至丹麦行政地理区划数据库（DAGI）进行存储。

对于每个城市附加名，都要登记其名称和其名称涵盖的地理区域，参见本条例第十一条。

登记城市附加名的时间

第四十三条

当城市附加名和相关地理范围确定后，应立即登记城市附加名。

地址的登记

第四十四条

地址办公室应在丹麦地址数据库中登记本市的全部地址。

对于每个地址，地址办公室都应登记以下信息：该地址所属的已命名道路、制定好的门牌号码以及楼层（指引）和房间号（指引）（如有）。

对于每个地址，地址办公室都应登记该地址的进入点和道路点，参见本条例第十三条和第十四条。如果某个进入点由多个地址共享（参见本条例第十三条第一款第二点），只需要登记一次进入点和道路点。

如果地址办公室在某个大型建筑群中使用了本条例第二十条第五款中关于一级以上的楼层（指引）的规定，地址办公室需要登记地下室楼层（参见本条例第二十条第三款）。

在对门牌号码和地址进行登记时，丹麦地址数据库会为该门牌号码和地址各关联唯一的标识码，标识码在该门牌号码和地址的使用期内一直有效。

在对某一地址的进入点进行登记时，丹麦地址数据库会基于丹麦行政地理区划数据库（DAGI）提供的信息，关联该地址内的邮政编码和城市附加名（如果需要）的有关信息。

在对某一地址所属的已命名道路进行登记时，丹麦地址数据库会为该地址关联道路的市政编码和道路编码。

在对某一地址进入点进行登记时，丹麦地址数据库会基于丹麦行政地理区划数据库（DAGI）提供的信息，关联地址所在市的有关信息。

在对某一地址进入点进行登记时，丹麦地址数据库会基于丹麦地籍数据库提供的信息，关联地址所在区片或临时区片（如适用）的有关信息。

在对某一地址进入点进行登记时，丹麦地址数据库会基于丹麦建筑住宅数据库（BBR）或地理项目提供的信息，关联地址所属的建筑物（如适用）或技术设施（如适用）的有关信息。

在对某一地址进入点进行登记时，丹麦地址数据库会基于丹麦行政地理区划数据库（DAGI）提供的信息，关联地址所在选区、教区和教区教会理事会选区的有关信息。

登记或删除地址

第四十五条

在制定新的地址或更改现有地址时，地址办公室应在丹麦地址数据库中登记第三十八条第二款和第三款中提到的信息，确保内容有明显更新并对外发布。

在和地址有关的全部信息发布并登记之前，以及在决定新地址的生效日期之前，其状态登记为“临时”。

当所有必要的信息都已登记，且决定了地址的生效日期时，应登记该日期。在地址生效之日，状态应改为“生效”。

如果和地址有关的全部必要信息均已发布，地址能够立刻生效，则可以在登记地址的同时，将其状态改为“生效”。

当决定将某个地址从该市的地址名录中删除时，该地址的状态应自更改的生效之日起被登记为“废弃”，本条例第二十六条第六款的情况除外。

地址办公室应该在相关信息发布后的 5 个工作日内在丹麦地址数据库中进行本条第一至四款提到的登记。

第八章　在丹麦地址数据库中更改以及勘正错误

第四十六条

如果已出现（或地址办公室认为已出现）某些特殊情况，导致地址中的内容（参见本条例第十二条第一至八款）发生变化，地址办公室应进行必要的更正。

如果地址办公室认为现有的路名和地址没有按照本条例中的规定来制定，则地址办公室应进行必要的更改，本条第三款的情况除外。

如果地址办公室评估认为该地区现有的路名和地址可正常使用，且不违反本条例第一条第二款，可以不执行本条第二款。

如果地址办公室认为在丹麦地址数据库中登记的信息有误或未更新，则地址办公室应进行必要的更改。

第九章　产权所有者上报义务

第四十七条

根据地址法第八条第一款，产权所有者在接到地址办公室的申请后，应主动提供制定路名和地址所需的相关资料，并保证所提供资料的真实性。

根据具体情况，可以提供房产和建筑位置（含入口位置）的规划图，以及建筑内部的设计图和楼层图。

第十章　法律施行

第四十八条

本条例自 2018 年 5 月 7 日起施行。

废止 2014 年 5 月 2 日发布的关于路名和地址的第四百三十六号条例。

数据供应和效率署，2018 年 4 月 13 日

关于地名

国家杜马通过 1997 年 10 月 17 日

联邦委员会认可 1997 年 12 月 3 日

本联邦法律建立地名命名和更名工作的法律基础，以及规范、使用、登记、统计和保存作为俄罗斯联邦人民历史和文化遗产组成部分的地理实体名称。

第一章　基本概念

为实现本联邦法律目的，需理解以下含义：

地理实体——存在的或者存在过的，相对稳定、位置确定、地貌完整的：大陆、大洋、近海、海湾、海峡、岛屿、山脉、河流、湖泊、冰川、荒漠以及其他自然实体；共和国、边疆区、州、自治州、自治区；城市（包括联邦法律意义的“城市”，以及其他人口稠密的聚居点）；区、行政区、盟、少数民族地区、乌卢斯、乡、镇、村、农场、集体农庄以及其他行政区域构成（行政区域单位）；车站、海港以及河港、机场。

地名——被授予地理实体并可用于区别和识别的名称；

制定地名——对现有地名的说明，命名和更名；

规范地名——选择地理实体最常用的名称以及确定此名称的应用语言学写法。

第二章　俄罗斯联邦立法地名相关内容

关于地名的俄罗斯联邦立法建立在俄罗斯联邦宪法之上，并由现行联邦法律中与此相关的俄罗斯联邦法律条款构成。

第三章　本联邦法律适用范围

如在俄罗斯联邦签署的国际公约中未加规定，本联邦法律适用于现有联邦法律条款中规定的所有地名、大陆架地名和俄罗斯联邦特殊经济区域以及由俄罗斯研究人员发现或划出的公海和南极洲地名的制定、规范、使用、登记、统计和保存活动。

第四章　俄罗斯联邦在制定、规范、使用、登记、统计以及保存领域的管辖权问题

俄罗斯联邦在对地名的制定、规范、使用、登记、统计和保存的管辖权为：

确定地名的国家政策；

按联邦法律规定的制度命名和更名；

确定地名以及国家地名目录的建立和管理的统一要求、标准和规则；

制定和决定地名的纲领；

确定经授权负责地名的联邦机构及其职权；

确定对地名工作的拨款制度；

俄罗斯联邦对地名的国际合作；

地名的其他问题。

第五章　授权负责地名的联邦机构及其职权

以俄罗斯联邦立法的形式确定被授权管辖的地名、联邦职权机构与其他在其职责范围内的联邦职权机构共同实施地名命名工作。

第六章　对地名的统一要求、标准和规则

1. 对地名的统一要求、标准和规则由现行联邦法律以及规范的俄罗斯联邦法律条款确立。确定关于地名的统一要求、标准和规则的俄罗斯联邦法律条款，应包括由经授权管辖地名的联邦职权机关制定的指导、领导、规则和其他条款。

2. 明确地名统一要求、标准和规则的俄罗斯联邦法律条款试行和概括制

度由俄罗斯联邦立法确定。

第七章　制定地名

1. 现存地名借助于相关区域人口调查，地方志专家和其他专家调查使用的目前官方地图和手册类出版物以及其他文献。

现存地名的说明细则由经授权负责地名的联邦职权机构负责。

2. 授予地名必须尽量表现出地理实体特征、位置或者相关地域居民生活活动特点，由不超过三个单词组成，并已写入现有地名系统。

可以授予直接参与地理实体发现、研究、开发或者奠基人的名字。对国家作出贡献的社会活动家、科学和文化代表以及其他已世人的名字也可以授予无命名的地理实体。

不允许在同一行政地域（行政地域单位）授予若干同种类地理实体相同的名称。

3. 如发生以下情况，允许更改地名：

在同一行政地域（行政地域单位）构成两个或更多同种类地理实体同名，并对实施经济和其他活动造成影响；

以简写、序号或词组完成地名功能，却在其活动中没有出现的地名；

允许对以恢复部分过去以及现在广泛知名的地名为目的的更名。

第八章　规范和使用地名

1. 由经授权负责地名的联邦职权机构依照俄语规则和传统，用俄语规范地名。

规范使用俄罗斯联邦其他民族语言的地名，按照此语言地名的使用传统和规则实行。

规范地名使用俄语或其他俄罗斯民族语言刊载于地名词典和手册中。

由俄罗斯联邦政府制定规范的地名细则。

2. 在俄语或其他俄罗斯联邦民族语言文件、地图、其他出版物中使用规范地名。

在俄罗斯联邦使用带有拉丁语系的文件、地图和其他出版物中，俄罗斯联邦地名、大陆架地名、俄罗斯联邦特殊经济区、由俄罗斯研究者发现或圈定的公海和南极洲地名使用拉丁字母书写。使用拉丁字母书写的地名需按照规定的细则，在规范的俄语地名基础上实行。

3. 在俄罗斯联邦领土上的道路和其他指引中的地名使用俄语书写。在必要时，指示地名使用符合当地群众利益的其他俄罗斯联邦民族语言书写，并使用拉丁字母复写。

第九章 命名和更名的细则

1. 关于命名或者更名的建议列入俄罗斯联邦国家机关、（俄罗斯）联邦主体机关、地方政府和社会团体、俄罗斯联邦的法人和公民。

关于俄罗斯联邦地名命名的建议，应除去火车站、海港和内河港口、机场等位置，同样俄罗斯联邦地名更名的建议应除去火车站、海港和内河港口、机场。发送建议到该地理实体所在位置的俄罗斯联邦立法（代表）机构。

关于火车站、海港和内河港口、机场、内水地理实体、领海地理实体、大陆架和俄罗斯联邦专属经济区，还包括在公共海域和南极洲公开的或者是以俄罗斯探险家命名的地理实体，其命名及更名建议发送到授权地名命名领域的联邦执行机构。

提出命名或更名建议的同时，应提供符合俄罗斯联邦地名领域法规的该地理实体相关资料文件及成本估算文件。

2. 俄罗斯联邦主体立法（代表）机构审议关于命名或更名的建议，如获得批准，应根据俄罗斯联邦法律法规告知当地居民更名所需的花费以及建议内容。

关于命名或更名的建议，如更名存在可依据的文件和成本核算文件，俄罗斯联邦主体立法（代表）机构应派人到联邦政府行政当局进行核实，同时派特派员到该命名的地理实体所在地进行鉴定。

1999 年 5 月 20 日，第 554 号俄罗斯联邦政府法令批准了俄罗斯大地测量和地理实体命名及更名建议的程序审议工作。

3. 执行地区的联邦政府机构应负责审议关于地名命名和更名的建议，研究此类建议是否符合俄罗斯联邦政府执行机构所在地区的工作程序。

4. 各共和国、边疆地区、区域、联邦市、自治区、自治州的命名及各共和国、边疆地区、区域、联邦市、自治区、自治州的更名都需根据俄罗斯联邦的立法进行。

俄罗斯联邦行政中心和首都命名及更名须根据俄罗斯联邦主体颁布的联

邦法律进行。

俄罗斯联邦政府城市的更名要根据俄罗斯联邦提交报告地区的法律法规进行。

5. 俄罗斯联邦地名命名，除共和国、边疆地区、地区、联邦政府城市、自治区、自治州、首都和俄罗斯联邦主体的行政中心、火车站、海港和内河港口、机场，均由俄罗斯联邦主体国家权力机关完成。

俄罗斯联邦地域的地理实体，除共和国、边疆地区、地区、联邦政府市、自治区、自治州、首都和俄罗斯联邦主体的行政中心、火车站、海港和内河港口、机场，上述地方的更名由俄罗斯联邦国家政府机构进行。

火车站、海港和内河港口、机场、内水地理实体、领海实体、大陆架、俄罗斯专属经济区、公海内发现或分离出的以俄罗斯探险家命名的地理实体、南极的命名或更名由俄罗斯联邦政府授权地名领域的联邦行政机构完成。

第十章　地名的注册及登记、国家地名图册

1. 地名应进行注册和登记。

俄罗斯联邦地理实体、大陆架、俄罗斯联邦专属经济区、公海内发现或分离出的以俄罗斯探险家命名的地理实体、南极名称的登记和注册，由当地执行机关完成。

2. 为保证地名在俄罗斯联邦使用的一致性和稳定性，需同时保存在国家地名图册中，创建和出版国家地名图册，由地方执行机构及命名地理实体授权机构完成。

3. 联邦政府行政机关在其职权范围内准备、编写和出版地名词典和参考手册，以及地图和俄罗斯联邦地图册。俄罗斯联邦主体国家权力机关可以对出版地名的图册、词典和参考手册进行注册、登记、准备和出版，同时以俄罗斯联邦官方语言并且根据居民兴趣调查进行编辑。

地名词典和手册的内容在出版前应获得地方执行机构及地名命名授权机构的批准。

俄罗斯联邦政府 2000 年 7 月 3 日，第 487 号决议批准通过了关于地理实体注册和登记到国家地名图册的条例。

4. 地名的注册和登记及刊登到词典和地名手册的程序以及创建国家地名图册工作的完成和实施，由俄罗斯联邦政府地方机构执行。

第十一章　对于地名违反俄罗斯联邦法律法规的责任

1. 作为俄罗斯联邦各民族历史和文化传统的一部分，地理实体的命名受到国家保护。不允许使用不标准地名和错误使用地名。

2. 违反俄罗斯联邦现行法律规定的，应依照俄罗斯联邦立法，追究相应的行政或其他责任。

第十二章　地名工作经费

1. 关于地名的说明、规范、筹备和出版，俄语地名词典和手册编辑工作经费来自联邦预算资金，并由在工作职权范围内的联邦职权机关拨付。

2. 关于地名的说明和规范、筹备和出版，俄罗斯联邦组成共和国国家语言或其他俄罗斯联邦民族语言的地名词典和手册工作经费由俄罗斯联邦主体出资拨款。

3. 由俄罗斯联邦主体立法机关（代表机关）提出的更名，由相应主体出资完成。

如更名提案由联邦职权机关提交给俄罗斯联邦主体立法（代表）机关，在此情况下，更名工作将由相应的联邦职权机关的联邦预算拨款完成。

第十三章　关于引用于本联邦法律的法律条文

1. 承认已失去效力的俄罗斯苏维埃联邦社会主义共和国最高委员会主席团 1980 年 7 月 21 日“关于长期完善俄罗斯苏维埃联邦社会主义共和国行政区域单位和居民点名称与更名”的决议。

（俄罗斯苏维埃联邦社会主义共和国公报，1980 年第 30 号，第 895 页）

2. 承认已在俄罗斯联邦领土停止使用的：

苏维埃社会主义共和国联盟最高委员会主席团 1957 年 9 月 11 日“关于整顿行政区域单位、居民点、企业、机构、组织和其他地理实体以国家和社会活动家名字命名事务”的命令。

（苏维埃社会主义共和国联盟最高委员会公报，1957 年第 19 号，第 494 页）

苏维埃社会主义共和国联盟最高委员会主席团 1964 年 9 月 25 日 N2879-Ⅵ“关于整顿边疆区、州、区以及城市和其他居民点、企业、集体农庄、机构、组织名称和改名”的决议。

（苏维埃社会主义共和国联盟最高委员会公报，1964 年第 45 号，第 506 页）

苏维埃社会主义共和国联盟最高委员会主席团于 1979 年 9 月 17 日 N781–X“关于行政区域单位和居民点名称细则立法应用实践”决议。

（苏维埃社会主义共和国联盟最高委员会公报，1979 年第 39 号，第 642 页）

苏维埃社会主义共和国联盟最高委员会主席团于 1980 年 8 月 13 日 N2674–X“提出对关于行政区域单位、居民点和其他地理实体以国家和社会活动家名字命名细则的更改和补充”命令。

（苏维埃社会主义共和国联盟最高委员会公告，1980 年第 34 号，第 691 页）

3. 提供给俄罗斯联邦总统并委托俄罗斯联邦政府参照此联邦法律运用自己的法律条文。

第十四章　本联邦法律生效

本联邦法律于官方发布之日起生效。

俄罗斯联邦总统

鲍里斯·尼古拉耶维奇·叶利钦（Бори́с Никола́евич Е́льцин）

克里姆林宫

1997 年 9 月 18 日

第 152–ФЗ 号

俄罗斯联邦政府条例

1999年5月20日，第554号

“联邦法律‘关于地理实体命名’[连同‘俄罗斯联邦大地测量和地图绘制局（测绘局）对地理实体命名和地理实体更名提案的审核程序’]的实施措施”。

依据“关于地理实体命名”联邦法律第6、9和10条，俄罗斯联邦政府决定：

1. 规定：归属于俄罗斯联邦大地测量和地图绘制局职权范围的，规定地理实体命名领域的统一要求、规范和法则的俄罗斯联邦法规草案由负责地理名称的跨部门委员会负责审核，然后交由俄罗斯联邦大地测量和地图绘制局确认，通过国家注册和俄罗斯联邦立法规定程序后生效。

2. 批准附带的俄罗斯联邦大地测量和地图绘制局关于授予地理实体命名和地理实体更名的审核程序。

3. 俄罗斯联邦大地测量和地图绘制局与俄罗斯联邦国防部、俄罗斯联邦财政部、俄罗斯联邦司法部和俄罗斯联邦国家统计委员会共同在1999年12月制定提案，并提交俄罗斯联邦政府。该提案涉及地理实体名称的注册和登记、地理实体名称词典和手册的出版，以及执行国家地理名称目录册的制定和管理工作的程序。

经与俄罗斯联邦财政部和俄罗斯联邦经济部协调，于1999年向俄罗斯联邦政府递交提案。该提案是关于在地理实体命名领域特别授权的联邦机构执行权在组织技术和人员方面的保证。

俄罗斯联邦政府总理

Cepzeu · Степашun

经1999年5月20日，第554号俄罗斯联邦政府令确认

俄罗斯联邦大地测量和地图绘制局对地理实体命名和地理实体更名提案的审核程序

1. 将地理实体命名和地理实体更名的提案，以及该提案依据的文件和地理实体更名费用估算，一并递交俄罗斯联邦大地测量和地图绘制局鉴定。

地理实体命名和地理实体更名提案鉴定所需的文件、材料和资料清单由俄罗斯联邦大地测量和地图绘制局确定。

2. 地理实体命名或地理实体更名的提案，由该地理实体所属的俄罗斯联邦某地域主体的立法（权力代表）机构递交俄罗斯联邦大地测量和地图绘制局用于鉴定。

3. 地理实体命名或地理实体更名的提案，如该地理实体地处俄罗斯联邦的某两个或更多地域主体内或交界处，则该提案应由相关俄罗斯联邦地域主体的立法（权力代表）机构相互协商。

在俄罗斯联邦地域主体的立法（权力代表）机构对所述问题存在分歧时，俄罗斯联邦大地测量和地图绘制局可对所有提交的地理实体命名和地理实体更名提案进行鉴定，并将鉴定结果通报相关俄罗斯联邦立法（权力代表）机构。

4. 递交的地理实体命名和地理实体更名提案，如该地理实体地处多个俄罗斯联邦地域主体区域，必须提交下述资料给俄罗斯联邦大地测量和地图绘制局，用于鉴定：

在一个月内向相关联邦执法机构或归其管辖的组织提供该鉴定意见；

必要时，负责地理名称的跨部门委员会与相关联邦执法机构协调处理该提案。

5. 关于俄罗斯联邦地域主体上的地理实体命名和地理实体更名提案的鉴定结果，俄罗斯联邦大地测量和地图绘制局在收到第 4 条中提及的本鉴定程序，一个月内通知递交提案的俄罗斯联邦主体立法（权力代表）机构鉴定结果。

6. 如在俄罗斯联邦地域主体立法（权力代表）机构的关于递交鉴定的地理实体命名或地理实体更名提案的核准决议中，指明应将提案递交给俄罗斯联邦政府，则俄罗斯联邦大地测量和地图绘制局在获得全面鉴定结果的情况下，应将提案提交俄罗斯联邦政府，并附相应的条例草案。

7. 在该地理实体地处俄罗斯联邦大陆架和特别经济区、公海或俄罗斯考察机构标记的公海区域和南极洲地区，以及该地理实体处于内海区域和领海的情况下，俄罗斯联邦大地测量和地图绘制局将地理实体命名和地理实体更名提案递交给负责地名的跨部门委员会鉴定。在确认鉴定结果时，连同相应的条例草案、概要和必需的参考资料一起，递交俄罗斯联邦政府。

8. 被俄罗斯联邦大地测量和地图绘制局或负责地名的跨部门委员会否决的命名或更名提案，在递交新的提案材料和资料的情况下，可重新递交审核。

地理实体命名和更名提案递交审核所需的文件和资料清单

1. 地处俄罗斯联邦境内地域主体、地理实体命名提案应该包含下述文件：

俄罗斯联邦国家权力主体机构向俄罗斯联邦大地测量和地图绘制局的致函，随附一式两份的文件。

地理实体所处地域的俄罗斯联邦立法（权力代表）机构关于地理实体命名提案通过审核指令的复印件。

地理实体所处地域的俄罗斯联邦立法（权力代表）机构收到的所有审核文件的复印件，包括下述文件的复印件：

附相应论据的提案；

标明当地居民关于上述提案意见的议定书，该议定书进入俄罗斯联邦立法规定的程序；

所指主体所在地域的地方自治机构决议；

地理实体所处地域的地图绘图材料。

提供的命名审核材料中必须包括下述资料：

地理实体的类型（按联邦法律“关于地理实体命名”的第 1 条）；

地理实体的位置（俄罗斯联邦主体、区域名称，对于乡镇和面积不大的地理主体则提供乡村或类似大小的单位名称，其他用以确定其精确位置的必要地标；所指地理实体地处的陆地地区或水域空间的名称；精确的地理实体的地理坐标中心）；

拟定的名称；

拟定名称的论据；

在当地居民中存在的所指地理实体的名称（如存在）；

本地区、边疆区或州范围内与地理实体同名、同根名称的资料，如在俄罗斯联邦范围内大型自然地理主体；

提供地理实体名称的俄罗斯联邦公民或组织的资料，其地址、电话号码和其他资料。

在提案中标明城市和其他居民点的命名以及航空港（机场、水上飞机场）、码头、火车站、乡镇、地区和其他地理实体的命名。

在以人名为地理实体名称的情况下，应提供其生平事迹介绍。

2. 地理实体更名提案，地理实体地处俄罗斯联邦地域主体，应该包含条款 1 中所列的文件和资料，还包括：

地理实体更名必要性的论据；

地理实体更名相关的费用估算；

告知当地居民关于地理实体更名提案、附更名费用和更名必要性论据的确定文件。

3. 地理实体更名或地理实体命名提案，该地理实体地处俄罗斯联邦境内、俄罗斯联邦内海、领海、大陆架和特别经济区以及地理实体地处公海或俄罗斯考察机构标记的公海或南极的情况下，应包含下述文件：向俄罗斯联邦大地测量和地图绘制局递交命名或更名的地理实体所处领土或水域空间的地理测量资料。

关于地理实体命名的鉴定材料中必须包括下述资料：

地理实体的类型（按联邦法律“关于地理实体命名”的第 1 条）；

地理实体的位置和特点，确定其具体地理位置的必要地标；地理实体所处的陆地地区或水域空间的名称；精确必要的地理坐标；

开放的或已被标识主体的实际情况（开放或标识的单位，日期确定坐标及其手段、方法的精确性）；

拟定名称及其论据，如地理实体更名，则还需要更名论据；

地图或其他来源（包括境外出版物）指明的所指地理实体存在的其他名称资料，如存在；

提供地理实体名称的俄罗斯联邦公民或组织的资料，其地址、电话号码和其他资料。

在以人名作为地理实体名称的情况下，应提供其生平事迹的介绍。

关于地理实体名称登记和统计、地理实体名称手册和词典出版、国家地名目录建立和管理

俄罗斯联邦政府

2000 年 7 月 3 日，第 487 号令

为执行联邦法律《地理实体名称》的要求，联邦政府决定：

批准关于地理实体名称登记和统计、地理实体名称手册和词典出版、国家地名目录建立和管理的附加条例。

俄罗斯联邦政府主席

M. 卡斯杨诺夫

2000 年 7 月 3 日 487 号俄罗斯联邦政府令确定

地理实体名称登记和统计、地理实体的名称手册和词典的出版、国家地名目录的建立和管理条例。

1. 本条例制定“地理实体名称登记和统计、地理实体的名称手册和词典的出版、国家地名目录的建立和管理”的制度。

地理实体名称登记和管理

2. 地理实体的名称登记和统计是为了将其作为俄罗斯联邦人民历史和文化遗产的一部分来保存。

3. 按照俄罗斯联邦关于地理实体名称的立法，俄罗斯联邦地理实体、大陆架和俄罗斯联邦特殊经济区、由俄罗斯联邦研究员在公海和南极洲发现、划出的地理实体的名称必须进行登记和统计。

4. 地理实体名称登记和统计由俄罗斯联邦大地测量和地图绘制部门以及其他职权范围内的联邦职权机构应使用俄语。

考虑到相应地区居民的利益，俄罗斯联邦国家主体权力机关可以使用俄

罗斯联邦其他民族语言进行登记和统计地理实体名称。

5. 为登记和统计地理实体名称，使用能够执行建立和管理国家地名目录工作的统一登记统计形式。

将制定俄语登记统计形式和填写规则，并引入俄罗斯联邦大地测量和地图绘制部门的工作中。

6. 按照联邦法律《关于地理实体名称》被授予的地理实体名称登记和统计将在俄罗斯联邦标准法律文书基础上进行。

行使联邦法律《关于地理实体名称》授予的地名，若违反俄罗斯联邦立法，将不予登记和统计。

7. 在行使联邦法律《关于地理实体名称》之前授予的地名登记和统计，将按照俄罗斯联邦关于地理实体名称立法要求显示出的结果进行。

地理实体名称手册和词典出版

8. 关于标准化的地理实体名称的官方报告将在现有地名国家目录和其他资料基础上进行筹备，并以地理实体名称词典和手册的形式出版。

9. 词典和手册由俄罗斯联邦大地测量和地图绘制部门以及其他职权范围内的联邦职权机构筹备并发行。

词典和手册必须包含由规范俄语书写的、带有地理实体种类说明及其所在位置的地理实体名称。其他与地理实体名称有关的信息取决于具体出版物的特点和用途。

10. 俄罗斯联邦主体国家权力机关可出版俄语以及生活于俄罗斯联邦领土的其他民族语言的词典和手册。在以其他俄罗斯联邦民族语言出版的词典和手册中，地理实体名称必须遵照关于地理实体名称的俄罗斯联邦立法规范。

11. 由联邦职权机关和俄罗斯联邦主体国家权力机关制定的词典和手册在出版之前，必须经过俄罗斯联邦大地测量和地图绘制部门的同意。

建立和管理国家地名目录

12. 国家地名目录（后文简称为“国家目录”）使用俄语制定和管理，旨在保存这些名称，保证它们在俄罗斯联邦统一并稳定地使用，并保障俄罗斯联邦国家权力机构、俄罗斯联邦主体国家权力机构、地方自治机构、团体、大众信息工具以及公民对地理实体名称信息的需求。

国家目录以地理实体名称目录形式来管理，带有与其名称相关的系统补充信息。

13. 国家目录的建立和管理由俄罗斯联邦大地测量与地图绘制部门共同进行，并以授予地理实体名称和地理实体、地图材料、手册材料以及其他文献更名标准的法律条例为基础。

为保证保存、更新、整理国家目录信息能满足使用者的需求，需要制定自动化信息查找系统。

14. 国家目录的结构和内容，以及管理国家目录、为使用者提供国家目录内信息的细则，参考联邦职权机关的提案制定，并由地名跨部门委员会批准，俄罗斯联邦大地测量和地图绘制部门确定。

15. 为列入国家目录的俄罗斯联邦地理实体、大陆架、俄罗斯联邦特殊经济区、由俄罗斯研究员发现或列出的公海以及南极洲的地理实体名称授予规范化的登记编号，对所有其他地理实体进行识别编号。

16. 联邦职权机关、俄罗斯联邦主体国家权力机关和地方自治机关及其所属机构，按照俄罗斯联邦大地测量和地图绘制部门的要求，提出关于地理实体名称的报告。

吉尔吉斯共和国地名法

（吉尔吉斯共和国议会1997年9月18日通过，2002年7月25日、2008年7月21日、2014年7月18日修订）

第一条 吉尔吉斯共和国地名是指城市、村庄、河流、运河、桥梁、沼泽、湖泊、瀑布、山岳、山系、山峰、山口、冰川、峡谷、悬崖、洞穴、越冬场、畜牧宿营地、牧场、街道、广场、街心花园、林荫道、公园、自然保护区和其他类似对象的名称，以及与历史事件或历史人物事迹相关的地点名称。

第二条 吉尔吉斯共和国地名是吉尔吉斯斯坦人民的财富，是吉尔吉斯斯坦历史与文化不可分割的一部分，受本法律保护。

第三条 吉尔吉斯共和国宪法是本法律和其他关于吉尔吉斯斯坦地名法律法规的基础。

第四条 国家负责组织对地名的研究、登记与注册。地名登记与注册的程序由吉尔吉斯共和国政府确定。

第五条 国家行政区划单位和本法律第一条列举对象的命名和更名受吉尔吉斯共和国法律约束（本法律第七条列举对象的命名和更名除外，由地方自治机构自行决定）。如对命名和更名进行完善，有关程序由吉尔吉斯共和国政府确定。

第六条 国家行政区划单位、地方自治机构、城市、城镇和村庄不得以人名命名或更名为人名。

第七条 对街道、林荫道、广场、城市或乡村公园、街心花园、小巷的命名和更名由地方自治机构经地方议会同意实施。

第八条 吉尔吉斯共和国地名使用本国国语或官方语言。在文件、地图及其他在国际场合使用的印刷品中，吉尔吉斯共和国地名可根据国际标准以拉丁字母转写。

第九条 在居民点、河流（如有桥）、山口（如有公路通过）和山谷要设立专门标识，注明地理实体类别。

第十条 蓄意损坏或毁损本法律第九条中列举的标识，须承担法律责任。

第十一条 吉尔吉斯共和国境内以下地理实体应命名：

没有名称的地理实体；

新成立的行政区划单位及行政机构。

在同一行政区划单位内不得出现数个同名的同性质地理实体。

第十二条 为吉尔吉斯共和国地理实体命名或更名所产生的一切费用由该地理实体所在地区的地方自治机构财政负担。

第十三条 所有关于吉尔吉斯共和国地名的法律文件应为地名确定、使用和保存确立统一的要求、标准和规则。

第十四条 本法律自公布之日起生效。吉尔吉斯共和国政府须根据本法律制定相应法律法规，在 3 个月内通过吉尔吉斯共和国地名命名与更名条例。

签署人：

吉尔吉斯共和国总统

阿斯卡尔·阿卡耶夫（Askar Akayev）

吉尔吉斯共和国地理实体命名与更名及地名登记与注册条例

（2008年8月19日吉尔吉斯共和国政府第467号命令颁布，
2011年1月25日、2012年4月30日、2014年8月27日修订）

为落实《吉尔吉斯共和国地名法》，确定基本要求、标准与规则，特制定本条例。

本条例中使用以下基本概念：

地名——地理实体具有区分、辨识功能的名称；

确定地名——查明已存地名，为地理实体命名及更名；

规范地名——为地理实体选择使用最通用的名称，并确定该名称在相应语言中的写法。

本条例适用于在吉尔吉斯共和国境内确定、规范、使用、注册、登记及保存地名（不包括城市和其他类型居民点内部地名）的一切行为。

本条例对以下程序作出规定：

——解决地理实体命名问题；

——为地理实体命名和更名，为给地理实体命名确立统一的标准和规则；

——登记并注册地名；

——规范及使用地名；

——有关地名工作的费用支出问题。

第一部分　总　则

第一条　吉尔吉斯共和国境内以下地理实体应命名或更名：山系、山脉、山峰、山谷、冰川、平原、谷地、岛屿、半岛及其他陆地地形；湖泊、河流、河湾、水道及其他地表水体；自然或历史原因形成的片区；水下山脉、洼地、盆地、浅滩及其他水下地形；矿藏地；地貌综合体；结构性地质与地形单位；特定动植物种群分布区；州、区、市、村及其他居民点；广场、街道、公园及其他类似对象。

第二条 对地理实体的命名和更名应符合国家利益及地理、历史、民族、习俗等方面特征。在处理地理实体命名及更名有关问题时，应首先考虑民族意识形态的发展与巩固。

第二部分 命名

第三条 应通过查阅地图、出版资料和其他官方资料或走访当地居民、地理学家和其他专家来查明已有地名。

第四条 吉尔吉斯共和国境内以下地理实体应命名：

——新成立的行政区划单位；

——新成立的居民点；

——没有名称的地理实体。

选取的地名应反映该地理实体的典型特征，长度不超过2—3个单词，容易构成派生词，符合地名学要求。

在特殊情况下，没有名称的地理实体可以用直接参与其发现、研究及开发的人员名字命名，或用杰出国务活动家、社会活动家、科学家、文化活动家及对国家作出突出贡献的人名命名，但城市和其他类型的居民点不能用人名命名。

在为地理实体命名时，不允许出现同一行政区划单位内多个地理实体重名的情况。

第五条 以下情况，可以对吉尔吉斯共和国境内地理实体更名：

——若干个同类型的地理实体重名，并且确实对生产等活动造成困扰；

——有必要为个别地理实体恢复被取消的，但在过去和现在广为人知的名称。

第六条 如需对地理实体进行命名或更名，须由吉尔吉斯共和国政府下属行政区划与地名委员会同国家科学院共同提出申请，以法律形式予以确认。

边境地区的地理实体仅在特殊情况下予以命名和更名，且必须经由吉尔吉斯共和国外交部同意。

如需对州、区、市、村和其他居民点命名或更名，首先基层地方自治机构通过决议，然后呈区一级国家行政机关审批，最后由州一级国家行政机关提出申请，同时由吉尔吉斯共和国政府下属行政区划与地名委员会提出鉴定意见，以法律形式予以确认。在处理行政区划单位和居民点命名及更名问题时，必须进行深入全面调研，充分考虑该行为可能给国家机关带来的财政支出，给通信、交通领域企业带来的困难以及给当地居民带来的不便。

如需对街道、林荫道、广场、城市或乡村公园、街心花园、巷道进行命名或更名，须由地方自治机构在地方议会决议基础上实施，且须充分考虑该行为的目的性与合理性。相关支出由地方自治机构财政负担。

第七条 对行政区划单位、居民点和其他地理实体的命名及更名动议可由吉尔吉斯共和国国家机关、行政机关、法人或自然人向该地理实体所在地区地方自治机构提出。相关申请除应包含该实体确需命名或更名的书面解释以及更名所需的财政支出信息，还应说明以下信息：

——实体位置；

——实体距离所在地区的行政中心、最近的火车站及邮局的距离；

——命名、更名或废除命名的原因；

——实体的法律权利证明文件；

——如实体是居民点，还需提供实体人口数量信息和建设规划图。

接到实体命名或更名申请后，地方自治机构应向当地居民通告所需费用，了解居民意见，并向区一级国家行政机关提交申请，区一级国家机关批准后再向州一级国家机关上报。

州政府同意有关动议后，应将证明实体确需命名或更名的文件和财政支出预算提交吉尔吉斯共和国政府下属行政区划与地名委员会进行鉴定。鉴定通过后，所有相关文件应提交吉尔吉斯共和国政府审议。

吉尔吉斯共和国政府审议通过后，应将有关动议提交吉尔吉斯共和国议会作最终表决。

如需更名的居民点内有邮政设施和火车站，州一级国家行政机关须与该州通信部门和国家铁路公司协调更名事宜。

行政区划单位、居民点和其他地理实体的地名自吉尔吉斯共和国总统签署相关命名或更名法律文件之日起生效。

第八条 对街道、林荫道、城市或乡村公园、街心花园、巷道的命名及更名按本条例第七条规定（同时参考本条例第六条规定）实施。

另，地方自治机构在全面研究有关命名及更名动议、详细计算有关支出、做好居民解释工作、征求居民意见的基础上，应向地方议会提交命名或更名申请，并附证明实体确需命名或更名的文件和财政支出预算。

地方议会通过有关动议后应颁布同意命名或更名的决议，地方自治机构应据此实施相关命名或更名工作。

第九条 对于仅在1：100,000及以上比例尺地图上出现的地理实体，其地名可由地形测绘单位在与实体所在州政府协商的前提下确定。如该实体位于不止一个州境内，则地形测绘单位须与吉尔吉斯共和国议会和政府下属行政区划与地名委员会协商确定其地名。对于此类地理实体，只有在仔细查阅现有资料并对当地居民进行调查问询后确认其无名称时，才可予以命名。命名应能够体现该实体有别于周边环境的突出自然特征，如无法做到这一点，可使用实体附近与其不同性质地理实体的名称为其命名。

此类地理实体仅在特殊情况下可予更名，且须由吉尔吉斯共和国政府下属国家注册局在与州一级国家行政机关协商后实施。如该实体位于不止一个州境内，则其更名还须经吉尔吉斯共和国议会及政府下属行政区划与地名委员会批准。

第三部分 地名的登记与注册

第十条 已有的地名和新命名的地名都需要进行注册登记。吉尔吉斯共和国境内所有地理实体都须由吉尔吉斯共和国政府下属国家注册局在电子数据库中进行登记和注册。所有参与测绘1：100,000及以上比例尺地图的单位都有义务将相关地理实体命名与更名情况及时反馈给吉尔吉斯共和国政府下属国家注册局。

第十一条 如居民点的地域范围和名称被依法确定，则须对其进行注册和登记。如该居民点被废弃，可由吉尔吉斯共和国政府以政府令形式撤销登记。如该居民点与其他居民点合并，可由相关立法部门以修订法律形式撤销登记。

第十二条 吉尔吉斯共和国政府下属国家注册局应及时将国家行政区划单位及居民点注册名称变更或撤销情况通告吉尔吉斯共和国国家统计委员会。

第四部分 地名的规范与使用

第十三条 地名的规范与使用方法应符合吉尔吉斯语地名使用的惯常规则与传统。

用俄语转写的地名规范与使用方法应符合吉尔吉斯语地名转写为俄语的规则要求。

在文件、地图和其他出版物中应使用规范化的吉尔吉斯语和俄语地名。

第十四条 如需对地理实体名称进行转译，必须严格遵照吉尔吉斯共和国政府批准的地名转译规则和地名词典来执行。

第五部分 地名命名与更名工作的费用支出

第十五条 吉尔吉斯共和国境内地理实体的命名与更名工作相关费用支出由该地理实体所在地区的地方自治机构财政承担。

第六部分 终 则

第十六条 所有违反本条例规定进行的国家行政区划单位、居民点及其他地理实体命名和更名工作均不具有法律效力。

2011 年地名命名原则和程序

（加拿大地名委员会）

前　言

地名为一个地方或地点提供广泛认可且易于理解的参照方式。地名的用途广泛，从识别护照和出生证等官方文件中的地点，到为在线搜索工具、网页互动地图、地理信息系统（GIS）和全球定位系统（GPS）设备提供权威的参考。地名描述我们的风景，凸显我们多元文化和多语言传统，并记录塑造我们价值观的历史。

在加拿大，进行地名命名的责任，由地理实体所在的省和地区承担。对于联邦土地，如国家公园的命名，则是省、地区和联邦命名机构的共同责任。加拿大地名委员会（GNBC）是国家协调机构，通过成员行政管辖保护加拿大的地名遗产。

加拿大地名委员会成立于 1897 年，最初名称是加拿大地理委员会。当时由于需要对定居地之外的资源进行定位以及大量移民涌入加拿大，国家地理名称的规范化和特征识别的标准化成为迫切需求。加拿大地名命名的原则和指南于1898年首次制定，其后，由于人们态度和观念的改变，以及地名学的不断发展，此文件经历了定期修订和更新。

加拿大地名委员会现有成员27个。每个省、地区以及加拿大政府各部门均有代表。委员会主席由加拿大自然资源部部长任命。委员会的主要职能是促进加拿大地名和术语标准政策的制定和采用，以及与联合国和其他国家负责地名命名政策和实践的机构合作，鼓励国际标准的制定。

如今，地名是加拿大地理空间基础设施的基本参考元素，也是加拿大多元文化现象的证明。长期以来，在地名学方面，我们均处于国际领先地位，我们以多元文化和本土根源为基础的专业知识和技能，也是其他希望建立地名学科的国家学习的对象。

本次修订的《加拿大地理命名原则和程序》继续遵守与地名有关的基本要求：确保命名流程尊重已有惯例，比如在当地使用的地名，确保将地名纳入传统形式和电子形式的正式出版物时，这些既定原则得到持续遵守。

我谨代表加拿大地名委员会的全体成员，将这份文件介绍给大家，使之继续指导加拿大地理实体的命名工作，以确保为子孙后代留下完好的地名遗产。

布鲁斯·亚摩斯（Bruce Amos）

加拿大地名委员会主席

原则1　法定主管机构管理的地名

应接受由相关政府立法设立或形成的城市、区划、保护区、公园和其他实体的名称。

说明：

1. 此原则要求遵守由联邦、省或地区政府专门立法规定的名称拼写和语言形式。

a）纽芬兰与拉布拉多（Newfoundland and Labrador）名字法定，法语形式为Terre-Neuve-et-Labrador。它的首府圣约翰斯（St. John's）也是标准地名，但其法语形式Saint-Jean未经授权，偶尔在法规中出现不正确形式。

b）新不伦瑞克省（New Brunswick）的圣约翰（Saint John）是该名称的法定形式，Saint-Jean非正式形式。

c）在魁北克省（Quebec），圣尚苏黎塞留（Saint-Jean-sur-Richelieu）是标准地名；即使在英文版法规中偶尔出现 St. Johns，也不是正式名称。

d）法规描述中的名称书写错误，如努纳武特地区（Nunavut）的米尔恩点（Milne Point）写成“Miln Point”，或魁北克省的圣克罗蒂德（Sainte-Clotilde）写成“Sainte-Clothilde”，并不影响其正式拼写形式。

2. 加拿大的一些乡镇，在英语和法语中有不同的正式形式，例如，新不伦瑞克省的大瀑布城（Grand Falls 和 Grand-Sault），凯西角（Caissie Cape 和 Cap-des-Caissie）；安大略省的西尼皮辛（West Nipissing 和 Nipissing Ouest），弗伦奇河（French River 和 Rivière des Français），以及斯托尼点（Stoney Point/Pointe-aux-Roches）。其他多数城市只有一个标准形式，如三河市（Trois-Rivières，魁北克省），赛普特利斯（Sept-Îles，魁北克省）和达帕斯（The Pas，马尼托巴省）。如需双重地名清单，请联系加拿大地名委员会秘书处。

3. 联邦、省和地区政府部门及机构，拥有法定权力为地点和实体定名，但鼓励其在考虑新的城市、公园、动物保护区、鸟类保护区和类似的合法土地区域的名称时，咨询本省或本地区相关地名管理机构。

1970 年，新不伦瑞克省市政事务部建议在纳卡维克（Nackawic）河口设立纳卡维克（Nackawick）村。尽管自 1862 年至 1915 年，在附近就曾存在过一个名为 Nackawick 的邮政局，省地名管理机构还是鼓励该村官员接受 Nackawic 这一拼法，这是 1901 年批准的河流名称的拼法。

原则 2　公众使用的名称

应优先考虑当地公众长期使用的地名。除非有正当的反对理由，否则应始终遵循此政策。

说明：

1. 在进行地名标准化时，应优先考虑当地居民使用的名称，以及在正式地图和政府记录中广泛使用的名称。

a）在阿尔伯塔省，卡斯尔山（Castle Mountain）是公众长期使用的一个地名。1946 年，加拿大地理委员会将其重新命名为艾森豪威尔山（Mount Eisenhower），公众经过坚持不懈的努力，最终于 1979 年说服命名机构恢复卡斯尔山这一名称，而将其最高峰命名为艾森豪威尔峰（Eisenhower Peak）。

b）1765 年，塞缪尔·霍兰德（Samuel Holland）为第十位埃格林顿公爵

（Earl of Eglinton）命名爱德华王子岛（P.E.I.）苏里斯（Souris）以南10千米处为埃格林顿湾（Eglington Cove）。尽管1859年就成立了一个名为Eglington的校区，并且1880年J.H.米查姆公司（J.H. Meacham and Company）出版的一份省地图上也标出了Eglington Cove，1934年，地名委员会按照公爵的名字批准了Eglinton Cove。1966年，经过现场调查，确认Eglington Cove更受欢迎，并恢复此名称。

c）1765年，新不伦瑞克省的蒙克顿镇（Monckton Township）以罗伯特·蒙克顿（Robert Monckton，1726—1782）的名字命名，但1786年，该名称改为蒙克顿教区（Moncton Parish）。Moncton于1855年建市。1930年，市议会将其拼法改为Monckton，与罗伯特·蒙克顿（Robert Monckton）的名字一致，结果立刻激起公愤，又恢复了Moncton的拼法。

d）在安大略省，科尔波伊斯湾（Colpoy's Bay）源自19世纪一位海军上将爱德华·科尔波伊斯（Edward Colpoys）爵士的名字。虽然撇号在语法上不是原名的一部分，但1978年，安大略地名委员会还是批准了当地人偏爱的写法。

2. 当地图上和记录中长期使用的形式与受到广泛欢迎的形式冲突时，应以后者为准，除非确信可能发生混淆，导致贬义或轻蔑，或因某种原因，相关地名管理机构认为当地名称不令人满意。

a）1965年进行的实地调查工作表明，安大略省的克雷迪特河（Credit River）有三条称为西支流（West Branch）的支流。为了避免混淆，这三条支流分别被正式称为克雷迪特河乔治城支流Credit River（Georgetown Branch）、克雷迪特河艾琳支流Credit River（Erin Branch）和克雷迪特河奥尔顿支流Credit River（Alton Branch）。之后，1977年，乔治城支流成为克雷迪特河西支流（Credit River West Branch）。

b）在20世纪60年代进行的实地调查中，发现新不伦瑞克省的库其布加西斯（Kouchibouguacis）河，在河口处称为Rivière Saint-Louis，而从中段到源头称为Rivière Française。这两个名字于1971年被批准，但1979年又恢复了历史名称，因为同一条河流有两个名字，可能给公众造成困惑。

原则3　其他机构提供的名称

由邮政部门、铁路公司和主要公用事业公司为设施确定的名称，如符合其他原则，则应接受。由联邦政府、省或地区主管部门为土地区划确定的名称，如符合其他原则，也应接受。应积极鼓励此类部门与地名管理机构进行沟通。

说明：

1. 许多公共和私营机构，如加拿大邮政公司和铁路公司，有理由（如当地偏好或重名）使用与已有的当地名称不同的名称。他们使用的名称应被地名主管机构接受，用于地图，纳入正式公报及地名数据库。

a）邮政地名与市政名称不同的一个例子，萨斯喀彻温省的韦勒金（Verigin），该村的村名为 Veregin。拥有不同拼写方法的铁路名称是新不伦瑞克省的希皮根（Shippigan），该镇的镇名和邮政名称为 Shippagan。

b）同一个名字的不同用法均在使用的例子，马尼托巴省的加尔松（Garson）村，邮局的名称为加尔松采石场（Garson Quarry）。

c）设施名称与社区名称不同的例子：如，拉纳克县（Lanark，安大略省）布莱克尼（Blakeney）社区的火车站为斯奈登（Snedden）；翰斯县（Hants，新斯科舍省）的布鲁克林（Brooklyn）社区的邮局名称为纽波特（Newport）；埃尔登（Eldon）社区（爱德华王子岛）的邮局名称为贝尔法斯特（Belfast）。建立新的设施时，不鼓励使用不同的名称。

2. 鼓励公共和私营机构在为邮局、火车站、水坝、水库、公路、水闸、运河，甚至建筑命名时，咨询相关地名管理机构。在魁北克省，法律要求其他机构在为设施命名时与魁北克地名委员会（Commission de toponymie du Québec）进行协调。其他省和地区中，有的积极宣传地名管理机构的存在，并邀请各机构公布地名前与这类机构进行磋商。

原则 4　为地理实体命名并标识其范围

对自然地理实体或人文地理实体命名提议作决定时，应规定名称适用的地理界限。对于可认为是同一特征具有相同属性的部分，后续应避免批准不同名称。

说明：

1. 本项原则的初衷，不鼓励为同一地理实体的不同部分起几个名称。在为一条小溪、一座山或类似的实体命名时，应将地理实体在尽可能清晰的地图或图表上加以明确标识（附录 2）。

1848 年，罗伯特·坎贝尔（Robert Campbell）为育空河（Yukon River）的源头，从塔吉什湖（Tagish Lake）到与佩利河（Pelly River）交汇处的部分命名为刘易斯河（Lewes River）。尽管刘易斯河于 1898 年被加拿大地名委员会接受，但还是于 1945 年取消，而是将育空河（Yukon River）的范围向上游延伸，以包括其源头部分。

2. 如果中间有巨大的湖泊，或者河流源头在当地没有使用与河流相同的名称，则没有必要将名称延伸到河流的源头。

同一条河流有多个名称的例子，纽芬兰与拉布拉多省的特拉弗斯河（Traverse Brook）。海鸥池河（Gull Pond Brook）和西北河（Northwest Brook）只是这条河流各部分许多名称中的两个。

3. 一些被认为是单一的地理实体，可能有两个或多个标准地名用于其不同部分。对此类名称应加以重视，且应在地名管理机构的记录中，尽可能用大比例的地图对每一部分进行清晰标识。

在英属哥伦比亚省，发现走廊（Discovery Passage）和约翰斯通海峡（Johnstone Strait）是温哥华岛（Vancouver Island）与大陆间同一条海峡两个不同部分的名称。

原则 5　人名的使用

人名不应用于地理实体命名，除非符合公众利益。被纪念的人应对实体所在地区作出过重大贡献；通常应在人物去世后再使用此类名称。使用在世人物的姓名作为地名，应仅作为特例情况。对土地的所有权本身，不应作为将其姓名用作地理实体名称的理由。不过，如果已在当地常用的地名是来自人名的，无论是在世的人还是已去世的人，应遵守原则 2。

说明：

1. 地理实体和人口密集地曾经经常以在世的人名命名。从早期定居年代到本世纪中叶，使用捐助人、船员、探险队成员、调查助理、留守家庭成员姓名的情况，非常普遍。

a）用在世人的姓名为地理实体命名，带有表彰的含义，如 1914 年命名的多伦多科克兰德湖（Kirkland Lake，安大略省），是安大略省一位速记员的名字。

b）用仍然活跃在其职业生涯的人物姓名为地理实体命名。例如 1928

年命名的阿尔伯塔省的彼得斯山（Mount Peters），是以 F. H. 彼得斯（F. H. Peters）的姓命名的，他曾为加拿大测绘局局长，在此职位上工作到 1948 年。

2. 从 1990 年起，多数省的地名委员会和加拿大地名委员会成员，在使用人名作为纪念方面开始谨慎，坚持必须在人物去世至少 1 年[①]后，才可考虑使用其姓名作为地理实体的名称。

1982 年 11 月 2 日，魁北克地名委员会命名位于沙勒沃伊（Charlevoix）地区拉马尔拜市（La Malbaie）以北 9 千米处的 Thérèse-Casgrain 山。它是以一位 1981 年 11 月 2 日去世的著名社会公正和妇女权利维护者的名字命名的。

3. 许多地理实体曾以王室成员、国际人物和本国人物的姓名命名，其中许多人与该地理实体没有关系。现在，多数管辖区不鼓励使用此类姓名作为纪念，除非已在当地长期使用（原则 2）或该人物与当地有密切关系。

原则 6　对未命名地理实体名称的批准

对于之前未命名且未发现有当地使用的地理实体名称进行批准时，建议考虑以下来源：适合该实体的描述性名称、开拓者的姓名、在战争中牺牲者的姓名、与本地区有关的历史事件的名称、土著人语言中对整个地区的名称。

说明：

1. 地名管理机构很少发起命名。他们会在评估新提议时进行调查，以确定是否可能存在当地名称，特别是土著居民使用的名称。

2. 命名机构欢迎地方管理机构、登山探险队、测绘机构、资源开发公司和类似团体提交申请，并鼓励他们咨询适当的命名机构，以确定地图上的某个未命名实体是否有标准地名。

因与整个地区关系密切而命名的，有努纳武特地区的拉森桑德（Larsen Sound），以骑警队长亨利·拉森（Henry Larsen）的名字命名，他曾指挥皇家骑警队的圣洛克号（St. Roch）舰艇多年。

---

① 请注意，近年来，加拿大地名委员会通过了一份《纪念性命名指南》，见附录3。新指南对原则 5 的一些要素稍有修改。

3. 提议的名称，如仅对某些特定团体有意义，与某个地区没有关系，或可能引起当地反对的，通常不会被批准。

被拒绝的名称，如腐食山（Bad Food Mountain）和西瓜山（Watermelon Mountain）。

4. 在出版物中使用的标准地名，并不保证其将被地名管理机构采纳。

5. 开拓者和著名社区的开发者经常会以地名进行纪念。

1986 年命名的萨斯喀彻温省北部的施瓦兹湖（Schwartz Lake），是为纪念亨利和玛丽·施瓦兹（Henry and Mary Schwartz）夫妇，他们一家于 1910 年到萨斯喀彻温省居住。

6. 加拿大有几千名在战争中牺牲者的姓名被用于地理实体名称，以此作为纪念。每个省和地区地名委员会均有一份可用作地名的“二战”牺牲者名单。

1949 年 5 月 5 日，曼尼托巴省北部，由三个湖组成的一组湖泊，被命名为梅纳斯基湖（Mynarski Lakes），以纪念空军少尉安德烈·查尔斯·梅纳斯基（Andrew Charles Mynarski），他曾被追授维多利亚十字勋章。1944 年，他不惜牺牲自己的生命，解救困在已经燃烧的兰开斯特轰炸机中的战友。

7. 当新建地理实体没有名称时，词典、土著语言词典和当地的历史记录中，通常能提供适当的名称。

a）1971 年，新斯科舍省的艾芬河（Avon River）河口建了一座水库，被批准命名为佩萨魁湖（Pesaquid Lake）。这个名称来自米克马克人对位于它附近的温莎市（Windsor）的叫法。

b）20 世纪 60 年代，在新不伦瑞克省的弗雷德里顿（Fredericton）的圣约翰河（Saint John River）河谷建立起大坝后，形成了玛克塔科克湖（Mactaquac Lake），从而导致大量新的地理实体出现。斯库达瓦斯库克湾（Scoodawabscook Bend）是湖中一个著名的拐弯处的名称。“Scoodawabscook”一词，来自马莱西特人对附近朗斯河（Longs Creek）的称呼。

原则 7　地名的形式和文字

地名应为可辨认的词或可接受的词语组合，且不违背公序良俗。

说明：

1. 由不自然或不协调的词组合而成的名称，包括由不同语言的词或名和姓混合而成的词，通常不会被接受。

冒气山（Gowythgas Mountain）于1979年被拒绝作为育空地区（Yukon）地理实体的名称。

2. 歧视性或贬义的名称（用于人口聚居区或地理实体），是指在特定时间，被认为是对个人，或对社会、种族、宗教群体或其他群体具有攻击性、侮辱性或有害的名称。对“歧视性”或“贬义”的理解在不同时间和地点可能不同。

例如，1966年，安大略省贝尔维尔（Belleville）附近的黑鬼岛（Nigger Island）被更名为马卡特维斯岛（Makatewis Island）；1997年，在阿尔伯塔省，中国佬峰（Chinamans Peak）被取消，一年后改为海凌峰（Ha Ling Peak）。

3. 冗长且发音困难的名称一度被缩短或拒绝。近年来，地名委员会在批准超长地名方面变得宽松。

4. 公司名称或商业产品的名称通常会被拒绝，以避免为某种商业产品或某个企业做宣传。

例如，Irvco，是对1968年新不伦瑞克省一条铁路的命名提议，它被拒绝是因为可能会引起人们对欧文石油公司（Irving Oil Company）的关注。

原则8　语言形式及其翻译

地名应采用单一语言形式，其他形式如在使用，且经相关地名委员会批准，也可接受。地名应以罗马字母书写。英语和法语以外语言的地名，应根据语言专家的意见书写，且应能被相关地名管理机构和涉及的语言群体接受。1983年，加拿大财政委员会（Treasury Board of Canada）选择并确定了一些具有泛加拿大意义的地理实体名称，可以英语和法语两种语言在联邦地图和联邦文件上使用，之后加拿大地名委员会进行了更新。

说明：

1. 源自因纽特语言和美洲印第安语言的地名，通常批准以罗马字母拼写的方式，且尽可能使用标准字母和变音符号。一些源自英属哥伦比亚省土著语言的地名，撇号用于表示喉塞音。例如’AdadeYus Mountain和K’i Island。

不过，近年来，也有一些使用“结构复杂”字母的地名得到批准，为此，加拿大地名数据库（CGNDB）必须在此类符号的国际标准批准前，建立特殊代码表。例如，Łutselk’e（西北地区）中的“Ł”在CGNDB中的代码为{1}；XâyGûn（育空地区）中的“X”的代码为{3}。CGNDB的数据库现在已能显示这些“结构复杂”的符号。

2. 源自另一种使用罗马字母语言的名称，其具体元素应遵守这些名称的罗马化形式，包括在适当地方使用变音。

具有其他语言特征的名称，如努纳武特地区（Müller Ice Cap）、魁北克省（Branche Würtele）和努纳武特地区（Cañon Fiord）。

3. 联邦地图上使用的地名，应仅为加拿大地名委员会批准的地名及具有泛加拿大意义的地名清单中的地名，见附录 4。

a）在双语地图上，圣劳伦斯河（St. Lawrence River 和 Fleuve Saint-Laurent），以及红河（Red River 和 Rivière Rouge）均在使用，因为它们在泛加拿大意义的地名清单中。另外，只有相关地名管理机构批准的地名，才可出现在正式联邦地图上。

b）如果要出版两份单语联邦地图，法语地图和英语地图将显示如威利斯顿湖（Williston Lake，英属哥伦比亚省）、密苏里山（The Missouri Coteau，萨斯喀彻温省）、圣母湾（Notre Dame Bay，纽芬兰及拉布拉多省）、马莱河（Rivière aux Marais，曼尼托巴省）等地名。

一些省和地区认可使用标准地名的“等同”或“替代”名称。可访问加拿大地名委员会网站，了解名称类型及使用方面的更多信息。

4. 在联邦文件出现的地名通名可进行翻译。一些人建议将加拿大每一种官方语言中等同通名在 1987 年加拿大地名常设委员会（CPCGN）（即现在的 GNBC）与翻译局联合出版的《加拿大地名通名表》中作出规定。之后增加的通用术语在《Canoma 和术语更新》（*Canoma and Terminology Update*）中出版。更新信息可由加拿大地名委员会秘书处提供。

在叙述性文本中，威尔逊地（Wilson Point，安大略省）在法语文本中可使用 pointe Wilson，新不伦瑞克省（Étangs Morin）在英语文本中可写作莫林湖（Morin Ponds）。

5. 联邦文件中的地名中，地名的具体元素和人口聚居地的名称不应翻译，除非相关地名管理机构另有授权。

a）克罗斯内斯特隘口（Crowsnest Pass，阿尔伯塔省、英属哥伦比亚省）在法语文本中应为 col Crowsnest，而非 col du Nid de Corbeau。格罗西斯科克河（Rivière Grosses Coques，新斯科舍省）在英语文本中可为 Grosses Coques River。

b）一般情况下，在英语和法语文件中，人口聚居地的名称可保持不变

（即不翻译）。例如，迪格比县（Digby County，新斯科舍省）的教会点（Church Point）、格罗西斯科克（Grosses Coques）、贝利维奥斯湾（Belliveaus Cove）和新法兰西（New France）。

c）曼尼托巴省和安大略省已授权在文件中翻译一些名称中的特定元素，如布朗河（Plum River 和 Rivière aux Prunes，曼尼托巴省）及桑德贝市（Thunder Bay/Baie du Tonnerre，安大略省）。

6. 地名可保留原始语言，无须翻译通名。可增加描述性词汇，说明实际性质。

a）在英语文本中保留法语通名的，例如，圣让湖（Lac Saint-Jean，魁北克省）和马德莱娜群岛（Îles de la Madeleine，魁北克省）（首字母大写）。

b）在法语文本中保留英语通名的，如地狱门（Hells Gate，英属哥伦比亚省）和龟背（Turtles Back，曼尼托巴省）。

c）在英语文本中，魁北克省的一个岛屿，La Razaded'en Haut，可跟随“岛（island）”一词，以说明地理实体的性质。

d）在法语文本中，阿尔伯塔省的一组瀑布，巨人的脚步（Giant Steps），可跟随“瀑布（chutes）”一词，以解释实体的性质。

原则 9　英语和法语中的拼写标准

地名的拼写和重读应符合其书写语言的规则。在英语中，连字符和属格撇号只有在约定俗成且当前已在使用的情况下才应被批准使用。

说明：

1. 已批准的英语地名，通常所有词必须拼出，且除名称中的冠词和虚词外，每个词的首字母大写。

a）所有首字母大写的地名，例如，弗兰奇曼河野生动物保护区（Frenchman River Wildlife Refuge，萨斯喀彻温省）和所罗门圣殿群岛（Solomons Temple Islands，努纳武特地区）。

b）地名中的冠词和虚词以小写字母拼写的，例如，山顶湖（Lake on the Mountain，安大略省）和牧师之子岛（Sons of the Clergy Islands，努纳武特地区）。

2. 以法语形式批准的地名，在法语文本中，通用词和任何“连接”元素，首字母小写。只有特定元素才大写。但是，当通名前有限定词时，字母通常大写，如，魁北克省（rivière du Monument）和魁北克省（Petite rivière du Monument）。在英语文本中，法语地名的首字母通常大写。

3. 人口聚居地的多数名称，有一个或多个法语元素的，应以连字符连接，除非相关地名管理机构批准其他形式。地名前的冠词或介词与后面的词间不使用连字符。法语中的重音应使用大写字母。

a）人口聚居地名称带连字符的，例如，新不伦瑞克省（Pointe-Sapin-Centre）、魁北克省（Durham-Sud）和魁北克省（Saint-Aimé-du-Lac-des-Îles）。

b）源自法语的地名，批准不带连字符的，如，阿尔伯塔省（Lac la Nonne）、曼尼托巴省（Ste. Amélie）和安大略省（Sault Ste. Marie）。

c）起始冠词或介词不带连字符的，例如，曼尼托巴省（La Coulée）和魁北克省（De Beaujeu）。

d）重读字母大写的，例如，魁北克省（Les Éboulements）和萨斯喀彻温省（Île-à-la-Crosse）。

4. 在法语中，通用术语和特定名词不以连字符连接。例如，魁北克省（Ruisseau Doré）和魁北克省（Monts Deloge）。

5. 在由多词组成的非行政性法语地名中，不使用连字符，除非其作为已认可的表达方式，已由连字符连接。前者例如，魁北克省（Ruisseau de la Pointe Horse），后者例如魁北克省（Rivière Brûle-Neige）和魁北克省（Anse de Cap-Chat）。

6. 在法语中，含有两个姓，或名加姓，或姓名加称谓的特定元素，要求用连字符。例如，魁北克省（Ruisseau Léopold-Caron）和魁北克省（Pointe Louis-XIV）。

7. 一些地名，包括 Saint、Sainte、Saint-、Sainte-、St、Ste、St-、Ste-、St.、Ste.、St.-、Ste.- 及其复数形式的，为正式形式，不应作任何更改。

原则 10 地名拼写的一致性

来源于同一特性，应用于一个社区各类服务设施的名称，应与社区的标准地名的拼写一致。同一特性的相关地理实体名称的形式和拼写应一致。

说明：

1. 许多情况下，经过与当地协商，可实现社区名称和各类设施名称的一致性。

a）20 世纪 60 年代，安大略省东部的治安村芒克兰（Monkland）被加拿大太平洋铁路公司称为芒克兰兹（Monklands），被邮政部称为芒克兰站（Monckland Station）。1966 年对邮政客户所做的调查，表明人们偏爱 Monkland，于是，加拿大太平洋铁路公司同意改成相同形式的名称。

b）1986 年，圣－达西修斯市（Saint-Tharcisius）要求邮局更改邮局名称 Saint-Tharsicius，使之与市名一致。1987 年春天进行了更改。

2. 同一来源的相关地理实体名称，其形式和拼写应一致。

a）假设一个例子，如果一条河名为沙樱溪（Sandcherry Creek），则附近的地理实体应避免使用 Sand Cherry Lake 和 Sand Cherries Cove 等形式。

b）1974 年 7 月，安大略省的瓦夸约卡斯蒂克河（Wakwayowkastic River）的拼写方式改为 Wekweyaukastik River。之后，瓦夸约卡斯蒂克急流（Wakwayowkastic Rapids）也改为 Wekweyaukastic Rapids，以保持一致。

原则 11　重名

当已经存在的地名出现重名或相似的发音或拼写，并可能造成混淆时，可在当地寻求帮助加以区别。采用新地名时，应避免可能在当地社区造成混淆的重名。

说明：

1. 20 世纪上半叶，同一个省人口聚居区重名，以及同一个大的地区内地理实体重名的问题受到很大关注。大量名为泥湖（Mud Lake）、鳟鱼湖（Trout Lake）和长湖（Long Lake）的实体被重新命名，但经常是在没有征求当地居民意见的情况下进行的。

a）在魁北克省，有一些人口聚居地的名称重复，但均由魁北克地名委员会和各服务机构自行寻找方法，将一个地方与另一个地方区分开。

b）爱德华王子岛有两个名为鲍尔蒂克（Baltic）的地方；新斯科舍省有四个名为布鲁克林（Brooklyn）的地方；在纽芬兰和拉布拉多省有多个重名的地方，包括海豹湾（Seal Cove）和小港（Little Harbour）。

c）在加拿大西部和北部，重名现象不太普遍，或许是因为过去 100 年来，人们为避免邮件和货物发错地点，对地名倍加关注。

2. 近年来，这一原则有所放松，允许在当地不会引起混淆的自然地理和人文地理实体名称重复。

a）一些地理实体的通用名称又被恢复。1936 年，加拿大地理委员会给安大略省弗隆特纳克县（Frontenac County）的大海鸥湖（Big Gull Lake）更名为克拉伦登湖（Clarendon Lake），与它的一部分所在的镇名相同。1962 年，应当地居民和度假村所有者的要求，恢复大海鸥湖这个名字。

b）在安大略省贝尔维尔（Belleville）附近，有一个名为马里斯维尔（Marysville）的村庄。另一个同名的村庄位于沃尔夫岛（Wolfe Island）以东 60 千米处。沃尔夫岛被批准作为这个自然村的名称，直到 1977 年安大略省地名委员会批准使用马里斯维尔作为村名，而将沃尔夫岛作为邮政名称。邮局名称不再显示在联邦地图上。

原则 12　通名

地名通常包括专名和通名。新批准地名中的通名应符合实体的性质。其在名称中的地位应根据声音的和谐和用途确定。通名将由相关地名管理机构以英语、法语或土著语言记录。

说明：

1. 通名应体现所识别的地理实体类型。如果一个长年结冰的地区真的是“冰原（icefield）”而非“冰川（glacier）”，则应批准“冰原”作为名称中的通名。如果一条河流比附近已命名的“河（river）”小，则使用另一个词汇，如“溪（brook）”“湾（creek）”“溪流（stream）”可能会更合适（附录 2）。

2. 通常，在法语中，通名在具体词汇前，如在 Pointe au Père（魁北克省）中，如果是形容词，通名会跟随其后，如在 Le Grand Coteau（魁北克省）中。

3. 在英语中，通名通常在具体词汇后。不过，“湖（lake）”“山（mount）”“角（cape）”和“点（point）”可在前或在后。“山”通常在人名前，如 Mount Rundle（阿尔伯塔省）和 Mount Caubvick（纽芬兰和拉布拉多省）。

4. 对文件中的翻译，应使用适当的通名。1987 年的《加拿大地名通名词汇表》（加拿大地名常设委员会——现为加拿大地名委员会——与翻译局、公共工程和政府服务部共同出版）列出了加拿大各官方语言中的等同词汇。这份出版物还提供了通名的定义，并说明可能仅在加拿大某些地区使用的术语。之后增加的通名在《Canoma 和术语更新》（*Canoma and Terminology Update*）中出版。更新信息可由加拿大地名委员会秘书处提供。

5. 长期存在的地名中包含的通名，如果不符合既定的定义，但该词汇已被广泛使用并广为人知，通常会被地名管理机构保留。

6. 有时，地名以双语形式出现，同时包含法语和英语通名。在地图或文本中，应避免一个地名中使用一个以上的通名。不推荐 Pointe aux Cerises Point 或 Anse à Ferguson Cove 这种中轴式地名。

7. 有时，具体词汇包括假的通名，如 Blue Rocks Island（蓝岩岛，新斯科舍省）和魁北克省（Chenal de l'Île à Cochon）。这些形式很好接受，在这里，通名是“island”和“chenal”。

8. 有时，一个源自土著语的地名与具体词汇相融合，成为与法语或英语中的通用地名含义相近的通名。例如，密西西比河（Mississippi River，安大略省）、佩夸文尼比溪（Pekwawinneepi Creek，曼尼托巴省）和 Lac Matonipi（魁北克省）。这类地名也是可以接受的。

9. 越来越多的地区批准土著语言中的通名。例如育空地区的 VakakNjū（湖），英属哥伦比亚省的 Suzanne Bung'hun（湖）和阿尔伯塔地区的 PakwatewMinistik（岛）。

原则 13　专名

专名可用于区别两个或多个具有相同形式、特征的地理实体。此类词语可以来自当地其他地名，或可为“上（upper）”“新（new）”“西支（west branch）”“新（nouveau）”“小（petit）”和“大（gros）”等词语。新名称最好是独特的。

说明：

1. 在大西洋省份，有许多以专名区分的地方，如新不伦瑞克省的下海恩斯维尔（Lower Hainesville）、中海恩斯维尔（Central Hainesville）和上海恩斯维尔（Upper Hainesville），以及纽芬兰和拉布拉多省的南里丁蒂科斯（Leading Tickles South）和东里丁蒂科斯（Leading Tickles East）。湖泊和岛屿通常以专名区分，如萨斯喀彻温省的大羽湖（Big Quill Lake）和小羽湖（Little Quill Lake），努纳武特地区的康沃利斯岛（Cornwallis Island）和小康沃利斯岛（Little Cornwallis Island），魁北克省的 Lac Marsoui 和 Petit lac Marsoui。

2. 当一个具体名称频繁出现时，在使用的名称后附上地区名是有用的。

在安大略省东部地区，白湖（White Lake）一词频繁出现。1948 年，其中一个被重新命名为阿什登湖（Ashden Lake），因为它一部分属于阿什比镇（Ashby Township），一部分属于登比镇（Denbigh Township）。由于新地名当地不接受，1968年，被重新命名为阿什比白湖（Ashby White Lake）。

3. 同一个乡镇发展为两个部分，也需要在名称上有所区别。

阿尔托那（Altona，曼尼托巴省）是位于最初定居地以北2千米的村庄，原来的村庄在当地的正式名称为老阿尔托那（Old Altona）。

原则14　小地理实体的命名

除非有本地或历史性用法要求，是否正式批准一个小地理实体名称，应根据地理实体的相对重要性，公众对地名的熟悉程度以及是否有可用的比例尺。

说明：

1. 如地理实体规模极小（如山脚下相距2米的碑柱），它们的名称通常不会收入地名词典，或在地图上标注。根据地名管理机构给予这类地理实体的名称，可以认为是已批准的或未批准的，并全部记录在加拿大地名数据库中。

2. 在加拿大，因特征鲜明而得不到官方认可的情况非常少。小型水下地理实体，特别是那些对安全航行构成危险的，通常会被给予标准地名。

一般程序1　如何提出命名或更名的提议

只有在特殊情况下，加拿大地名委员会自己才会发起命名。委员会通过其省、地区和联邦成员批准的多数新地名，是由公众和一些组织提交的。这些地名应是具体的地理实体。

关注官方公布的地名的个人或组织，应向省或地区地名管理机构提交申请。考虑新地名分布需要较长时间，特别是需要到当地进行调查。未授权名称，即使被公布，其结果也不一定得到官方认可。

描述性名称、地方性名称及与一个地区的历史相关的名称是首选。如能提供以下信息并随附充足的文件，将有助于决策流程：

a）以经度和纬度标识地点，并说明查阅的地图；

b）在地图上标识地理实体的准确范围，如有数字绘图也可接受；

c）照片或示意图；

d）提出命名或更名提议的理由（即为什么提议）；

e）提议名称的出处和含义；

f）在该地区长期居住，能够证明该地名在当地长期使用的居民姓名、地址和电话号码。

收到提议后，省、地区或联邦管理机构通常会通过咨询该地区的居民、查阅历史文件和档案，以及其他来源，对地名进行调查。然后会根据获得的信息，作出批准或拒绝的决定。

提议人在提交提议前，应考虑加拿大地名委员会的命名原则。对处于（省、地区和联邦）共同管辖区地理实体的命名提议，可书面提交给加拿大地名委员会秘书处或相关管辖机构。

有关加拿大地名命名法的咨询，关于新地名或更名的形式、拼写的提议，或使用已有地名的申请，可书面提交给相关加拿大地名委员会成员，或加拿大地名委员会秘书处。

针对地图、海图和其他出版物中地名的使用、拼写或应用的问题，可提供可靠的文件信息。

一般程序 2 咨询命名政策和原则、地名和术语的出处以及使用信息。

每个省和地区地名管理机构均遵循本手册规定的原则和程序，其中一些机构还制定了自己的规则和指南。

关于委员会及其政策和出版物的一般性咨询，请提交到加拿大地名委员会秘书处。

关于各省、地区具体特征名称的咨询，新地名提议，地名更名提议，请查阅加拿大地理命名委员会网站 geonames.NRCan.gc.ca 上列出的资源清单，或向上述加拿大地名委员会秘书处索取。

附录 1　加拿大官方使用的加拿大以外地名指南

1982 年，加拿大地名常设委员会（即现在的加拿大地名委员会）批准了以下指导原则，用于指导加拿大以外的国家、人口聚居地、政治、自然与人文地理实体名称在加拿大地图和海图上的使用：

1. 主权国家的名称

以加拿大外交和国际贸易部提供给加拿大地名委员会秘书处的英文和法文形式体现。

2. 加拿大以外国家的人口聚居地

a）根据各国地名管理机构出版地名词典的决定，以罗马字体或罗马化字体出版；

b）如果没有国家地名词典，通过查阅各国最新出版的地图册和地图确定；

c）如果没有最新的国家地名词典、地图册或地图，由加拿大地名委员会秘书处查阅其认为能反映各相关国家管理机构可接受形式的其他资源；

d）如认为某个名称对识别地点是有必要的，可在文本中，将其传统的英语和法语外来名在国家形式后以括号标注，或在地图上以小字在括号中标注[如可在广州（Guangzhou）旁标注 Canton]。

3. 主权国家其他地理实体名称

a）根据各国地名管理机构出版地名词典的决定，以罗马字体或罗马化字体出版；

b）如果没有国家地名词典，通过查阅各国最新出版的地图册和地图确定；

c）如果没有最新的国家地名词典、地图册或地图，由加拿大地名委员会秘书处查阅其认为能反映各相关国家管理机构可接受形式的其他资源。

4. 两个或多个主权国家相邻或共用的地理实体名称

a）如果地图或文件是面向英语和法语读者，以英语和法语体现，如英吉利海峡（English Channel 和 La Manche）；

b）如果地图或文件仅面向英语读者，则仅以英语体现，如仅体现红海（Red Sea）；

c）如果地图或文件仅面向法语读者，则仅以法语体现，如仅体现红海（Mer Rouge）。

附录 2　山脉名称应用指南

1985 年，加拿大地名常设委员会（即现在的加拿大地名委员会）批准了以下指导原则，用于指导山脉名称和相关地理实体名称的应用：

除非当地和历史用法另有规定：

1. 提交山脉和相关地理实体名称的申请者，正式提交前必须在地图上以合适的比例尺进行描述。

2. 被命名地理实体的坐标应适用于等高线最高的地区。当有两个或多个等高线最高处，无法识别出一个最高点时，名称应适用于包围它们的等高线最高区域。二级地理实体可单独命名，只要其使用密度和该地区的发展有此需要。

3. 小型地理实体的名称，如城墙、岩峰、烟囱、碑柱等，通常不应正式采用，不过会将其作为未批准的名称在加拿大地名数据库中记录。

4. 通名应符合地理实体的外形，如塔（tower）、尖塔（spire）、峰（peak）、穹顶（dôme）、小山脉（chaînon）、小丘（butte）等。

5. 在英语中，以人名命名的地理实体，通名“山（mount）”通常放在具体名称前。

6. 复数形式，如“peaks”应避免。

附录 3　纪念性命名指南

定义：纪念性命名

在本指南中，纪念性命名指以人物或事件命名的自然或人文地理实体，用于表彰该人物或该事件。

Ⅰ目的

鼓励加拿大全国范围内与纪念性命名相关的现有政策、原则和程序的标准化。

Ⅱ指导原则

提议或考虑纪念性名称时，应遵循以下原则，除非与命名机构的现有政策相冲突：

1. 提议名称仅考虑使用已去世者的姓名；人物必须去世至少 5 年后，才可考虑作为纪念性名称的提议。事件则至少在其发生后 20 年。

2. 仅对与地区或地理实体具有密切相关性，或对该区域、省、地区或国家具有重大意义的主题，才考虑使用纪念性名称。

3. 提议的名称应得到当地社区的支持，而不仅仅得到一个团体或特殊利益团体的支持。

4. 纪念性名称不得用于纪念事故或灾难的受害者或标记该地点。

5. 如该实体已存在约定俗成、可接受的名称，则不考虑使用纪念性名称。

6. 对土地拥有所有权并不代表拥有将纪念性命名用于地理实体的权利。出版物或景观题词或绘图中的非正式的纪念性名称，并不能保证其将被纳入官方地名记录。

Ⅲ程序

考虑一项提议并进行必要的研究前，提议人应联系地理实体所在地的省或地区地名管理机构，获得该管辖区纪念性地名的命名指南和程序。在一些管辖区，需要填写申请表，多数管辖区将要求提交以下全部或部分信息：

（a）以地图或海图说明拟命名的特征。

（b）提议的理由。

（c）表明地理实体尚无名称，且提议的名称可接受并得到广泛社会支持的证据。

（d）被纪念人的生平简介，包括去世日期，还应包括其与地理实体所在地关系的描述，并说明其重要贡献，即其获得以这种形式被纪念的理由。对于事件的描述及其与该地理实体的关系。

（e）提议人与被纪念的人或事件关系的声明。

（f）地名提议应直接提交给地理实体所在省或地区的地名管理机构。提议必须签字，并包含完整的回信地址，以及提议人的日间电话号码和电子邮件地址。

Ⅳ其他纪念方式

除给自然和人文地理实体命名外，还可能存在其他方式的纪念性命名，且应予以考虑。请联系省级或地区地名管理机构，以确定其对建筑设施的管辖权；或联系当地的市政府、学校董事会、大学或学院等，以确定纪念性命名的标准和程序。

附录 4　联邦政府地图使用的官方语言和地名以及具有泛加拿大意义的地名清单

1983 年，加拿大财政委员会（Treasury Board of Canada）制定了一项政策，对联邦地图和联邦文件上使用的英语和法语地名作出规定，并在财政委员会第 1983–58 号通知中发布。通知还提供了具有泛加拿大意义的地理实体的两种官方语言地名清单，在联邦政府地图和海图中使用。1993 年 6 月 1 日发布的《财政委员会手册》第 5–3 章，宣布 1983–58 号财政委员会通知废止。但是，该政策的目的和应用应保持有效，具有泛加拿大意义的地理实体的两种官方语言地名清单，将继续在联邦政府各部和各机构发布的联邦地图和海图中使用。

2005 年，加拿大财政委员会秘书处将维护具有泛加拿大意义地名清单的责任，移交给加拿大地名委员会。自 1897 年以来，加拿大地名委员会及其前身，一直承担着协调影响加拿大地理命名法所有事项的责任。第 P.C. 2000–283 号枢密院令（附录 9）指出："……各部、各机构和皇家公司，应接受并遵守委员会有关加拿大地理命名法的决定……"

因此，之前的财政委员会第 1983–58 号通知，现在成为加拿大地名委员会的一项政策，如下文所示。

此外，具有泛加拿大意义的地名清单应继续使用。对清单进行修改的建议，在生效前，将由加拿大地名委员会认真审议。最新的具有泛加拿大意义的地名清单，列在附录 4 的最后，后续更新可在加拿大地名委员会网站 geonames.NRCan.gc.ca 上查阅，或联系加拿大地名委员会秘书处索要。

政策

A. 目的

旨在制定加拿大联邦政府地图和海图中地名使用的官方语言指南。

B. 简介

本指南制定，主要考虑几个方面的因素。首先，是《官方语言法案》及《加拿大权利与自由宪章》的规定。政策必须确保使用联邦地图和海图的两种官方语言群体的需求持续得到满足。在联邦地图和海图上使用的地名，也是建立国家形象的重要因素，在加拿大，两种官方语言群体共享传统。

通常，联邦地图上的地名，应与法律文件、高速公路标志牌等保持一致，即与各省和地区在其管辖范围内选择的地名，及联邦机构在其管辖地区内选择的地名保持一致。此外，各省或地区建立的城、镇、市的名称，具有法律效力，应得到认可。联邦政策还要考虑以成本效益的方式，将信息在地图上有效展示的要求。

官方语言和地名指南是20世纪80年代与加拿大常设地名委员会（即现在的加拿大地名委员会）协商制定的。委员会成员包括当时存在的所有省和地区的代表，以及包括翻译局在内的主要相关联邦机构的代表。

在本指南中，列出了具有泛加拿大意义的，已有两种官方语言名称的地理实体，包括加拿大最大的实体，以及具有国家历史意义的实体。这些名称被认为是加拿大国家遗产的一部分。

本指南仅适用于联邦政策地图和海图。有关如何处理分散文本中其他官方语言的地名，应继续向翻译局术语标准化理事会进行咨询。

C. 指南

1. 本指南对新地图生效；对于已印刷或在印刷中的地图，应在修订时执行。

2. 已经有广为人知的两种官方语言形式且具有泛加拿大意义的地理实体名称，由财政委员会主席，根据加拿大常设地名委员会（即现在的加拿大地名委员会）的建议确定的。这些地名应以两种语言形式出现在双语地图上，或在单一的英语或法语版本的地图上，以相应的语言标注。

3. 其他地名，包括各省/地区建立的城、镇、市的名称，将以实体所在的省/地区或联邦机构的管辖区内采用的形式，出现在联邦政府地图上。对联邦机构而言，此类地名的官方使用，由加拿大地名委员会授权或认可。

4. 对于已出版的资料，现有官方语言政策继续适用（见《加拿大政府沟通政策》《联邦形象计划》和财政委员会的官方语言政策），因此，除其他要求外，面向两种官方语言群体的地图应以两种官方语言出版。对于双语地图，标题、图例、注解和描述性标签中的所有信息，应以两种官方语言显示，两种语言版本内容的质量和格式应相同。

D. 咨询

有关本指南中地名的问题，请咨询加拿大地名委员会秘书处。

有关文件中正式地名的翻译和其他官方语言版本的问题，请咨询 SVP 服务处、翻译局、术语标准化理事会。

具有泛加拿大意义的地名

（2010 年 7 月 1 日）

阿伯蒂比，湖（Abitibi，Lake）/Abitibi，Lac 安蒂科斯蒂岛（Anticosti Island）/Anticosti，Île d' 阿巴拉契亚山脉（Appalachian Mountains）/Appalaches，Les 北冰洋（Arctic Ocean）/Arctique，Océan 亚大巴斯卡，湖（Athabasca，Lake）/Athabasca，Lac 亚大巴斯卡河（Athabasca River）/Athabasca，Rivière 大西洋（Atlantic Ocean）/Atlantique，Océan 巴芬湾（Baffin Bay）/Baffin，Baie de 巴芬岛（Baffin Island）/Baffin，Île de 波弗特海（Beaufort Sea）/Beaufort，Mer de 贝尔岛，海峡（Belle Isle，Strait of）/Belle Isle，Détroit de 英属哥伦比亚（British Columbia）/Colombie-Britannique 卡伯特海峡（Cabot Strait）/Cabot，Détroit de 布雷顿角岛（Cape Breton Island）/Cap-Breton，Île du 沙勒尔湾（Chaleur Bay）/Chaleurs，Baie des 山普伦，湖（Champlain，Lake）/Champlain，Lac 丘吉尔河（曼）（Churchill River（Man.））/Churchill，Rivière（Man.） 丘吉尔河（纽）Churchill River（N.L.）/Churchill，Fleuve（T.-N.-L.） 海岸山脉（Coast Mountains）/Côtière，Chaîne 哥伦比亚河（Columbia River）/Columbia，Fleuve 戴维斯海峡（Davis Strait）/Davis，Détroit de 埃尔斯米尔岛（Ellesmere Island）/Ellesmere，Île d' 伊利，湖（Erie，Lake）/Érié，Lac 弗雷泽河（Fraser River）/Fraser，Fleuve 芬迪湾（Fundy，Bay of）/Fundy，Baie de 乔治亚湾（Georgian Bay）/Georgienne，Baie 大熊湖（Great Bear Lake）/Ours，Grand lac de l' 大奴湖（Great Slave Lake）/Esclaves，Grand lac des 哈得逊湾（Hudson Bay）/Hudson，Baie d' 哈得逊海峡（Hudson Strait）/Hudson，Détroit d'	纽芬兰和拉布拉多（Newfoundland and Labrador）/Terre-Neuve-et-Labrador 尼亚加拉大瀑布（Niagara Falls）/Niagara，Chutes 尼皮贡，湖（Nipigon，Lake）/Nipigon，Lac 尼皮辛，湖（Nipissing，Lake）/Nipissing，Lac 北萨斯喀彻温河（North Saskatchewan River）/Saskatchewan Nord，Rivière 诺森伯伦海峡（Northumberland Strait）/Northumberland，Détroit de 西北地区（Northwest Territories）/Nord-Ouest，Territoires du 新斯科舍（Nova Scotia）/Nouvelle-Écosse 安大略，湖（Ontario，Lake）/Ontario，Lac 渥太华河（Ottawa River）/Outaouais，Rivière des 太平洋（Pacific Ocean）/Pacifique，Océan 皮斯河（Peace River）/Paix，Rivière de la 爱德华王子岛（Prince Edward Island）/Île-du-Prince-Édouard 魁北克（Quebec）/Québec（province） 伊丽莎白女王群岛（Queen Elizabeth Islands）/Reine-Élisabeth，Îles de la 雷尼湖（Rainy Lake）/Pluie，Lac à la 雷尼河（Rainy River）/Pluie，Rivière à la 红河（Red River）/Rouge，Rivière 雷斯蒂古什河（Restigouche River）/Ristigouche，Rivière 落基山脉（Rocky Mountains）/Rocheuses，Montagnes 塞布尔岛（Sable Island）/Sable，Île de 萨格奈河（Saguenay River）/Saguenay，Rivière 圣克莱尔，湖（St. Clair，Lake）/Sainte-Claire，Lac 圣约翰河（Saint John River）/Saint-Jean，Rivière 圣劳伦斯，湾（St. Lawrence，Gulf of）/Saint-Laurent，Golfe du 圣劳伦斯河（St. Lawrence River）/Saint-Laurent，Fleuve 萨斯喀彻温河（Saskatchewan River）/ Saskatchewan，Rivière 南萨斯喀彻温河（South Saskatchewan River）/Saskatchewan Sud，Rivière

续表

休伦，湖（Huron，Lake）/Huron，Lac 詹姆士湾（James Bay）/James，Baie 拉布拉多海（Labrador Sea）/Labrador，Mer du 劳伦山脉（Laurentian Mountains）/Laurentides，Les 马更些河（Mackenzie River）/Mackenzie，Fleuve 曼尼托巴，湖（Manitoba，Lake）/Manitoba，Lac 纳尔逊河（Nelson River）/Nelson，Fleuve 新不伦瑞克（New Brunswick）/Nouveau-Brunswick	苏必利尔湖（Superior，Lake）/Supérieur，Lac 蒂米斯卡明，湖（Timiskaming，Lake）/Témiscamingue，Lac 昂加瓦湾（Ungava Bay）/Ungava，Baie d' 温哥华岛（Vancouver Island）/Vancouver，Île de 温尼泊，湖（Winnipeg，Lake）/Winnipeg，Lac 温尼伯戈西斯，湖（Winnipegosis，Lake）/Winnipegosis，Lac 温尼伯河（Winnipeg River）/Winnipeg，Rivière 伍兹，湖（Woods，Lake of the）/Bois，Lac des 育空河（Yukon River）/Yukon，Fleuve

注：在法语文本中，法语地名中的通名，除“Territoires du Nord-Ouest”外，均应以小写字母开始。

附录 5　加拿大地名委员会处理各省和地区内联邦土地地名的程序

1. 加拿大地名委员会中的省、地区和联邦成员，同意对国家公园、国家历史遗址由加拿大公园管理局管理，以及位于各省和地区边界内的军事设施（的名称），不作出单方面决定。

2. 当地理实体全部或部分位于由加拿大公园管理局管理的国家公园、国家历史遗址，以及军事设施内时：

a）命名和更名提议应通过加拿大地名委员会秘书处提交给相应的联邦和省、地区成员考虑。

b）秘书处将征求涉及委员会成员的意见，并给出截止日期。

c）各联邦和省、地区成员将向秘书处提交书面的接受、拒绝或无意见声明。

d）如有任何成员选择拒绝对提议发表意见，决定列表中该成员的签署区将以一份声明代替，由加拿大地名委员会执行秘书签字，记录该成员选择不发表意见。在按上述第 2（c）条征求意见后，将由秘书处拟制一份决定清单，由参与成员签署后返回秘书处，纳入加拿大地名数据库。秘书处将签署完成的决定清单转发相关省、地区和联邦成员。

e）如未能达成一致，加拿大地名委员会主席将为每项争议任命一个特别委员会，由争议名称所在的省和地区成员、联邦成员，及另外两名或更多成员组成。

（i）如特别委员会达成的解决方案可被直接涉及纠纷的成员接受，解决方案将被汇报给主席，主席将指示秘书处按第 2（d）项的规定流程处理。

（ii）如特别委员会无法解决纠纷，每项纠纷均被列入下次加拿大地名委员会年度会议的议程中，进一步征求意见。

附录 6　为印第安保留区及部分或全部位于印第安保留区的地理实体命名或更名指南

2002 年 10 月 18 日，由加拿大地名委员会批准；2010 年 10 月 22 日修订。

前言

本文件规定了为印第安保留区及部分或全部位于印第安保留区的地理实体命名或更名的程序。

为明确第一民族聚居区委员会、原住民事务和北方发展部（AAND）和加拿大地名委员会的职责，加拿大地名委员会原住民沟通工作组制定新的指南，简化命名流程。当然，受此流程影响的地名，可应命名管理机构的要求，以加拿大地名委员会决定清单的形式确认。

重要的是，要注意本文件并不用于解决原住民可能居住或可能使用的其他类型的土地。见本附录最后的词汇表中对印第安保留区和其他原住民土地类型的定义。

Ⅰ印第安保留区的名称

1. 第一民族委员会应联系相关原住民事务和北方发展部地区办公室及省、地区命名管理机构，将希望更改印第安保留区名称，或为新的保留区命名的意图通知上述两方。

2. 命名管理机构将从地名学的角度（地点、含义、拼写及原名）对提议进行审核，并给出建议，若第一民族委员会提出要求，与其共同完成命名流程。

3. 名称以聚居区委员会决议（BCR）的形式通过，然后按要求拟制一份枢密院令或部级政令，使印第安保留区名称变更正式生效。根据现行程序，聚居区委员会决议原件及枢密院令转交给原住民事务和北方发展部的印第安土地登记处。

4. 新名称将增加到印第安土地登记表中，并提供新名称、生效日期和边界，以便录入加拿大地名数据库，并告知相关省、地区地名管理机构。

Ⅱ完全位于印第安保留区的地理实体和地点的名称

以下指南仅涉及完全位于印第安保留区边界内的地理实体或地点的名称。加拿大原住民事务和北方发展部将批准此类名称的权力转交给居住或使用保留区的原住民社区，以简化命名流程。

1. 第一民族委员会联系相应省、地区命名管理机构，将其希望为印第安保留区内的地理实体或地点命名（或更名）的意图通知给这些机构。

2. 命名委员会对提议进行审核并给出建议，以确保提议符合现有政策和程序。如有要求，与第一民族委员会共同完成命名过程。

3. 提议以聚居区委员会决议的形式通过，并必须转交相应的省或地区命名管理机构，录入省、地区及国家地名数据库。如有要求，聚居区委员会决议应提交给省、地区部长，并纳入省、地区及国家地名数据库。

Ⅲ部分位于印第安保留区的地理实体和地点的名称

针对位于印第安保留区或与之交叉地区的地理实体或地点的命名提议，可能有许多来源，包括乡镇委员会、第一民族委员会、当地猎人、钓鱼人、捕鱼人和其他居民。与加拿大地名委员会共同整理的信息包，将提供给提议者使用和参考。

1. 第一民族委员会，如不是提议的发起者，将收到提议者的通知。

2. 提议发起者必须向省、地区或联邦管理机构提供与涉及的第一民族群体沟通的证据。

3. 必须有来自第一民族和省、地区、联邦管辖区提供的相同信息，并应纳入提议文件。

4. 委员会与边界另一侧土地的管理机构（无论是联邦、省或是地区）必须同意命名或更名提议。

5. 一旦达成一致，地名应根据省、地区现行程序通过，以便录入省、地区和国家地名数据库。如有要求，还应将地名提交给省、地区部长，录入省、地区和国家地名数据库。

术语表

· 原住民土地

指以下土地：

《印第安人法案》含义内的保留区土地；

原住民政府可行使管辖权的索赔土地；

S.A. 1990，c. M–14.3《梅蒂斯族土地权法案》第 1（p）节定义的，可能由各省提供的，类似体制内的梅蒂斯族土地所在地区。

根据 1867 年《宪法法案》第 91（24）规定，由原住民团体控制，或代表原住民团体控制的，构成“为印第安人保留的土地”。

由原住民团体、加拿大及涉及的相关省或地区协商同意的任何其他土地。

· 印第安保留区

《印第安人法案》第 2 节定义的，合法所有权归女王陛下所有，留给印第安族群使用和受益的一片土地。

附录 7　加拿大地名委员会其他指南

加拿大地名委员会已制定或正在制定以下指南：

1. 海底地理实体名称指南
2. 北冰洋命名指南
3. 跨加拿大和美国边界地理实体处理指南
4. 曼尼托巴省法语服务区域使用的对等名称指南

附录 8　各省和地区名称的缩写与代号

如需为一般目的使用各省和地区名称的缩写形式时，推荐使用下表第二列和第四列的英语和法语缩写形式。中间一列列出了两个字母的代号，用于地址中的邮政编码等情况。

Province /Territory 省 /地区	Abbrev. 缩写	代号（Symbol） /Symbole	Abrév. 缩写	Province /Territoire 省 /地区
阿尔伯塔（Alberta）	Alta.	AB	Alb.	阿尔伯塔（Alberta）
英属哥伦比亚 （British Columbia）	B.C.	BC	C.-B.	英属哥伦比亚 （Colombie-Britannique）
曼尼托巴（Manitoba）	Man.	MB	Man.	曼尼托巴（Manitoba）
新不伦瑞克 （New Brunswick）	N.B.	NB	N.-B.	新不伦瑞克 （Nouveau-Brunswick）
纽芬兰和拉布拉多 （Newfoundland and Labrador）	N.L.*	NL	T.-N.-L.*	纽芬兰和拉布拉多 （Terre-Neuve-et-Labrador）
西北地区 （Northwest Territories）	N.W.T.	NT	T.N.-O.	西北地区 （Territoires du Nord-Ouest）
新斯科舍（Nova Scotia）	N.S.	NS	N.-É.	新斯科舍 （Nouvelle-Écosse）
努纳武特（Nunavut）	–	NU**	–	努纳武特（Nunavut）
安大略（Ontario）	Ont.	ON	Ont.	安大略（Ontario）
爱德华王子岛 （Prince Edward Island）	P.E.I.	PE	Î.-P.-É.	爱德华王子岛 （Île-du-Prince-Édouard）
魁北克（Quebec）	Que.	QC	Qc	魁北克（Québec）
萨斯喀彻温（Saskatchewan）	Sask.	SK	Sask.	萨斯喀彻温 （Saskatchewan）
育空（Yukon）***	Y.T.	YT	Yn	育空（Yukon）

* 2001 年 12 月 6 日，加拿大总督宣布宪法修正案，将纽芬兰省的名称更改为纽芬兰和拉布拉多。

** 自 2000 年 12 月 18 日起，努纳武特地区以 NU 作为代号。在那之前，努纳武特地区没有缩写。

*** 依据《育空法案》（该地区的名称为育空，c. 7 SC，2002 年 3 月 27 日），2003 年 4 月 1 日生效。

附录 9　成立加拿大地名委员会的枢密院令

P.C. 2000–283，2000 年 3 月 2 日，加拿大枢密院

根据自然资源部的建议，总督阁下特此撤销 1990 年 3 月 22 日发布的第 P.C. 1990–549 号枢密院令，并发布《成立加拿大地名委员会令》，见附件。

成立加拿大地名委员会令

解释

1. 本节中的定义在本命令中适用

“主席”指第三节任命的委员会主席（président）

“委员会”指第2（1）小节成立的加拿大地名委员会（Commission）

“部”指自然资源部（ministère）

“部长”指自然资源部部长（ministre）

委员会的成立

（1）特此成立全国性机构——加拿大地名委员会，负责协调所有影响加拿大地名命名的事项。

（2）委员会应包括一位主席，以及以下成员：

a）自然资源部助理副部长一名；

b）自然资源部测绘服务司代表一名；

c）自然资源部地质调查局代表一名；

d）渔业与海洋部国土水道测量人员一名；

e）印第安事务及北方发展部代表一名；

f）国防部原住民索赔和财产信息司司长；

g）加拿大国家档案管理人员；

h）公共工程和政府服务部翻译局首席执行官；

i）加拿大公园管理局国家历史遗迹处历史服务室主任；

j）加拿大统计局地理分局局长；

k）加拿大邮政公司代表一名；

l）每个省和地区政府任命代表一名；

m）其他成员，包括可能由部长任命的，依据第9节成立的顾问委员会主席。

（3）委员会主席应由部长与委员会成员磋商后任命。

委员会的职责和权力

（1）委员会应制定加拿大地名命名，以及有关使用外国地名问题的原则、程序和指南。

（2）委员会应就研究和调查地名及地理术语所需的程序与资源向相关机构提出建议。

（3）由相关联邦、省或地区管理机构在各自管辖区内批准的地名决定，应成为委员会的官方决定。

a）加拿大政府各部门、机关和皇家公司提出的，关于加拿大地名和外国地名的问题，除应遵守的具体国际协议外，均应提交委员会考虑。

b）第（1）小节提到的各部门、机关和皇家公司应接受并遵守委员会关于加拿大地名的决定，在处理外国地名时，应在遵守加拿大政府签署的其他国际协议的同时，遵守委员会的原则、程序和指南。

组织

（1）委员会应决定其程序规则及操作方法。

（2）附属委员会

a）委员会可成立附属委员会及顾问委员会。

b）委员会可推荐依据第（1）小节成立的附属委员会与顾问委员会主席成员。

（3）委员会至少每年举行一次全体成员大会。

（4）委员会至少每年向部长汇报一次。

（5）自然资源部应为委员会提供秘书处及适当的资源以履行其职责。

（6）秘书处的领导为执行秘书。

（7）执行秘书就秘书处的活动向主席负责。

（8）执行秘书应至少每年向委员会提交秘书处报告及活动计划提议。

（9）执行秘书应与有关管辖区代表协商，有权处理并决定地名，并代表委员会处理所有地名命名日常事务。

（10）报酬和津贴

a）委员会、附属委员会及顾问委员会成员应无偿服务。

b）尽管存在第（1）小节的规定，委员会、附属委员会与顾问委员会成员、执行秘书、附属委员会与顾问委员会秘书，仍可报销与委员会业务有关的必要的差旅费和住宿费。

（11）委员会活动的资金应由自然资源部地球科学处以预算形式提供。

地名命名原则、政策和程序

（英属哥伦比亚省）

背景

地名命名的职责

（a）加拿大森林、土地和自然资源部负责哥伦比亚省地理实体的命名工作。部长将此职责委托给地名办公室。请参考《土地法案》[RSBC 1996] 第 245 章。

（b）为地理实体命名的权力，不包括以下类型的地名命名：

由省或联邦政府立法产生（或导致）的名称；

由其他机构确定的设施名称，如邮政局、铁路公司和主要公用事业部门；

由省级或联邦政府部门确定的土地划分名称；

机动车交通线路，包括公路、高速路、快速路和桥梁；

地区和城市公园、住宅小区、街道和建筑。

（c）一些地理实体，如其全部或部分位于本省和联邦政府部门管理的土地上，则为该实体命名是本省和联邦政府部门的共同职责，这些实体包括：国家公园或国家保护区、军事储备区、印第安人聚居保护区或其他联邦领土中的名称。

（d）跨省界或跨国界的共有或交叉的地理实体，由哥伦比亚省与适当的省、地区或州联合批准。

加拿大地名委员会

（a）加拿大地名委员会（原名加拿大地名常设委员会）是加拿大省级与地区级地名主管部门的协调机构。英属哥伦比亚省作为该委员会的成员，遵守该委员会制定的地理命名原则和程序。

（b）英属哥伦比亚省参与加拿大涉及地名、术语及其翻译标准政策的制定，并通过该委员会鼓励制定命名政策和流程的国际标准。

（c）加拿大地名委员会作为顾问，参与本省地名命名工作及省级政策的制定。

英属哥伦比亚省地理实体命名原则及标准

（a）在地理命名过程中，遵循开放性和行政公平性原则。

（b）对命名或更名的建议，可由任何感兴趣的个人或团体提交。

（c）地名办公室不会发起为地理实体命名或更名的行动。

（d）不得通过购买、出售、抽签或竞争、拍卖等方式授予地名或对地理实体命名权。

（e）由邮政部门、铁路公司或主要公共事业单位确定的设施名称，如符合其他政策，将作为正式地名。

（f）根据负责选择地名的团体的要求，地名办公室将就地名的适宜性及其拼写提供建议。鼓励负责公用事业设施命名的机构和拥有法定命名权的政府部门，对地名的适宜性和拼写问题，咨询地名办公室。

（g）正式采用提交地名的依据在于其是否符合地理实体命名政策，而不是利益主导集团或个人愿望。

（h）对拥有土地所有权并不代表对地理实体拥有命名权，地名使用也并损害对土地的权利。

（i）公司或商业产品名称不得作为地名，除非当地群众已长期使用该地名。为了推销产品或强调某个企业而提出的命名或更名的建议，不予考虑。

（j）地名应是可辨认的词或可接受的词组，且具有高品位。歧视性或具有贬义的地名不予考虑。

公众使用的地名

（a）应优先考虑当地公众长期使用的地名。除非反对理由充分，否则应始终遵循此政策。

（b）当历史地名与广泛受欢迎的地方用名相冲突时，应以后者为准，除非普遍认为可能产生混淆，构成贬义或轻蔑含义，或因其他原因导致地方名称不符合公众利益。

（c）当现存的地名出现重名、相似发音或拼写，并可能造成混淆时，可在当地寻求帮助加以区别。采用新地名时，应避免出现可能在当地社会造成混淆的重名。

对未命名地理实体名称的批准

（a）本省没有为所有地理实体命名的迫切需求。

（b）当已证明有需要时，可为行政目的确定地名。如未发现已存在的当地名称，可考虑根据以下出处确定地名：

与在该地区发生的历史事件有关的名称；

能够唯一描述该地自然特征的名称；

来自与该地区有关的本地语言的名称；

与该地区有关的早期居民名称；

在战争中牺牲的人物姓名。

语言形式

（a）地名应采用单一语言形式。

（b）地名应采用标准字母和变音符号的罗马语拼写方法。

（c）如地名有来自英语以外的语言，则应采用涉及的语言群体和地名办公室都能接受的正确语言形式。

小地理实体的命名

除非有本地或历史性用法要求，是否正式批准一个小地理实体名称，应根据实体的相对重要性和公众对地名的熟悉程度来决定。特别小的地理实体可在英属哥伦比亚省地名数据库中作为未批准地名记录，直到测绘比例尺能够显示其准确位置。

人名的使用

（a）已逝人的姓名，可用于地名作为纪念。但至少要在此人去世两年后，用姓名作为纪念的提议才予以考虑。提交的不成熟建议将退回。

（b）尽管有上述规定，如（在世的或已去世的）个人姓名已被当地公众广泛使用，也可考虑正式采用该地名。

（c）提交纪念性地名时，建议人必须证明其建议的客观性，且建议名称是公众可接受的，而不是仅被一个团体或特殊利益团体接受。不接受去世者家属提出的建议。

（d）当个人姓名用于纪念目的，此人应对该地理实体所在地区或对本省作出过重大贡献，且建议人必须证明此类贡献是被公众认可的。

（e）地理实体的命名不得使用灾害、事故或灾难中受害者姓名或用于标记此类地点。

（f）因工作性质或工作内容而对一个地区作出贡献的个人，通常不考虑以此种方式纪念。

（g）如使用全国范围内的名人姓名作为纪念，则必须使用其姓名全称作为地名。对于本地或本省内的名人，通常考虑仅使用其姓、名或昵称作为正式地名。

（h）不考虑使用非加拿大人的姓名用于地理实体命名，除非要纪念的人与该实体或周围地区有重大关联，且此命名符合公众利益。

对地名建议的调查

（a）对于所有建议，将依据开放性和行政公平性的原则，进行全面客观的调查。

（b）将检查建议的地名是否存在其他本地或非正式名称。如确定已存在约定俗成的本地地名，则不批准新地名。

（c）对每项建议的调查，都包括对该地名的适宜性和建议名称的接受和使用程度，并应向熟悉该地区的人及团体收集意见，包括：地方和地区政府工作人员；印第安聚居区委员会、部落首领或其发言人；当地历史学家；户外俱乐部成员；公园负责人和员工；森林休闲场所官员；护林官员和员工；搜救人员等。

（d）尽管有上述规定，针对完全位于第一民族协定定居区（根据由第一民族、英属哥伦比亚省政府和加拿大政府认可的一份协定中给出的定义）之内的地理实体命名建议所做的调查，将仅提交给该第一民族的行政委员会进行批准。

（e）对于纪念性地名的建议，地名办公室将确认建议的名称可被公众，而非仅被单一团体或某个特殊团体接受。

（f）地理实体命名决定将根据是否符合英属哥伦比亚地理实体命名政策，以及对每项地名建议的调查结果作出。

决定通知

（a）建议人将收到命名决定的书面通知。

（b）被正式接受进入记录的地名，当命名决定经加拿大地名委员会的英属哥伦比亚代表签字后，即成为正式地名。正式地名将能在英属哥伦比亚地名信息系统（BCGNIS）数据库中识别，并可在互联网上查到。

（c）如自然资源部经研究发现相互冲突的或非结论性的结果，或使用的地名不符合全体公众的利益，可改变使用该地名的决定。

（d）纪念性地名通过以下方式公布：

立法议会成员和地理实体所在地区地方政府，将收到纪念该地区居民的决定的通知。

对具有全省或全国意义的个人或个体的纪念，将由森林、土地和自然资源部长以新闻发布会的方式宣布。

（e）战争伤亡人员，其姓名在之前 12 个月已用于地理实体命名的，将由森林、土地和自然资源部长在每年 11 月的第一周以新闻发布会的方式宣布。

文件

在对命名建议调查期间收到或收集的文件，作为地名文件的一部分永久保存，任何感兴趣的个人或团体均可查阅。资料不得从地名办公室带走，但如给予通知，可在办公室安排空间进行研究。

用于地图和文本的地名

（a）为了保证一致性，只有正式地名可用于英属哥伦比亚地图和出版物。鼓励政府官方地图和报告的编辑人员仅使用正式地名，用于说明或描述地理实体。用引号和脚注注释的非正式地名可在其他出版物中使用，以满足业务需求。

（b）在出版物中使用非官方地名，并不保证其将被纳入正式地名记录。

如何提出地名建议

建议应以书面方式向森林、土地和自然资源部地名办公室提出，且必须包括以下信息：

在1：50,000的或类似详细程度的地图上对命名的地理实体进行详细描述；

在此时命名该具体地理实体的合理理由；

建议名称的重要性或意义；

逐条列出进行过的所有研究，包括联系过的当地资源清单、收到的地方主管部门和专家的信件副本、查阅的参考资料，以确定该地理实体没有另一个本地或历史性名称。（请注意，在出版的地图上没有标签，不保证该地理实体未命名。）

如建议名称指的是外形特征（如：乌龟头），则最好提供说明该地理实体的照片或示意图；适用时，请指出命名物的标志、轮廓或相似之处特别显著的时间、季节或观看位置。

如提议将一个约定俗成的本地地名正式化，则应提供包含或表明之前使用该地名的文件、地图或信件的副本；名称最早被使用及其出处的信息尤其重要。

纪念性地名必须包括以下信息：

关于建议人与被纪念人关系的声明。

建议的名称不是出于单个团体或某个特殊利益团体之利益的客观证据。

纪念人的生平简介，包括其与地理实体所在地的联系，并说明其独特贡献，即其获得以这种形式被纪念的原因。

建议必须签字，并包含完整的回信地址，以及可选的日间电话号码或电子邮件地址。

提交给地名办公室的任何信息，包括个人信息，将由森林、土地和自然资源部依据《自由信息和隐私保护法案》第26（c）（d）的规定收集，将被保留，用于历史研究目的。

地名办公室遗产处

森林、土地和自然资源部

地名命名原则

（安大略省地名委员会）

1. 概述

地理名称或地名，是人们与其居住的土地互动的结果。文明社会总是试图与自然环境相关联，于是给地理实体命名，用于识别和参照。地名可以用于纪念伟大人物或重大事件。在每个地名中保留的是几个世纪的开拓与定居，以及我们文化起源多样性的证据。几千年来广泛用于指引方向和引导航程的地名，还传递着我们周围地貌的重要信息，包括自然资源分布。它们激起公众浓厚的兴趣，并帮助后人维系与历史的重要联系。因此，地名是全体安大略人文化遗产的重要组成部分。

1.1　标准地名

随着加拿大居民人数的增长，对于建立一个记录与传播地名信息行政机构的需求越来越明显。1897 年成立的加拿大地名委员会，开始对国家地理命名法进行标准化。邮局和火车站通常给予简短明确的名称，以降低管理成本，并保证不会因为名字引起混淆。地理实体的名称开始一同出现在地图、标志牌和出版物中，有助于沟通。随着国家的发展，地区和地方差异日渐明显，地理实体命名的责任以及一些政府职能转交给各省，各省又转交给各地区。在一些法律管辖区，语言和文化，如同方向指引和导航一样，对标准命名具有重要性。

安大略省是加拿大文化多样性的典型代表地区。本省拥有丰富而多样的历史，尤其在命名方面。在安大略省，正式名称体现出负责本省发展的各社会团体具有平等而各具特色的重要性，包括第一民族，这块土地上首先定居的民族，他们的地名展示了几千年来与土地，以及与本省中最早可追溯到 1600 年前法语和英语社会的密切联系。

1.2 安大略省地名委员会

安大略省立法议会 1968 年通过的《安大略省地名委员会法案》规定，成立本省第一个独立的地名及其命名机构。委员会收集、记录并传播关于本省各个地方和地理实体的名称，向自然资源部推荐地理实体名称，并对地名进行记录。委员会还记录其他命名机构批准的自然地理实体名称和人文地理实体名称，包括城市名称、省级公园名称、地理城镇名称、第一民族土地、联邦名称，如邮政局、火车站、国家公园及军事基地名称等。委员会不记录其他人文地理实体的名称，如公路、山路、水坝等，但会就命名学有关的问题及其他一般性地名问题提供咨询。

由委员会推荐、自然资源部批准且进入委员会记录的地名为标准地名，将用于所有省级和联邦级地图、图表、公告及有关出版物。

2. 命名原则

安大略省地名委员会的最终推荐和决定，遵循一些长期存在的原则，其在具体命名建议中的应用，还要经成员集体协商。委员会的许多原则均来自国家和国际命名惯例，并经常在针对本省各群体的需求和传统文化保护方面进行及时有效的沟通后加以平衡。

2.1 基本原则

委员会的决定遵循以下基本原则，这些基本原则优先于其他原则，除非反对理由具有充分说服力。

2.2 单义性

单义性原则是在一个时期，在一种语言中，对一个地理实体，只认可一个标准名称。这是一项国际性原则，由联合国第一届地名标准化会议（1967 年）通过。在接受这一原则时，委员会努力确保在其管辖范围内，没有地理实体在同一时期，在任何一种语言中使用一个以上的标准名称。当存在多种语言时，可在每一种语言中认可一个正式名称（见 2.5 条）。

2.3 当前本地使用

本地使用的名称是已知在与地理实体直接相关地区使用的名称。委员会首先考虑约定俗成，且在本地使用的名称。为进行有效沟通，特别是在地图、标志牌和文本中，委员会支持在同一时间、同一种语言中，一个地理实体只有一个名称（单义性）。如在一种语言中，有一个以上的名称，委员会通常会选择认为使用最广泛、在当地使用和接受度最高的名称，且该名称至少广泛使用 20 年，并符合委员会的其他原则。

2.4 当前通用

通用名称是已知的，在与地理实体直接关联的地区以外也使用的名称。如没有本地当前使用的名称，委员会可考虑在当前通用用法中大量使用的名称。

2.5 不同语言中的多个名称

使用双重命名或其他命名，是为了认可地名对于本省各民族，包括最早的第一民族，以及后来的法语和英语定居者的特殊意义。实际情况是，安大略省有时在不同语言中有不同的名称。如一个地理实体在不同的语言中拥有两个或两个以上约定俗成的名称，委员会可考虑采用两个或多个名称。

（a）标准名称与其他正式名称

当一个名称在当地的使用范围大于另一个名称，将被推荐作为正式名称，另一个被推荐作为其他正式名称。

在地图上，其他正式名称通常出现在括号中，如空间允许可标注在正式名称下方。

（b）双重命名

尽管委员会非常谨慎地应用这一原则，但当两个名称的使用范围大致相同时，仍会考虑将两个名称作为单一名称，用前斜线分开。由于此单一名称的两个部分作用相同，此程序符合单义性的国际原则，即一个地理实体一个名称。

在特殊情况下，当成批替换名称可能导致混淆，尤其当遇到紧急情况时，也推荐使用双重名称。这些情况包括，当前本地或通用名称相对较少，但约定俗成的本地或通用名称已在主要语言群体的地图和文本中记录，或对本省另一个语言群体具有特殊或非凡的意义，例如在安大略省早期英语开拓地图上使用的第一民族名称和法语名称，第一民族的精神信仰场所名称，用于纪念世界大战牺牲者而使用的名称等。

为认可首先发现权，委员会通常在双重名称中把第一民族的名称放在前面。

2.6 对20年不曾有固定名称的地方进行命名

新名称有时被要求满足特殊情况，比如911紧急服务系统的应用。当委员会意识到需要一个标准名称，而建议名称不能满足上述原则时，委员会将按以下顺序考虑下列类型的地理实体名称：

（a）待命名地理实体的原第一民族名称；

（b）已在当地长期使用，对地理实体的描述性名称；

（c）恢复历史或传统记录中已有的名称；

（d）纪念与地理实体有直接联系的历史事件或传统的名称；

（e）纪念一个人物的名称（见3.1节）。

3. 用于纪念人物的名称

委员会推荐或批准使用纪念人物的地名时，遵循以下原则：

3.1 为该地区留下的遗产

为纪念一个人物为地理实体所在地区作出重大贡献，委员会将考虑使用其姓名作为地理实体名称。

3.2 为本省留下的遗产

为纪念一个人物为本省作出的重大贡献，委员会将考虑使用其姓名作为地理实体名称。

3.3 为国家留下的遗产

为纪念一个人物为国家作出的重大贡献，委员会将考虑使用其姓名作为地理实体名称。

3.4　为国家服务

为纪念在加拿大战争时期或海外维和行动时牺牲的安大略人，委员会将考虑使用其姓名作为地理实体名称。

3.5　可接受度

委员会将努力确保纪念性名称在当地或公众中得到充分认可，且符合市、省或国家的利益。

3.6　在世的人

委员会不支持使用在世人物的姓名作为纪念性名称。

3.7　去世的人

委员会只考虑至少已去世 2 年的人物姓名作为纪念性名称。

3.8　事故或悲剧受害者

纪念性名称不使用事故或悲剧受害者的姓名，除非该人物对本地区（3.1 节）、本省（3.2 节）、本国（3.3 节）作出过贡献，或曾为国家服务（3.4 节）。

3.9　以人物姓名作为纪念性名称的限制

出现下面这两种情况时，用于纪念个人的地理实体名称将不被采用：
（a）该地理实体存在约定俗成且可接受的名称；
（b）在安大略省已有以该人物命名的地理实体。

4. 用于纪念事件的名称

委员会推荐或批准使用用于纪念某些事件的地名时，遵循以下原则：

4.1　对地区、省或国家的重要性

对于具有以下重要纪念意义的事件，委员会将考虑把该事件用于地理实体名称：
（a）对本地区有重要纪念意义；

（b）对本省有重要纪念意义；
（c）对本国有重要纪念意义。

4.2　事件发生时间

该事件必须发生在至少 10 年以前，委员会才考虑将其作为纪念性地名的建议。

4.3　以事件作为纪念性命名的限制

出现下面这两种情况时，用于纪念事件的地理实体名称将不被采用：
（a）该地理实体存在约定俗成且可接受的名称；
（b）在安大略省已有以该事件命名的地理实体。

5. 其他原则

委员会推荐或批准地名的决定，还需遵循以下原则：

5.1　土地所有权

土地所有权本身不会被委员会用作考虑一个地理实体推荐名称的依据。

5.2　不可接受的名称

委员会不考虑存在以下情况的地名：
（a）贬义的；
（b）可能被理解为广告、为商业企业或产品做推广的。

5.3　拼写方法

委员会将确保地名的拼写或读音符合书写该地名的语言规则。对此规则的例外情况，将形成适当的文件。当一种语言不存在标准拼写法时，委员会可推荐使用当地社区或政府认可的当地拼写法。

5.4　重名

委员会将努力避免两个距离很近的地理实体重名，以避免可能产生的混淆。

5.5　复杂的地理实体

对于可认为是同一地理实体的不同部分或延伸区，委员会可考虑采用不同名称。

5.6　区别词汇

如因以下原因导致一个名称造成混淆时：
（a）同一名称用于同一地理区域的两个或多个同种类型的地理实体；
（b）单一名称用于由各独立部分组成的一个综合地理实体；
委员会将考虑采用适当的区分性词汇（如上、下、大、小）对名称作出修改。

地名申请程序

1）提交新地名或更改地名的提议

a）必须向萨斯喀彻温省地名项目部（公园、文化与体育部遗产保护处）提交提名表，且包含如下信息：

i）在 1∶50,000 的地图上对地理实体的准确描述；

ii）对地理实体命名或更名的全部理由，并描述此类命名或更名符合公众利益的原因；

iii）被提议名称的重要性和意义；

iv）从地方或历史研究中获得的任何资料，以证实建议名称的重要性，并说明当地公众对建议的支持。

b）如果建议的名称是对地理实体的描述，应包含说明其外形的照片或示意图。

c）有关加拿大地理命名原则和程序的进一步信息，请登录加拿大地名委员会网站。

2）评估命名或更名的建议

a）第一步，萨斯喀彻温省地名项目部将确定所考虑的地理实体是否已经有标准的或其他地方性的非标准名称。如果确定存在标准名称或已有当地名称，将不批准新地名。

b）认真评估新建议的地名和更改地名的适当性、适宜性同当地接受和使用程度，为此，申请人必须收集并提交由熟悉该地区各方提供的支持声明，包括：

i）当地和地区政府代表

ii）公园负责人及员工、护林官员工

iii）印第安营居群委员会、部落首领或其发言人

iv）户外俱乐部成员

v）当地历史学家和历史性社区

vi）加拿大皇家军团

3）审核、推荐和批准

a）萨斯喀彻温省遗产基金会的地名委员会每年召集一次会议，审核新的地名申请。委员会的评估和推荐将转交给部长，最终批准建议的新地名或更改的地名。推荐的地名转交给部长，部长签署决定。

b）当部长签署决定后，新的地名或更改的地名才成为正式地名。

c）决定地理实体名称是根据是否符合国家地理命名原则，以及对每项地名建议的评估结果作出的。

4）通知决定

a）申请人将收到关于地名决定的书面通知，包括额外档案或现场调查信息，以及关于决定所依据的地理实体命名原则的信息。

b）适当时，命名通知也将发给地方政府和其他感兴趣的各方。

c）批准的地名将在萨斯喀彻温省公告中发布。

d）新地名或更改的地名将上传到 Sask GeoPortal 网站并转交加拿大地名委员会，在其国家地名数据库中公布。

e）所有政府部门和机构在准备地图和其他出版物时，将使用新的正式地名。

5）文件

在对地名建议进行审核和评估时收到或收集的文件，作为永久地名文件的一部分保存，任何感兴趣的个人或团体均可查阅。资料不得从省地名办公室带走，但如果事先给予通知，可在办公室安排工作空间进行研究。

国内地名命名原则、方针及程序

第一章 介 绍

在理想状态下，所有人在日常用语中对一种特定的地理实体仅使用一个名称，在该名称下也仅有这一个实体。在现实情况下，这一理想状态的实现程度随时间而发生变化，取决于社会政治条件、人口流动状况以及他们的命名习惯和语言灵活程度。当以不同方式拼写实体名称、当不同名称用于同一地点时，当同一名称用于不同地点、当某一名称用于一项地理实体而其应用方式出人意料或不同于对其应用方式的一般理解时，混淆、不确定性和误解时有发生。在过去的100年间，由于产生了与自然科学发展相关联的引用需求、对复杂的交通运输和通信系统的需要；对特定的土地、采矿和用水的权利要求以及对大型地图和海图的高精度要求，名称的书面形式及其应用方式的规范化工作日益重要。

美国地名委员会

美国地名的系统化、规范化工作开始于19世纪晚期。在美国内战之后，与西部地区勘探、采矿和定居相关的地图绘制和科学报告大量涌现。众多名称及其拼写和应用中的不一致与矛盾之处已成为地图制作者和科学家面临的难题，他们要求采用统一的、不存在冲突的地理实体命名法。因此，本杰明·哈里森（Benj. Harrison）总统于1890年9月4日签署总统令设立美国地名委员会，授权其解决与地名有关的所有未决问题。联邦政府的所有部门和机构均应接受该委员会作出的决议。

1906年，西奥多·罗斯福（Theodore Roosevelt）总统扩大了该委员会的职责范围，涵盖联邦所使用的所有地名的标准化工作。在裁定争议之外，该委员会还负责联邦地名的规范化工作，包括修改和新增。

现在的地名委员会始于1947年，美国国会通过《公法80–242》（见附件A）改组该委员会。地名委员会与内政部长协同合作，负责为联邦政府制定政策并保持地名统一使用。现在的地名委员会运行并无预算，由来自联邦各部门和各独立机构的成员和代表组成，其工作广泛涵盖了与地名使用相关的大多数联邦项目。委员会的所有成员及其代表均为联邦政府雇员，任职时不获取附加报酬。成员和代表由相应部门或机构的负责人任命，任期2年。主席由委员会提名并由内政部长任命。委员会官员包括主席、副主席及执行干事。主席任命国内地名执行干事或外国地名执行干事担任委员会执行干事。

地名委员会可根据需要设立各种特别工作委员会。经委员会推荐，内政部长可成立由各领域专家组成的顾问委员会，协助解决或处理特定问题。现有的工作委员会包括国内地名分会、外国地名分会、执行委员会、出版和宣传委员会以及南极和海底地名委员会。

自1947年以来，由国内地名分会以地名委员会的名义开展国内地名的规范化工作，每月举行会议。其成员和代表来自内政部、商务部、农业部、政府出版局、邮政局和国会图书馆，负责美国50个州地点、地理实体和地区以及其主权管辖下的其他地区的名称规范化工作。地名委员会执行干事与国内地名活动以及南极地名活动相关人员由隶属内政部的美国地质调查局提供。

自1890年成立以来，地名委员会开发制定的国内地名规范化原则经受住了时间的考验、基本原则是正式认可现今的地方惯例。为此，国内地名分会及其工作人员与各州地名机构、各州及地方政府以及公众密切合作，以确定官方使用地名的选择、拼写、书面形式和应用。各州地名机构的名单参见美国地质调查局与地名委员会合作出版的《地名相关的机构和组织：美国、加拿大和墨西哥—1989》。附件B中列出了地名委员会在规范化项目中所使用的术语及其定义。地名委员会成员及工作人员还代表美国参与了多个从事地名规范化的国际项目。附件E简要介绍了包括美国在内的一些国际地名项目的历史。

由外国地名分会以地名委员会的名义开展外国地名的规范化工作，其成员和代表来自与外国地名使用相关的联邦部门和独立机构。委员会执行干事与国外地名活动以及海底地名记录维护相关的人员支持由隶属国防部的美国测绘局提供（见附件D）。

国内地名的特点

地名往往源于口语并受其影响。谨记这一事实非常重要，因为许多人关注的是名称的书面形式，包括拼写、大写、词形和书写符号，而它们往往与名称的口语表达方式关系不大。大多数地名为双名法命名，即由两部分组成，分别表示专用和通用含义：Middleton（middle town），Coal Hollow 或 Sierra Nevada。通名表示名称所指的地点、地理实体或地区的类别，而专名则特指地点、地理实体或地区，独一无二。名称的通名往往是单字的地形术语，如河、山、湾、峰、台或湖；专名可能包括一个或多个单词，如 Grosse Roche、Jenny Lind 和 Casale Campo di Carne。双名（两部分）形式鲜明有效，在书面语中往往将名称的专名写作合成词，例如 Threemile Run 和 Redhill Gulch。一些地理实体的名称较长，在以介词短语表示专名时尤为如此：Cliffs of the Seven Double Pillars、Foot of the Mountains Run 和 Canon del Rajadero de los Negros。一些地理实体的通名用于特定场合（不常用）；体会一下五花八门的美国地名，例如山脉（Bald Alley）、峰顶岩（Butlers Toothpick）、山（Titans Piazza）以及山脉（Devils Racepath）。双名形式的变形中包括需大写的单字名称：The Bend、La Pica、The Cape、The Nose 和 The Maze。

诸如波士顿（Boston）和品胡克（Pinhook）的单字专名常见于人口众多的地区和一些民用区划（civil divisions）之中；词句上下文之中蕴含其所表示的地理实体种类。

可以在文本之中将具有同一个通用词语的若干个地名归为一组、将通用词语以复数形式表示：卡鲁梅特、马尼托瓦克和希博伊根县（Calumet，Manitowoc，and Sheboygan Counties）；威斯康星和伊利诺伊河（Wisconsin and Illinois Rivers）。

国家地名数据库

国家地名数据库是地名信息系统（GNIS）的组成部分，是确定官方名称的主要来源。该系统由美国地质调查局与美国地名委员会合作维护。目前数据库中收录了超过 2,500,000 条名称。这些记录中的名称涵盖自然地理实体、人口密集居住地、民间区域、地区和区域以及矿山、教堂、学校、墓地、医院、水坝、机场和购物中心等人文地理实体。数据库中的所有名称，除别名之外，均可视为联邦的官方定名，由委员会方针或决议确定，或由负责行政名称的组织依程序确定。每条记录中均包含下列信息：

· 官方名称或原始名称的书面形式；

· 确定地理实体类型的术语；

· 地理实体位置，以及在一些情况下以地理坐标表示的地理实体范围；

· 能够定位该地理实体的美国地质调查局地图或其他官方基准系列地图；

· 地理实体海拔（如使用）；

· 同一地理实体的别名和其他拼写。

可以对数据库中的信息进行检索、分析和整理，以便满足一般需求和特殊需求。可通过地名信息系统管理人员、美国地质调查局获取关于国家地名数据库访问以及现有产品的相关信息。

国家地名词典

《美国国家地名词典》是地名信息系统（GNIS）的一项产品，其中包含了在美国本土、其领土范围内以及海外领地中的一系列过去和现在的各州地名列表和特殊地名列表。地名信息系统与地名委员会正在合作筹备出版该系列出版物，将收录超过 3,000,000 条地名和相关信息。其目的在于向公众提供相对完整的美国地点、地理实体和地区的名称索引，并为这些名称的书面形式及其应用确立国家标准。《美国国家地名词典》分卷以州或地区命名，名称中将注明出版年份。还出版了简明美国卷，列出了选定地点和地区以及主要自然地理实体当前所使用的约 42,000 个名称。

国家数字地名词典（光盘）

《国家数字地名词典》是地名信息系统的另一项产品，为光盘形式，内容为本国地名和相关信息。其中还包含了查找、检索、处理和导出信息所必需的软件。该光盘每年更新一次。

确定官方名称

联邦政府政策规定，联邦地图和其他出版物中仅可使用官方的国内地名。官方名称指该名称书面形式以及其在相应地点、地理实体或地区中的应用获得美国地名委员会或适宜行政机构（见附件 B）的批准。按照法律规定，该委员会负责所有地名事宜，适用于联邦机构办公室或机构的地名除外（见附件 A 第 1 和第 7 部分）。而实际上，委员会主要决定美国本土、领土范围内和海外领地中自然地理实体、未建制地区和人口密集地点的名称。其并不负责裁定诸如道路、街道、购物中心、教堂、学校、医院和机场等人文地理实体的名称（见第Ⅳ项原则），除非被要求进行该项工作。存在一些边界情况，例如委员会将确定未由国会正式定名的水库官方名称，但并不确定组成水库的水坝名称。下列陈述定义了委员会为确立并维护联邦地图和其他出版物的统一地名使用而制定的程序。

地名委员会主要参考地名信息系统确定官方地名及其应用。

有待委员会作出决议的名称列有决议年份（如“BGN 1947”），已由委员会决策认定为官方地名的名称无决议年份。但所有条目均为官方认可。

依照《公法 80–242》规定，地名信息系统中未收录的地名应提请地名委员会批准后方可用于联邦地图、海图和其他出版物。

该规定的目的在于确保作为官方名称主要参考来源的地名信息系统尽可能最新并且完整。各方均能通过严格遵循该程序而从中获益。向委员会提交并上报用于地方用途（见定义）的大部分名称将在处理后批准纳入地名信息系统之中。由于这些名称将作为权威海图参考使用，因此对基准系列地图和海图中公布的所有名称进行记录，并使其与地名信息系统名称记录中的书面形式和应用方式一致便具有尤为重要的意义。

基准系列的地图和海图包括：

1. 美国地质调查局和美国林务局发行的国家地形图系列梯形图幅（1：24,000 或 1：25,000 比例尺）；

2. 国家海洋局发行的沿海地区和内陆水域的水运海图；

3. 美国农业部林务局发行的国家森林旅游地图；

4. 国家公园管理局发行的国家公园区域旅游地图。

这些地图和海图将定期修订，届时将依照地名信息系统所载信息更新其中的名称及应用。

当基准系列地图之间或某幅地图与地名信息系统之间在名称使用上出现矛盾时，均应向美国地名委员会国内地名执行干事提交。

地名信息系统可以与联邦机构进行交流，也可通过申请当前的计算机编目和磁介质信息获取最新的名称信息。可根据请求进行特定地区或特定地理实体种类的专门搜索。

无法访问地名信息系统或无暇请求获得地名信息系统信息的人员可组织使用辅助来源确定官方地名。最为重要的辅助来源包括：

《国家数字地名词典》（光盘）；

《美国国家地名词典》；

美国地质调查局、美国林务局、国家海洋局和国家公园管理局发行的基准系列地图和海图。

这些辅助出版物是官方名称信息的重要来源，出版之时为最新版本。在1947年依照公法组建后不久，美国地名委员会成立了国内地名分会和外国地名分会。它向每一个权威机构派遣了人员，在各自职责范围内依照订立的原则、方针和程序以委员会的名义就单个地名作出决议。因此，每个分会的决议即为委员会决议，经内政部长审查批准后正式生效。而新原则、方针和程序的制定，重大地名问题或对上述内容的修订通常提请委员会全体人员审查通过后递交内政部长。

国内地名分会的工作人员逐个调研委员会收到的国内地名问题和提议，考虑可能影响决策程序的所有因素并将其放入待决议列表。国内地名分会对名称问题和提议作出决策时，在其原则、方针和程序之外，还考虑其余几项因素。这些因素及其定义按字母顺序列举如下：

· 惯常用法

以文字形式持续出现或以口头形式持续表达，并由史料、现有书面材料或民间传说证明的地名。

· 历史用法

在地点或地理实体的早期历史中命名并使用的、已废弃或仍在使用的地名。

· 合法用法

在依照政府机构规定的法律程序而形成的文件中出现的地名；该文件确定了该名称；或在对文件主要目的具有重要意义的地区、地点或地理实体进行辨识或定位时偶然使用了该名称。该类别中包含“法定用法”；由于其对命名过程较为重要，因此特别单独提及。

· 法定用法

由地方、部落、州立或联邦立法机构确定的地名。

· 当地用法

与某地理实体联系紧密人员以口头或文字形式对该实体定期普遍使用且当前仍在使用的地名。

· 无名地理实体

其口头或文字名称无人知晓的地理实体。

· 口头用法

人们以其自身常用口语在提到某个地点、地理实体或地区时所使用的名称。

· 文字用法

以手写或印刷形式出现的地名，例如手写信件、日记和日志，或在报纸、地图上印刷的或官方数字化记录中所记载的名称。

在国内地名分会召开待决议列表评审会议前三个月左右，向合作的联邦、州和部落机构以及相关组织和个人发送该列表。对每一个案进行优劣评估后，分会针对存在矛盾的名称作出决议，批准或否决针对无名地理实体的命名以及更名提议。决议的依据是现行的原则和方针，以及惯常用法、历史用法、合法用法、法定用法、文字和口头用法等因素（见因素和定义）。暂缓一些活动，以便为州和地方作出响应预留更多时间，或为决议获取更多有用信息。每月会议中所作的决议记录将递交内政部长审查批准。国内地名分会的名称决议即为美国地名委员会的决议，将录入国家地名数据库并在决议列表中公布。

地名的拼写

委员会决议确定联邦政府所使用地名的规范拼写方式。在决定美国所使用的名称拼写时，地名与其他专用名称一样，可不遵循英语语言中适用于其他单词的拼写规则，这一点获得了委员会认可。尽管这些规范拼写一般来说符合英语规则，它们可能反映了当地居民普遍采用或偏好的具备历史意义的拼写或形式，因此可能包含有字面上的语法错误、拼写错误、不当的组合词或缩略词。

第二章　国内地名原则

介绍

《公法 80–242》（1947）授权美国地名委员会经内政部长批准，负责制定与国内和国外地名有关的原则、方针和程序；决定官方使用的规范名称、拼字法和应用方式。下列国内地名原则体现了自 1890 年以来在全国规范化工作中的基本规则和主要方针。分会和委员会依据这些原则制定方针和程序并对国内地名作出决议。

原则Ⅰ：使用罗马字母。官方国内地名以罗马字母书写，与英语语言的惯常书写相同。但可依照“方针Ⅵ：变音符的使用”添加变音符。

原则Ⅱ：当地用法中的名称。美国地名委员会确定官方地名及其应用的基本原则在于认可当地用法或偏好。当地方的口头或文字与具体的委员会方针不一致时，则属例外情况。在当地用法不一致或并不权威时，将重点考虑已有完善文献记录的名称和具有历史意义的名称（见国内名称决议）。

原则Ⅲ：国会法案或总统令确定的名称。依照法律规定，国会法案或总统令专门确定的地名为官方名称。本条不适用于国会法案出于其他目的的偶然使用的地名，文中明确指出该命名为法案目的之一的情形除外。

国会法案或总统令中确定的名称可涵盖第三章尾注 1 中所述的各实体。若未由国会法案或总统令命名，则此类实体通常由国会法案授权的管理机构命名（见原则Ⅳ）。

原则Ⅳ：其他主管机构确定的名称。对于某些类别的名称，委员会一般不予决议确定（the subject of decisions），而属于其他主管机构职责范围之内。具体内容见第三章尾注 2。而委员会可对此类名称作出必要决议，以解决不同机构之间的矛盾。无论作出何种决议，委员会均可将此类名称纳入发布的列表之中，该项工作是为美国政府颁布规范名称的职责之一。（见附件 A 中《公法 80–242》第 5 章节。）

原则Ⅴ：一个地理实体使用一个名称。美国地名委员会为美国本土、其领土范围内以及海外领地中的地理实体确定了一个官方名称、拼写及其应用。在联邦出版物中，对某些实体可能采用其官方名称的缩写形式（例如：威斯康星州和威斯康星；亚特兰大城和亚特兰大）。

第三章　尾　注

尾注 1（见原则Ⅲ）

国家鱼类孵化场（内政部/鱼类和野生动物局）

国家森林（农业部/林务局）
国家猎场（内政部/鱼类和野生动物局）
国家草原（农业部/林务局）
国家历史地标（内政部/国家公园管理局）
国家历史遗迹（内政部/国家公园管理局）
国家海洋保护区（商务部/国家海洋和大气管理局）
国家保护区（内政部/国家公园管理局）
国家公园（内政部/国家公园管理局）
国家娱乐区（农业部/林务局和内政部/国家公园管理局）
国家休闲步道（农业部/林务局和内政部/国家公园管理局）
国家风景区（农业部/林务局和内政部/国家公园管理局）
国家海滨公园（内政部/国家公园管理局）
国家自然与风景河流（农业部/林务局和内政部/国家公园管理局）
国家野生动物保护区（内政部/鱼类和野生动物局）
自然保护区（内政部或农业部）
部分水库的名称也由国会确定。

尾注 2（见原则Ⅳ）

一般情况下，以下类别的名称不经委员会决议确定：

属联邦机构行政管辖的设施、办公场所、机构地点和有界区域，例如林务局站点和护林员区（农业部林务局）、军事基地和专用地（国防部）、海岸警卫队灯塔和救生站（交通部）以及邮局（美国邮政局）。然而，这些机构所采用的名称适用于其自有设施，未必用于邻近的社区或地理实体，后者名称或需经委员会决议确定。

属州立和地方政府行政管辖的设施、办公场所、机构地点和有界区域，例如区域性森林保护区、州立公园、市属建筑和公园、市属机场和公立学校。

印第安保留地，其名称一般由国会法案、协定或总统令确定。

行政性子单位（郡、市、乡和类似的依法建制单位），这些实体依照州法律设立，法律中通常规定了名称（names）的确定程序。其中包括的实体一般具有地方自治政府，如市、镇、乡、自治村镇、村和农庄（缅因州内）；区、管辖区以及由更大单位设立的作为行政子单位的其他实体、市内行政区、波多黎各和海外领地中的村政府、镇郊行政区（barrios）和类似实体。委员会经常发布此类名称的最新信息，但只在确定来源之间存在矛盾或歧义的极少数情况下作出决议。

地方交通、通信、导航和水务管理地理实体，由政府或准政府机构建设或管理的公路、道路、桥梁、渡口码头、隧道、机场、广播和电视塔、航标、人造渔礁、水坝、运河和沟渠由相关办事机构命名。委员会仅在出现矛盾时介入。

私产中的建筑物和其他人造地理实体，例如购物中心、度假胜地、矿山、石油钻井平台、教堂、墓地、铁路车站、站点和铁路侧线（sidings of railroads）以及其他公共交通设施。铁路车站与邮局情形相同，其名称并非自动用于邻近社区，后者名称或需经委员会决议来确定。当涉及多位产权人时，或正确名称存在疑问，地理实体不再被使用时（例如废弃的矿山），需委员会决议来确定。

第四章　国内地名方针

美国地名委员会针对特定的命名问题或事宜制定了方针和程序。这些方针在过去的 100 年中不断完善，鼓励并允许决议过程中一致、客观地开展工作，并在全国范围内推进地名命名的标准化。尽管所提议大部分地名的情况和条件依据这些方针确定，但在某些情况下必须考虑其他因素，以便作出合理的决议。

· 方针Ⅰ：由国会研究确定的名称

由国会法案特别确定的地名及具有法定的官方使用地位，因此优先于委员会决议。在少数情况下，向委员会递交的命名或更名提议同时成为国会立法提案的讨论内容。为避免机构之间可能出现的矛盾行为，委员会遵循下列方针：

方针

美国地名委员会对美国国会研究考虑的名称不予决议。若国会在第二届期满前未受理立法提案，则委员会在国会下一届开始后 90 天内不予受理。若国会正式拒绝受理命名立法提案，则委员会将在该案决议前等待 90 天，直至在此期间通过了新的法规。

批准人：	批准人：
地名委员会	内政部长
1981 年 3 月 12 日	1981 年 4 月 20 日

· 方针Ⅱ：更名

地名与其他类别的专用名称一样，在语言中具有重要的引用或标记功能。每个名称特指一个地理实体、地点或地区。该功能要求在名称的口头和文字形式具有高度稳定性。因此，无充分理由不应变更名称。美国地名委员会将逐个审议涉及更名的每一提案，并认真评估优劣。

定义

“更名”指正式变更美国本土、其领土范围内以及海外领地中由美国地名委员会认定为联邦地图和其他联邦出版物官方使用的地点、地理实体或地区的专用名称。委员会认可以下三个等级的更名：

a. 使联邦官方用法与已被广泛接受的当地用法相一致；

b. 消除在涉及贬义名称、重名和最初基于不正确信息而授权确立的名称中存在特殊名称问题；

c. 由个人或公共、私人组织出于纪念目的或对申请人有重要意义的其他原因而提出的申请。

方针

第 1 部分

总则：美国地名委员会不鼓励官方地名更名。其不予发起国内地名更名，涉及某些贬义名称和重名的少数情况除外。所有更名提案将由委员会与州立地名主管机构、联邦、州立和部落机构、地方政府、其他权威机构以及公众一同合作评估。

第 2 部分

与当地用法一致：委员会的方针为尽可能遵循当地用法。然而，当官方名称与已被广泛接受的当地用法不一致时，委员会将对相关官方名称更名提案予以考虑。在特定个案中可能优先考虑当地用法之外的因素。委员会作出决议时始终考虑委员会方针、文献资料、人口密度，以及州、部落和地方政府需求等因素。

第 3 部分

贬义名称：委员会禁止在官方地名中包含对任何种族、民族、性别或宗教团体具有贬义的字词，并将坚定不移遵守该方针（见方针Ⅴ：贬义名称）。

重名：当重名导致混淆时，委员会鼓励提出更名请求以根除重复情况（见方针Ⅶ：重名）。

批准人：	批准人：
地名委员会	内政部长
1981 年 3 月 12 日	1981 年 4 月 20 日

· 方针Ⅲ：纪念性名称

以个人的姓名为地理实体命名，定居者（settlers）能够为地理实体打上标记，展现其生活活动及其所作的重大贡献。纪念性命名保证了对他们以及他们所作行为的持续纪念。对河流、山脉或谷地的命名有相似的效果，往往使人想起另一个地点、人物或时间段。

近几年，委员会的职能不断改变和扩大。我们国家铭记着众多人士所取得的成就，委员会遵循既定原则、方针与程序来确定将某人名字用在美国官方地图和出版物的自然地理实体之上。在某些情况下，委员会或许能够为地理实体命名提出其他建议，从而实现对个人更好的纪念作用。

方针

第 1 部分

美国地名委员会将考虑以逝者姓名或教名作为美国本土和美国行政管辖区内的地理实体命名的相关提议。委员会不予考虑纪念生者或可能被理解为纪念生者的命名。此外，逝者必须去世 5 年以上方可考虑将其姓名用于纪念性命名的提议。

第 2 部分

获得命名纪念荣誉的人士应与地理实体有直接、长期的关联，或对该地理实体所在地区或州作出过重大贡献。

第 3 部分

对于在国内或国际享有盛名的人士，即便其与地理实体无直接关联，对其加以纪念的提议也将予以考虑。

第 4 部分

所有的纪念性名称提议必须满足其他名称提议需满足的基本要求。

指南

纪念个人的提议中需包含地方支持该提议名称及其使用的证明。此类证明可以是当地居民和行政机构人员的信函或带有当地公民签名的原始请求书。

在未设州立地名机构（names authority）的州内，必须获得当地管理机构的批准，如郡县行政长官或县行政委员或镇行政委员。

在委员会的以往决议中，当被纪念的人士具有下列情形时可认定为具有“直接关联”或“重大贡献”：

早期或长期定居者 20 年或以上；

特定地理实体的开发者；

地理实体的修复者或维护者；

向州或联邦政府捐赠土地的捐赠者；

出于公益目的在土地保护中发挥过巨大作用的人士；

在登山事故或飞机失事中于地理实体上去世的人士，或仅仅作为土地或地理实体的所有者，通常不能满足“直接关联”的标准。委员会提醒在递交提议前仔细审视个人与所指地理实体的关联以及该提议与委员会其他方针的一致性。

批准人：	批准人：
地名委员会	内政部长
1986 年 4 月 22 日	1986 年 5 月 27 日

· 方针Ⅳ：荒野名称

在 1964 年《荒野保护法案》(《公法 88-577，78 法令 890》) 中，国会确立了国家荒野保护体系，其中涵盖了由联邦所有且有待行政管理的区域。

“……供美国人民使用并享有，所采用方式使得其不受污染破坏，未来仍作为荒野使用并享有，并对这些地区加以保护，保持其荒野特征；以及收集与传播有关荒野为人所使用和享有的信息……”

该法案将荒野定义为：“土地和生物种群未受人类侵扰、人类到访后并不逗留的地区。”

荒野命名是现代产物，基本特征在于地理实体不具备名称、无文化文明覆盖。如今已没有完全无名、无文化覆盖的荒野，但联邦对荒野地区加以管理的目的在于将人类的影响和痕迹降至最低。

对国会指定的荒野地区进行管理，从而保持其独有的自然、景观、教育、科学和原始价值。

方针

第 1 部分

在荒野地区内，美国地名委员会不予批准对无名地理实体的命名提议，在当地使用但未见于基准系列地图中的名称或行政管理部门使用的未公开的行政名称，出于安全、教育或地区管理等首要目的情形除外。

第 2 部分

对人员的纪念性命名提议不予鼓励、不加以考虑，满足第 1 部分标准与纪念性名称方针的情形除外（见方针Ⅲ）。

第 3 部分

与荒野地区有关的所有新名称提议必须满足其他名称提议时应满足的标准。此类标准也适用于可能被国会确定为荒野地区的区域。

指南

联邦管理机构将审议新名称提议并向美国地名委员会就与重要需求相关的地名调查结果提出建议，由委员会决定批准或不予批准。

期望为荒野地区中无名地理实体命名的人员应与负责管理该地区的联邦机构协调商讨其提议事宜。

批准人：	批准人：
地名委员会	内政部长
1985 年 4 月 16 日	1985 年 7 月 21 日

· 方针Ⅴ：贬义名称

对于美国本土和领土内的地点、地理实体和地区的名称，美国地名委员会的指导原则是采用当地用法作为联邦官方用法。当名称极具冒犯意味、对特定的种族或民族群体、某一性别或宗教团体具有贬义时存在例外。在这些情况下，委员会不批准在联邦地图、海图和其他出版物之中使用这些名称。

然而，委员会在该事宜中持保守态度，倾向于尽可能减少干预日常用语名称的使用。因词句的含义随时代发生变化，个人对词句的贬义性形成不同态度和看法，当淘汰与美国特定群体相关联的名称时，其所承载的记录意义也可能遭到扭曲或破坏。委员会如无端采取了这一行为，最终可能伤害了名称管理过程中原本期望保护名称的人们。

方针

对于国内地名，若美国地名委员会确认其为具有贬义性或对特定种族或民族群体、某一性别或宗教团体具有贬义的名称，则不会批准将其作为联邦用法。

指南

任何一个人或机构可请求委员会更改当前使用的、具有贬义或明显冒犯意味的名称。

更名请求应向委员会申请，包括不应使用当前名称的原因。申请人应依照委员会的名称提议提交指南，在申请中提出替代名称。

收到更改贬义名称的请求后，委员会将调查当前名称的使用背景并征求相关州立地名主管机构对于更改提议以及替代名称的意见。

对变更提议加以研究时，委员会将认真考虑所有相关因素，包括该用法的范围和分布情况、历史语境、使用者的看法和意图，以及词义。

对于包含日本佬（“Jap”）或黑鬼（“Nigger”）字样的名称提议，无论是否为当地用法，由谁提议，委员会均不予采纳。

在更名情况下，此前名称将在永久记录中作为别名显示。

批准人：	批准人：
地名委员会	内政部长
1983 年 6 月 23 日	1983 年 7 月 28 日

· 方针Ⅵ：变音符的使用

美国地名委员会通常并未将重音符号或其他变音符作为美国地名拼写的组成部分（见原则Ⅰ）。此类符号在英语中几乎从未出现，但是作为多种其他语言拼写的一部分，例如西班牙语和法语，美国的大量地名是从其中派生而来。源自非英语语言的大部分地名已经融入英语用法之中，因此不再带有原拼写中的变音符。而在某些情况下，尤其是在仍然使用西班牙语或法语口语的美国地区，当地频繁使用的名称表明应当加入变音符。当省略变音符会引起英语名称含义上的重大变化时，它的作用便尤为重要。

委员会曾在以往的几个例外情况下批准其中包含变音符的名称形式。

方针

美国地名委员会并非绝对不予批准带有变音符的地名，将逐一考虑该类名称。如有实质性证据，证明带有变音符的拼写方式在地理实体所在地区的官方记录、地图、标识中频繁使用，则委员会将予以批准。使用英文语言中不常见的特殊符号的名称将被作为别名对待（见原则Ⅰ）。

批准人：	批准人：
地名委员会	内政部长
1986 年 4 月 22 日	1986 年 5 月 27 日

· 方针Ⅶ：重名

地名在语言中所起的作用在于提供用以识别地理实体的明确标识。一个地区内的重名往往引发混淆与误解。然而，命名是一个自然过程，在郡、州或国家之内普遍存在重名现象。尽管并不期望在一个郡县或一州之内出现重名，但不应更改已获广泛接受的地名，公众强烈支持更名的情形除外。

定义

重名指距离较近的两个或多个同类地点或地理实体在当地用法或已公布的用法中使用了同一名称。不同类的地点或地理实体拥有同一名称的不属于重名，例如名为 Long Creek 的一条小溪与名为 Longcreek 或 Long Creek 的一座村庄。

方针

第 1 部分

对于将一州之内或邻州内的另一地名作为无名地理实体名称的提议，美国地名委员会通常不予批准。

第 2 部分

委员会鼓励州政府或地方政府以及当地居民更改或修正可能造成歧义的一个或多个重名。此类更名工作应与委员会协作进行。

批准人：	批准人：
地名委员会	内政部长
1981 年 3 月 12 日	1981 年 4 月 20 日

· 方针Ⅶ：别名的使用

设立美国地名委员会的目的在于实现联邦地图和联邦文件中采用统一的名称用法。自成立以来，委员会为每一个国内地理实体确定了唯一的官方拼写。某些河流和行政区划则具有一个长名称和一个短名称，二者均可使用（例如，芝加哥城和芝加哥）。

别名指地理实体官方名称之外的当前或历史名称的拼写方式。委员会决议中列出了已知的别名。委员会不批准独立使用任何别名，但可在经批准的名称后用括号注明别名。

方针

第 1 部分

在采纳国内地名时，美国地名委员会将为一个地理实体确定一个官方名称、拼写和使用方式。对于政治区域和民间区域，长短名称均可使用。

第 2 部分

委员会不允许在官方名称中使用括号，但出于澄清或索引目的，可在官方名称之后使用括号标出别名。不允许单独使用官方名称之外的其他名称。

指南

在联邦地图、海图或报告中，在官方名称后是否使用括号标出别名由作者以及出版发行机构自主决定。

在地图或海图中，括号内的名称可以置于官方名称之后或下方，并应清楚表明官方名称。委员会允许以列表或字典形式列出该类别名，以便介绍其发音、来源或字词含义等特殊信息。应说明列表或字典的用意以及所列名称与官方名称的区别。

1968 年 10 月 2 日发布的《公法 90–543》（1978 年 11 月 10 日修订）授权设立全国性的风景、历史和休闲步道系统，以上述形式使用别名的方法便在其后发展形成。部分步道已具有被广泛接受的名称，但不同于立法确定的官方名称，而这些国家级步道与其有部分重复。在这一情况下，当需要出于索引或识别目的而保留旧有名称时，建议在官方名称之后以括号注明旧有名称。例如："Pacific Crest National Scenic Trail（John Muir Trail）"。

使用别名的可能原因包括：

a. 表示当前或最近地方用标准名称之外的替代名称。

b. 表示更名之前的名称。

c. 表示跨越国际边界的地理实体的外文名称。

d. 表示仅适用于部分地理实体的当地名称。

批准人：	批准人：
地名委员会	内政部长
1984 年 2 月 9 日	1984 年 3 月 23 日

· 方针Ⅸ：长名称

美国地名委员会几乎在成立之初便不赞同冗长、笨拙的国内地名。尽管委员会并未专门规定对怎样的长名称不予接受，但如名称过长、导致书面或口头使用困难或不便，委员会通常不予批准。

该项说明针对以下三种特定类型的长名称：

a. 为纪念个人而使用其全名为水库、水坝和其他地理实体命名的法定名称。它们被称作"法定地理实体名称"，例如理查德 · B. 罗素大坝和湖泊

（Richard B. Russell Dam and Lake）（佐治亚州）和鲍勃·马歇尔荒野保护区（Bob Marshall Wilderness Area）（蒙大拿州）。如该名称由国会法案确定，则不得由地名委员会修改。

b. 为避免误解而在纪念个人时使用不止姓氏的名称。这些名称与“a”类有所区别，其旨在避免混淆。它们被称作“纪念性全称”。例如，沃尔特·E. 朗大湖（Walter E. Long Lake）（得克萨斯州），克劳德·伯兹观测点（Claude Birdseye Point）（亚利桑那州）和乔治·R. 斯图尔特峰（George R. Stewart Peak）（加利福尼亚州）。

c. 河流叉口或支流的名称中如不包含干流的名称则不够完整。它们被称作“河流长名称”。例如：East Fork North Fork American River and North Fork of Middle Fork American River。

方针

第 1 部分

对于由国会以外的立法机构确定的国内地理实体名称，地名委员会将遵循与人名使用相关的一般性方针。该方针规定，以个人全名作为地名特定组成部分的，通常不予批准。

第 2 部分

该方针还适用于采用个人全名来突出名称纪念意图的提议。当个人的全名或部分名字简短且朗朗上口，或只用姓氏将造成歧义时，委员会会根据情况作出例外决议。

第 3 部分

支流名称可不提及其干流而获得委员会批准，但其应清楚明确且符合委员会名称批准的其他指南规定。如一个支流名称在未附干流名称的情况下被视作具有歧义，则委员会将考虑（1）扩展干流名称以涵盖支流，或（2）要求递交替代性提议。如均无法实现，则委员会将考虑在获准的支流名称中加入干流名称。

指南

委员会在审查法定地理实体名称时，将考虑采取标准名称全称中使用的姓氏部分加下画线的方式。

在审查名称适宜性时，采取纪念性全称的提议将作为其中的组成部分单独考虑。如批准使用全名以避免歧义，则不采用部分加下画线的方式，允许单独使用姓氏部分。

如获准的河流名称中包含干流的名称，则只能使用获批准的全名，不得使用省略干流名称的简短形式。

批准人：	批准人：
地名委员会	内政部长
1986 年 4 月 22 日	1986 年 5 月 27 日

· 方针 X：源自印第安原住民的名称

起源自印第安原住民语言的地名是美国文化遗产的重要组成部分。在其名称提议的标准审查程序中，委员会将与联邦承认的、与地理实体位置具有历史或文化关联的部落进行协商。此外，委员会还将咨询其他有组织的对提议命名地理实体保有兴趣的印第安原住民群体。下列方针明确了委员会针对源自印第安原住民语言在美国本土、其领土范围内以及海外领地中的官方应用所持的立场：

指南

第 1 部分

源自印第安原住民语言的地名官方应用。美国地名委员会支持并提倡将源自印第安原住民语言的地名用于官方用途。为此，鼓励编制与当前使用的该类名称有关的权威文件。使联邦地图和其他出版物官方名称的最终选定、拼写和使用遵照委员会确定的方针和正字法指南进行。

第 2 部分

源自印第安原住民语言的已确定地名的更改。对源自印第安原住民的公布已久、广泛接受的地名拼写或使用进行更改的提议，美国地名委员会通常不予考虑，以便符合名称正确拼写和准确对应的现行标准。

第 3 部分

更改美洲印第安部落管辖范围内已确定的、源自非印第安语言的地名。

a. 对位于美洲印第安部落管辖范围内或部分位于其内主要（原始）地理实体公布已久、广为人知、源自非印第安语言地名的更改提议，美国地名委员会通常不予考虑，该变更获得公众广泛支持并获国家和部落相关机构批准的情况除外。

b. 为了与当地用法一致而提出的，对位于美洲印第安部落管辖范围内或部分位于其内非主要（原始）地理实体，源自非印第安语言已公布地名的更改提议，美国地名委员会将予以考虑，并将与部落或国家相关机构协同作出与该类更名有关的决议。

第 4 部分

美洲印第安部落管辖范围内无名地理实体的命名提议。对位于美洲印第安部落管辖范围内或部分位于其内的无名自然地理实体（即无当前使用的已公布名称或地方名称的地理实体）命名提议，必须符合委员会为该类命名编制的指南，且应在美国地名委员会考虑批准前获得相关部落机构的支持。

第 5 部分

美洲印第安部落管辖范围外的源自美洲印第安语言的地名。对于印第安原住民使用的但位于部落管辖范围外的未发布地名，将依照同一地点和地理实体未公布的并与之相似的非美洲印第安名称加以考虑。美国地名委员会将依照常规的决议标准为每一个案确定官方名称。

第 6 部分

为美洲印第安部落管辖范围外的无名地理实体提议源自美洲印第安语言的地名。对位于部落管辖范围外的无名地理实体（即无当前使用的已公布名称或地方名称的地理实物）使用源自美洲印第安语言的名称提议，美国地名委员会将考虑批准。该类提议：

a. 必须满足委员会对于无名地理实体命名提议的规定。

b. 应在语言学意义上适用于每个地名所应用的地区（即在每个个案中，该地区内有相对固定的人群使用这一名称所来源的语言）。

c. 必须符合委员会就美洲印第安地名书写制定的正字法指南。

第 7 部分

对于源自美洲印第安语言地名通名推荐，美国地名委员会推荐在源自美洲印第安语言的名称中使用通名，以便于公众理解，并在名称所应用的地区内通用。即便美洲印第安名称中早已包含通用内容，该方针依然适用。

批准人：	批准人：
地名委员会	内政部长
1996 年 4 月 18 日	1996 年 8 月 15 日

第五章 程序和指南

提交名称更正和更改

地名信息系统中的国家地名数据库收录了获准用于联邦地图和海图以及其他出版物的地名。可以向美国地名委员会国内地名执行干事提交信息，更正或更改数据库中的标准地名记录。通常在发现印刷错误、有证据显示地方或流行的出版及合法用法与官方记录相矛盾时进行该类更正或更改。提议必须提交委员会审查批准后方可用于联邦出版物。

委员会审查地名重名的程序包括向地方、联邦和国家机构提交个案，如重名与主要地理实体有关，程序中还包括在新闻媒体发布用于提醒机构和公众注意该问题并征求的意见和建议。当与加拿大或墨西哥的国际边境上的地理实体存在重名时，审查程序中将包括与加拿大或墨西哥权威地名机构联系并征求的意见。

当审批用于出版物名称时，关键在于在出版日期前向委员会提交更正或更改请求，以便为更正或审批过程留出充足时间。提前的时间可以为1—6个月或更长，视所提交内容的性质而定。例如，委员会的工作人员需要数日时间更正印刷错误，而一些有争议的更改则需要数月时间。

在紧急情况下，委员会及其人员根据请求将尝试加快审查和批准过程。但是，如在出版截止日期前未收到批准，所涉及的名称应使用数据库所示名称。

提交未记录的名称

未记录的名称指当前在地名信息系统中未收录的名称，是在当地用法或确定出版物或合法用法中新近出现的名称。

所有此类名称在用于联邦出版物之前应提交地名委员会审查批准。通常情况下，这些名称不进入待决议列表（be docketed），而是在30个自然日内予以批准或驳回。提交名称的个人或机构将在处理结果后立即获得通知。

提交名称更正、更改和未记录名称的程序

可向美国地名委员会国内地名执行干事递交更改官方名称、拼写或应用

的提议。可采取的形式包括信函、国内地名报告的标准表格（见附件C）、正规电信通信或其他方式。所有提议均需明确辨识描述该地理实体并包含所需的证明材料。如采用信函或报告表格形式，则可采用地图注释辨识该地理实体。其他程序形式中，则需以精确的地理坐标加以辨识。委员会的决议可能不同于提议机构或个人所建议的选项、形式、拼写或应用。但是，所有的联邦机构均需接受委员会决议，并在出版前更正相应地图和报告，如早已出版，则在地图再版时更正。

对于未记录名称和明显的印刷错误，可通过电信通信或地图注释方式递交。需再次强调的是，明确辨识该地理实体十分重要。所递交的或在地图上注释的信息应注明名称的来源（例如“当地用法 –8 民众”；“县公路地图，1994”）或印刷错误的性质。

国内无名地理实体的命名提议

尽管确定国内标准地名时的首要依据是当地使用的口头和文字用法，但委员会在为目前无名地理实体命名时考虑纪念等其他需要。美国地名委员会不发起对国内无名地理实体命名，除非获得授权，才对用于联邦地图和出版物以及其他用途的新地名提议加以考虑。任何个人、私人和公共组织均可向委员会递交命名提议。

一个新地名在很长时间内将影响广泛，因此必须使当地居民、相关州立和联邦机构以及其他使用者所接受。委员会负责在采用该名称前评估命名提议的适宜性、可接受性与需求性（涉及该地理实体位置以及使用者群体），这一工作与州立地名主管机构、联邦、州和部落机构、当地政府以及公众合作完成。美国地名委员会的总体方针是避免对地理实体的过度或不必要命名。

命名提议指南

本指南仅适用于从未命名的地理实体。将优先考虑在当地居民中早已以口头或文字形式存在的地理实体名称，即便该名称从未在当前地图中出现（见方针Ⅱ：更名）。提议为无名地理实体命名的人士应尽最大努力确定该地理实体是否确实无名。定位无名地理实体的最佳来源是联邦和州政府出版的大型地图和海图。例如，在大型地图图书馆均可找到美国地质调查局地形图和国家海洋局航海图。地名委员会参照以下方针和标准考虑无名地理实体的命名提议：

提议名称：美国地名委员会建议采用相对独特、富有想象力的名称，但前提是该名称不能与其将应用地区内已存在的其他名称形式相矛盾。推荐使用的名称能够对地形加以描述或能展现当地历史、民俗，能与自然生命相关，体现其他现象，其中包括适用于地理实体所在地区的美洲印第安名称和其他民族名称。

重名（见方针Ⅶ：重名）：所提议的名称不应与州内或邻州内的其他名称重名。

推荐的名称形式：所提议的名称应能作为专有名称发挥服务作用。应尽可能简短并易于发音，最好能够通过拼写便可知晓读音。

名称中的描述用词：在命名湖泊、山脉、支流小河和峡谷时，应尽可能避免使用描述性或关系词（中、上、北、大等）。所提议的名称应具有特色。

通名：当所提议的地名中包含专名和通名时，通名（溪、丘、山脊、湖、山坳等）应与该地理实体相匹配，一般来说应与该地理实体所在地区内已使用和熟悉的通名相一致。

人名（见方针Ⅲ：纪念性名称）：以人名为地理实体命名的提议将不予采纳，出于历史或纪念原因，为纪念某位人士或家族且符合公众利益的情况除外。为了证明委员会应予采纳该名称，获得命名纪念的人士或家族应与待命名地理实体具有直接联系，曾为地理实体所在地区或所在州作出过巨大贡献。经验表明，当地居民和其他名称使用者通常反感甚至抵制使用纪念人物的名称。对土地的所有权本身不能作为充分依据。纪念国内或国际杰出人士的提议将予以考虑。

以下既定方针适用于使用人名命名的提议：

a. 美国地名委员会不予采纳纪念或可理解为纪念在世人士的名称。

b. 对逝世 5 年以上人士的纪念性命名方可以考虑。

c. 使用人物全名作为地名的提议通常不予批准，除非人物全名或部分名字简短且朗朗上口可适当考虑。委员会建议提议的名称以姓氏或名字附加适宜的通名组成。使用人物的绰号、昵称或头衔作为名称更为有趣且持久，同时因其炫耀感更低，易于被公众接受和使用。

荒野名称（见方针Ⅳ：荒野名称）：美国地名委员会不予批准对指定荒野内无名地理实体命名的提议，出于安全、教育或地区管理等情形除外。联邦管理机构将审议新名称并向美国地名委员会就重要需求的地名调查结果提出建议，由委员会决定批准或不予批准。由州和地方管辖的土地：将与负责管理该地区的机构协调商讨提议事宜。（见原则Ⅳ）。

贬义名称（见方针Ⅴ：贬义名称）：对于暗含歧视、对特定的种族或民族群体、某一性别或宗教团体具有贬义的命名提议，美国地名委员会将不予采纳。本条也适用于在当前文化背景下具有淫秽或亵渎意味的名称。

对无名地理实体的命名提议程序

对无名地理实体提议的名称必须经过美国地名委员会批准，方可用于联邦地图或其他联邦出版物。必须向委员会递交书面提议（见附件C），并附下列信息：

a. 所提议的地名全称。

b. 待命名地理实体的位置和明确标识。

c. 命名该地理实体的原因。

d. 所提议名称的来源或含义。

e. 该地理实体尚未被命名的依据。

若为纪念人物提议的名称，则还需包括下列补充信息：

a. 人物的全名。

b. 人物的生卒日期（如知晓）。

c. 人物的生平简介，注明其与该地理实体或地区的关联。

在地图中精确标注待命名地理实体将对批准命名有所帮助。最好为带有坐标方格和比例尺的联邦、州或郡县地形图，能够测量距离并确定准确位置。

如提议人能够提供当地支持提议名称的证明材料，委员会将加速审议该提议。此类证明材料可采取以下形式：

a. 相关的联邦、州、部落或地方行政机构以及州或部落地名机构出具的信函。

b. 当地居民为该名称签署的请求书。

c. 能够显示公众知晓并认可该提议名称的文章剪报以及致编辑的信函。

在未提供证明材料时，委员会将与州立地名主管机构或委员会同联邦和州立机构以及当地居民密切合作，需要3至6个月（或更长时间）对提议作出最终决议。对国际边境上地理实体的命名提议，委员会需将该提议转交相关的外国地名机构，获得其认可后方能开展工作，可能需要更长的处理时间。

提议或询问可发至：

执行干事

美国地名委员会国内地名分会

批准人：	批准人：
地名委员会	内政部长
1977 年 9 月 8 日	1980 年 1 月 21 日

对美国和加拿大共有地理实体名称的处理

1. 跨国界地理实体的命名协作

1.1　共同利益

鉴于：美国与加拿大国界之上或跨国界地理实体的命名协作有利于两国地名机构以及地图制作和测绘机构的共同利益。

1.2　不同名称与不同拼写

鉴于：在美国和加拿大的历史发展过程中，边界线上的同一地理实体具有多个不同名称或同一名称具有不同拼写。

1.3　保护文化遗产和历史

特此建议：当不同名称或同一名称的不同拼写反映了两国文化遗产和历史视角差异时，各国地名机构将予以尊重。

1.4　地理实体的唯一名称

鉴于：在文化所能接受的情况下，美国和加拿大地名机构（在适用情况下，指州、联邦、省一级机构）可考虑对地理实体使用唯一官方名称（专用和通用）。

1.5　地名处理的共同努力

特此建议：两国就跨国界地理实体的名称处理建立相似的、有效的方针和程序。

1.6　合作行动

特此建议：当就国界两侧均未命名的地理实体提出命名时，必须向地名机构递交提议并由其批准；如该提议获得当地支持，则两国可对该名称予以官方采纳。

1.7　国界一侧已确定的名称

特此建议：当跨国界地理实体仅在一国具有官方名称时，另一国的对应地名机构应考虑采用同一名称，但需获得当地支持。

1.8 对国界一侧非官方名称的共同采纳

特此建议：如某一地理实体在国界一侧具有正在使用的非官方名称，则两国相关地名机构应在询问两国地方意见后考虑采纳该名称。

1.9 同一地理实体的多个名称

特此建议：当国界两侧对同一地理实体均有正在使用的非官方名称，且相关地名机构无法就同一名称达成一致时，各国地名机构可自行将其名称确定为官方名称，或决议暂时不确定官方名称。

2. 更名

2.1 更名方针

鉴于：强烈建议维持已确定的官方名称。

特此建议：为遵循当地一贯用法或居民偏好，根据具有说服力的特定请求，出于双方规范化工作需求，经与地方协商一致，两国相关地名机构可考虑更改官方名称。

3. 通名和地理实体种类

3.1 双方共识

鉴于：为便于双方理解在各国所采用的地名术语和信息交流，应明确命名地理实体的种类，并配备文件资料说明其通名和地理实体种类。

3.2 文件交流

特此建议：各国相关地名机构编制并交流在地名中使用的术语文件。

3.3 自动化地名数据库

特此建议：各国地名机构所开发的自动化地名数据库中应包含与通名和地理实体种类相关信息，以便数据交流。

4. 实施

4.1 就原则达成一致

鉴于：美国和加拿大地名机构的代表就处理边界名称问题的一系列原则达成了一致。

4.2 就程序达成一致

鉴于：应采取附件 A（未包括在本文件之中）规定的程序执行上述原则。

4.3 采纳

特此建议：采取行动实施该建议。

批准人：　　　　　　　　　批准人：

美国地名委员会　　　　美国内政部长
1989 年 8 月 30 日　　　1989 年 11 月 10 日
批准人：
加拿大地名长期委员会
1989 年 8 月 11 日

用水权利名称（略）

第六章　编辑指南

书写符号

连字符和省字号等书写符号在国内地名中偶有使用、用法各异，应注意特定地理实体名称的标准使用形式。连字符有时用在包含词组的名称之中（Hole-in-the-Wall，Go-to-it Creek）以及包含两个专用部分的名称之中（Clark-Mallard Ditch，Alma-Cassville Trail）。通常不使用连字符划分美洲印第安名称中的音节。

表示所属或关联的省字号不得用于专有地名（Henrys Fork：而不是 Henry's Fork）。构成地名的字词改变了其原本的语义功能，共同形成了单一的表示性词语。它们由具有特定字典意义的字词变为用于指代地理实体的固定称号，已不再需要暗指所属或关联关系。因此，我们书写"Jamestown"，而不是"James'town"，或"Richardsons Creek"，而不是"Richard's son's creek"。对整个名称表示所属或关联关系时，可在末尾加省字号，例如"Rogers Point's rocky shore"。可在地名之中使用省字号代表缺失的字母（Lake O'the Woods），省字号也通常用于姓氏作为地名的组成部分（O'Malley Hollow）。

缩写与数字名称

州名可按照政府出版局的标准缩写或代码表示。用在句子语境中的其他地名不予缩写，"Mount"和"Saint（e）"除外，可分别缩写成"Mt."和"St（e）"。在地图和其他插图中，名称的通名部分以及一些修饰词可以缩写［"中（Middle）"，"北（North）"，"南（South）"，"东（East）"，"西（West）"，"左

（Left）"，"右（Right）"，"圣（Saint）"，或"圣（Sainte）"]，但在空间允许的情况下最好拼写完整。

除了美国地名委员会批准的若干情况之外，名称中的数字应拼写出来，阿拉伯数字为数字符号而非单词。

Fortynine and One Half Creek

Fourmile Run

地名的大写

除了美国地名委员会批准的一些例外情况，组成专用地名（proper geographic name）的大部分单词需大写，包括所有形容词、普通名词以及定冠词。

Adams Apple	Little Captain Island
Alva B. Adams Tunnel	Los Canos
Big Hill	Old Fundamental Church
Big Hole Basin	Pee Dee Ditch
Cuchilla Buena Vista	The Crooked Esses
Dark Hollow Brook	The Hogback
Farm River Gut	Upper Sulphur Creek
Lac Arnois	West Side Pond

多个单词组成的名称中的冠词和介词不适用大写规则。

Alto de la Cruz	Posta de Roque
Canada de Ojo del Agua	Red River of the North
Fond du Lac	Rock of Ages
Gap in Knob	Scarce of Fat Ridge
Lake of the Ozarks	Spread Eagle Chain of Lakes

如前所述，当有意省去名称中的专用部分时，例如"the Potomac"，"the Mojave"，以及"the Atlantic"，专用名称前的定冠词不大写。区域、行政区划、人口密集地区、居民点和自然地理实体等的专用名称单复数均应大写。

Allegheny Front	Half Dome
Andromeda Cone	High Plains

Atlantic Coastal Plain	Isle of Pines
Bighorn Basin	Lower Town Landing
Blue Ridge	Middle Atlantic States
Brady Soil	Monarch Geyser
Canal Zone	Mount Rainier
Central States	Niagara Falls
Catahoula Parish	North Atlantic States
Colorado Plateau	North Slope
Colville Guide Meridian	Pacific Coast States
Continental Divide	Pine Ridge Reservation
Dennison Township	Potomac and James Rivers
Driftless Area	St. Stephens Base Line
Eastern Shore	Second Principal Meridian
Fall Line	Skyline Drive
Fall Zone	The Chute
Far East（Asia）	The South
Front Range	Tidal Basin
Great Lakes	Upper Peninsula
Gulf Coast	Washington Metropolitan Area West Coast

就一般意义而言，作为所命名地区组成部分的描述性词语不大写。需要注意的是，为了避免误解，"western Virginia" 或 "the western part of Virginia" 最好写作 "west Virginia"。而在个别情况下，当地居民和新闻媒体可能一直使用一个描述性词语来修饰已有地名，以指代州或其他地区的一部分。修饰词便成为专用名词的组成部分，需要与名称的其他部分统一大写。

East Tennessee	Northern Virginia
Greater New York（city）	South Pacific（Ocean）
New England	Upstate New York
North Atlantic（Ocean）	Southern California

附件 A. 公法 242

［公法 242—第 80 届国会］

［第 330 章—第 1 次会议］

［S.1262］

本法案旨在设立地名规范化的中央权威机构，消除联邦机构之间规范名称工作中的重叠现象，亦服务于其他目的。

第 1 款　经美利坚合众国参议院和众议院通过，内政部长（以下简称部长）应与下文所述之地名委员会协同合作，实现联邦政府在地理命名法与正字法中的协调统一。部长可通过任命官员行使职能，而与地名委员会的最终批准工作，或审议相关的职权则应由本人、副秘书长或助理部长行使。

第 2 款　特此设立地名委员会，以下简称委员会。委员会由国务院、国防部、海军部、邮政部、内政部、农业部、商务部、政府出版局和国会图书馆各自指派的一名代表组成。经委员会提议并经部长认可，进驻委员会各部门下设机构的代表也可作为委员会成员。委员会成员由其所在部门或其所代表机构的负责人指派。每位成员任期两年，可连任。委员会成员在任职期间不获取额外报酬。主席由委员会提名并由部长任命，其应根据需要设立特别工作委员会。

第 3 款　委员会应制定适用于国内和国外地名的原则、方针和程序，决议确定标准名称及其正字法（orthography），并需经部长批准。所制定的原则、方针和程序应服务于联邦政府和一般公众，促进相关联邦机构之间的有效合作，并充分考虑特定联邦和州立机构的特殊利益。当委员会就任何事宜未能在合理时间内采取行动时，部长均可采取措施。委员会可在其认为适宜时就本法案向部长提出建议。

第 4 款　部长应促使开展本法案所必需或适宜的研究调查并进行记录，并为委员会提供会议地点和人员协助。指定人员向部长负责，界定委员会及委员会各分会的关系。经委员会推荐，部长可成立顾问委员会，成员来自在各领域内公认的专家，协助解决本法案下出现的特殊问题。

第 5 款　为对联邦政府提供指导，部长可为实现本法案为目的以委员会名义就地名命名与正字法原则作出决议。部长还应提供与地名相关的补充信息，以协助实现本法案。

第 6 款　部长就地名作出的相关决议与原则应作为联邦政府所有出版物的标准。由总统令设立的隶属内政部的美国地名委员会特此取消，其职责转由本法所设立的委员会承担，联邦政府所有部、局和机构均应向委员会递交所有地名和相关问题，以避免造成工作、人员和机构上的重复。

第 7 款　本法案中的任何内容解释不适用于联邦政府办公室或机构的命名。

第 8 款　特此获得授权，为本法案执行拨付必要款项。

于 1947 年 7 月 25 日批准。

附件 B. 术语和定义

决议

地名委员会或其国内地名分会经审议，由其人员对形式或应用存在争议的国内地名进行深入调查获得相关信息后，将其确定为官方名称的法定结果。

决议描述

就每个国内地名决议发布、描述的所命名地理实体的性质、地点，以及部分情况下名称来源或含义信息的介绍。

国内地名

美国本土、其领土范围内以及海外领地中地理实体的专用名称。

地名

用于地理实体的名称。特定地理实体通过专用名称、专用词汇或表达，在当前或曾经为人所知。地理实体指在特定文化背景下具备辨识度的自然、人文地理实体或海洋地理实体中相对固定的部分。因此，地名可适用于地球表面的任何地点、地理实体或地区，相似地点、地理实体或地区组成的群体。

指南

为帮助理解遵循原则、方针或程序而提供的信息。

官方名称

由委员会批准或认定作为联邦政府官方使用的地名，其书面形式及应用。官方名称由委员会的方针或决议确定。

地点名称

同“地名”。

方针

与地名特定研究情况相关，用以指导和确定当前或未来决议的正规表述。

原则

适用于管辖范围内的所有地名研究情况，用以指导和确定当前或未来决议的基本规则。

程序

规定了用以完成诸如向地名委员会递交提议或在联邦地图、海图及其他出版物中应用地名等特定信息所需的步骤。

修正的决议

地名委员会或国内地名分会修正此前决议中的选择、形式或拼写的行为结果。

修正的描述

介绍地名委员会或国内地名分会修正此前决议中的选择、形式或拼写的行为结果。

法定名称

由美国国会法案认定为官方使用的名称。

地名学（地名学的）

有关地名的研究或参考文献。

非官方名称

未经地名委员会正式认定为官方名称的地名。

作废的决议

地名委员会或其国内地名分会正式废止先前决议的行为结果，诸如所命名地理实体已不复存在或已无法辨识。

别名

官方名称之外用于指代特定地理实体的曾用或现用名称或拼写。

附件 C. 外国地名

外国地名分会

外国地名由美国地名委员会外国地名分会处理，由执行干事以及隶属于美国国防部的美国测绘局指派员工提供支持。对于使用罗马字母的外国标准地名的确定事宜，基本方针是接受当地标准名称的文字形式作为我国使用官方名称。对于不适用罗马字母的国家，依照委员会批准的体系对名称进行转化（罗马化）。委员会在可能的情况下将与外国政府合作进行外国地名的规范化工作，以便用于美国官方。

变音符

变音符和特殊字符在该国地名的拼写中至关重要。诸如 tilde（cañon），dieresis or umlaut（Korcë，Nürnberg），barred O（Rerøs），macron（Kyūshū），cedilla（lace），right hook（Dąbrowa Gornicza），grave（Asnières），acute（Orléans），circumflex（Nîmes），superior dot（Skarżysko-Kamienna）等字符应依照地名委员会的规定使用。

惯用的外国地名

在外国地名中，对于使用不同语言的两国或多国共有的地理实体以及外国人口密集地区和自然地理实体，委员会批准可选用英语国家的传统（惯用）名称，例如，“Italy（Italia）”“Munich（München）”“Jordan River（Mahr al Urdunn）”“Pyrenees（Pirineos，Pyrénées）”。

外国地名词典和其他出版物

委员会针对外国地名的官方标准形式已出版了150余本地名词典。位于弗吉尼亚州雷斯顿、科罗拉多州丹佛和加利福尼亚州门罗帕克的地质调查局图书馆，以及600余座联邦、州立、大学和地方图书馆中均有存档。可向美国地质调查局信息服务部购买这些地名词典以及包括《罗马化体系和罗马字拼写惯例》在内的其他出版物。

附件D. 国际规范化工作

国际规范化工作的历史

19世纪的国际活动逐渐增多，在这一过程中，人们日益意识到，多种形式的交流和文献往来的准确性依赖于标准化地理参考系统。地图和海图这一地理参考系统中持续不断地印刷、复制、发报和书写、使用，更彰显了地名标准化的重要性。而世界上的语言有不同的书写方式，发音和变换的方式众多，没有哪一种语言能够全部囊括，没有人能够全部使用，也没有传统的书写体系能够全部代表。

1871年在比利时安特卫普召开的首届国际地理大会见证了全世界地名统一工作的开端。随后，万国邮政联盟在1875年通过决议，采用罗马字母书写邮局名称。1909年，国际地图委员会为世界地图系列中的地名使用确定了标准。

联合国所作的努力

当前国际地名规范化工作主要源自联合国的努力。1958年，联合国经济和社会理事会通过一项决议，要求秘书长起草计划，实现地名的国际一致性。联合国的活动内容包括召开专家会议，制定指导原则，从而实现地名处理程序的一致性，推动各国的地名规范化工作。

泛美地理和历史协会（PAIGH）

委员会每年举办一次为期两周的应用地名学课程，由泛美地理和历史协会提供赞助。其目的之一是鼓励美洲地区促进和宣传在制图学、地球物理学、地理学和历史学方面的科学研究。该课程为参与国开展国内地名规范化工作打下了基础，还为实际工作和自动数据处理提供了指导。

处理秘鲁地名的标准化政策

美国地名委员会—外国地名委员会

1. 引言

制定下述标准化政策的目的在于统一美国政府数据库、出版物、地图和图表中的地名拼写，满足公法 242 第 80 届国会对美国地名委员会（BGN）提出的法定要求，制定地名标准化原则、政策和程序，并颁布关于地理命名法和正字法原则的决定。此处所述政策仅针对在秘鲁遇到的地名，并适用于美国国家地理空间情报局（NGA）为满足美国政府使用目的而维护的地名数据库中包含的所有秘鲁地名和地物记录。

2. 语言和语言政策

a. 人口统计

根据《中情局世界各国年鉴》（*CIA World Factbook*）的统计，2008 年秘鲁人口为 29,180,899 人。秘鲁的主要种族包括美洲印第安人、混血种人、白人、黑人，另外还有日本人、中国人等其他人种。根据 2003 年的估算，该国最大的宗教教派为罗马天主教（81%），紧随其后的是基督复临安息日会（1.4%）、其他基督教派（0.7%），以及未确定或无教派人士（16.3%）。①

b. 语言

主要语言为西班牙语（ISO 639-3 代码“spa”），秘鲁全国通用。在 1975 年之前，西班牙语一直是唯一的官方语言。1975 年 5 月，土著语言克丘亚语成为官方语言。联邦政府、州政府和地方政府最终确定克丘亚语、艾马拉语

① 《中情局世界各国年鉴》（*CIA World Factbook*）。“秘鲁”。纽约：Skyhorse Publishing Inc. 出版社，2008 年。

和其他土著语言为官方语言。[①]讲艾马拉语（ISO 639-3 代码“ayc”；讲该语言的人约有 70 万人）的人分布在的的喀喀湖（Lago Titicaca）地区，而讲克丘亚语（ISO 639-3 代码“quz”；讲该语言的人约有 500 万人）的人主要分布在秘鲁中部和南部。[②]

c. 地名标准化

根据联合国地名专家小组（UNGEGN）的说法，截至 2009 年 9 月，秘鲁并没有一个官方命名机构。

在 1998 年 1 月举行的第七届联合国地名标准化会议上，秘鲁国家地理研究所（Instituto Geográfico Nacional，IGN）总干事 Juan P. Quiñe 发表了一篇关于 IGN 地名标准化工作进展的报告。[③]同年，来自美国地名委员会的代表前往秘鲁，对秘鲁国家地理研究所（IGN）工作人员进行地名标准化的相关培训。

3. 地名政策

a. 正字法

须遵守西班牙正字法规则。如需了解更多信息，请参阅西班牙语正字法参考资料，如 José Martínezde Sousa 编写的《Ortografía y Ortotipografíadel EspañolActual》（2004 年）。

b. 通名

通名是描述地物的术语，比如“河”“山”“湖”等词。除通名类型不能确定地物类型的情况外，以标准化名称形式出现的通名应被视为真通名。否则应被视为假通名，且不得作为通名收集。对秘鲁的居住区不收集通名。附录 A 提供了通名术语表。

---

① 美国国务院。<http://www.state.gov/r/pa/ei/bgn/35762.htm>。2010 年 10 月 15 日。

② Lewis，M.Paul（编辑），2009 年。Ethnologue：Languages of the World 第十六版。得克萨斯州达拉斯市：SIL International 出版社。在线版本：<http://www.ethnologue.com/>。

③ Informe Nacional de Perúsobre los Progresos parala Normalización de Nombres Geográficos。秘鲁国家地理研究所。

c. 大写

在本土资料中可以发现，已获批准的名称中一般会出现定冠词（el、la、lo、las、los）。当关于定冠词大写的资料证据混杂难辨时，将会查考关联地物的名称（如果存在）帮助确定。如果遇到名称的所有字母均大写，在推断标准化名称形式时，非首字（non-initial）大写定冠词将采用小写。如果没有确凿的证据，在标准化名称形式中非首字大写定冠词采用小写。

d. 变音符号

从本土资料和西班牙语正字法可知，标准化名称形式中存在变音符号。标准化名称形式中的大写字母保留变音符号。根据西班牙语正字法，秘鲁的标准化名称形式中会遇到以下变音符号：

字符名称	字符	Unicode 值
带重音符的大写 A	Á	00C1
带重音符的大写 E	É	00C9
带重音符的大写 I	Í	00CD
带波浪符的大写 N	Ñ	00D1
带重音符的大写 O	Ó	00D3
带重音符的大写 U	Ú	00DA
带分音符的大写 U	Ü	00DC
带重音符的小写 a	á	00E1
带重音符的小写 e	é	00E9
带重音符的小写 i	í	00ED
带波浪符的小写 n	ñ	00F1
带重音符的小写 o	ó	00F3
带重音符的小写 u	ú	00FA
带分音符的小写 u	ü	00FC

e. 数字

对于纳入数字（包括基数词和序数词）作为一部分的名称，应根据以下原则处理：

阿拉伯数字通常在西班牙语中是展开的。例如：4 Caminos（原文）写成Cuatro Caminos；2da Palma（原文）写成 Segunda Palma。

罗马数字全部保留。

f. 可选的完整形式和缩略形式

别名不添加缩略形式，如果以前获得批准的地名成为别名，应将缩略形式删除。

行政区划的名称提供完整形式和缩略形式，例如 Región de Ayacucho（完整形式）; Ayacucho（缩略形式）。

BGN 批准名称的完整形式和缩略形式必须以本土、权威证据加以证明，例如 SanLuisdeLucma（完整形式）; Lucma（缩略形式）。

官方资料中出现的、带有通名 estación 的火车站名提供完整形式和缩略形式，并有证据可以证明。例如：EstaciónGuerreros（完整形式）; Guerreros（缩略形式）。

如果官方地图上显示，同一 provincia（省，二级行政区划）内存在不止一个同名的居住区，则需要通过专门的工作，从普查清单及其他官方资料中获得可区分的完整形式。

g. 独特的语言情况

西班牙语化

秘鲁测绘机构倾向于将克丘亚语地名西班牙语化，即对地名进行近似西班牙语正字规则的转写。然而，在将这些规则应用于克丘亚语名称时并不一致，秘鲁资料的使用者应当注意个别地物名称拼写可能存在较大差异。

包含连词“o”的名称

一些资料可能显示，由连词“o”（意思是“或”）连接的地物有两个或两个以上名称（例如，Río Rojo o Colorado）。为实现地名标准化，只将一个名称选为官方标准名称。选择标准名称时要看证据权重。如果没有进一步证据，则应使用第一个名称作为官方标准名称。根据标准政策，地物的其他名称将被视为别名。

h. 缩写

以下是秘鲁地图产品中常见通名的缩写列表。在地名数据库中，缩写必须完整拼写出来。

缩写形式	未缩写形式
A.	Arroyo
B.	Bahía
Bco.	Banco
Bo.	Boca
C.	Cabo
C.	Cayo
C.，Co.	Cerro
Ca.	Cañada
Cdon.	Cordón
Cem.	Cementerio
Clla.	Cuchilla
Cord.	Cordillera
Dpto.	Departamento
Edo.	Estado
Ensa.	Ensenada
Esc.	Escuela
Est.	Estación
Est.	Estero
Fte.	Fuerte
G.	Golfo
Hac.	Hacienda
I（s）Isla（s）	Ilte（s）Islote（s）
L.	Loma
L.，Lag.	Lagoor Laguna
Mo.	Morro
Mte.	Monte

续表

缩写形式	未缩写形式
Nvdo.	Nevado
P.	Playa
P.	Presa
P.，Pco.	Pico
Pen.	Península
Pta.	Punta
Pte.	Puente
Pto.	Puerto
Pvcia.	Provincia
P.，Queb.，Qda.	Quebrada
RRío	
Reg.	Región
R.	Sierra
Serr.	Serranía
V.	Valle
V.	Volcán

4. 政治地理政策

a. 国名和首都

国名
常规完整形式：Republic of Peru
常规缩略形式：Peru
标准完整形式：República del Perú
标准缩略形式：Perú
首都
获得批准的名称：Lima

b. 一级行政区划①

名称	通名	首府	FIPS10-4	ISO 3166-2
1. Amazonas	Región	Chachapoyas	PE01	PE-AMA
2. Ancash	Región	Huaraz	PE02	PE-ANC
3. Apurímac	Región	Abancay	PE03	PE-APU
4. Arequipa	Región	Arequipa	PE04	PE-ARE
5. Ayacucho	Región	Ayacucho	PE05	PE-AYA
6. Cajamarca	Región	Cajamarca	PE06	PE-CAJ
7. Callao	Región	Callao	PE07	PE-CAL
8. Cusco	Región	Cusco	PE08	PE-CUS
9. Huancavelica	Región	Huancavelica	PE09	PE-HUV
10. Huánuco	Región	Huánuco	PE10	PE-HUC
11. Ica	Región	Ica	PE11	PE-ICA
12. Junín	Región	Huancayo	PE12	PE-JUN
13. LaLibertad	Región	Trujillo	PE13	PE-LAL
14. Lambayeque	Región	Chiclayo	PE14	PE-LAM
15. Lima	RegiónProvincia	Huacho	PE15	PE-LIMPE-LMA
16. Lima		Lima	PE26	
17. Loreto	Región	Iquitos	PE16	PE-LOR
18. Madre deDios	Región	Puerto Maldonado	PE17	PE-MDD
19. Moquegua	Región	Moquegua	PE18	PE-MOQ
20. Pasco	Región	Cerro de Pasco	PE19	PE-PAS
21. Piura	Región	Piura	PE20	PE-PIU
22. Puno	Región	Puno	PE21	PE-PUN
23. SanMartín	Región	Moyobamba	PE22	PE-SAM
24. Tacna	Región	Tacna	PE23	PE-TAC
25. Tumbes	Región	Tumbes	PE24	PE-TUM
26. Ucayali	Región	Pucallpa	PE25	PE-UCA

① 基于下述资料的ADM1信息：NuestrasRegiones，ParticipaPerú，Grupo Propuesta Ciudadana <http://www.descentralizacion.org.pe/n-regiones-x.shtml>（2011 年 11 月 2 日访问）和 Regionsof Peru，Statoids <http://www.statoids.com/upe.html>（最近一次更新于 2011 年 6 月 20 日）。

c. 存在争议的名称和领土 ①

注：如需关于国家边界争端的最新信息，请访问美国国家边界与主权百科部（U.S.Department of State's Boundaries and Sovereignty Encyclopedia，B.A.S.E.）

1998 年，秘鲁和厄瓜多尔解决了它们集中在孔多尔山脉地区的边界争端。

附录 A——以下是可能在秘鲁遇到的通名术语表。请注意，此列表并不详尽，仅代表最常出现的通名。

西班牙语通名	指定名称	指定代码
acequía，canal	canal	CNL
alto，cerro，cuchilla，morro，montaña，serranía，sierra	mountain	MT
alto，cerro，loma，morro	hill	HILL
arroyo，caño，morichal，quebrada，río	stream	STM
bahía	bay	BAY
banco	bank	BNK
boca，estuario	estuary	ESTY
boca，ensenada	inlet	INLT
bosque，selva	forest	FRST
cabo	cape	CAPE
caño	tidalcreek	CRKT
ciénaga	marsh	MRSH
ciénaga，laguna	lagoon	LGN
cuchilla，fila，filo	ridge	RDGE
delta	delta	DLTA
distrito	third-orderadministrativedivision	ADM3，district
embalse，represa	reservoir	RSV

① 根据秘鲁法律，Provincia de Lima（利马省）的组织形式为自治团体，可以作为地区政府行使行政职能。请参阅“参考资料”部分，了解适用参考。

续表

西班牙语通名	指定名称	指定代码
ensenada	cove	COVE
estero	wetland	WTLD
estrecho	strait	STRT
golfo	gulf	GULF
isla，islote	island	ISL
lago	lake	LK
llano，sabana	plain	PLN
mesa	mesa	MESA
municipio	administrativedivision	ADMD，municipality
parque，parquenacional	park	PRK
paso	pass	PASS
península	peninsula	PEN
picacho，pico	peak	PK
provincia	second-orderadministrativedivision	ADM2，province
puente	bridge	BDG
puerto	harbor	HBR
punta	point	PT
rápido，salto	waterfall	FLLS
región，provincia，municipalidad	first-orderadministrativedivision	ADM1，region，province，municipality

地名全国委员会法

一、设立地名全国委员会

兹设立地名全国委员会（本法称“全国委员会”），其职权依本法规定。

二、全国委员会成员

1. 国家委员会由联邦总测绘师担任主席，并由下列成员组成：

（a）各州总测绘师；

（b）农业与农村发展部一名代表；

（c）水资源部一名代表；

（d）矿产部地理测绘局一名代表；

（e）尼日利亚邮政局一名代表；

（f）总统府政治局一名代表；

（g）陆军测绘局局长；

（h）尼日利亚国家图书馆馆长；

（i）国家档案局局长；

（j）来自下列单位各两名代表：任意两所尼日利亚大学的地理系；任意两所尼日利亚大学的测绘系；任意两所尼日利亚大学的语言学和人类学系；

（k）任意一所尼日利亚大学历史系的一名代表；

（l）国家人口委员会的一名代表；

（m）代表其他机构的两名代表，不另行代表。

2. 部长应在与有关当局或机构协商后，任命本条第 1 款中（b）、（c）、（d）、（e）、（i）、（j）、（k）、（l）和（m）条所述成员。

三、全国委员会职能

全国委员会职能如下：

（a）制定地名使用原则、政策及流程；

（b）规范地名命名和更名流程；

（c）如有需要，接受政府机构和委员会、私营机构和个人提出的命名建议；

（d）核准、保持全国统一的地名使用；

（e）为联邦及各州编制一套地名公报。

四、秘书处、秘书及其他工作人员

1. 设立国家委员会秘书处；

2. 秘书由部长从国家公共服务部门中选拔任命，应具备本法要求履职的资质和经验，承担全国委员会主要执行人员职责；

3. 联邦工程部测绘局胜任秘书，根据本法规定履行全国委员会职能；

4. 根据《尼日利亚联邦共和国 1999 年宪法》规定，全国委员会所有官员均为联邦公务员。

五、设立州委员会及其构成

1. 为联邦各州设立地名州委员会（本法称“州委员会”）。

2. 州委员会构成如下：

（a）由州测绘总师担任主席；

（b）各地方政府理事会秘书；

（c）州长办公室政治部门一名代表。

六、州委员会的职能

1. 州委员会在国家委员会主席或部长指定时间和地点举行会议，通常每年不少于 1 次，旨在：

（a）根据国家委员会指导方针，协调州和地方政府地名命名活动；

（b）向国家委员会递交地名命名建议，供审议批准。

2. 州委员会每次会议法定 6 人参会。

七、设立基金

1. 国家委员会设立和维持专项基金，用于支付国家委员会履行本法规定职能过程中一切合理支出。

2. 联邦政府每年为国家委员会批准拨款，支付第 1 款所设基金相关款项。

八、全国委员会会议法定人数等

1. 全国委员会在部长指定时间和地点召开会议，通常每年不少于 1 次。

2. 全国委员会会议法定 10 人参会。

3. 根据本法规定，全国委员会对自身议事程序负管理责任。

4. 除委员会固定成员外，全国委员会成员任期 4 年，可连任。

九、规章

为执行或实施本法规定，部长可指定遵循相关规章。

十、说明

本法中，除文意另有所指外——

“部长”系负责工作有关事务的部长；

“全国委员会”系根据本法第 1 节设立的地名全国委员会；

“州委员会”系根据本法第 5 节设立的地名州委员会。

十一、简称

1. 本法可引称为地名国家委员会法。

2. 本法自联邦公报部长委任令发布之日生效。

挪威王国

地名法

（挪威文化部于 1997 年 7 月 1 日制定，
于 2019 年 6 月 21 日最新修订）

第一条　目的和适用范围

本法的目的是将地名作为语言类文化遗产加以保护，使地名具有实用性，不影响其内涵表达且有助于民众认知的形式。

本法应确保在符合国家法律法规和国际条约协定的前提下，对挪威语、萨米语和克文语（注：挪威本土三种主要语言）地名进行管理。

本法适用于国家、郡政府和市政府机构确定地名及其拼写方式，以及在工作中使用地名的情形，同时适用于全资公有企业和学校所用教材。在特殊情况下，文化部可就非全资公有企业另行制定条例。

本法不涉及斯瓦尔巴群岛、扬马延岛以及挪威属地、大陆架和专属经济区。

第二条　定义

在本法中：

（一）地名：指山地和水域等地形构造，农场、农庄、道路和桥梁等人文地理实体，市镇、教区、驯鹿放牧区、机构、住址等行政区域的命名；

（二）土地名：指包括一个或多个地籍编号的整片土地区域；

（三）产权名：指一个地籍编号下包括的一个或多个产权编号所代表的农庄或其他固定资产；（注：挪威对可使用土地分三级进行编号，包括地籍编号、产权编号和租赁编号）

（四）沿用名：指世代以口头或文字形式流传下来的地名；

（五）沿用地方音：指世代流传、当地仍在普遍使用的发音；

（六）拼写原则：指如何以书面形式表达声音和声音组合的一般性规则。

第三条　命名保护

如一地的传统名称不适于广泛使用，可使用非受保护的姓氏（注：挪威姓氏人数在200以下的均为受保护姓氏）、非特殊或其他被保护的名称。

如一地的沿用名拟被更换，必须使用同一语言的另一传统名称。如有特殊理由，可作例外处理。

第四条　拼写规则

除非本法另行规定，地名拼写方式应基于沿用地方音。拼写方式应遵循挪威语、萨米语和克文语的相关拼写原则。挪威东部的森林芬兰语地名遵循挪威语拼写原则。

如一拼写方式使用时间较长且被广泛接受，可不遵循相关拼写原则。

当同一名称用于同一地的不同地理实体时，拼写方式以该名称首次使用时的拼写为主要准则。如该名称系土地所有者自行决定拼写方式的产权名，则不适用于本款。

如满足以下一个或多个条件，则对同一地理实体的两种或多种同名形式可以并行使用：

（一）因使用的地理跨度较大、位于方言区或行政边界区域，该名称有几种发音变体；

（二）两种或多种同名形式已被广泛接受；

（三）当地有保留两种或多种同名形式的强烈意愿。

第五条　土地名和产权名的特殊规则

如土地名和产权名在地理位置和文字上与沿用名一致或与本法及其他法律法规规定的公共部门应使用名称一致，则其拼写方式应根据第四条至第八条加以规范。

如产权名与土地名完全相同，则产权名以土地名拼写方式的相关决定为主要准则。本款同样适用于产权名为土地名一部分的情况。

在涉及沿用名拼写方式时，土地所有者如能提供某一拼写方式已被公开用作产权名的记录，则有权按该种方式进行拼写。

在第三条规定下，土地所有者或租户有权自行决定新建产权或无沿用名产权的名称及拼写方式。

第六条　地名事务提案

关于地名拼写的相关事项可由以下单位提出：

（一）第一条第三款提及的相关机构；

（二）涉及本人农庄或固定资产的土地所有者或租户；

（三）与地名拥有特殊联系的地方组织；

（四）地名服务机构。

第七条　决策

市政府决定城市聚居区、村落、市级街道、公路、广场、各市区、巴士分区、市级设施等的名称和拼写方式，同时决定公共地址的拼写方式。

郡政府决定郡级设施等的名称和拼写方式。

国家机构决定国有设施的名称。驯鹿放牧区自行决定区域名称。除非另有规定，国家测绘局决定土地名、产权名、牧屋名、自然实体名、驯鹿放牧区名、国有设施名等的拼写方式。

可就同一行政区域内地名的书面形式制定统一标准。

如无法明确决定地名拼写方式的责任人，可交由文化部确定。

对于挪威语、萨米语和克文语的并行名称，必须同时提出方可立案。

除非另有规定，《公共管理法》第四章、第五章和第八章中的规定不适用于本法适用案件。

第八条　公告和听证

在决策机构接到命名提案后，必须向相关负责方面通报情况。市政府有义务公布提案情况。

在涉及沿用名的拼写方式时，根据第五条第三款，如所有者有权确定拼写方式，则相关决议无须进行听证。

土地所有者或租户有权就产权名的拼写方式发表意见。如土地名对产权名的拼写方式有指导意义时，所有者或租户亦有权就土地名的拼写方式发表意见。

市政府有权对其他机构决策的案件发表意见。郡政府有权对跨市案件发表意见。地方组织有权对与该组织有特殊联系的地名事宜发表意见。

第九条　建议

在对拼写方式作出决定前，地名服务机构应对拼写、命名规则和方式给出建议。

土地所有者可请地名服务机构对自有农庄或固定资产名称给予建议。

第十条　重启案件

如出现新的情况，第六条第一至第四项提及的机构可重新启动案件，并根据本法作出新的决定。

第十一条　地名的使用

依据本法确立并登记地名后，应根据第一条第三款规定对其进行使用。

当地居民或与当地有经济往来人口常用的萨米语和克文语地名，公共部门应予以普遍使用，如在地图、指示牌中标出等，并与挪威语地名一并进行登记。

第一条第三款提及的机构应继续使用本法生效时公共部门所用的地名书写形式，直至出现具体的变更决定。

第十二条　申诉

第六条第一至第三款提及的相关机构，可对依据本法作出的决定提出申诉。本款适用于依据其他法律作出的，与本法第三条相冲突的命名决定。公共机构仅有权对与自身工作相关的名称案件提出申诉。申诉权亦适用于市政府和郡政府作出的决定。申诉必须言明缘由。由中央部委根据相应授权作出的或由国王作出的决定不可被申诉。

对非中央部委作出决定的案件进行申诉，由国王指定的申诉委员会负责受理。在涉及原则问题的案件中，申诉委员会可允许挪威语言委员会、萨米议会和文化部发表意见。

对于违反第十一条地名使用规定的行为，可向相关行为方的上一级机关提出申诉。涉及市政府或郡政府决定时，应向郡督进行申诉。其他案件可向申诉委员会进行申诉。

在被申诉后，作出相关决定的中央部委有义务重审案件，并征求申诉委员会的建议。

申诉的初步裁决阶段适用第八条和第九条规定。否则适用《公共管理法》第六章相关规定。

第十三条　地名服务机构

挪威语言委员会是挪威语和克文语的地名服务机构。萨米议会是萨米语的地名服务机构。

地名服务机构应就地名拼写、命名规则和方式给出指导建议，亦可就地名使用问题发表意见。

第十四条　地名登记

应建立集中的地名登记系统。

所有已确定的地名，应由作出决策的机构向地名登记系统进行登记。

地名登记信息向公众开放。

第十五条　条例和例外

文化部可根据本法制定实施条例。

如有特殊原因，在个别情况下，文化部可就本法和实施条例作出例外处理。

第十六条　实施

本法自国王批准之日起生效。

同时，将对 1978 年 6 月 23 日关于地图绘制、地籍编号分配和登记法案作出相应修正。

地名条例

（挪威文化部于 2017 年 5 月 24 日制定）

第一条　挪威语、萨米语和克文语地名一般性规定

包含广泛知名的名称或字段的地名，在遵循以下规定的同时，遵循现行拼写方式。包含已消亡或不明语言元素的地名，应遵循现行拼写原则。如一拼写方式使用时间较长且被广泛接受，可不遵循相关拼写原则。

对于萨米语和克文语地名，应特别考虑其口语传统。

对地理实体进行命名时，应从当地沿用的和传统的词汇中考虑。

第二条　拼写多语言地区迁移地名

对于完全或部分从其他语言迁移而来的地名，如接收方语言已创造出惯用发音，应遵循接收方语言的拼写规则。如接收方语言尚未有惯用发音，则相关地名应遵循原语言的拼写规则。

迁移地名中，如有部分字段为另一语言正在使用的地名，该部分可遵循该语言的拼写规则。

第三条　挪威语地名专门规定

挪威语地名的拼写方式应遵循沿用与地方音最为贴近的拼写方式或地区通用形式。如有特殊理由，可选用当地的方言形式。

对于产权命名，应特别重视所有者选择拼写方式的意愿。本款也适用于所有者并未满足对拼写方式拥有决定权相关条件的情形。

第四条　萨米语地名专门规定

萨米语地名应沿用地方音。拼写方式应遵循北萨米语、吕勒萨米语、斯科尔特萨米语或南方萨米语的现行拼写规则。北萨米语拼写规则应适用于芬

马克郡、特罗姆斯郡和诺尔兰郡（南至廷斯菲尤尔市）。南瓦朗格市的斯科尔特萨米语地名可遵循斯科尔特萨米语拼写规则。吕勒萨米语拼写规则应适用于从廷斯菲尤尔市南至梅勒于市地区。南方萨米语的拼写规则应适用于从拉纳市向南地区。在相关适用区的边界地带，可选择使用最贴近于沿用地方音的拼写方式，亦可使用地区通用形式。如有特殊理由，可选用当地的方言形式。

如一个地理实体有多个名称，应选用公共部门使用时间最久的名称。如有特殊情况，可作例外处理。

在权衡不同的考虑因素时，应侧重于使地名在不同的萨米语区内具有统一的拼写方式。

第五条　克文语地名专门规定

克文语地名应沿用地方名，亦可选择地区通用形式。如有特殊理由，可选用纯方言形式。

第六条　单一语言地名

如一个地理实体仅具有一个萨米语名称、克文语名称或挪威语名称，公共部门应不作更改地使用该名称。

第七条　多语言地名

地理实体除具有挪威语名称外，还具有萨米语或克文语名称的情况下，如这些名称为当地居民或与当地有经济往来人口所常用，可全部保留使用。

在文本中，公共部门应使用与该文本语言相同的地名。

在地名标志或地图等某地名同时使用多种语言的情形下，应由市政府确定名称的排序。排序时应侧重考虑不同语言在当地的使用情况。在萨米语言管理区，排序应为萨米语、挪威语、克文语。

在同时使用多种语言较为困难的情形下，应侧重考虑在挪威语、萨米语和克文语名称中选择历史悠久、认可度最高的名称。如相关挪威语名称系根据萨米语或克文语名称发音形成，与萨米语或克文语较为相近，与普通挪威语差异较大，则不强制使用挪威语名称。

第八条　案件处理

根据挪威《地名法》第五条第二款至第四款，在作出决定前，决策机构应确保尽可能充分公开案情。如有必要，可请地名服务机构的顾问提供初步评估。

决策机构处理和裁决案件不得无故拖延。《地名法》第六条第一款规定的有发言权的单位，应至少有两个月的时间就案件发表意见。涉及《地名法》第六条第二款相关单位的产权沿用名案件，所有者可自行确定拼写方式，无须征求地名顾问的意见。

涉及萨米语和克文语地名的案件还需交由萨米语与克文语的地名顾问。顾问将评估案件是否涉及同一地理实体存在多种称谓，并就拼写方式作出初步评估。涉及萨米语和克文语地名的案件应直接通报萨米人和克文人组织。

非正式名称拼写方式的相关案件应与正式名称案件作同等处理。非正式用名指的是根据当地传统常用的，但与正式登记不一致的名称。

在案件涉及同一城市内使用同一名称的多个地理实体的情形下，应首先确定最早指代地理实体名称的拼写方式。决策机构应确保充分考虑到相关名称蕴含的各种功能。涉及《地名法》第六条第二款相关单位的产权沿用名案件，除非所有者要求，无须就产权所在的土地名问题另行立案。

第九条　决定

根据《地名法》，决定应采取书面形式给出解释。解释应体现决定的法律依据，并包括决定的学术依据和基础性评估。在所有者无权确定产权名的情形下，关于土地名和产权名的决定必须同时附有解释。根据《地名法》第十条第一款，拥有申诉权的机构和个人可就其他单个名称要求决策方给出解释。

关于决定的通知或公告应包含有关申诉权、申诉有效期、申诉方式、查阅案件文件的权利、申请推迟执行决定的权利等信息。

申诉有效期为通知发布后的三周以内。如通知系公开宣布，则申诉有效期自首次宣布之日起计算。

决策机构应将通知送达案件当事人；根据《地名法》第六条第一款发表意见的有关方面；非此案决策机构的相关市政府和郡政府；在工作中需使用

相关名称的国家机构；地名服务顾问机构以及中央地名登记处。涉及土地名拼写方式的决定，市政府应通知所有受影响的产权方。

市政府应根据《地名法》第十节第一款，使非案件当事方、有权申诉的有关方面知悉相关决定。

第十条　申诉

申诉必须以书面形式作出，申诉理由必须包括申诉的所有名称及字段。

如市政府不是相关决策机构，应向作出决定机构提出申诉并报告市政府。《公共管理法》第六章适用于《地名法》第六条和第十条涉及的情况。

对于所有者自行决定产权名拼写方式的案件，仅可对所有者向国家测绘局提供的文件或案件处理中的错误进行申诉。

附属机构、申诉方或其他上级机构可要求决定在申诉期限结束或申诉受理完毕之前不予执行。拒绝或推迟执行申请必须以书面形式作出解释。

第十一条　地名事务申诉委员会

由文化部指定地名事务申诉委员会委员。萨米议会指定一名熟悉萨米语的委员。每名委员席位另设一名候补委员。委员任期 4 年。

应指定一名律师委员为地名事务申诉委员会主席，根据地方市政协会推荐挑选 2 名委员，挑选挪威书面语、新挪威语、萨米语和克文语专家代表各一名。

审理挪威语地名申诉案件时，委员会应派出 5 名委员参与，至少 4 人出席方可作出决定，其中须包括主席或主席候补委员。

审理萨米语和克文语地名申诉案件时，委员会应派出 4 名委员参与，至少 3 人出席方可作出决定，其中须包括主席或主席候补委员以及相关语言专家。如正反意见票数相同，由主席作出裁决。

第十二条　重启案件

决策机构有权决定是否重新启动案件，包括地名事务申诉委员会已处理过的案件。决策机构有权决定是否对重启的案件进行公开听证。

如重启案件的申请被拒，可向地名事务申诉委员会提出申诉。

第十三条 中央地名登记系统

中央地名登记系统应根据《地名法》确定拼写的方式掌握所有地名信息。此外，登记系统必须掌握早期法律法规或在公共场合使用的其他地名及相关信息。

对于所有地名，登记系统应包含以下信息：

（一）拼写方式；

（二）拼写方式变更记录，如建议、决定、批准、废止等；

（三）语言；

（四）地理实体类型，如村落、农场、产权、道路、水域、河流等；

（五）同一语言中相同地理实体的不同名称，以及最为常用名称；

（六）在国家地理坐标系中的点、线、面相关信息；

（七）行政所属（自治市编号）；

（八）批准日期及批准人员；

（九）获批地名在地籍系统中的对应编号；

（十）地名适用的公共范围和处理登记文件所需时长。

挪威国家测绘局负责运营登记系统，并确保信息对公众开放。

挪威国家测绘局应制定登记系统的标准和惯例。如一地名决议需用于地籍信息登记，国家测绘局应保障对地名登记系统和地籍登记系统的同步更新。

如一地名未依据《地名法》进行规范，且存在同一语言两种或多种拼写方式，以及这些拼写方式均被纳入中央地名登记系统，公共部门应根据中央地名登记系统列出的优先级选择最常用的名称。

第十四条 补充规则

挪威语言委员会可就挪威语和克文语书写制定补充规则，并提交文化部批准。萨米议会可就萨米语地名的拼写制定补充规则。

第十五条 生效

法规自制定之日起生效，2007 年 6 月 1 日制定的关于地名拼写的第 592 号法规同时废止。

1：25,000 国家地形图（MTN25）地名规范

基本概念和术语

技术出版物 42 号

发展部
国家地理研究院总局
国家地理信息中心
国家地理研究院总局
国家地理信息中心
中央地图绘制登记部总秘书处
阿德拉·阿尔卡萨尔·冈萨雷斯（Adela Alcázar González）
玛加丽塔·阿斯卡拉特·卢克桑（Margarita Azcárate Luxán）

介绍

1：25,000 国家地形图（以下简称 MTN25）是国家官方基本绘图的一项内容，由国家地理研究院负责制作和保存。这一地图绘制系列始于 1975 年，于 2003 年结束，共出版 4100 多页，其范围覆盖了整个西班牙国土。

在这 30 年，地图的制作过程经历了深刻的技术性变革，尤其是自 1994 年成为数字地图。这些变革对地图中地名产生了不同形式的影响，特别是《1978 年宪法》产生之后，西班牙的社会政治变革极大影响了地名的发展。例如区域自治型国家的形成和随之而来权限（与地理名称相关的权限）的重新分配，对于各自治大区自身语言和方言的认可，以及因此而产生的语言和地名的标准化，引起地名方面的诸多变化。

因此，随着国家地形图的不断更新，以及新问题的不断涌现，关于地名标注的一系列规范相继制定出来。然而，MTN25 完成之后，面对新版本，需

要对那些仍然有效的规范进行汇编，并对地名的总体规范进行统一。

通过本出版物，我们一方面力图为 MTN25 中地名的处理建立规范，赋予整个地图绘制规格上的一致性；另一方面，向人们介绍有关地名和地名学方面的基本知识（地名种类，从地理、文化等角度突出地名学的重要性），精选了一批西班牙语地名中的常见名称，同时注明其词源（农业活动、地面高地、水流等相关的专业用语）。

本文件表述的规范受到联合国地名标准化会议决议理念的启发。该决议中将国际标准化定义为“旨在统一地球上一切地名的书写形式的活动”，并强调“在地图中要使用标准化地名”（第二次会议第 31 号决议）。

从制图角度来看，标准化地名的使用对于所提供信息的真实性是至关重要的，也就是说，它能够使地图成为帮助人们了解国土地理的有效工具。在西班牙，因多语言性质，地名的标准化和统一使用的情况更为复杂，除了使用卡斯蒂利亚语作为全国性官方语言外，还存在其他一些自治大区的官方语言以及一些官方认可的方言。但这并不意味着多语言是地名学中要处理的唯一问题，在卡斯蒂利亚语单一语言地区地名标准化也是至关重要的。

本文件分为截然不同的两部分。第一部分：MTN25 的地名规范，包括第一章地名的总体规范和第二章 MTN25 的地名标注说明。第二部分：地名学的基本概念和术语，包括两个相关的章节，第三章地名学的基本概念，和第四章西班牙语地名术语选。

通过以上章节，我们向地图绘制员或是单纯的地图用户提供必要的信息，诠释地名的重要性。对于地图绘制领域来说，这份文件推动我们将地名处理作为地图的根本要素，并通过地图绘制，将地名中蕴含的伟大文化遗产传递给社会。

阿尔韦托·塞雷诺·阿尔瓦雷斯（ALBERTO SERENO ÁLVAREZ）

国家地理研究院院长

第一部分　MTN25 的地名规范

序　言

本规范旨在帮助 1：25,000 国家地形图（MTN25）达到地名的一致性和地名书写的正确性。此外，它是国家地理研究院其他地图绘制文件或产品专项规范的参照，特别是衍生地图绘制的参照，并旨在扩展到西班牙其他官方地图的绘制领域。

无论是总体规范还是专项规范，都是在完成 MTN25 过程中常年积累经验的结果，由此形成了国家地理研究院独有的地图绘制传承。在此基础上，我们还融合了联合国地名标准化会议建议的原则，周边其他国家在地名学方面的经验，以及在国家地理研究院和其他与地名及地图绘制相关的自治机构合作中产生的成果。

第一章地名的总体规范制定了 MTN25 的地名处理规则。包括西班牙的语言状况、地理名称的相关权限、某些名称（双语言名称、跨自治区名称）的相关规范以及卡斯蒂利亚语的地名书写规则等基本内容。

第二章 MTN25 的地名标注说明中，对 MTN25 中标注的地理实体或地理要素进行分类，对各分类和子分类中包含的地理实体或要素作出定义。在所有实体和要素中，根据总体规范、获取准确地名信息的来源、地理要素等级划分所依据的客观标准（人口数量、长度、面积）或相对标准（主要的、大的、较小的、小的），标明地名的处理方式，并补充地名的例子，以便更好理解。

第一部分的结尾是附件，包括关于西班牙地名和各种语言的基本法律（见附件 1）、西班牙各官方语言中标准化的和最普遍的常规缩写和符号（见附件 2）、可能出现在 MTN25 中的最常见的要素种类（见附件 3）。

第一章　地名的总体规范

1. 定义

以下定义摘自第三章：地名学的基本概念（第 5.2 条）中的地名术语表。在术语表中标明了出处。

1.1 地名的基本术语

1.1.1 地名

一个地理实体的自有名称，也称为地理名称。通常由通名和专名构成。

例如：塞古拉山脉（Sierra de Segura）、皮苏埃加河（Río Pisuerga）、布尔戈斯（Burgos）、阿尔卡拉德埃纳雷斯（Alcalá de Henares）。

1.1.2 通名

地名的构成部分，对所命名地理实体的特征进行总体上的识别。

例如：狼峰（Pico del Lobo）、雪山（Sierra Nevada）、埃布罗河（Río Ebro）、阿塔萨尔水库（Embalsedel Atazar）。

1.1.3 专名

地名的构成部分，对所命名的地理实体进行特有的识别。

例如：巴塞罗那（Barcelona）、隘口（El Portachuelo）、格雷多山脉（Sierra de Gredos）、黑河（Río Negro）。

1.1.4 描述性术语

描述性术语是共有名称，是一个形容词，甚至是一个句子，根据地理实体的特点指出该地物，或是给该地物的名称增加独特性。在地图上标注的描述性术语不是地名，而是绘图注解。

国家地理研究院把地图上标注的、用来表明某个没有自身名称和专有符号的地物特征（用途、特点等）的描述性术语，称为孤立通名（genérico aislado），例如一个农场、一家工厂、一个粪池。

例如：古迹（靠近一个建筑物）、废弃物（指一个矿场或采石场）、中立地区（在休达和梅利利亚，靠近摩洛哥边界）、贸易中心、煤气管道、输油管道、海滨农场、制堆肥工厂、工业园区。

1.2 与地名标准化相关的术语

1.2.1 地名的职能机构

按照规定成立的、有权决定地名事项和确定标准化地名的机构。

1.2.2 地名的标准化

由职能机构对地理实体的自有名称、正确书写方式和使用条件进行的批准。

1.2.3 官方地名

由职能机构根据行政程序确定并正式发布的地名。

例如，在公共管理部地方实体登记处注册的省、市及省会的名称是官方地名。

1.2.4 标准化地名

由职能机构根据某些自行制定的标准或规范确定的地名。

1.2.5 非标准化地名

未经职能机构确定并批准的地名。非标准化名称是应用的结果，它的名称和书写方式可能随着时间推移或根据使用者不同而有所变化。

大多数收入 MTN25 的较小地名（独立建筑物、地点、溪流以及总体上的山脉名称和水域名称），尤其是以卡斯蒂利亚语为唯一官方语言的自治大区中的较小地名没有实行标准化。

2. 西班牙的语言和地名

西班牙是一个多种语言并存的国家。《1978 年宪法》第 3.1 条规定：“卡斯蒂利亚语是国家官方的西班牙语。全体西班牙人有义务掌握它、有权利使用它。”第 3.2 条规定：“根据各自治区的规定，西班牙的其他语言亦为各自治区的相应官方语言。”这意味着，在西班牙存在一些双语言自治大区，它们拥有一种自身语言，和卡斯蒂利亚语同为官方语言。它们是：

加利西亚的加利西亚语；

巴斯克和纳瓦拉自治大区西北部三角地带的巴斯克语；

加泰罗尼亚和巴利阿里群岛的加泰罗尼亚语；

瓦伦西亚自治大区的瓦伦西亚语；

加泰罗尼亚阿兰谷地的阿兰尼斯语，与加泰罗尼亚语同为官方语言。

西班牙语言的多样性不仅限于官方认可的语言，还体现在其他一些非官方语言和方言。西班牙宪法在第 3.3 条规定：“西班牙的各种语言形式作为文化遗产，受到特别的尊重和保护。”

首先需要指出的是，有两种语言至今还没有取得官方确认，它们是：

阿斯图里亚斯自治区的阿斯图里亚斯语和加利西亚－阿斯图里亚斯语；

阿拉贡的阿拉贡语。

另外，莱昂语（一种源于拉丁语的历史方言）以及卡斯蒂利亚语中在语音和语汇方面各不相同的各种方言：埃斯特雷马杜拉方言、安达卢西亚方言、穆尔西亚方言和加那利群岛方言。这些方言都具有典型的西班牙南部地区语言的特点。

下面我们从西班牙地名和各种语言的基本法律中引用一些章节，并在其中标明了每个拥有该范畴自身法律的自治大区在其地名中所使用的一种或几种官方语言。在第 3 节的表 1 中，列举了西班牙现有的主要语言学和地名学机构。

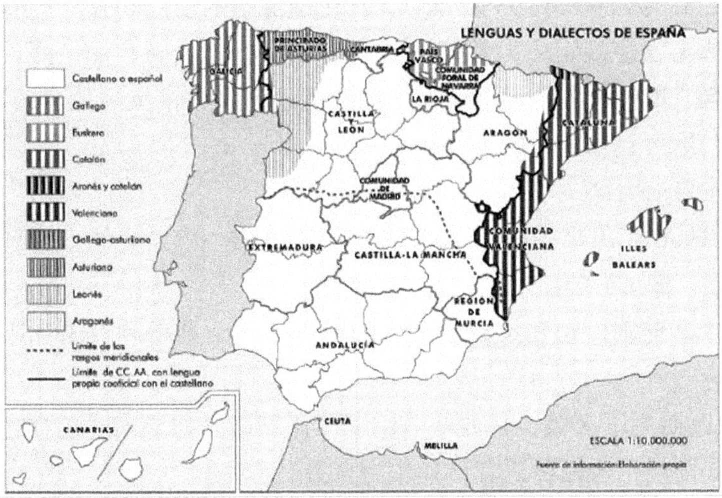

图 1　西班牙语言和方言地图

阿拉贡

第3/1999号法律（3月10日），阿拉贡文化遗产，法令末尾第2条：

阿拉贡的语言。

关于阿拉贡语言的一项法律，旨在规定阿拉贡的少数民族语言阿拉贡语和加泰罗尼亚语同为官方语言，以及其相应自治大区拥有权利的有效性，在自身语言学习和在教学中使用自身语言方面，以及这两种语言在其相应地域使用的充分标准化方面，提供专有的法律框架。

阿斯图里亚斯自治区

第1/1998号法律（3月23日），巴勃莱语/阿斯图里亚斯语的使用和推广，第15.1条：

阿斯图里亚斯自治大区的地名使用其传统语言作为官方名称。如果一些地名拥有传统语言和卡斯蒂利亚语两种已经普及的形式，则其名称可以使用双语言形式。

加泰罗尼亚

第1/1998号法律（1月7日），语言相关政策，第18.1条：

阿兰谷地的地名使用阿兰尼斯语作为官方名称，除此之外，根据加泰罗尼亚语研究院语言学条例规定，加泰罗尼亚的地名使用加泰罗尼亚语作为唯一官方地名。

瓦伦西亚自治大区

第4/1983号法律（11月23日），瓦伦西亚语的使用和教学，第15.1条：

根据法定程序规定，由瓦伦西亚自治区政府会议确定瓦伦西亚自治区的城市、地区、城镇、各种地势、城市间交通道路和自治大区地名的官方名称。城市道路名称由其相应的市政府确定。

纳瓦拉自治大区

第18/1986号法律（12月15日），巴斯克语。巴斯克语日常和官方使用方面的规定，第8.1条：

根据以下准则，纳瓦拉自治大区的地名使用卡斯蒂利亚语和巴斯克语作为官方名称。

a）在巴斯克语区域，官方地名使用巴斯克语。如果同时还存在卡斯蒂利亚语名称，则使用这两种语言形式作为官方名称。

b）在混合区域和非巴斯克语区域，官方地名使用现有名称。如果使用卡斯蒂利亚语的名称还拥有本初或传统的巴斯克语名称，则使用这两种语言形式作为官方名称。

加利西亚

第3/1983号法律（6月15日），语言标准化，第10.1条：

加利西亚的地名使用加利西亚语作为唯一官方名称。

巴利阿里群岛

第3/1986号法律（4月19日），语言标准化，第14.1条：

巴利阿里群岛的地名使用加泰罗尼亚语作为唯一官方名称。

巴斯克

第10/1982号法律（11月24日），巴斯克语的使用标准化基础，第10.1条：

巴斯克自治区的地区、城市、城镇、各种地势、城市道路，其地名的官方名册一般由政府、历史地区的法定机构或地方机构在其各自权限范围内确定，在任何时候都需尊重巴斯克语、罗曼语或卡斯蒂利亚语的独特性，保持它们各自特有的书写形式。

如果地方机构和巴斯克政府在上述官方名册方面产生分歧，由巴斯克政府在事先与巴斯克语皇家学院商议后作出决定。

虽然西班牙语是所有自治大区的官方语言，但无论是加泰罗尼亚和巴利阿里群岛还是加利西亚，都明确规定它们所有的地名必须使用相应的加泰罗尼亚语或加利西亚语作为官方名称。在瓦伦西亚自治大区、巴斯克和纳瓦拉自治大区，因多数居民只讲卡斯蒂利亚语一种语言，因此规定其地名可以根据相应语言的使用情况使用双语言名称或单语言名称。在阿斯图里亚斯同样规定使用巴勃莱语和卡斯蒂利亚语的双语言形式。在阿拉贡至今还未通过一项本自治大区的语言法。

3. 地名标准化中的权限

为获取地名的正确形式，需要了解哪些机构有权对地名进行命名，以及是否实施了地名标准化。

西班牙作为一个区域自治型国家，其所有自治大区都拥有法定权限，以确定其以下基本地方地理实体的官方名称：

省；

市；

岛屿（拥有行政权限）；

低于市级的区域实体；

区（拥有行政权限）；

其城市群落。

表 1　主要语言学和地名学机构

地域	职能机构
西班牙	西班牙皇家学院 中央地图绘制登记部（国家地理研究院） 地名委员会（地理高级委员会）
阿拉贡	阿拉贡语言委员会 高地阿拉贡研究院
阿斯图里亚斯自治区	阿斯图里亚斯语学院 阿斯图里亚斯自治区地名学委员会 阿斯图里亚斯语皇家研究协会
加泰罗尼亚	加泰罗尼亚语研究院 地名学委员会 阿兰总委员会 加泰罗尼亚语社会委员会
瓦伦西亚自治大区	瓦伦西亚语言学院
加利西亚	加利西亚皇家学院 地名学委员会
巴利阿里群岛	巴利阿里群岛大学名称（地名学及人名学）办公室
纳瓦拉自治大区	巴斯克语皇家学院（Euskaltzaindia）
巴斯克	巴斯克语皇家学院（Euskaltzaindia） 地名学特别委员会（巴斯克语顾问委员会）

这些名称必须在公共管理部地方实体登记处注册后方能成为西班牙官方地名。自治大区的权限和省议会、法定议会、市政会、岛民会议以及市政府的权限相协调。如需修改省和自治大区的名称，则需得到西班牙全体议会的批准。

此外，自治大区有权确定和修改其拥有和管理的地理要素的名称（文化财产、受保护的自然空间、自治区的海港等）。

至于其他地名（山脉、山峰、地点、河流、泉水、湖泊、房屋等），目前只有那些双语言自治大区和阿斯图里亚斯自治区有法定权限对其实施标准化。

国家有权限确定国家管辖的、有总体意义的地理实体（国家公园、国家机场和港口等）的官方名称。

国家地理研究院（IGN）作为拥有官方地图绘制和地名管理方面职能的国家机构，行使自治大区地名命名方面的权限，以及跨自治大区地名（其影响超越了一个自治区的范围，见下一节）方面的权限。上述工作都需要征求地名委员会（地理高级委员会）的意见。此外，国家地理研究院还负责制定和保存国家地理名册。根据这份名册的有关规定，国家官方地图绘制必须使用名册中收录的名称。

在 MTN25 的地名标注说明（第二章）中，标明了该地图中标注的不同种类地理实体名称拥有管理权限的国家或自治区的机构。

只有现行法律规定的职能机构才有权对地名进行标准化和修改。

如没有明确指定职能机构，国家地理研究院作为国家机构，承担关于官方地图绘制和地名管理的职能，以及跨自治区地名标准化的职能。

官方名称是能够标注在官方绘图中的唯一形式。

按照常规，地名中如出现某个在地方地理实体登记处注册的官方实体名称，则必须尊重该实体的官方名称形式。

MTN25 中的地名采用国家地理名册和西班牙简要地理名册中收录的名称。

4. 跨自治大区地名

有些地理实体跨自治大区，可能会存在多个和其名称相关的职能机构，因此，同一个地理实体可能拥有几个名称。这些地理实体名称在 MTN25 中称为跨自治大区地名。国家地理研究院根据以下规则对这类地名标注实施标准化。

a）如果存在同一种语言的两个名称，则通过一个选择连接词（卡斯蒂利亚语的“o”或其他语言中的对等词）将它们连接起来。

b）如果其中一种名称是卡斯蒂利亚语形式，则按照以下方式标注：

面积辽阔或在整个国家具有重要性的地理实体，如海洋或大型山岳形态，只标注卡斯蒂利亚语名称。

点状的地物，如山峰或山间隘口，可以标注为双语言名称，先用卡斯蒂利亚语名称，后用另一种语言名称，中间用斜线分开。

重要河流、运河和线状地物，在其流经以卡斯蒂利亚语为唯一语言的单语言自治大区的线路段标注为卡斯蒂利亚语名称，在其流经拥有卡斯蒂利亚语之外的一种自身语言的自治大区线路段则标注为双语言名称，卡斯蒂利亚语名称在前。

这些规则在 MTN25 的地名标注说明（第二章）中有更具体的阐释。

5. 地名处理和书写规则

这些规则的主要目的是进一步统一地名标注，并为地图中的地名书写提供便利。已由西班牙相应语言机构确定了的书写规则不做随意更改，主要制定适用于 MTN25 最常用地名的规则。

在不矛盾的情况下，这些规则基本适用于卡斯蒂利亚语或其不同种类方言进行地名标注。在双语言自治大区，其相应的职能机构负责确定地名的正确书写方法。

为了使 MTN25 达到上述统一性，某些规则（如大小写的用法）将应用于不同语言地区的所有地名。

5.1 缩略语、词首字母缩写词、缩拼词和常规符号

虽然在地图的标注中使用单词的完整拼写是可取的，但是，在某些情况下，因为篇幅的原因，简化不可避免。在本节中，我们来了解一下不同种类的简化形式。

单词去除某些字母或音节后形成它的缩略语。缩略语必须始终使用句点。由两个单词的首字母构成的缩略语，在书写时每个字母之后标一个句点，字母之间留一个空格。如包含一个排在上角的字母，则句点标在该字母之前，首字母之后。

例如：F. C./FF. CC.［Ferrocarril/-es（铁路）］

Z. D.［ZonaDeportiva（运动区）］

B.o［Barrio（区）］。

因篇幅有限造成不能完整标注的名称，只要不是孤立通名（genéricosaislados）或描述性术语，则地名通名使用缩略语。

由一个词句或语段的词首字母并列形成的一个单词或词汇形态称为词首字母缩写词［ovni：不明飞行物（objetovolador no identificado）；EATIM：低于市级的区域实体（Entidad de ámbito TerritorialInferior al Municipio）；ONU：

联合国(Organización de Naciones Unidas)]。当新的用语不仅仅由词首字母构成时，称之为缩拼词[RENFE：西班牙国家铁路网络(Red Nacional de FerrocarrilesEspañoles)]。

有时候在地图上可能会出现某个机构的词首字母缩写词或缩拼词。这种情况下，名称标注中很重要的一点就是不使用句点。

例如：RENFE、INTA、AENA、CENEAM。

常规符号是一些机构已确定的简化形式，如ISO(国际标准化组织)、FEDME(西班牙登山运动联合会)等。这些符号不使用句点。符号和相应要素之间要留一个空格，除了表示度数、分钟和秒数的符号，它们必须和修饰的数字相连。短距离和长距离道路的标注需要在符号和道路编号之间使用一个连字符将两者分开。

例如：GR-8(长距离道路)

PR-11(短距离道路)

1.500 ha(公顷)

203 km(千米)

13 m(米)

29°(度)

35′(分钟)

42″(秒)

5.2 重音

根据职能研究院或机构的规则，所有地名，包括大写地名，都必须标出书写规则规定的重音。

5.3 合成词

合成词是指由两个或更多成分结合后形成的一个新的词语单位。

在地名学中，因为口语中缩短单词的趋势，合成词非常普遍，尤其是当第一个用语的末尾字母和第二个用语的首字母是同一个元音时。

例如：Carra Aguilar>Carraguilar

FuentedelPino>Fuentelpino

Peña Alba >Peñalba

下列成分的结合经常形成合成词。

通名+形容词：Fuentesverdes、Navahondilla、Monteagudo。

通名+名字：Fuentelcésped、Navacolores、Fuendetodos、Valdelagua。

两个人名：Hernansancho、Muñopepe、Pedroinés。

副词和前置词短语：Campera de Enmedio、Pradoamedias、Nava de Amedias、Entrambasmestas。

动词形式：Aguallevaos、Cortijo de Salsipuedes、Cuesta deMataburros。

总之，地名中合成词在地图中的标注必须保持其传统确定的形式。如出现关于其正确书写方式的疑问，此类情况应遵循以下规则：

a）尊重合成词的传统形式，无论该形式是包含完整组成部分还是取消了其中某些组成部分。

例如：Campoalbillo、Campalbo、Monteagudo、Montalvo、Castillonuevo、Castilblanco、Fuentecaliente、Fuencaliente、Fuentefría、Fuenfría、Majadahonda、Majadaloba、Majaelrayo、Majalahíta。

b）根据书写规则，对新的合成用语进行书写方式上的修改。

例如：Ciempozuelos、Fuemblanca

而不是：Cienpozuelos、Fuenblanca

Entrambosríos、Entrerríos、Monrubio、TablaMalrota

而不是：Entranbosrríos、Entreríos、Monrrubio、Tabla Malrrota

Fuentesecas、Trasierra

而不是：Fuentessecas、Trassierra

Barcohondo、Carralhoyo

而不是：Barcondo、Carraloyo。

5.4 冠词

从语法角度看，冠词放在普通名词之前对含义进行限定，表明某种确定和已知的含义。据此，如同口语中一样，所有不是固有名称的地名必须在前面放置一个冠词，以突出该地名是具体事实。

但是，在地名标注中，建议只在那些由一个常用名称构成的单一地名中，在词首使用冠词，而不在复合地名中使用冠词，因为复合地名中的附加成分已经充分限定了该地名。只在需要强调其独有特性的复合地名中才使用冠词。

例如：El Prado、Cueva Valiente、Los Arenales、Arenales de San Pedro、El Pie del Gitano、El Haya Sola。

如果地名是从已存在的名称中衍生而来，一般应尊重起源地名的冠词形式。

例如：Los Arenales →衍生词带冠词：Cerro de los Arenales。

Fresneda de Arriba →衍生词不带冠词：Arroyo de Fresneda de Arriba。

如果冠词 el 跟在前置词 de 和 a 之后，通常应缩合为 del 和 al。

例如：Ladera del Mulhacén、Valle del Tiétar、Camino al Olivar。

即使冠词是一个行政实体官方名称的组成部分，也要进行缩合。

例如：Embalse del Atazar。

官方名称是 El Atazar

Camino del Espinar

官方名称是 El Espinar

5.5　斜线和双语言地名

斜线（/）在 MTN25 中用于双语言地名，即那些拥有两种语言名称的地名。地方地理实体登记处使用斜线符号将一个双语言名称的两种形式分开。斜线的使用表明两个都是官方名称，可以根据语言环境的不同而分别使用。

在 MTN25 中总是标注两种名称形式，除非因地图篇幅有限而无法实现，这时则选择标注卡斯蒂利亚语名称。为了便于阅读，地图中在斜线之前和之后均留出一个空格。如果是在地方地理实体登记处注册的双语言名称，则应尊重其在官方注册中的名称顺序。

例如：Alicante/Alacant、Almazora/Almassora、Soraluze/Placencia de las Armas。

关于较小地名，MTN25 中在以下情况使用斜线：

a）地名所属自治大区拥有标准化的双语言较小地名→地名本身是双语言形式。

例如：Ría de Orio/Orioko Itsasadarra、Río Nervión/Nerbioi Ibaia。

b）点状地物的地名，该地物位于两个不同语言的自治大区之间，拥有相对于每个自治大区本语言的单语名称→标注为双语言地名，卡斯蒂利亚语名称在前。

例如：Pico de la Tallada/Tuc Feixan

Puerto de Orduña/Urduñako Mendatea。

c）重要线状地物的地名，如果该地物属于两个不同语言的自治大区，其将拥有相对于每个自治大区本语言的单语名称→在其流经以卡斯蒂利亚语为唯一语言的单语自治大区的线路段标注卡斯蒂利亚语名称，在其流经拥有卡斯蒂利亚语之外的自身语言的自治大区线路段标注双语言名称，卡斯蒂利亚语名称在前。

例如：Río Ebro（阿拉贡语）

Río Ebro/L'Ebre（加泰罗尼亚语）。

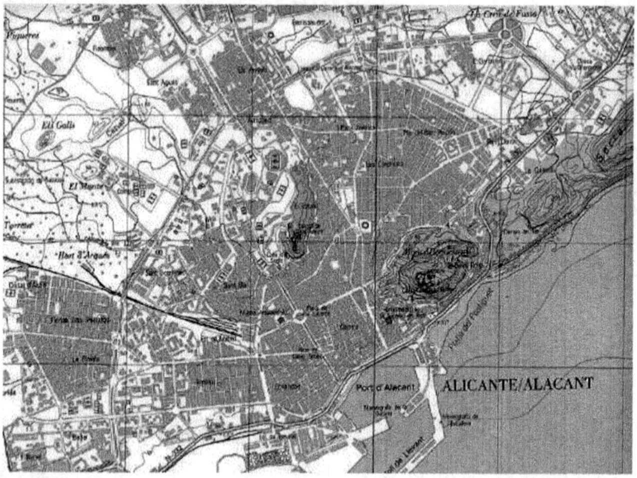

图 2　MTN25·第 872 页 –III·Alicante/Alacant（2002 年第 2 版）

5.6　连接词

卡斯蒂利亚语中的选择连接词“o”以及它在其他官方语言中的对等词，仅使用在那些拥有两个公认名称，并且是同一种语言的地名中。最为人熟知的名称放在前面，如篇幅有限，则仅标注该名称。

例如：Playa del Castillo o de la Duquesa、Cabo de las Huertas o del Alcodre、Val de Monterrey ou de Verín。

联系连接词“y”或它在其他官方语言中的对等词在很少情况下使用，例如，在两个不同实体合并后形成的一个行政实体的复合名称中使用。

例如：Bedmar y Garcíez、Rupit i Pruit、Vielha e Mijaran。

5.7 孤立通名及其他描述性术语

孤立通名及其他描述性术语（见本章1.1.4小节定义）不是地名，而是关于所指地物的用途或特点的绘图注解。因此，总是以卡斯蒂利亚语形式标注，这是MTN25绘图系列及地图外部的补充信息所使用的语言。

描述性术语也使用在私有企业的名称中（见本章5.10小节）。

在MTN25中我们努力做到描述性术语或孤立通名的统一，避免使用不同名称来指称同一类别的地物或设施。还需要避免使用不准确或不恰当的名称，为此，可以向与地物相关的管理机构（国家总署各部、自治大区的顾问机构、私人机构等）咨询。在任何情况下，描述性术语或孤立通名的使用都应考虑地物的重要性，仅在必要时使用。

例如：废弃物（靠近一个矿场或采石场）

抽水站

而不是：抽水泵所

制堆肥工厂

而不是：有机废料工厂

贸易中心、煤气管道、海滨农场、阿古埃尔多斜坡界线

5.8 连字符

使用连字符“-”来连接两个永远不能分开使用的名称，从而形成一个复合名称。总体来讲，通过连字符可以连接一个名称的两个要素，并建立起两者之间的具体联系，起到类似于前置词或连接词的衔接作用。

必须尊重行政实体的官方名称中出现的连字符，因为这是唯一的、不可分割的官方名称。

例如：Robledo-Cervantes、Castell-Platja d’Aro、Riba-roja de Túria。

甚至在巴斯克的某些双语言名称中也尊重这种不可分割的用法，这些名称在官方注册中使用连字符，而不是斜线。

例如：Vitoria-Gasteiz、Lasarte-Oria。

关于其他地物的名称，在卡斯蒂利亚语中，连字符的使用应仅限于非常必要的场合，例如它是某些地名的组成部分。要避免在地名中使用没有任何作用的连字符。

例如：Acueducto Tajo-Segura、Estación de Archena-Fortuna

是：Quitalbarca

而不是 Quita-Albarca。

在其他语言中，连字符在地名中的用法由相应的书写规则决定。

5.9 大写和小写

标注的起始位置

通常做法是，无论一个标注的语法是何类别，它使用的是何种语言，所有处于标注起始位置的单词首字母均应大写。

例如：La Hoya、TresHitos、Carra la Vega、Tras la Sierra、El Roig、Urumealbaia

而不是：el Roig、Urumeaibaia。

在地方实体登记处注册时起始冠词小写的行政实体名称同样遵循这个规则。

例如：El Campello、L'Alcúdia

注册时为：elCampello、l'Alcúdia。

标注的中间位置

所有名词、形容词、副词、动词和数词的首字母大写。

例如：Loma de la Umbría、Peña Bermeja、Puebla de Abajo、Arroyo de Lejos Lobos、Donde Predicó el Fraile、Cortijo de Poco Vale、Pinar de Dos Hermanas、El Tercer Cortijo。

冠词、前置词、代词和连接词小写。

例如：Cabezo de la Era、Ladera tras la Fuente、Lomo de entre los Prados、Arroyo de la Fresneda o del Herrén、Vereda de Marigarcía y Suertes Nuevas。

如果一个地名中包含的冠词是某个官方名称的组成部分，则同样遵循这一常规准则。

例如：Embalse de la Cumbre、Lanchas del Herradón、Camino de los Molares

官方名称分别是：La Cumbre、El Herradón、Los Molares。

该准则唯一的例外是官方行政实体的名称在注册时，中间的冠词或关联词是大写。

例如：San Lorenzo de El Escorial、San Cristóbal de La Laguna、La Font d'En Carròs、Llocnou d'En Fenollet。

5.10 私有企业名称和注册商标

在 MTN25 中不标注私有企业的名称和注册商标。通常情况下，企业和工业设施往往位于工业园区内，因此，如果这些工业园区有自有名称的话，则只标注这类名称。如果一个企业在工业园区之外，则标注为能以最佳方式定义该企业活动的描述性术语或孤立通名（genérico aislado）。

例如：汽车厂、蒸馏厂、农牧业中心。

5.11 数字

构成地名的数字，无论是基数还是序数，其书写均使用字母形式，除非官方机构确定的某个标准化地名中使用数字形式。同样，只有在涉及内容是历史数据（日期、君主朝代）或已确立的计数形式时，才使用罗马数字。

例如：七个山峰（SietePicos）、Alcántara 1 水库（Embalse de Alcántara 1）、Alcántara2 水库（Embalse de Alcántara 2）、菲利浦二世的椅子（Silla de Felipe Ⅱ）、lasAméricas Ⅰ海滩（Playa de lasAméricas Ⅰ）、las Américas Ⅱ海滩（Playa de las Américas Ⅱ）。

5.12 括号

在 MTN25 的地名中，括号在以下情况使用：

a）为了对某个绘图中的地物特征进行确切说明，又未相应说明符号时，使用括号。这些说明总是标注为小写的卡斯蒂利亚语形式。

b）在加利西亚和阿斯图里亚斯，用来指代教区的名称。

例如：Salvaterra、Celeiros。

（San Lorenzo）（San Martiño）

c）一种例外情况是，指代一个城市地点的名称，而这个地点不是城市首府，但比城市首府更有名。这种情况经常出现在加利西亚。

例如：O Castelo。

（Salvaterra de Miño）

d）构成一个行政实体的官方名称，这种情况很少见。

例如：Noáin（Valle de Elorz）/Noain（Elortzibar）。

5.13 前置词 de

常使用前置词“de”连接一个地名的组成部分，无论是连接通名和专名还是两个专名（Arroyo del Cervunal、Gumielde Izán）。通过这个前置词引出地名的第二个要素，该要素可以为第一个要素的位置、归属或特点，尤其是存在其他同音同形异义词地名的情况下（Molina de Aragón、Molina de Segura）。前置词“de”还可以使地名更加完整，从而确定最生动的自身名称。

总之，前置词“de”可以具有以下功能：

a）建立地名用语之间的联系。

· 所有或归属

例如：Gómez 的家（Casa de los Gómez）、Santo Tomás 的修道院（Convento de Santo Tomás）。

· 地理位置

例如：加迪斯海湾（Golfo de Cádiz）、格拉纳达的阿拉玛城（Alhama de Granada）。

· 起点或终点

例如：Bustarviejo 路（Camino de Bustarviejo）。

· 一个具体特征

例如：瓦形泉（Fuente de la Teja）、盐沼池塘（Laguna del Saladar）

b）连接通名和专名，不表明任何联系，只是达意的需要。

例如：Urbión 山峰（Picos de Urbión）、格雷多山脉（Sierra de Gredos）、Alegranza 岛屿（Isla de Alegranza）。

在情况 a）中，从语言学角度来讲，保持前置词“de”是更准确的方式，尽管在口语中经常将它省略，使两个用语构成同位语形式（两个名词之间没有关联词连接）。

例如：Fuente de la Teja 好于 Fuente la Teja。

但是，在情况 b）中，关于前置词使用没有一个最准确的卡斯蒂利亚语的规范或形式，而是由传统习惯决定。专名可以借助前置词 de 和通名连接，或两者构成同位语，这种情况在河流名称中经常出现。因此，在地图中应标注习惯用法。

例如：埃布罗河（Río Ebro）、玛吉纳山脉（Sierra Mágina）、萨克拉蒂角（CaboSacratif）、长萨河（Rivera de Chanza）、瓜达拉马山脉（Sierra de Guadarrama）、岩石角（Cabo de Peñas）。

新建事物的地名，如园区或市政地区，一般应省略前置词，除非专名提及另一个表明其位置的地名。

例如：las Nieves 工业园区（Polígono Industrial las Nieves）、los Almendros 市政区（Urbanizaciónlos Almendros）、Villarejo de Salvanés 的工业园区（Polígono Industrial de Villarejo de Salvanés）。

5.14 通名

通名（见本章 1.1.2 小节定义）必须和与它相随的专名使用同一种语言或方言，因为专名是地名中不可分割的一部分，除了因习惯而形成的、由职能机构（见 5.15）接受的混合地名，其通名和专名使用不同语言。

必须尊重每个地区因习惯而形成的传统通名形式，即使该通名不使用常用语言，或已经不再符合其地理实体的特征。

例如：栎木的畜棚（Teinada de Robles）

而不能改为：栎木的牲口圈（Corral de Robles）

Pando 山顶（Teso del Pando）

而不是：Pando 山丘（Cerro del Pando），

Mejana del Lobo（mejana 的含义是河中小岛，虽然该地点已不再是一个岛屿，也必须保留这个通名）

不能给一个人们不熟悉的通名添加一个很常用的通名，虽然在一些传统的具体地名中有这种用法。

例如：Rivera de Gata

而不是：Río de la Rivera de Gata，

Cañada de Valdelagua

而不是：Arroyo de la Cañadade Valdelagua，在 cañada 的含义是溪流的地区，

Ojos del Río Moros

而不是：Manantial de los Ojos del RíoMoros，

某些设施名称的通名，应该采用相应负责机构使用的名称，而不是为人所知的流行名称。

例如：马德里第四教养中心（Centro Penitenciario Madrid Ⅳ），

而不是：马德里第四监狱（Prisión o Cárcel Madrid Ⅳ）

虽然在卡斯蒂利亚语的口语中经常省略地名的通名，尤其是在河流名称中杜埃罗河（el Duero）、瓜达尔基维尔河（el Guadalquivir）、哈拉玛河（el Jarama），但在地图上必须标注带有相应通名的完整地名。在第二章：MTN25的地名标注说明中，专门说明了关于某些通名的用法。

5.15　混合地名

有时候，在某些双语言地区或语言过渡地带，可能存在混合地名，即由几种不同语言词汇混合的名称。从语言学角度来看，混合地名是不正确的，但是当这种混合形式在实际中应用，尤其当它是官方名称时，必须接受这种形式。

下面的例子列举的是一些在地方实体登记处（REL）注册的城市的混合名称。

Sanet y Negrals（Alicante 阿利坎特）→虽然在瓦伦西亚语中应该是：Sanet i Negrals

Santa María del Camí（Illes Balears 巴利阿里群岛）→加泰罗尼亚语：Santa Maria del Camí

Vall de Almonacid（Castellón 卡斯特翁）→瓦伦西亚语：Vall d'Almonacid，或加泰罗尼亚语：Val o Valle de Almonacid

虽然很难为混合地名的处理制定规范，但我们可以参照一些由某个地区自身语言通名和另一种语言的官方地名或人名构成的复合地名的相关规则。

a）由双语言官方名称构成的复合地名→不用混合形式标注。

例如：Camino de Elche（在卡斯蒂利亚语地区）

Camí d'Elx（在瓦伦西亚语地区）

而不是：Camino de Elche/Elx、Camí de Elche/Elx。

b）由和通名使用不同语言的官方名称或人名构成的复合地名→用相应混合形式标注。

在卡斯蒂利亚语地区的例子：

Barranco de Sot de Ferrer（Sot de Ferrer 是瓦伦西亚语官方名称）

而不能改为：Barranc de Sot de Ferrer，

Camino de Albaida（Albaida、瓦伦西亚语官方名称）

而不是：Camí d'Albaida，

在非卡斯蒂利亚语地区的例子：

Camí de Villar del Arzobispo、

Villar del Arzobispo、卡斯蒂利亚语官方名称

而不是：Camino de Villar del Arzobispo

Granxa de Miguel Sanz

而不是：Granja de Miguel Sanz，

显而易见，这些规范只适用于那些非标准化地名，因为标准化地名必须使用职能机构确定的形式。

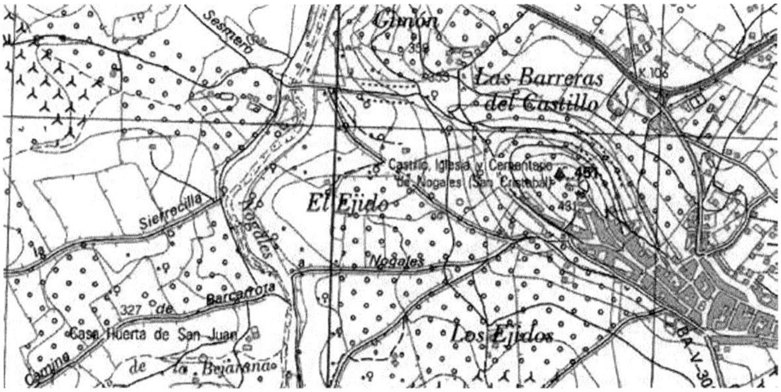

图 3　MTN25・第 828 页 –I・Almendral（2000 年第 2 版）

5.16　书写的变化

我们不能因很难识别一个地名的来源而陷入解释和修改中，这只能让我们远离地名最初的命名目的。从地名中可以观察到一种语言的变迁，反映出经常被超越的变化。同样，我们能通过地名了解很多在常用语言中已不再使用的词汇。

为了体现西班牙丰富的语汇，保持地名术语的多样性至关重要，因为它是西班牙不同语言和方言穿越历史长河留下的记载。

因此，在 MTN25 中处理地名的一个基本原则就是尊重一切词汇变化，即使一些词汇变化在很多情况下没有被收录进词典。

例如：El Abulagar、Cerro de la Bulagosa、Camino de las Aliagas、La Ulagosa、

Haza del Milano、La Vilanera、Solana del Ejido、El Egido、El Cadozo、El Cabozo、Los Cahozos、Cortijo de las Calavernas（calavera 的古老形式）。

如果不能确定某个名称的正确形式，就不能作出修改，因为可能造成错改，从而歪曲了词语的正确形式，隐藏了词语的真正来源和含义。

例如：Valdeluenga

而不是：Valdelengua

还存在基于语音特征而形成的书写上的变化。原则上，对纯语音的、不属于各语言形式文字的特征不予以标注。例如，去掉单词最后一个音节中两个元音之间的字母“d”，去掉送气音“h”，把“s”发成“c”或把“c”和“z”发成“s”，混淆“r”和“l”，一些元音的闭合，等等。

例如：La Colorada、El Rompido

而不是：La Colorá、El Rompío

El Valdihuelo、La Hoya

而不是：El Valdigüelo、La Joya

Los Mesegueros、Valalto、Moheda

而不是：Los Mecegueros、Valarto、Mueda。

6. 信息来源

鉴于 MTN25 完整系列的出版工作已经完成，面对新版本的出版，关于地名的基本工作已不局限于地名的收录（这一点在已出版的版本中基本做到），而是地名的核实以及添加新的地名，使其跟上潮流。

为了达成这一目标，并以此为总的指引方向，我们需要强调以下信息来源，同时必须提及必不可少的野外工作。

6.1　机构

· 公共管理部：

地方实体登记处

· 发展部：

民航总局

AENA（西班牙机场与航空）

公路总局

· CEDEX（公共工程研究和试验中心）：

水文地理研究中心（水文地理数据库）

国家地理研究院总局

· 国家港口：

ADIF（铁路基础设施经营者）、西班牙国家铁路网络（RENFE）运营商、FEVE（窄轨铁路）

· 工业旅游贸易部：

工业总部

能源总部

· 环境部：

生物多样性总局

海岸总局

· 水体总局：

基础设施和技术总分局（西班牙堤坝清点部门）

水文地理联合会

国家公园

· 经济财政部：

国家统计研究院（现行城市模式名册）

土地登记册总局

· 文化部：

美术和文化财产总局

· 自治大区：

和地名相关的机构

拥有以下方面的相关权限的顾问机构、部门、总局或其他自治区的机构

人口组织和其他地方机构

文化财产（历史和艺术古迹、考古遗迹）

飞机场

海港

公路

游牧路线

受保护的自然空间

水库和其他水利基础设施
市政府和城市机构
其他：森林看护人、田地看守人

6.2 地图绘制

由国家地理研究院出版的地图绘制集：
比例为 1∶25,000 和 1∶50,000 的国家地形图，比例为 1∶200,000 的省级地图；
西班牙全国地图册；
历史地图绘制文献；
由自治大区出版的地图绘制集；
由市政府出版的地图绘制集；
由私人机构出版的地图绘制集（山岳地图、旅游地图等）。

6.3 书目

语言学和地名学书目；
词典、百科全书、语法书和专题著作所包含的书目；
关于西班牙语言和方言的百科全书和词典；
关于地名的专题著作和文章；
地理学书目；
地理学的整体作品（西班牙的、自治大区的等）；
西班牙全国地图册：物理环境，第一卷（地理数据表）；
专题著作（山脉、河流、湖泊，等等）。

第二章　MTN25 的地名标注说明

引言

本说明包含根据前一章所述总体规范和信息来源，对 MTN25 中的地名标注所作的说明。说明按照地图中标注的地理实体的分类排序。为了便于地图使用，本章各小节的序号和本说明末尾所附的 MTN25 中地理实体的分类表的编码相互对应。

地理实体或地理要素的分类最初以 MTN25 的地名标注目录为基础。这些目录中的分类随着地图学多年的发展，并得益于其他国内或国际机构的地理学研究和地图绘制成果，变得越来越丰富多样。

最终形成了以下三个层级的分类：

具有整体共同特征的要素类别（clases）或大规模群组；

地理要素分类别（subclases）或特定种类；

地理要素根据某些既定标准所属等级（jerarquía）。

确立了以下类别和分类别：

居民区和建筑物。人文地理实体：毗邻的国家、行政首府、居民实体、各种群组、建筑物、公共工程建筑物和大地测量三角点。

交通和运输。人文地理要素：机场、海港、交通线和其他要素。

山岳形态。和地形地貌相关的自然地理实体：山脉、山峰、公路和山间关隘、受保护的自然空间、地理区域和地点。

大陆水文地理。属于自然地理和人文地理的、半岛和岛屿内的水文地理实体：河流、河口、小湖、点状水域、水库、运河和水渠。

海洋和海岸水文地理。属于自然地理的、海洋水文地理要素和海岸水文地理实体：海洋、海峡、海岸凹进处和凸出处、海滩和岛屿。

地图的外部。地图的其他要素：页面标题、词汇表、封面和衬页。

在第三层级，根据地理实体的特征采用不同标准，如人口数量、面积或长度，给不同种类的地理实体确定等级。为确定级别，根据每个分类别（例如基于人口数量的居民实体群组）应用的标准审查要素的分布。在其他情况下，则考虑性质方面的标准，如要素的地理重要性或它的行政从属。

此外，在说明中准确描述每个分类别或实体种类包括的地理要素，以便于分类，因此有助于准确选择在地图的地名标注中应该使用的字母种类。

最后，关于 MTN25 的地名标注，我们遵循了视感研究提出的地图绘制原则来选择字母种类。

人文地理实体使用正体字母，而自然地理实体使用斜体字母。

对于同属一个实体种类的地理要素，使用相同的印刷来源。

使用下列视觉变项中的一种或多种：对于相互之间具有等级关系的地理要素，体积、厚度、大写和小写。

使用不同颜色，利用它们在关联性和选择性感知方面的特性，方法如下：

水文地理使用蓝色，其余标注使用黑色。

应用这些地图绘制原则使人们可以通过地图中标注的字母种类和颜色识别地理要素的特征，并通过字母大小和大小写的方式来突出其在预设的等级范围内的重要性。

1. 居民区和建筑物

1.1　毗邻的国家

这些国家的名称采用西班牙语传统名称。但是，属于这些国家的居民区必须使用自身语言标注（如是摩洛哥，则转译成拉丁字母），并使用和西班牙居民区相对等的字母种类。

例如：法国（Francia）、葡萄牙（Portugal）、摩洛哥（Marruecos）。

1.2　主要的行政首府：国家、自治区和省

自治区首府由相应的自治法规作出规定。拥有自治法规的城市休达（Centa）和梅利利亚（Melilla）也在这个群组。

这一群组所有行政首府的官方名称在公共管理部（MAP）地方实体登记处（REL）注册。

如果一个首府拥有双语言名称，则必须在地图上标注它在地方实体登记处注册的两个官方名称，也就是说，两个名称之间用斜线分开，例如Pamplona/Iruña和Alicante/Alacant，或者用连字符将两者连接，例如Vitoria-Gasteiz和Donostia-San Sebastián。

应该说明的是，一个自治区或一个省的首府的名称是城市的名称，而不是相应城市的首府的名称。

例如：巴利阿里群岛自治区的城市和首府（Palma de Mallorca）、城市的首府（Palma）、吉普斯夸省的城市和省会（Donostia-San Sebastián）、城市的首府（Donostia/San Sebastián）。

在此类情况下标注自治区或省的首府，而不是城市的首府，因为在MTN25中，如果两个行政实体属于同一个居民区，则只标注级别更高的那个实体的名称。

依据国家统计研究院（INE）最新城市户口名册来根据人口进行的首府的分类。采用作为首府的个体实体（名册中标为ES）的总人口。但是，如果名

册中在一个个体实体内有几个不同的中心区域（名册中标为 NUC），则首府根据自身所在中心区域的人口进行标注；同时，其余中心区域则根据其人口，按照人口较少实体进行标注。

1.2.1　人口超过 20 万的国家、自治区和省的首府

例如：马德里（Madrid）、巴塞罗那（Barcelona）、阿利坎特（Alicante/Alacant）。

1.2.2　人口少于 20 万的自治区和省的首府

例如：梅里达（Mérida）、圣地亚哥坎普斯特拉（Santiago de Compostela）、卡塞雷斯（Cáceres）、哈恩（Jaén）、休达（Ceuta）、梅利利亚（Melilla）。

1.3　城市首府

城市首府的官方名称收录在地方实体登记处。要改变名称，必须执行既定的行政程序，该程序以在地方实体登记处注册新名称为结束。因此，其他名称，即使是其市政府使用的名称，也不认为是官方名称。国家统计研究院（INE）名册只用来确定首府的人口数量。

如果一个城市首府拥有双语言名称，则标注其注册的两个名称，并保留注册时名称的顺序。

例如：Jávea/Xàbia、Soraluze/Placencia de las Armas、Alegría-Dulantzi。

在由连字符连接形成的复合名称中，保留第二个用语的大写或小写形式。

例如：Figaró-Montmany、Palau-saverdera、Vélez-Málaga。

在 MTN25 中所有标注的起始字母应该大写，因此，一个首府的起始冠词也总是首字母大写，即使它在注册时是小写。这是在地方实体登记处注册的名称形式进行改变的唯一例外情况。

例如：L'Alfàs del Pi、La Vilavella

而不是：l'Alfàs del Pi、la Vilavella。

图 4　哈恩的景观

如果一个城市首府的名称和该城市的名称不同，则在地图范围内不标注该城市名称，因为在地图外部有城市和其位置的对应表。除非该城市名称更为人熟知，这种情况下则将使用相同字母种类的城市名称放在括号内，添加在其首府名称的下方。

例如：O Castelo（首府）

Salvaterra de Miño（城市）

San Vicente（首府）

A Baña（城市）

依据国家统计研究院（INE）最新名册，将实施城市首府基于人口的分类，采纳作为城市首府的个体实体（名册中标为 ES）的总人口。但是，如果名册中在一个个体实体内有几个不同的中心区域（名册中标为 NUC），则根据首府自身所在中心区域的人口进行标注；同时，其余中心区域则根据其人口，按照人口较少实体进行标注。

为了设立等级，我们考虑了基于人口数量以及国家统计研究院（INE）标准（认为人口超过 1 万是城市居民区，少于 2000 是农村居民区）的城市首府布局。

1.3.1　人口超过 5 万的城市首府

例如：卡塔赫纳（Cartagena）、利纳雷斯（Linares）、雷乌斯（Reus）。

1.3.2　人口在 1 万到 5 万之间的城市首府

例如：阿斯佩蒂亚（Azpeitia）、圣克鲁斯德拉帕尔马（Santa Cruz de la Palma）、图德拉（Tudela）。

1.3.3　人口在 2000 到 1 万之间的城市首府

例如：拉尔德罗（Lardero）、罗夫莱多德查韦拉（Robledo de Chavela）、托罗（Toro）。

1.3.4　人口在 500 到 2000 之间的城市首府

例如：卡斯特罗波尔（Castropol）、蒙达卡（Mundaka）、赛利塞斯（Saelices）。

1.3.5　人口少于 500 的城市首府

例如：卡瓦内耶斯（Cabanelles）、艾斯佩路易（Espeluy）、萨玛聂哥（Samaniego）。

1.4　聚合性实体

聚合性实体是同一个城市内个体居民实体的集合，根据区域名称的不同而有所不同，例如：教区、同业会、市政会议、省议会、县等。它们的名称没有在地方实体登记处注册。

信息来源按照其重要性的排序是：自治区、市政府和国家统计研究院（INE）名册。只有在前两项没有自己的信息时，国家统计研究院名册才被视为有效文件，其中相关信息收录在聚合性实体（EC）名录中。

在加利西亚和阿斯图里亚斯自治区所有教区的名称已经标准化。

· 教区

教区具有明确的位置，即教堂。它可以是一座孤立的建筑，或者是位于一个居民实体内的中心区域。在这两种情况下都标注教区名称，即使教区名称和居民实体名称相重合。

· 省议会和县

在国家统计研究院（INE）名册中，分类为聚合性实体的穆尔西亚省和阿尔梅里亚省的居民实体按照聚合性实体标注，并根据传统用法特别添加通名省议会（diputación）或县（pedanía），将标注放在所包含居民实体的中心位置。

例如：奥维拉省议会（Diputación de Overa）、帕拉斯皮妮亚县（Pedanía de Palas-Pinilla）。

如果一个省议会或县的名称与居民点的名称重合，则按以下方式标注两个名称：在靠近中心区域的位置标注居民点名称，在所包含区域的中心位置标注聚合性实体的名称。

例如：瓜萨马拉省议会（Diputación de Guazamara）（聚合性实体）

瓜萨马拉（Guazamara）（人口较少的实体）

莫拉塔省议会（Diputación de Morata）（聚合性实体）

莫拉塔（Morata）（人口较少的实体）。

1.4.1　寺院、神殿、圣事、神像等名称

教堂（圣母像、圣徒像等）的名称或命名放在括号内，标注于教区名称下方。除非教堂（圣母像、圣徒像等）的名称包含在教区名称内，此种情况下不标注前者名称。

例如：重合的名称

圣维森特德莱拉（San Vicente de Leira）（教区）

圣维森特（San Vicente）［教堂（圣母像、圣徒像等）的名称］

圣克鲁斯（Santa Cruz）（教区）

圣克鲁斯（Santa Cruz）［教堂（圣母像、圣徒像等）的名称］

标注的名称

圣维森特德莱拉（San Vicente de Leira）

圣克鲁斯（Santa Cruz）

1.5　较小居民点

在本说明中，我们把异于其他中心区域、拥有自身名称的住宅群组称为较小居民点，传统习惯称之为村庄、城镇、村落、村镇、重镇、侨居地、市政区、郊区（离开居民中心区域）等。其中有一些是 EATIM（低于市级的区域实体），它们是建立在城市之内、以实施某些服务的实体。较小居民点，除了一些新建立的实体，如一些市政区，均收录在国家统计研究院（INE）名册中。信息来源如下：

· 低于市级的区域实体（EATIM）及首府；

· 低于市级的区域实体及其首府在公共管理部地方实体登记处（REL）正式注册。因此，在地图上应该标注已注册的名称。但是，如果在地方实体登记处注册的官方名称和市政府或自治区使用的名称不一致，则应向中央地图绘制登记部汇报。

如果一个低于市级的区域实体的名称由它的居民点名称构成，则根据国家统计研究院（INE）名册登记的人口数量，在相应位置标注每个居民点的名称。

例如：Lamuño，Salamir y Artedo（拉姆尼奥、萨拉米尔和阿尔黛多）（低于市级的区域实体）→分别标注每个名称。

其余的较小居民点。至于那些非低于市级区域实体的实体，其信息来源是相应的自治区。如果它的名称已收录进自治区的登记簿、名册或官方出版物，则在地图上应标注这些名称形式，即使它们和相应市政府应用的名称或交通线路信号系统上书写的名称不一致。

如果名称没有被自治区实施标准化，则其有效信息来源首先是市政府，其次是国家统计研究院（INE）名册，应该注意，在国家统计研究院（INE）名册中名称书写没有重音，在必要时应该添加重音。

如果一个较小居民点拥有双语言名称，则总是标注两个名称，两者之间用斜线或连字符分开，按照标准化的先后顺序排列。

例如：Ehari/Ali、Lendoño Goikoa/Lendo de Arriba、Hueto Abajo-Oto Barren。

如在城市首府部分所述，即使居民点的标准化形式是小写，其起始冠词首字母应大写。

例如：la Barraca d’Aigües Vives（低于市级的区域实体）→ La Barraca d’Aigües Vives（MTN25）

el Colomer（加泰罗尼亚官方名册）→ El Colomer（MTN25）。

关于通名的使用，不给居民点名称添加诸如村庄、城镇、郊区、侨居地、村镇等用语，除非它们构成地名的固有成分，或者其标准化名称中包含通名。

例如：Campanillas、Huerteles、Valdanzuelo

而：Aldea de Abaixo、L’Alqueria Blanca、Pueblo Nuevo、Villa de Soto（低于市级的区域实体）

La Colònia Güell（加泰罗尼亚官方名册）

通名 urbanización（市政区）的标注根据其使用或标准化形式确定。

例如：Los Rosales、

Urbanización de los Endrinales（los Endrinales 市政区）、

Urbanització Calders-Escaldes（Calders-Escaldes 市政区）。

根据国家统计研究院（INE）最新名册上登记的人口数量，较小居民点的分类确定为三个等级。必须采用个体实体（名册中标为 ES）的总人口。但是，如果名册中在一个个体实体内有几个不同的中心区域（名册中标为 NUC），则根据其人口标注每个中心区域。

但是，应该注意到，有时候国家统计研究院（INE）名册并不能完全准确反映西班牙居民点复杂情况，因此，对于国家统计研究院收录的每个城市的人口数量，最好和相应市政府进行核实。

那些没有登记人口或没有收录在名册中的住宅群组，例如一些新建的市政区或居民点，其分类属于最后一个等级。

对那些无人居住或已经成为废墟的村庄不标明此种情况。

如果一个较小居民点由分散的房屋组成，则由其市政府确定它实际上是一个村镇还是一个地点，然后根据结果作出相应标注。

那些作为孤立建筑物的实体，其分类不属于较小居民点，而属于孤立建筑物。

1.5.1　人口超过 500 的居民点

例如：卡斯提德坎坡斯（Castil de Campos）、圣拉斐尔（San Rafael）、拉萨拉（La Xara）。

1.5.2　人口在 50 到 500 之间的居民点

例如：Dorrao/Torrano、Rodilana、Vilasobroso。

1.5.3　人口少于 50 的居民点

例如：Fontllonga、Moñón、Pando。

1.6　城市区和居民中心区

城市区和居民中心区包括大型城市的城市区和位于居民中心区域内的区。因此，和居民中心区域分离的区不包括在内。

上述实体的名称没有收录在国家统计研究院（INE）名册中，因为它们并不是独立的居民实体，而是居民实体的一部分。主要信息来源是它们所从属的市政府，以及自治区的一些名册。

1.6.1　大型城市的城市区

大型城市的城市区在标注时不使用通名，以避免在每个名称中的重复使用。

例如：Chamberí、Retiro、Gràcia、L'Eixample。

1.6.2　大型城市的区

大型城市的区指大型城市的城市区内的区，它和大型城市的城市区相同之处在于标注时不使用通名，除非它的标准化名称中包含通名。

例如：Adelfas、Recoletos、El Guinardó。

1.6.3　较小区

较小区位于一个中心区域内部，这个中心区域可能是大城市，或是小村镇。

虽然总体标注时不使用通名，但如果是市政府作出规定，则可以在地图上标注时加入通名。

例如：新塞戈维亚（Nueva Segovia）、萨乌卡尔（El Saucar）、高区（Barrio Alto）、海洋区（Barri de Mar）、福尔图娜区（Barri Fortuna）、胡安亚古埃区（Barriada de Juan Yagüe）。

图 5　MTN25・第 559 页 –I・马德里西北部（1999 年第 4 版）

图 6　蒙克洛亚区（Moncloa）和钱贝里区（Chamberí）的部分景观（马德里）

1.7　各种群组：工业园区及其他设施

在本说明中，将功能和住宅不同的建筑物整体称为各种群组，如以下种类设施：

大型农牧业设施；

工业综合区和园区；

大型能源生产设施：热力发电站、核能发电站和风力园区；

大型服务和装备设施：大学城、体育城、商业中心、游艺园区、主题公园、大型城市公园；

其他设施：教养中心和军事设施。

例如：波尔多雅诺工业综合区（Complejo Industrial de Puertollano）、艾尔卡贝苏埃洛工业园区（Polígono Industrial el Cabezuelo）、阿尼亚娜/阿尼亚娜－海萨尔萨盐场（Salinas de Añana/Añana-Gesaltza）、马德里第四教养中心（Centro Penitenciario Madrid Ⅳ）、巴塞罗那自治大学（Universitat Autònoma de Barcelona）。

各种设施的信息来源于官方职能机构、市政府、国家统计研究院（INE）名册和自治区其他名册、野外工作、现有已更新地图绘制等。

当然，尽管上述设施中的很多设施收录在国家统计研究院（INE）名册中，但它们的分类不属于居民实体，而属于各种群组。

图 7　阿尼亚娜盐场（阿拉瓦）

所有这些设施的标注都应包含其相应的通名，因为这些通名能够传达地图中要素种类的必要信息。

例如：Centro Comercial（商业中心）、Centro Penitenciario（教养中心）、Polígono Industrial（工业园区）、Universidad（大学）。

如果这类设施占地面积小，则标注为孤立建筑物。

1.8　孤立建筑物和居民中心区域内的重要建筑物

包括以下内容：

· 离开居民中心区域的、非公共工程的孤立建筑物。

· 位于一个居民中心区域内的古迹、重要建筑物和小型公园或花园。

主要包括：农舍、娱乐区域、小教堂、房屋、农户住房、城堡、茅屋、畜栏、农庄、岩洞、庵堂、火车站、工厂、灯塔、农场、医院、磨坊、寺院、草场、小型纪念遗迹、历史艺术类遗迹、城市公园和花园等。

所有地名标注应包含通名，尊重其在相应语言和方言中的传统形式，即使它们在常用语言中已不再使用，如牲畜棚、茅屋、猪圈、产崽圈、畜棚（bovería）、畜栏、门厅、斗牛圈等。

艺术价值古迹根据其相应自治区的标准化形式标注。如果一个古迹的全名很长，可以进行没有实质改变的缩短。任何情况下都不标注和艺术风格或历史时期有关的名称，除非该名称包含在古迹的说明中。如果古迹位于一个居民区内，则应选择最好的方式描述，避免使用过长的名称。

例如：圣米盖尔德埃斯卡拉达教堂（Iglesia de San Miguel de Escalada）、贝拉拱门（Arc de Berà）、阿尔达米拉山洞（Cueva de Altamira）、大教堂（Catedral）、宫殿（Palacio）。

考古矿藏不应通过符号进行标注或识别，除非自治区因保护的缘由对此给予明确许可。它们的名称由自治区职能机构确定。

图 8　贝拉拱门（塔拉戈纳）

火车站只标注其通名车站，或在其他官方语言中的相应用语，而不是旅客乘降所。核实的名称应该向西班牙国家铁路网络运营商（RENFE Operadora）、铁路基础设施经营者（ADIF）或窄轨铁路（FEVE）部门咨询。任何时候都应该标注火车站名称，除非它位于一个居民区内，且名称和该居民区名称重合。但是，如果一个大型城市拥有几个车站，则标注其标准化全名。

例如：马德里查马丁车站（Estación de Madrid-Chamartín）、巴塞罗那桑兹车站（Estació de Barcelona-Sants）。

已成为废墟的孤立建筑物，因拥有专有符号，或因其体积大小已按相应比例绘制在地图上而无须通过废墟符号标注，则应在其标注名称下注明（废墟）（ruinas）字样，使用相同字母种类。

1.9 公共工程的孤立建筑物

和道路基础设施、自然资源的开采、传送或运输、废物处理等相关的孤立建筑物或工程。

主要包括：天线、粪池、采石场、水力发电站、遮盖式储水罐、燃料储存罐和管道（输油管、煤气管道）。

如果这些建筑物具有常规符号，不用通过专名识别，则不应标注孤立通名。

堤坝一般不进行标注，因为它是水库的防护堤，它的名称就是该水库的名称。只有那些具有自身名称、不构成水库一部分的堤坝或堤堰才进行标注。

那些已经废弃的采矿设施，在其名称下面使用括号标注（废弃的）（abandonadas），除非这些设施具有专门符号。

例如：圣巴巴拉矿场（Minas de Santa Bárbara）

废弃的（abandonadas）。

1.10 大地测量三角点

大地测量三角点的名称按照在国家地理研究院（IGN）注册的形式标注，即使它的书写不正确，或与所在山峰或地点的书写形式不符。如有疑问，可以向国家地理研究院大地测量观测中心咨询。

一般情况下，如果一个三角点的名称和一个山峰的名称相同，则两者都必须进行标注，分别使用相应的字母种类，尤其是主要山峰。

例如：三角点（Urbión）和山峰（Urbión）。

2. 交通和运输

2.1 飞机场和其他机场

机场是用于飞机及其他航空设备起飞和降落的区域和基础设施。根据其用途分为三个等级。

2.1.1 飞机场

分类属于飞机场，对民用交通开放，全部由下属发展部的公共机构西班牙机场与航空（AENA）经营。

关于它们的名称，唯一的有效信息来源是西班牙机场与航空（AENA），它是根据这一领域现行国际协定，确定西班牙机场官方名称的职能机构。因此，应尊重由西班牙机场与航空（AENA）确定的名称和符号（斜线、括号）。在任何情况下都不能标注一个机场为人熟知的当地名称，或由其他没有此类权限的机构提议的名称。

例如：阿斯图里亚斯机场（Aeropuerto de Asturias）、赫雷斯机场（Aeropuerto de Jerez）、特内里弗南方机场（Aeropuerto de Tenerife/Sur）、马德里巴拉哈斯机场（Aeropuerto de Madrid/Barajas）、布尔戈斯维亚弗里亚机场（Aeropuerto de Burgos）（Villafría）。

在双语言自治区，只要获得西班牙机场与航空批准，机场名称也可以使用相应的同为官方语言的另一种语言进行标注，卡斯蒂利亚语名称在前。

例如：巴塞罗那机场（Aeropuerto de Barcelona/Aeroportde Barcelona）、阿利坎特机场（Aeropuerto de Alicante/Aeroport d'Alacant）、毕尔巴鄂机场（Aeropuerto de Bilbao/Bilbaoko Aireportua）。

一些由西班牙机场与航空（AENA）经营的机场为军事航空基地，但向民用交通开放，也使用通名机场（aeropuerto）进行标注，这是由西班牙机场与航空（AENA）命名的。

例如：马德里 – 托雷洪机场（Aeropuerto de Madrid/Torrejón）、穆尔西亚圣哈维尔机场（Aeropuerto de Murcia/San Javier）。

2.1.2　军事航空基地和较小机场

由空军（国防部）确定其官方名称的军事专用航空基地；和私人用的较小机场一起，将名称收录在西班牙机场与航空（AENA）下属的航空信息服务局（AIS）。

例如：塞维利亚莫隆航空基地（Base Aérea de Sevilla/Morón）、穆尔西亚阿坎达里亚航空基地（Base Aérea de Murcia/Alcantarilla）、丰特米拉诺斯机场（Aeródromo de Fuentemilanos）、拜里机场（Aeródromo del Berril）、马菲 – 吉布拉莱昂机场（Aeródromo de Mafé-Gibraleón）。

2.1.3　较小航空场地

无发动机的飞行设备或类似设备起飞和降落时必要的小型基础设施。

例如：超轻型飞机跑道（Pista de Ultraligeros）。

2.2　海港

海港是位于海岸或海湾，可以实施港口交通运行的设施和海洋水域的总体。西班牙港口分为国家整体重要性港口和自治区港口。本规范依照此分类，增加规模很小的自治区港口及码头这一群组。

2.2.1　国家港口

由国家港口部门（下属发展部的公共单位和确定国家港口官方名称的职能机构）经营的国家整体重要性港口。

例如：卡的斯港（Puerto de Cádiz）、卡塔赫纳港（Puerto de Cartagena）、希洪–穆塞尔港（Puerto de Gijón-Musel）、拉斯帕尔马斯港（Puerto de las Palmas）。

和机场情况相同，在双语言自治区，只要取得国家港口部门批准，港口名称也可以使用相应的同为官方语言的另一种语言标注，卡斯蒂利亚语名称在前。

例如：维拉加尔西亚德阿鲁萨港（Puerto de Vilagarcía de Arousa/Porto deVilagarcía de Arousa）、塔拉戈纳港（Puerto de Tarragona/Port de Tarragona）、阿利坎特港（Puerto de Alicante/Port d'Alacant）、毕尔巴鄂港（Puerto de Bilbao/Bilbaoko Portua）。

2.2.2　大型自治区港口

自治区拥有的、占地面积广的海港，可以是商业的、渔业的或体育性质的。

图 9　拉斯特雷斯港（阿斯图里亚斯）

获取名称的信息来源于各自治区的职能机构。如果标准化名称使用卡斯蒂利亚语之外的一种单语言形式，则不添加卡斯蒂利亚语通名，因为这些港口的管理和命名属于自治区的专有权限。

例如：巴尔巴特港（Puerto de Barbate）、帕拉莫斯港（Port de Palamós）、里瓦德奥港（Porto de Ribadeo）。

2.2.3　小型自治区港口及码头

占地面积小的自治区港口，以及码头和其他港口的辅助海洋设施，可以是国家的或自治区的。

例如：拉斯特雷斯港（Puerto de Lastres）、波尔图贝得罗港（Port de Porto Petro）、拉克鲁斯码头（Muelle de la Cruz）、贝德雷尼亚码头（Muelle de Pedreña）、伯涅特大坝（Dique de Poniente）。

2.3　交通道路

2.3.1　一级和二级高速公路及公路名册

国有的或自治区所有的一级和二级高速公路（汽车专用）、高速公路（各种车辆使用）和公路以及国际道路。

构成国家公路网的国家公路以及国际道路的名称根据发展部公路总局的官方名册进行标注。

自治区公路名称按照自治区职能机构的官方名册进行标注。

例如：AP-7、CV-70、E-90。

2.3.2　三级自治区公路、省议会公路及其他公路名册

等级低于前一群组所述等级的公路，其名称根据自治区、省议会和岛民会议的官方名册进行标注。

例如：EX-390、M-234。

2.3.3　道路和游牧路线

道路、仍在使用的罗马式公路、长距离（GR）道路和短距离（PR）道路、游牧路线、绿色道路、自行车道等，保持它们的传统通名：道路（caminos）、小路（senda）、小径（sendero）、峡谷（portillo）、通过之处（pasada）、小道（trocha）等，以及它们在各种语言和方言中的对等词。

如果道路的起点和终点所在的居民实体绘制在地图的同一页面，则不标注道路（caminos）字样。另外，不强调必须标注道路起点或终点的居民区全名，除非可能造成与另一个名称相似实体的混淆。

前置词连接通名和专名，虽然 Camino de... 比 Camino a... 的形式更为常

用，但两者都是正确的形式。

罗马式公路的标注应向自治区相关顾问部门咨询。

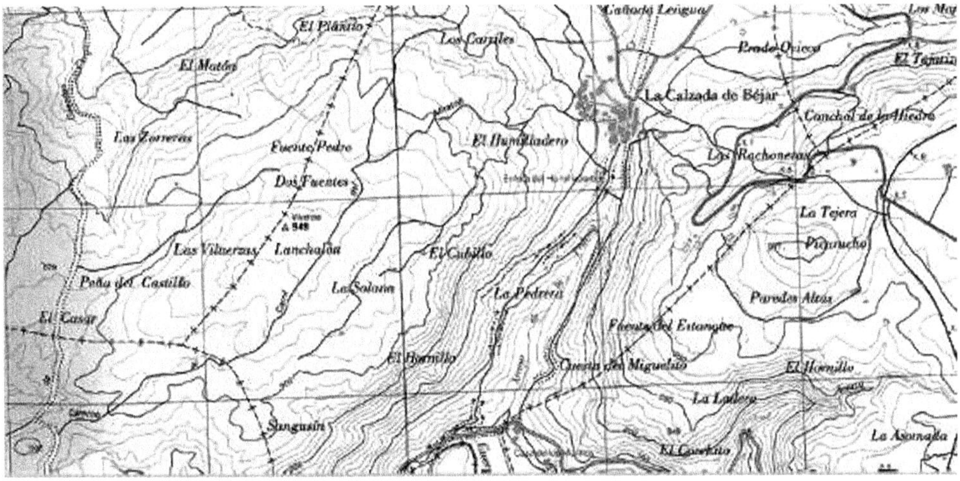

图 10　MTN25 · 第 553 页 –III · 贝哈尔（1997 年第 1 版）

图 11　罗马式公路上的里程标记碑石（萨拉曼卡，贝哈尔公路）

应标注所有能够被识别的游牧路线，尤其是皇家道路。信息来源于对这些路线拥有行政权的自治区。

传统上，通过游牧路线，把大批动物迁移到放牧区域，根据宽度有以下名称：公路（宽度不超过 75 米）、牧道（宽度不超过 37.5 米）、小径（宽度不超过 20 米）和峡谷（宽度较小）。也有其他一些名称，例如：羊群小径、畜群的道路、放牧小道、放牧小径、牧道、支线、直属王室的道路，以及在双语言自治区其他官方语言中的相应名称。

GR 和 PR，即供人们远足的长距离和短距离道路，根据西班牙登山运动联合会（FEDME）或地区和自治区相应联合会的名册进行标注。根据以下特征进行分类：

GR：长距离道路。其信号系统为白色和红色。根据其距离长短，需要一个日程以上来完成远足。

PR：短距离道路。其信号系统为白色和黄色。根据其距离长短，可以在一个日程之内完成远足。

例如：GR-8、GR-10.1、PR-12。

绿色道路是供人们休闲和旅游的线路。一般情况下由一些废弃的旧铁路线整修而成，个别情况下由运河沿岸过去用于靠纤绳拖船的道路整修而成。它的信号系统具有标准化标识，只能使用在绿色道路上。

自行车道是自行车专用通道，一般位于城市内或与高速公路（各种车辆使用）平行。如果地图说明中没有包含它的符号，则需进行标注。

2.3.4　街道

大型城市的街道或线路，必须标注由每个市政府批准的名称。

例如：格兰大道（Gran Vía）、圣霍安大道（Passeig de Sant Joan）。

2.4　其他要素

2.4.1　铁路

那些正在建设中的铁路线需要进行标注。

例如：高速铁路（Ferrocarril de Alta Velocidad）、在建（en Construcción）。

2.4.2　公路和铁路的里程路标

里程路标使用大写字母 K 加句点进行标注。

例如：K.5（5 千米）。

2.4.3　运河的里程路标

标注形式如上一小节。

例如：K.26（26 千米）。

2.4.4　电线的电压

电线的电压使用国际符号 kV（k 小写，V 大写，不加句点）进行标注。标注以下电压：45 kV、66 kV、132 kV、220 kV 和 400 kV。

2.4.5 公路和铁路的终点

公路

被地图边缘切断的公路终点或出口通常是一个居民区。其名称必须和MTN25中相应连接页面上的标注一致，除非名称在被切断页面出版之后发生过改变。应特别注意核实在地方实体登记处注册的居民实体名称。

如终点是教区，则无须标注其名称。如果是具有双语言名称的居民区，则在篇幅允许的情况下始终标注两个名称，否则，只标注卡斯蒂利亚语名称。

在地图外部的信息必须使用卡斯蒂利亚语，因此，如果终点是另一条公路，则其通名使用卡斯蒂利亚语，然后，在冒号（：）之后标注该公路的名称术语。

在高速公路上用相应数字＋冒号＋距离该出口最近的居民区或高速公路或公路的名称这一形式标识即将到达的出口。如果出口处有几个居民区，则用逗号将它们的名称分开。

例如：Reus 12 km

Hiriberri/Villanueva 8，2 km

Carretera（公路）：N-401 10 km

Cra.：TF-713 2，5 km

Salida 5（出口 5）：Villares 8，5 km

Salida 2（出口 2）：AP-68 7 km

Salida 16（出口 16）：Alfaro，Corella 5 km

铁路

铁路线的终点是距离被地图边缘切断的地点最近的车站。如果该车站的名称是双语言形式，则标注两个名称。与公路情况一样，通名 estación（车站）用卡斯蒂利亚语标注，之后加冒号以及车站名称。

例如：Estación（车站）：Agullent 3，2 km

Estación（车站）：El Espinar 4 km

Estación（车站）：Olazti/Olazagutia 6，3 km

Estación（车站）：Alegría-Dulantzi 11 km

里程千米数的标注应遵循以下两个标准：

千米数用它的国际符号标注：km、小写、不加句点。

在西班牙，小数的书写使用逗号，从来不用句号，如：6，8。小数只用来确指少于 10 千米的距离。

3. 山岳形态

3.1 山脉、群山和山峦

虽然对诸如群山和山峦这样的自然地理要素进行等级划分很复杂，在本规范中仍确立了西班牙的山脉和山峦纵轴长度标准，并将其划分为四个等级。在 MTN25 中占据一个页面以上的山峦分为两个等级，用大写形式标注，那些在地图中占据不超过一个页面的，也分为两个等级，用小写形式标注。

为了便于分类，最好参阅一些比例较小的地图，例如国家地理研究院的比例尺为 1∶200,000 的省级地图，以及关于山岳地形的专门书目。

一般来讲，在 MTN25 中不应标注西班牙的大型地貌，因为它们更适合在比例更小一些的地图中标注。也不应该标注那些属于地质或形态等级的名称。

例如：格雷多山脉（Sierra de Gredos）、瓜达拉玛山脉（Sierra de Guadarrama）

而不是：中央山系（Sistema Central）

德曼达山脉（Sierra de la Demanda），阿尔瓦拉辛山脉（Sierra de Albarracín）

而不是：伊比利亚山系（Sistema Ibérico）

比利牛斯山脉（Pirineos）

而不是：比利牛斯轴线（Pirineo Axil）

大型山峦的标注应尽可能靠近其中轴线或主峰顶线，避免在其分支和坡尖的重复标注。

例如：瓜达拉玛山脉（Pedriza de Manzanares）只在中轴线标注，此处不重复标注。

如果具有双语言名称，则标注两个名称，两者之间用斜线分开，卡斯蒂利亚语名称在前。

例如：阿拉拉尔山脉（Sierra de Aralar/Aralar Mendilerroa）、戈尔维娅群山（Macizo de Gorbeia/Gorbeia Mendialdea）。

在具有国家重要性的跨自治区山岳形态（跨越两个或更多具有不同语言的自治区）这一特殊情况中，选择标注卡斯蒂利亚语名称形式。

例如：比利牛斯山脉（Pirineos）。

3.1.1　主要山峦

是主要的山岳形态。按照长度标准，包含纵轴超过 30 千米（水平长度接近 MTN50 的一个页面）的山脉、群山和山峦。

例如：比利牛斯山脉（Pirineos）、坎塔布里亚山脉（Cordillera Cantábrica）、欧洲之峰（Picos de Europa）、莱昂山脉（Montes de León）、瓜达拉玛山脉（Sierra de Guadarrama）。

3.1.2　中等规模山峦

中等规模的山岳形态。按照上述长度标准，标注纵轴在 15 千米（水平长度接近 MTN25 的一个页面）到 30 千米之间的山岳地形。

例如：德曼达山脉（Sierra de la Demanda）、乌尔比翁峰（Picos de Urbión）、塞古德拉山脉（Sierra Segundera）、蒙塞尼山（Montseny）。阿维拉山脉（de ávila）、瓜德罗普山脉（Sierra de Guadalupe）、阿拉塞纳山脉（Sierra de Aracena）、艾斯坦西斯山脉（Sierra de las Estancias）、阿拉拉尔山脉（Sierra de Aralar/Aralar Mendilerroa）。

图 12　比利牛斯山，莱斯玻姆索庇护所（韦斯卡）

3.1.3　小规模山峦

小规模的山岳形态，纵轴小于 15 千米（水平长度接近 MTN25 的一个页面）的山岳地形。还包括占地面积广的山峦。

例如：埃斯库多山脉（Sierra del Escudo）、蒙特塞拉特山（Montserrat）、昆塔纳山脉（Sierra del Quintanar）、拉卡山峦（Cuerda Larga）、比那尔山峦（Cuerda del Pinar）。

3.1.4　规模很小的山峦

包括占地面积很小的山脉，以及较小的山峦。

例如：托雷山脉（Sierra de la Torre）、梅卡德山脉（Sierra Mercader）、托兰索山脉（Sierra de Toranzo）、梅里纳山峦（Cuerda Merina）。

3.2　山和山峰

山和山峰的分类不只依据其海拔高度，还依据它们周围环境的相对高度。

通常主要山峰的名称不使用通名。在卡斯蒂利亚语口语中经常增加冠词 el 来代替省略的通名山峰（pico），但在标注中不应使用该冠词，除非它确实构成地名的一部分。

例如：Aneto、Mulhacén。

3.2.1　主要山峰

海拔高、规模中等的主要山峦中最重要的山峰。依据的是相对标准，因此只需要对群山的最高山峰进行分类，将其归类为主要山峰。但是，不包括那些占地面积广但海拔低山峦的最高山峰。

3.2.2　中等规模山峰

主要山峦属于中等规模，海拔低于上述山，还包括占地面积广但海拔低的山峦以及其余山峦的最高山峰。

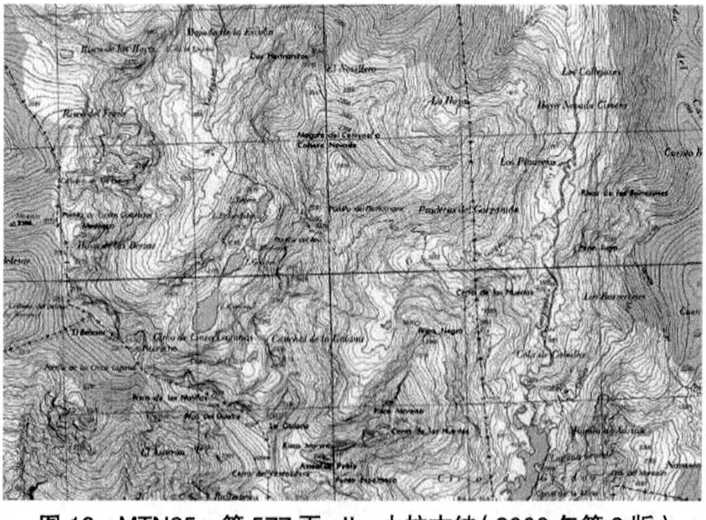

图 13　MTN25 · 第 577 页 –II · 大拉古纳（2000 年第 2 版）

3.2.3 小规模山峰

比上述山峰低的山峰，尤其是小规模或很小规模山脉的大部分山峰。此外，还包括在地形平缓的环境中地势突出的陡峭山丘。应该注意的是，如果山丘的坡度缓和，则必须标注为地点。

例如：里维罗峰（Tuca de Rivero）、麦蒂亚娜峰（Cabeza Mediana）、塞布纳山丘（Cerro del Cervunal）。

3.3 公路和山间关隘

3.3.1 主要公路和山间关隘

最重要的公路和山丘的关隘或者高山的关隘。在发展部公路官方地图中归类为山间大型关隘。在这方面信息基础上，由自治区提供信息进行补充。

例如：巴多内罗关隘（Puerto del Padornelo）、圣格罗里奥关隘（Puerto de San Glorio）、帕哈雷斯关隘（Puerto de Pajares）、松珀特关隘（Puerto de Somport）、莱昂山丘（Alto del León）、贝纳斯克关隘（Puerto de Benasque）、弗恩弗里亚关隘（Puerto de la Fuenfría）。

3.3.2 其余公路和山间关隘

重要性次于上一群组的公路和山丘关隘或者山间关隘。

例如：莫盖拉关隘（Puerto de la Morcuera）、摩尔人叹息关隘（Puerto del Suspirodel Moro）、卡不莱哈斯关隘（Puerto de Cabrejas）、巴萨班关隘（Coll des Vents、Puerto de Pasapán）、塔亚达山口（Colladeta de la Tallada）。

3.4 受保护的自然空间

受保护的自然空间分为两个群组：第一个是国家公园和自然公园群组，第二个是其余受保护空间群组。

如果一个受保护的自然空间是一个具体的自然地理实体（小湖、山峦、小海湾、海滩等），则使用相应字母种类进行标注，与其作为受保护空间的标注无关。

例如：卡约坎塔小湖（Laguna de Gallocanta）（作为小湖）、卡约坎塔小湖野生动物庇护所（Refugio de Fauna Silvestre Lagunade Gallocanta）（作为受保护的自然空间）。

关于在保护形象（figura de protección）和受保护空间名称之间添加前置词

“de”，不能做绝对性规定。总体来讲，如果受保护空间名称中已包含前置词“de”，应避免再添加前置词；但也有可能取决于该名称的实际使用。

例如：内华达山脉国家公园（Parque Nacional de Sierra Nevada）、拉斯涅韦斯自然公园（Parque Natural de las Nieves）。

国家公园作为唯一由国家监管的受保护空间，其信息来源于环境部自治区国家公园机构。其余受保护空间从属于相应自治区，因此其相关信息由自治区提供。

图 14　卡瓦涅罗斯国家公园（雷阿尔城）

3.4.1　国家公园和自然公园

国家公园和自然公园是独有的，其保护形象在整个国家受保护空间中具有一致性。

例如：卡瓦涅罗斯国家公园（Parque Nacional de Cabañeros）、多尼亚那国家公园（Parque Nacional de Doñana）、哈拉霍纳伊国家公园（Parque Nacional de Garajonay）。

3.4.2　其余的受保护自然空间

本群组包括其余的受保护自然空间。标注中必须始终使用保护形象。

例如：Cuenca Altadel Manzanares 地区公园（Parque Regional Cuenca Altadel Manzanares）、Albufera de Adra 自然保护区（Reserva Natural Albufera de Adra）、Aridane 火山自然遗迹（Monumento Natural Volcanes de Aridane）。

3.5 地理区域和地点

地理区域的基本信息应从相应自治区收集。大部分自治区针对其管辖土地正在实施更为明确的区域化（comarcalización），以及区域名称的校正和标准化。

不包括在公共管理部（MAP）地方实体登记处进行官方注册的行政区域，它们的名称应在地图外部的边缘进行标注。

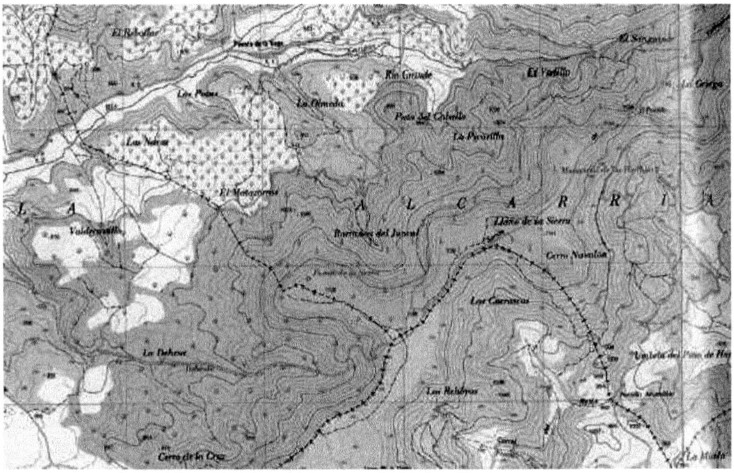

图 15 MTN25 · 第 538 页 –III · 瓦尔德奥里瓦斯（2004 年第 2 版）

3.5.1 大规模地理区域

面积大约超过 MTN25 半个页面的地理区域及其他地理空间。

例如：La Alcarria、El Cerrato、La Mancha。

3.5.2 小规模地理区域和大规模地点

占地面积较小的地理区域和大规模地点。

例如：摩艾达牧场（Dehesa de la Moheda）、柏爱萨山谷（Valle de Boeza）。

3.5.3 地点

地点是无人居住地方的名称，如土地、耕地、森林、不重要的高地（小丘、小山等）、凹陷（山谷、洼地、低洼地、谷底、没有与河流相连的峡谷等）、平原等。

例如：El Mostajo、La Longuera、Teso de la Raposa、El Encinar、Las Viñas。

只要需要，地点名称须按照所指称地理实体的走向进行标注。

必须避免修改含义不为人知的地名，以及删除假定的少见地名。只有因篇幅原因才有必要对地名进行选择，此种情况下建议每平方千米不超过 4 个地点。

3.5.4　小规模地点和点状实体

包括以下内容：

小面积的地点或地方，如很小的山丘、菜园、天然瞭望台等。

点状自然地理实体或地形起伏（有或没有关联符号），如天然洞穴、大树、岩石、十字路口等。

例如：卡贝苏洛（El Cabezuelo）、老菜园（Huerta Vieja）、阿里巴草地（Prado de Arriba）。

4. 大陆水文地理

4.1　河流与河口

关于河流，根据长度确立了四个群组。分类信息来源于水文地理研究中心（CEDEX，发展部）。向该机构咨询的目的是为了对河流进行分类，而不是确定其正确名称。正确名称必须在相应乡村、市政府和自治区，以及通过查询适宜的书目来进行核实。

如果是双语言名称，则其标注形式取决于河流的位置。

位于一个自治区内：标注两个名称，两者之间用斜线分开，卡斯蒂利亚语名称在前。

例如：黛瓦河（Río Deva/Deba Ibaia）、乌鲁美阿河（Río Urumea/Urumea Ibaia）。

位置超越一个自治区（跨自治区地名）：在其流经以卡斯蒂利亚语为唯一语言的单语言自治区的线路段标注为卡斯蒂利亚语名称，在其流经拥有卡斯蒂利亚语之外的一种同为官方语言的自身语言的自治区线路段，则标注为双语言名称，卡斯蒂利亚语名称在前。

例如：埃布罗河，在阿拉贡（Río Ebro）、埃布罗河，在加泰罗尼亚（Río Ebro/L’Ebre）、乔卡河，在卡斯蒂利亚－拉曼查（Río Júcar）、乔卡河，在瓦伦西亚自治区（Río Júcar/Ríu Xúquer）。

所有河流或溪流应该在其流经线路使用相同种类字母进行标注，不考虑其在 MTN25 每个页面路线的长度。

如果一条河流因流经不同地区而具有不同名称，则认为该河流为一个统一地理实体，使用相同种类字母标注其所有名称。

在可能的情况下，应在位于水库之前或之后的河流线段标注该河流名称。

关于河口，根据面积大小确立了三个群组。双语言名称使用斜线将两个名称分开，卡斯蒂利亚语名称在前。

例如：毕尔巴鄂河口（Ría de Bilbao/Bilbaoko Itsasadarra）、帕萨亚河口（Ría de Pasaia/Pasaiako Itsasadarra）。

4.1.1　主要河流与河口

西班牙有以下主要河流：米尼奥河（Río Miño）、杜埃罗河（Río Duero）、塔霍河（Río Tajo）、瓜迪亚纳河（Río Guadiana）、瓜达尔基维尔河（Río Guadalquivir）、塞古拉河（Río Segura）、乔卡河（Río Júcar）以及埃布罗河（Río Ebro）。

图 16　迪娜马约尔河口（阿斯图里亚斯和坎塔布利亚）

关于河口，本群组仅包括那些非常重要的河口。

例如：维哥河口（Ría de Vigo）、蓬特维德拉河口（Ría de Pontevedra）、阿鲁萨河口（Ría de Arousa）、穆罗斯和诺亚河口（Ría de Muros e Noia）。

4.1.2　长度超过 90 千米的河流和中等规模河口

例如：长度在阿尔兰萨河（Río Arlanza）、哈拉玛河（Río Jarama）、塞格雷河（El Segre）、托美斯河（Río Tormes）。

4.1.3　25 到 90 千米之间的河流和小规模河口

例如：黑河（Río Negro）、图隆河（Río Turón）、维波拉河（Río

Víboras）、伊萨贝娜河（Río Isábena）。

4.1.4　小于 25 千米的河流和溪流

例如：波凯隆溪流（Arroyo del Boquerón）、巴伯阿河（Río Balboa）、格拉罗溪流（Arroyo Claro）。

4.2　小湖

水、湿地、盐田等根据面积大小分为三个群组。其数据可以从《西班牙全国地图册·物理环境 1》（国家地理研究院，CD-ROM，2005 年）获取，自治区提供相应信息进行补充。

4.2.1　超过 100 公顷的小湖

湖、小湖、盐田等。

例如：萨那布里亚湖（Lago de Sanabria）、卡约坎塔小湖（Laguna de Gallocanta）、伊多小湖（Laguna del Hito）、托雷维嘉盐田（Salinas de Torrevieja）。

4.2.2　10 到 100 公顷之间的小湖

湖、小湖、盐田、湖泊、冰川等。

例如：艾诺尔湖（Lago Enol）、蓬马蒂盐田（Salines Bonmatí）、阿内托冰川（Glaciar de Aneto）。

图 17　艾诺尔湖（阿斯图里亚斯）

4.2.3　少于 10 公顷的小湖

小湖、盐田、水洼、湖泊、积雪带、水塘、池塘、水坑、小池塘、水池、大水塘等。

例如：圣卡林多小湖（Laguna de San Galindo）、克洛纳斯湖（Ibonet de Coronas）。

4.2.4 点状水域名称：泉、井及其他

水文地理的点状喷出水流和要素，例如：泉、涌流、井、饮水处、水塘、瀑布、旋涡、水坑、河流湍急处、浅滩等。还包括海岸的点状水域名称，如海洋洞穴。

例如：布莱萨泉（Fuente del Brezal）、布德雷拉泉（Manantial de la Buitrera）、马尾（Cola de Caballo）、科隆穆斯洞穴（Cova des Coloms）。

4.3 水库

水库根据面积大小分为四个群组。相关数据的信息来源于环境部水体总局西班牙堤坝清点部门。水库的名称由自治区决定。

如果一个水库采用其所处河流的名称命名，则必须在河流名称之前使用缩合词 del。

例如：苏哈尔水库（Embalse del Zújar）、埃布罗水库（Embalse del Ebro）。

虽然有时候水库（embalse）和堤坝（presa）两个用语可以互换使用，但后者作为通名，应在其具有自身名称并作出标注的特殊情况下，专门留给防护堤使用。

图 18 里亚尼奥水库（莱昂）

4.3.1 超过 1000 公顷的水库

例如：阿拉尔孔水库（Embalse de Alarcón）、恩特贝妮雅斯水库（Embalse de Entrepeñas）、里亚尼奥水库（Embalse de Riaño）、苏哈尔水库（Embalse del Zújar）。

4.3.2　100 到 1000 公顷之间的水库

例如：沃尔德因菲诺水库（Embalse de Valdeinfierno）、萨利美水库（Embalse de Salime）、瓜达尔梅亚托水库（Embalse del Guadalmellato）。

4.3.3　10 到 100 公顷之间的水库

例如：莱文卡水库（Embalse de Revenga）、阿曼萨水库（Embalse de Almansa）、弗伊克斯水库（Pantà de Foix）。

4.3.4　少于 10 公顷的水库

例如：沃尔德西尔卡斯水库（Embalse de Valdesirgas）、卡尔橄塔德拉奥利瓦水库（Embalse de Garganta de la Oliva）、比奥那水库（Embalse de Piornal）。

4.4　运河及水渠

运河、水渠及其他水道根据宽度大小分为三个群组，其宽度必须在实地进行核实。关于名称，其信息来源是水文地理联合会（环境部）以及自治区的相应顾问机构。

4.4.1　宽度超过 3 米的主要运河及水渠

例如：阿拉贡帝国运河（Canal Imperial de Aragón）、萨卡丁运河（Canal de Zacatín）。

4.4.2　宽度在 1 到 3 米之间的中等规模运河及水渠

本组别还包括其他种类的地下或地面水道。

例如：马约尔水渠（Acequia Mayor）、Sèquia de Quart

索尔贝水道（Conducción de Agua del Sorbe）。

4.4.3　宽度小于 1 米的小规模运河及水渠

例如：莫利诺水渠（Acequia del Molino）、宫殿水渠（Acequia de los Palacios）。

5. 海洋和海岸水文地理

5.1　海洋

西班牙有以下海洋：大西洋、坎塔布里亚海、地中海以及梅诺尔海。梅诺尔海虽然也包含在这个范畴中，但从严格意义上来说是一个滨海湖。

即使它们具有不同官方语言的名称，也只标注其卡斯蒂利亚语名称形式。

5.2 海峡和海岸凹进处

这些地理实体根据其重要性分为三个群组。因为这是一个相对标准，为了便于划分等级，最好使用比例较小的地图，例如国家地理研究院的比例尺为 1∶200,000 的省级地图。

如果标准名称是双语言形式，则标注双语言，卡斯蒂利亚语名称在前。

5.2.1 主要海峡和海岸凹进处

海岸地形中的最重要海峡、海湾和小海湾。

例如：直布罗陀海峡（Estrecho de Gibraltar）、马萨龙海湾（Golfo de Mazarrón）、阿尔梅里亚海湾（Golfo de Almería）。

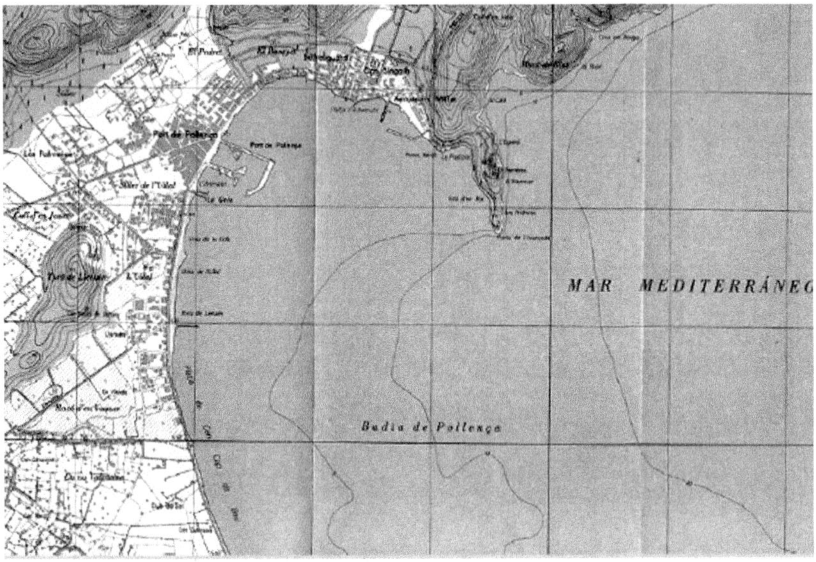

图 19 MTN25 · 第 644 页 –IV · 波连萨（2002 年第 2 版）

5.2.2 中等规模海峡和海岸凹进处

范围小于前一群组的海峡、小海湾和港湾。

例如：博卡伊那海峡（Estrecho de la Bocaina）、卡布雷拉海峡（Freu de Cabrera）、波特曼小海湾（Bahía de Portman）、松塞尔维拉小海湾（Badia de Son Servera）。

5.2.3　小规模海峡和海岸凹进处

海岸地形中最小的海峡、港湾、海湾、小海湾、小港湾等。

例如：萨尔瓦多海湾（Cala del Salvador）、热情小海湾（Rada de Cariño）、阿基拉海湾（Cala Aguilar）、沃尔德瓦盖洛斯港湾（Ensenada de Valdevaqueros）。

5.3　海岸凸出处

海岸凸出处分为三个群组。如同在海岸凹进处小节所述，为了便于划分等级，最好使用比例较小的地图。

如果标准名称是双语言形式，则标注双语言，卡斯蒂利亚语名称在前。

5.3.1　主要海岸凸出处

海岸地形中最重要的岬角和角。

例如：阿霍角（Cabo de Ajo）、贝妮雅斯角（Cabo de Peñas）、艾斯达卡德巴雷斯角（Punta da Estaca de Bares）、菲斯特拉角（Cabo de Fisterra）。

5.3.2　中等规模海岸凸出处

比前一群组重要性小的岬角和角。

例如：马约尔角（Cabo Mayor）、拉克塞角（Cabo da Laxe）、乌姆布里亚角（Punta Umbría）。

5.3.3　小规模海岸凸出处

具有地方重要性的小型海岸凸出处。

例如：布拉尼亚角（Punta de la Braña）、阿吉翁角（Punta del Aguión）、危险角（Punta del Peligro）、布兰克角（Cap Blanc）。

5.4　海滩

海滩根据范围大小分为三个等级。可以查询海岸总局（环境部）的海滩目录，并通过自治区的相关信息对其进行校验。

5.4.1　主要海滩

范围广阔的海滩。

例如：拉巴罗萨海滩（Playa de la Barrosa）、郎萨达海滩（Praia da Lanzada）、塔维尔内斯海滩（Platja de Tavernes）。

5.4.2　中等规模海滩

中等范围海滩。

例如：里瓦德赛亚海滩（Playa de Ribadesella）、马里那海滩（Playa de la Marina）、贝尔瑞卡德海滩（Platja de Bellreguard）。

图 20　穆德里酷海滩（吉普斯夸）

5.4.3　小规模海滩

较小范围的海滩。

例如：阿尔玛德拉瓦海滩（Playa de la Almadraba）、梅拉斯海滩（Praia de Meirás）、阿吉莱拉海滩（Playa de Aguilera）、穆德里酷海滩（Playa de Mutriku/Mutrikuko Hondartza）。

5.5　岛屿

岛屿的分类取决于面积大小。获取这方面数据的基本信息来源是《西班牙全国地图册——物理环境 1》（国家地理研究院，CD-ROM，2005 年）。由相应自治区提供信息进行补充。

必须标注本地认可的传统名称或者具有相应权限的自治区确定的名称。但是，如果是具有行政职能的岛屿，除了属于地理要素之外，还是基本地理实体，应该标注其在地方实体登记处注册的官方名称。

它们的名称如下：

自治区：巴利阿里群岛

弗门特拉岛（Formentera）

伊维萨岛（Ibiza）

马略卡岛（Mallorca）

梅诺卡岛（Menorca）

自治区：加那利群岛

省：帕尔马斯群岛（Las Palmas）

富埃特文图拉岛（Fuerteventura）

大加那利岛（Gran Canaria）

兰萨罗特岛（Lanzarote）

省：圣克鲁斯德特内里弗（Santa Cruz de Tenerife）

戈梅拉岛（La Gomera）

耶罗岛（El Hierro）

帕尔马岛（La Palma）

特内里弗岛（Tenerife）

具有行政职能的岛屿和其下属城市也在地图外部进行标注。

通名岛屿（isla）或在其他官方语言中相应词语的使用并不普遍，取决于岛屿的范围和传统确定的名称形式。

5.5.1　大型岛屿

面积超过 50 平方千米的岛屿。这些面积广阔的岛屿都具有行政权限，根据前一小节所述，依据地方实体登记处注册的官方名称，在地图上标注时不使用通名。

例如：马略卡岛（Mallorca）、特内里弗岛（Tenerife）、大加那利岛（Gran Canaria）、耶罗岛（El Hierro）。

5.5.2　中型岛屿

面积在 1 到 50 平方千米之间的岛屿。

例如：A 多克萨岛（Toxa）、卡布雷拉岛（Cabrera）、阿莱格兰萨岛（Isla de Alegranza）。

5.5.3　小型岛屿

面积小于 1 平方千米的岛屿。它包含在本小节还是下一小节取决于其在地方层面的相对重要性。

例如：Illa de Tambo、Illes Medes、S'Espardell。

5.5.4　非常小的岛屿

很小的岛屿、荒岛、崖岩、暗礁和礁石。

例如：加特拉岛（Isla Gatera）、东方崖岩（Roque del Este）。

6. 地图的外部

6.1 页面标题

MTN25 一个页面上人口最多居民地名称即是该页面的标题或名称，参照国家统计研究院最新城市户口名册，页面名称应和地图中标注的名称（总是居民地官方名称）保持一致。

MTN25 所有页面的现行名称（必须是由地理高级委员会批准的名称）收录在 MTN25 和 MTN50 的页面目录中，该目录由国家地理研究院地图绘制总分局制定并更新。这是唯一用来核实名称的有效文件。

在一个新版本完成之前进行更新时，往往需要修改页面名称。此修改必须通过国家地理研究院中央地图绘制登记部向地理高级委员会申请，并遵循该委员会制定的如下标准：

进行比例为 1：50,000（MTN50）和 1：25,000（MTN25）的国家制图系列页面名称修改的标准。

为已完成的 MTN25 和 MTN50 制图系列页面命名制定的初始标准为：根据国家统计研究院现行省级名册，以一个页面中拥有最多人口居民实体的官方名称为该页面命名，或者以一个页面中最富有特点的天然或人工地形起伏的官方名称为该页面命名。

从 MTN50 制图系列完成之时（1968 年）至今，大部分居民中心都经历了巨大变化，主要是人口方面的变化，该因素直接影响在当时给页面命名所采取的标准。

为了对上述人口变化而造成的，可能发生的提请修改页面名称作出规定，特颁布以下标准：

1. 如满足这些条件：即将给页面赋予新名称的居民地人口，在至少连续两次人口普查中超过以前人口 30% 以上。为此，需要参照国家统计研究院（INE）名册，居民地的官方名称则必须是在地方实体登记处注册的名称。

2. 如一个居民中心拥有足够人口数量，可以给其所在页面命名。如果居民中心不只出现在一个页面，则需遵循下列标准：

a）包含一个居民中心大部分区域的页面采用该居民中心的名称命名。

b）如果这个居民中心的其余一个或多个区域，在其他页面比该页面包含的其他居民中心的面积大，则这些页面均采用前者名称命名，并根据情况在名称后标示北、东北、西北、南、东南或西南。

c）相反，如这个居民中心在其他页面中的面积比该页面包含的其他居民中心的面积小，则这些页面采用其人口最多的那个居民中心的名称命名。

3. 在人口分散、居民中心规模小且没有代表性的地区，可以采用聚合性实体的名称为页面命名。此外，可以考虑使用一个分散居民实体的名称，只要在其绘制页面内不存在其他居民中心。

4. 如果人口最多的居民中心和城市首府的人口差别小于30%，则可以用该城市首府的名称给一个页面命名。这一标准对于社会重要性更大的居民地同样有效。加利西亚的教区就是这一情况的很好例证。

5. 一个页面已经采用了一个天然或人工地形起伏的名称命名，如果出现了一个新的具有代表性的居民实体，或另一个天然或人工地形起伏的社会重要性大大超越了上述地形起伏，则可以改变该页面名称。

6. 其他特殊情况，例如，一个作为城市首府的居民中心，人们更多以该城市的名称，而不是该居民中心的名称来识别它，以及其他情况下，可以根据当地或地区情况进行个别研究。

7. 任何情况下，都应该做到MTN25中的页面名称和MTN50中相应页面的名称保持一致。

6.2 词汇表

在双语言自治区的相应区域必须随附一个MTN25每个页面的专门词汇表，标明在每个页面地名中最常用的通名（而不是其他词语），以及它们在卡斯蒂利亚语中的对等词语。最多可以标示30个通名。

6.3 封面和衬页

显而易见，在封面中出现的MTN25的页面名称应该是地图边缘标注的相应页面的标题。衬页包括以下信息：

6.3.1 比例为1：50,000的页面布局

MTN50的页面布局地图中标注的地名必须是截至MTN25每个页面出版之日仍是标准化的有效名称，要特别注意核实居民实体的官方名称。在衬页中如出现和地图中标注地名重合的名称，则其书写形式必须和地图中保持

一致。

6.3.2 行政区划

在行政区划图中绘制了作为国家领土结构的基本实体城市和省份的界限。还标注了已在地方实体登记处注册的省份的官方名称，以及在每个城市用语中标示了国家统计研究院指定代码的后三位数字。

同时，还包括城市区域的各自领地（在 MTN25 中称为辖区），用字母（a、b、c 等）进行标注。

在任何情况下，都不标示行政区（comarcas administrativas）的界线，因为它们不是西班牙基本行政区划的组成部分。

最后，用罗马数字标注构成 MTN50 每个页面的四个均等部分。

国家地形图

比例为 1：50,000 的页面布局

行政区划

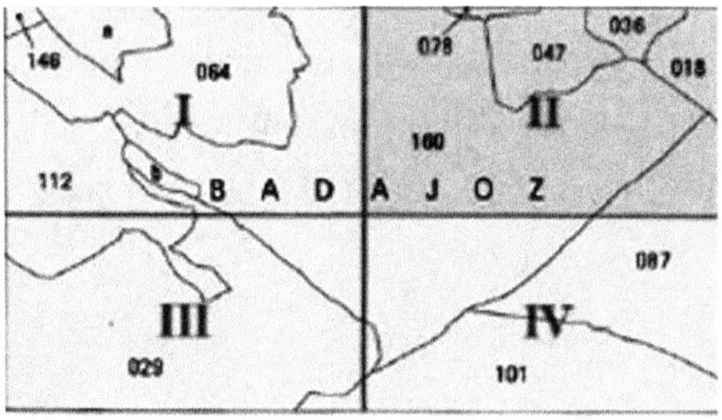

城市用语

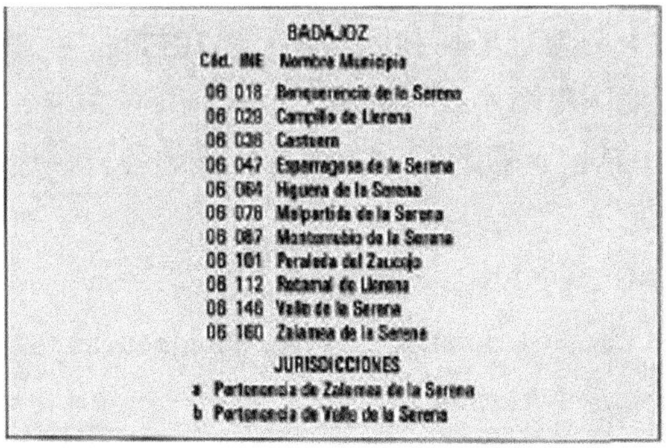

BADAJOZ

Cód. INE	Nombre Municipio
06 018	Benquerencia de la Serena
06 029	Campillo de Llerena
06 036	Castuera
06 047	Esparragosa de la Serena
06 064	Higuera de la Serena
06 078	Malpartida de la Serena
06 087	Monterrubio de la Serena
06 101	Peraleda del Zaucejo
06 112	Retamal de Llerena
06 146	Valle de la Serena
06 160	Zalamea de la Serena

JURISDICCIONES

a Pertenencia de Zalamea de la Serena
b Pertenencia de Valle de la Serena

图 21 MTN25·第 831 页衬页 –II·Zalamea de la Serena（2004 年第 2 版）

6.3.3　城市用语

包含国家统计研究院指定的完整代码，之后是按照字母顺序排序的行政区划范围内城市的官方名称（已在地方实体登记处注册）。如果名称中包含一个起始冠词，则不考虑该冠词的排序，仍保持原先的顺序。

例如：ÁLAVA　　TOLEDO

（阿拉瓦）（托莱多）

01 002 Amurrio　　45 014 Añover de Tajo

01 049 Añana　　45 048 Los Cerralbos

01 013 Barrundia　　45 070 Guadamur

城市归集为省，省归集为岛屿和行政区，岛屿和行政区的名称标注在其下属城市的名称之前。所有标注的名称均应为官方名称。岛屿和行政区的名称也收录在地方实体登记处。通名岛屿（isla）和区（comarca）使用卡斯蒂利亚语形式，用冒号“:”将之与官方名称分开。

例如：ISLA（岛屿）：LA GOMERA

38 036 San Sebastián de la Gomera

38 049 Valle Gran Rey

COMARCA（区）：CAMPO DE CARIÑENA

50 018 Alfamén

50 073 Cariñena

50 143 Longares

要非常重视将行政岛屿和区（在各自治区官方简报中这样声明，并在地方实体登记处注册）与地理岛屿和区差别开。在衬页中只标注行政岛屿和区，地理岛屿和区则在地图范围内进行标注。

Jurisdicciones（辖区）标题下包含城市区域的各自领地名称，并在括号中注明所属城市的名称。

例如：JURISDICCIONES（辖区）

a. Cuarto del Madroño（Benatae y Torres de Albánchez）

b. Dehesa de Peláez（Alcaraz）

如果这些领地没有自身名称，则在只属于一个城市的情况下，标注为归属（pertenencia），在同时属于几个城市的情况下，标注为共有（comunidad），也可以从属于一个低于市级的区域实体（EATIM）。

例如：c. Pertenencia de Marmolejo（归属 Marmolejo）

d. Comunidad de Quintanalara, Revilla del Campo y Los Ausines（Quintanalara、Revilla del Campo 和 Los Ausines 共有）

（Quintanalara 是一个低于市级的区域实体）

MTN25 中的地理实体的分类表分为四栏。

1. MTN25 编码：每个种类的要素或实体的编码，在 MTN25 的出版列表中使用。

2. 分类代码：MTN25 的地名标注说明中相关地理实体的分类代码。

3. 实体种类：地理实体的类别和种类，包含分类标准（人口等级、面积等）。

4. 实体举例：地理实体每个类别和种类中最常见的地理实体的例子。

MTN25 中地理实体的分类表

MTN25 编码	分类代码			实体种类	实体举例
	1			居民区和建筑物	
10	1	1		毗邻的国家	国家
	1	2		主要的行政首府：国家、自治区和省	国家、自治区和省的首府
20	1	2	1	人口超过 20 万的国家、自治区和省的首府	
30	1	2	2	人口少于 20 万的自治区和省的首府	
	1	3		城市首府	城市首府
40	1	3	1	人口超过 5 万的城市首府	
50	1	3	2	人口在 1 万到 5 万之间的城市首府	
60	1	3	3	人口在 2,000 到 10,000 之间的城市首府	
70	1	3	4	人口在 500 到 2,000 之间的城市首府	
80	1	3	5	人口少于 500 的城市首府	
90	1	4		聚合性实体	教区、省议会和县
100	1	4	1	寺院、神殿、圣事、神像等的名称	寺院、神殿、圣事、神像等的名称

续表

MTN25 编码	分类代码			实体种类	实体举例
	1	5		人口较少实体	村庄、城镇、侨居地、村镇、市政区
110	1	5	1	人口超过 500 的居民点	
120	1	5	2	人口在 50 到 500 之间的居民点	
125	1	5	3	人口少于 50 的居民点	
	1	6		城市区和居民中心区	
135	1	6	1	大型城市的城市区	区
137	1	6	2	大型城市的区	区
139	1	6	3	较小区	区、地段
130	1	7		各种群组：工业园区及其他设施	工业园区、大学城、热力发电站
140	1	8		孤立建筑物和居民中心区域内的重要建筑物	房屋、城堡、农庄、庵堂、灯塔、磨坊、大教堂、城市公园
160	1	9		公共工程孤立建筑物	桥梁、采石场、卵石矿、矿场、存储罐、隧道、燃料管道
165	1	10		大地测量三角点	大地测量三角点
	2			交通和运输	
	2	1		飞机场和其他机场	
170	2	1	1	飞机场	飞机场
180	2	1	2	军事航空基地和较小机场	军事航空基地、私人用机场
185	2	1	3	较小航空场地	超轻型飞机跑道
	2	2		海港	港口、码头
610	2	2	1	国家港口	
620	2	2	2	大型自治区港口	
630	2	2	3	小型自治区港口及码头	
	2	3		交通道路	
220	2	3	1	一级和二级高速公路及公路名册	高速公路（汽车专用）、高速公路（各种车辆使用）、公路
230	2	3	2	三级自治区公路、省议会公路及其他公路的名册	公路

续表

MTN25 编码	分类代码			实体种类	实体举例
190	2	3	3	道路和游牧路线	道路、公路、牧道、小径、车行道、长距离道路、短距离道路
235	2	3	4	街道	街道、道路、广场
	2	4		其他要素	
200	2	4	1	铁路	在建的铁路线
210	2	4	2	公路和铁路的里程路标	里程路标
565	2	4	3	运河的里程路标	里程路标
215	2	4	4	电线的电压	电线的电压
240	2	4	5	公路和铁路的终点	
	3			山岳形态	
	3	1		山脉、群山和山峦	山脉、群山、山区、山地、山峦
250	3	1	1	主要山峦	
260	3	1	2	中等规模山峦	
270	3	1	3	小规模山峦	
280	3	1	4	规模很小的山峦	
	3	2		山和山峰	山峰、山顶、大山
290	3	2	1	主要山峰	
295	3	2	2	中等规模山峰	
300	3	2	3	小规模山峰	
	3	3		公路和山间关隘	关隘、山丘、隘道
310	3	3	1	主要公路和山间关隘	
320	3	3	2	其余公路和山间关隘	
	3	4		受保护的自然空间	
330	3	4	1	国家公园和自然公园	国家公园、自然公园
340	3	4	2	其余的受保护自然空间	地区公园、自然保护区、自然遗迹
	3	5		地理区域和地点	区、山谷、牧场、地点
350	3	5	1	大规模地理区域	
360	3	5	2	小规模地理区域和大规模地点	

续表

MTN25 编码	分类代码			实体种类	实体举例
370	3	5	3	地点	
380	3	5	4	小规模地点和点状实体	菜园、草地、天然洞穴、天然瞭望台
	4			大陆水文地理	
	4	1		河流与河口	河流、河口、溪流、峡谷、小溪、小河、雨水流
430	4	1	1	主要河流与河口	
440	4	1	2	超过 90 千米的河流和中等规模河口	
450	4	1	3	25 到 90 千米之间的河流和小规模河口	
480	4	1	4	小于 25 千米的河流和溪流	
	4	2		小湖	湖、小湖、盐田、湖泊、积雪带、水池、大水塘
440	4	2	1	超过 100 公顷的小湖	
450	4	2	2	10 到 100 公顷之间的小湖	
480	4	2	3	少于 10 公顷的小湖	
490	4	2	4	点状水域名称：泉、井及其他	泉、涌流、井、瀑布、浅滩、水坑、海洋洞穴
	4	3		水库	水库
500	4	3	1	超过 1,000 公顷的水库	
510	4	3	2	100 到 1,000 公顷之间的水库	
520	4	3	3	10 到 100 公顷之间的水库	
530	4	3	4	少于 10 公顷的水库	
	4	4		运河及水渠	运河、水渠、引水渠
540	4	4	1	宽度超过 3 米的主要运河及水渠	
550	4	4	2	宽度在 1 到 3 米之间的中等规模运河及水渠	
560	4	4	3	宽度小于 1 米的小规模运河及水渠	
	5			海洋和海岸水文地理	
570	5	1		海洋	海、洋
	5	2		海峡和海岸凹进处	海峡、海湾、小海湾、港湾

续表

MTN25 编码	分类代码			实体种类	实体举例
580	5	2	1	主要海峡和海岸凹进处	
590	5	2	2	中等规模海峡和海岸凹进处	
600	5	2	3	小规模海峡和海岸凹进处	
	5	3		海岸凸出处	岬角、角、沙滩、沿海丘陵
640	5	3	1	主要海岸凸出处	
650	5	3	2	中等规模海岸凸出处	
660	5	3	3	小规模海岸凸出处	
	5	4		海滩	海滩
670	5	4	1	主要海滩	
680	5	4	2	中等规模海滩	
690	5	4	3	小规模海滩	
	5	5		岛屿	岛屿、群岛、荒岛，崖岩、浅滩、暗礁
700	5	5	1	面积超过 50 平方千米的大型岛屿	
710	5	5	2	面积在 1 到 50 平方千米之间的中型岛屿	
730	5	5	3	面积小于 1 平方千米的小型岛屿	
740	5	5	4	非常小的岛屿	
	6			地图的外部	
	6	1		页面标题	
	6	2		词汇表	
	6	3		封面和衬页	
	6	3	1	页面布局	
	6	3	2	行政区划	省、市
	6	3	3	城市用语	城市、归属

附件 1. 通名缩略语

通名缩略语（卡斯蒂利亚语）

通名	中文	缩略语
Abrevadero	饮水处	Abrev.
Acequia	水渠	Aceq.
Acueducto	水道	Adto.
Aeropuerto	飞机场	Apto.
Alquería	田间房屋	Alq.
Apeadero	旅客乘降所	Apead.
Arroyo	溪流	A.º
Avenida（vía urbana）	街道（城市道路）	Av.
Ayuntamiento	市政府	Ayto.
Bahía	小海湾	B.
Balneario	温泉疗养地	Baln.
Barranco	峡谷	Bco.
Barrio	区	B.º
Cabo	岬角	C.º
Camino	道路	Cno.
Campamento	营地	Cpto.
Canal	运河	C.
Cañada	牧道	Cda.
Carretera	公路	Cra.
Casa	房屋	C.ª
Casería	农户住房	Cío.
Castillo	城堡	Cllo.
Cementerio	墓地	Cem.
Colegio	校舍	Cgio.
Collado	小丘	Cdo.
Colonia	侨居地	Col.
Convento	修道院	Conv.

续表

通名	中文	缩略语
Cooperativa	合作社	Coop.
Cordel	牧道	Cor.
Cortijo	农庄	Cjo.
Don	堂（对男性的尊称）	D.
Doña	堂娜（对女性的尊称）	D.ª
Embalse	水库	Emb.
Ensenada	港湾	Ens.
Ermita	庵堂	Eta.
Estación	车站	Est.
Fábrica	工厂	Fca.
Ferrocarril/-es	铁路	F. C./FF. CC.

（后略）

通名缩略语（加泰罗尼亚语）

通名	中文	缩略语	卡斯蒂利亚语对等词
Ajuntament	市政府	Aj.	Ayuntamiento
Avinguda	街道（城市道路）	Av.	Avenida（vía urbana）
Baixador	旅客乘降所	Bdor.	Apeadero
Barranc	峡谷	Bnc.	Barranco
Barri	区	B.	Barrio
Carretera	公路	Ctra.	Carretera
Casa	房屋	C.	Casa
Cementiri/cementeri	墓地	Cem.	Cementerio
Col.legi	校舍	Co.l.	Colegio
Convent	修道院	Convt.	Convento
Cooperativa	合作社	Coop.	Cooperativa
Embassament	水库	Emb.	Embalse
Ermita	庵堂	Et.ª	Ermita
Església	教堂	Esgl.	Iglesia
Estació	车站	Est.	Estación

续表

通名	中文	缩略语	卡斯蒂利亚语对等词
Fàbrica	工厂	Fàbr.	Fábrica
Font	泉	F.	Fuente
Hospital	医院	Hosp.	Hospital
Illa	岛屿	I.	Isla
Mas	田间房屋	M.	Alquería
Masia	农庄	M.	Cortijo
Monestir	寺院	Mtir.	Monasterio
Monument	古迹	Mon.	Monumento
Nostra Senyora	圣母马利亚	N. Sra.	Nuestra Señora
Observatori	观测站	Obs.	Observatorio
Parador	客栈	Par.	Parador
Parròquia	教区	Parr.	Parroquia
Pic	山峰	P.	Pico
Plaça	广场	Pl.	Plaza
Platja	海滩	Pl.	Playa
Rambla	街道	Rbla.	Rambla
Riera	溪流	R.ª	Arroyo
Riu	河流	R.	Río
Sant	圣	St.	San，Santo
Santa	圣	Sta.	Santa

（后略）

通名缩略语（巴斯克语）

通名	中文	缩略语	卡斯蒂利亚语对等词
Abelbidea	牧道	Abelb.	Cañada
Abeletxea	农场	Abtx.	Granja
Aintzira	小湖	Aintz.	Laguna
Akueduktua	水道	Akue.	Acueducto
Amildegia	峡谷	Amild.	Barranco
Andra Maria	圣母玛利亚	A.M.	Nuestra Señora

续表

通名	中文	缩略语	卡斯蒂利亚语对等词
Andrea	堂娜（对女性的尊称）	And.	Doña
Auzoa	区	Auz.	Barrio
Auzunea	市政区	Auz.	Urbanización
Bainuetxea	温泉疗养地	Baintx.	Balneario
Baseliza	庵堂	Basel.	Ermita
Baserria	农户住房	Bas.	Caserío
Begiratokia	瞭望台	Begt.	Mirador
Behatokia	观测站	Behat.	Observatorio
Bidea	道路	B.	Camino
Bidea	牧道	B.	Cordel
Bidezidorra	小路	Bidez.	Senda
Bidezidorra	小径	Bidez.	Vereda
Bidezubia	高架桥	Bz.	Viaducto
Edanlekua	饮水处	Edl.	Abrevadero
Eliza	教堂	El.	Iglesia
Erreka	溪流	Err.	Arroyo
Errekastoa	小溪	Errk.	Arroyuelo
Errepidea	公路	Erp.	Carretera
Erretena	水渠	Errt.	Acequia
Errota	磨坊	Erro.	Molino
Etorbidea	街道	Etorb.	Avenida
Etorbidea	街道	Etorb.	Rambla
Etxea	房屋	E.	Casa
Fabrika	工厂	Fk.	Fábrica
Gaztelua	城堡	Gazt.	Castillo
Geltokia	车站	Gelt.	Estación
Geralekua	旅客乘降所	Geral.	Apeadero
Golkoa	海湾	G.	Golfo
Guztiz santua	至圣的	G.S.	Santísimo

续表

通名	中文	缩略语	卡斯蒂利亚语对等词
Haitz-punta	山峰	Htz.-p.	Pico
Hilerria	墓地	Hil.	Cementerio
Hondartza	海滩	Hond.	Playa
Ibaia	河流	Ib.	Río
Ikastetxea	校舍	Ikxe.	Colegio
Industrialdea	工业园区	Ind.	Polígono Industrial
Iturburua	涌流	Itb.	Manantial
Iturria	泉	It.	Fuente
Jauna	堂（对男性的尊称）	Jn.	Don
Jauregia	宫殿	Jaur.	Palacio
Kanpamentua	营地	Kp.	Campamento
Komentua	修道院	Kom.	Convento
Kooperatiba	合作社	Koop.	Cooperativa
Kortijoa	农庄	Kort.	Cortijo

（后略）

通名缩略语（加利西亚语）

通名	中文	缩略语	卡斯蒂利亚语对等词
Acueducto	水道	Adto.	Acueducto
Apeadeiro	旅客乘降所	Apead.	Apeadero
Avenida	街道	Av.	Avenida
Balneario	温泉疗养地	Baln.	Balneario
Barrio	区	B.º	Barrio
Bebedeiro，bebedoiro	饮水处	Beb.	Abrevadero
Cabo	岬角	C.º	Cabo
Camiño	道路	Cño.	Camino
Campamento	营地	Cpto.	Campamento
Canle	运河	Cnl.	Canal
Casarío	农户住房	Cío.	Caserío
Castelo	城堡	Ctlo.	Castillo

续表

通名	中文	缩略语	卡斯蒂利亚语对等词
Cemiterio	墓地	Cem.	Cementerio
Colexio	校舍	Cxio.	Colegio
Colonia	侨居地	Col.	Colonia
Concello	市政府	Cllo.	Ayuntamiento
Convento	修道院	Conv.	Convento
Cooperativa	合作社	Coop.	Cooperativa
Cordel	牧道	Cor.	Cordel
Encoro	水库	Enc.	Embalse
Enseada	港湾	Ens.	Ensenada
Ermida	庵堂	Eda.	Ermita
Estación	车站	Est.	Estación
Estrada	公路	Est.	Carretera
Fábrica	工厂	Fca.	Fábrica
Fonte	泉	Fte.	Fuente
Golada	小丘	Glda.	Collado
Golfo	海湾	G.	Golfo
Granxa	农场	Gxa.	Granja

（后略）

附件 2. MTN25 中标注的地理实体

名称	中文	分类代码	页数
Acequia	水渠	4.4	56
Advocación	寺院、神殿、圣事、神像等的名称	1.4.1	39
Aeródromo menor	较小机场	2.1.2	45
Aerogenerador	风力发电机	1.9	44
Aeropuerto	飞机场	2.1.1	44
Agrupación diversa	各种群组	1.7	42
Agua remansada	滞留的水	4.2	55
Aldea	村庄	1.5	39

续表

名称	中文	分类代码	页数
Alquería	田间房屋	1.8	43
Antena	天线	1.9	44
Árbol singular	罕见的树	3.5.4	53
Archipiélago	群岛	5.5	59
Área recreativa	娱乐区域	1.7，1.8	42，43
Arroyo	溪流	4.1	54
Ayuntamiento	市政府	1.3	37
Bahía	小海湾	5.2	57
Balsa	水池	4.2.3	55
Balsa de Purines	粪池	1.9	44
Barranco	峡谷	4.1	54
Barriada	地段	1.6	40
Barrio（exterior población）	区（居民区之外）	1.5	39
Barrio（interior población）	区（居民区之内）	1.6	40
Base aérea military	军事航空基地	2.1.2	45
Bodón	水塘	4.2.3	55
Cabeza	山顶	3.2	50
Cabo	岬角	5.3	58
Cala	小海湾	5.2	57
Calle	街道	2.3.4	48
Calzada	公路	2.3.3	46
Calzada romana	罗马式公路	2.3.3	46
Camino	道路	2.3.3	46
Campus universitario	大学城	1.7	42
Canal	运河	4.4	56
Cancho	巨石	3.2，3.5.4	50，53
Cantera	采石场	1.9	44
Cañada	牧道	2.3.3	46
Capilla	小教堂	1.8	43

续表

名称	中文	分类代码	页数
Capital administrative	行政首府	1.2，1.3	36，37
Capital de Comunidad Autónoma	自治区首府	1.2.	36
Capital de municipio	城市首府	1.3	37
Capital de provincia	省会	1.2	36
Capital del Estado	国家首都	1.2	36
Cárcel	监狱	1.7，1.8	42，43
Carretera	公路	2.3	46
Carril bici	自行车道	2.3.3	46

（后略）

第二部分　地名学的基础概念及术语

（略）

条文节选

爱尔兰共和国

官方语言法案

第五章：地名

第 31 条

除非另有规定，在本章中，“委员会”专指 1946 年 10 月 24 日由爱尔兰财政部长签署成立的地名委员会（An Coimisiún Logainmneacha）；

“地名”包括任何省、郡、市、镇、村、教区或城镇，或爱尔兰测绘局（Ordnance Survey Ireland）的地图所示的任何地域特征（无论自然、人工）、地区、区域或地点。“地名指令”由第 32 条定义。

第 32 条

第 1 款　在符合第 2 款规定下，爱尔兰社区、农村及爱尔兰语事务部长（以下简称部长）在收到并考虑委员会的意见后，可发布地名指令：

（a）宣布爱尔兰语地名生效；

（b）修订或撤销爱尔兰语地名命名。

第 2 款　部长不得根据第 1 款重新命名《2001 年地方政府法案》第 18 章已经声明生效的爱尔兰语保护区中的地名。（注：为保护爱尔兰语免遭消亡，爱尔兰政府在该国西部地区设立了一些爱尔兰语保护地区，在区域内着力保护、推广爱尔兰语。）

第 3 款　每处地名应在命名后尽快提交爱尔兰议会两院审议。如众议院或参议院在接收地名命名案后 21 个议会会期日（注：通常情况，一周有 3 天是爱议会会期日）内予以否决，则该地名的命名应予废止，但不影响命名提案中其他内容的效力。

第 33 条

第 1 款　除非明示，部长在地名指令中宣布的爱尔兰语地名，在法律文件中应与该地英语地名有相同的法律效力。

第 2 款　当部长根据第 32 条对爱尔兰语保护区内的地名以爱尔兰语命名生效后，其英语地名将不再具有任何效力，但不影响英语地名在除以下情况之外的使用：

（a）爱尔兰议会在命名实施后通过的任何法案或根据任何法案在命名生效后作出的任何法定文书，或者

（b）在经爱尔兰测绘局允许的情况下制定和出版的地图，或者

（c）在由地方政府或代表地方政府的机构设立的道路标志。

第 3 款　在本条中，“司法文书”指

（a）议会在地名命名实施日期之后通过的任何法案，或根据任何法案在地名命名实施日期之后作出的任何法定文书，或上述法案或文书的官方译文；

（b）任何在地名命名实施日期当天或之后，具有或意图具有法律效力或法律后果的文书；

（c）任何在法律程序中使用或为法律程序的目的而使用并在地名命名实施日期当天或之后制作、发行或送达的文书。

“实施日期”指相关地名指令开始实施的日期。

第 34 条

《2001 年爱尔兰测绘法案》第 4 条第 2 款（h）段修订为：“（h）以爱尔兰语或英语加上爱尔兰描述国家颁布的地图以及相关记录和数据库中的地名和古代特征。”

第 35 条

废止《1973 年地名（爱尔兰语）法案》。

地名法规

1972年1月31日的决定

业经1972年12月7日比利时联邦内政大臣向省长和市长发出的通函批准（1972年12月23日在Le Moniteur上发表）。

1　现有的街道名称不能在没有严肃理由的情况下进行修改，如修改须得到比利时皇家地名学和方言学委员会的同意。

2　对于新街道的命名：

（a）可从当地历史、地名学和民间文化中查找相关信息；

（b）禁止使用生者姓名命名。只有在极特殊情况下才能使用逝者姓名。

3　必须为任何更名或命名提议提供完整确切的证明文件。

1986 年 7 月 3 日的法令

修改 1974 年 1 月 28 日关于公路名称的法令第 1 条:

“公共道路的命名必须得到比利时皇家地名学和方言学委员会的同意。”

（1986 年 8 月 9 日在 Le Moniteur 上发表）

2012年第六号法令

地名部分

第4条款　地名的归属和变更

根据法律，市政领土的地名归属和变更可以主动或根据公民的建议，听取佛得角全国市政协会和市地名委员会的意见(如存在)。

在听取国家地名委员会的意见后，地名、地点和国家或国际基础设施的地名归属和变更由政府负责。

第5条款　归属于地名的义务

在市政和国家层级，地方地名的归属都是强制的。在城市化过程，主管机构必须在任何建筑工程项目中提供街道和广场等使用地名的过程，以及相应建筑物的门牌号码。

项目工程的结束和通过，意味着承包商已将地名系统放置在公共空间中。

第6条款　地名归属标准

地名应符合以下内容:

现存和传统地名。

历史名胜。

根据第7条还可包括相关理事会，区域，国家或全球人员的姓名。

与本市历史或国家历史有关的国家、城市、乡镇、外国名称。

具有城市、国家或世界意义的日期。

各地方和地点执行的地名习俗和血统。

创建的城市化和城市建筑物应尽可能符合第1号所述的内容。

县域内的不同地方，同样的名称可以分配给道路。

不同地名分类的交通路线不被认为名称相同，例如街道，旁街，小巷，广场或类似名称。

外国词汇和外国词语只有在证明其合理性时才被接受。

第7条款　人类学选定

人类学地名主要指在艺术、科学、文学、体育、教育、政治或其他公认的具有社会声望的活动中，以优先顺序表现出色的人物，如下：

县重要人物；

地区重要人物；

国家重要人物；

国籍重要人物。

在不损害前款规定的前提下，除在已由家庭接受的特殊情况下，否则不得在死亡之日起两年之后归属人类学地名。

人类学地名不包括在世人的姓名，除非在特殊情况下出于某种原因，这种类型的荣誉或表彰应在该人在世时提供同时被本人接受。

第8条款　现存地名的维护和更改

除非理由合理，否则应保留当前选定地名。

市政机构可以根据本法律规定的条款和条件及以下特殊情况更改现有地名：

城市重建；

地名的存在被视为不合时宜，相同或相似，在公共服务和公民利益中产生负面影响；或将造成不适当意见的地名选定；

在地名发生变化的情况下，可以在地名斑块上保留对以前地名的引用。

第9条款　广告

在地名选定获得批准后，根据具体情况，在地方，公共场所，市政公告以及地方、地区或非地区报纸上张贴法令。

新的市政或国家地名必须通知司法法院，公证处，财务部，佛得角邮局，国家警察、司法警察以及国家民政部，在适当文件中确定的期限内公告。

所有市政地名都在地方当局的数据库中登记，并在30天内传达给负责制图和地籍的中央办公室。

第三章　门牌号

第 10 条款

根据法律，门牌号是市政机构的专属权限，它只安装可以进入城市建筑物或各自地方的门头。

市政当局必须将门牌号分配给前一条所述的建筑物。

第四章　咨询机构

部分一　国家地名委员会

第 11 条款　创立和性质

创建国家地名委员会，缩写为 CNT。

国家地名委员会（CNT）是关于地名作为多学科的国家权威机构，也是负责大地测量、制图和地籍的政府成员。

第 12 条款　组成

国家地名委员会（CNT）的组成由负责大地测量，制图和地籍的政府成员的条例规定，并且必须包括以下机构的代表：

全国佛得角市政协会；

佛得角地理学家协会；

国家统计局；

调查与文化遗产研究局；

佛得角邮局；

佛得角社会的专家和独立人士，即地理学家，制图师，测量师，规划师，历史学家和语言学家；和在这件事上胜任的政府部门。

国家地名委员会（CNT）的组织和运作由内部规定确定，但须经负责制图和地籍的政府成员批准。

第 13 条款　权限

包括国家地名委员会（CNT）的权限以下事项：

根据要求发表意见；

验证国家级地名的调查，规范化，地名汇编以及在国家地图和地图集中出版和传播；

在地图上出版之前批准地名；

为了规范不同地名的书写标准化，考虑到国家语言，当地发音及其含义，以避免误解其含义或与国家领土内或同一岛屿上的其他地名混淆。

创建和更新地名数据库；

技术上支持市政当局归属地名。

第 14 条款　支持服务

负责制图和地籍的中央服务提供足以支持国家地名委员会（CNT）正常运行的技术和行政支持。

部分二　市政地名委员会

第 15 条款　创立

市政当局可以创建一个市政地名委员会，缩写为 CMT，作为市政府的常设咨询机构，负责听取，研究和事先就地名和门牌号问题发表意见。

第五章　最后条款

第 16 条款　地名的强制归属

本法令出版之日起 5 年内，市政当局必须将地名分配给各自市政当局的所有公共场所。

不遵守前一款规定构成严重违法行为。

第 17 条款　市政法规

每个市政当局有义务在自本法生效之日起的 90 天内，批准各自的市政地名和门牌号。

第 18 条款　生效

该法令应在出版后的第二天生效。

在 2011 年 11 月 3 日由部长理事会审议并批准。

市理事会法令

71. 街道命名及房屋编号

部长应自行提出动议或按照城市委员会的申请，以已知名称命名任一街道，并可随时以相同的方式更改任一街道名称。

（3）委员会应为任一房屋或租住单元编号，确保编号可以清楚区分，并可按照需要随时更改编号。

（4）委员会有权绘制、标记展示任一街道的名称，或任一私人房屋或租住单元的编号，且若这些名称或编号被篡改，指示牌字迹模糊，委员会可以随时进行更改或更新。

（5）任何人未经委员会授权，损坏、拆毁、污损或篡改任一由委员会依法设立的街道名称或房屋或租住单元编号指示牌，或在任一街道设立不同于合法授予名称的指示牌，或在任一房屋或租住单元设立不同于合法授予编号的指示牌，均视为违法犯罪。

（6）就本章节及 188（1）（d）节而言，词语“街道”包括任意用于或计划用于连通两座或多座房屋或地点的道路、小道或走廊，无论公众是否有权进入上述房屋或地点，以及上述地点内的人行道以及保留道。

塔吉克斯坦共和国行政区域制度

第 4 章 行政区域、居民区及其组成部分的命名和更名

第 18 条 行政区域和居民区的命名和更名要求

行政区域和居民区的命名和更名应考虑国家利益和当地的地理、历史、民族、自然及其他条件，也应考虑当地居民议会的决定。

塔吉克斯坦各州、市、区及各乡镇、农村在命名和更名时，不得使用在当地已有的名称。

由行政区域和居民区命名和更名产生的财政物资支出，应从当地财政预算中列支。

在为行政区域和居民区命名和更名时，可使用已逝政治、科教领域杰出人士的姓名。

第 19 条 行政区域和居民区的命名和更名

各州、市、区、乡、镇、村的命名和更名应由塔议会上院塔吉克斯坦共和国政府的意见的基础上，基于各州（含戈尔诺－巴达赫尚自治区）、市、区议会决定和各乡、镇、村基层会议决定，综合考虑当地居民会议的意见进行。

各州、区、乡在成立时命名，各市、镇、村在有居民区纳入其行政区划时命名。

第 20 条 居民区组成部分的命名和更名

街区、街道、广场、公园、桥梁及其他居民区组成部分由市、区、乡、镇议会命名。

在对居民区组成部分命名时不得使用该居民区已有名称。

在对居民区组成部分命名时不得使用在世人员名称。

第21条 其他命名和更名

其他命名和更名应遵守塔吉克斯坦共和国政府有关法律。

土库曼斯坦国有企业、组织、机构和地理实体等命名和更名程序法

第三章　地理实体命名和更名

第七条　地理实体的命名和更名程序

1. 国家权力机关、村委会和公民团体均可提议为地理实体命名和更名。

2. 地理实体的名称应反映其所在地最鲜明的特征以及民俗和民族特点。

3. 可以用地理实体直接发现者、研究者、开发者或者奠基者的名字为该地命名。可根据此法规和土库曼斯坦其他规范性法律文件，采用知名政治家、社会活动家以及科学文化界知名人士的名字为尚未起名的地理实体命名。

第八条　地理实体命名和更名的登记注册

1. 地理实体的现有名称、新命名和更名均须登记注册。

2. 为确保土库曼斯坦地理实体名称的统一、持续使用和留存，应编制国家地理实体名称目录。

3. 地方权利机关在职权范围内经与相关部门协商可编制和出版地理实体名称参考手册，以及相关州和等级相当于州的城市的地图、地图集。

4. 地理实体名称参考手册的内容在出版前应与相关部门协商一致。

5. 地理实体名称的注册登记程序、参考手册的出版程序、国家地理实体名称目录的编制和启用程序等由土库曼斯坦内阁决定。

地名提议最低要求

新西兰地名委员会（Ngā Pou Taunahao Aotearoa）

2013 年 11 月 30 日

明确委员会对提议的要求，包括所需的证据。

权威引证：2008 年《新西兰地名委员会法》

第 15（2）条 提议必须——

（a）采用委员会规定的形式；

（b）符合委员会规定的要求；

（c）包含支持提议所需的证据。

对待处理地名提议的一般性最低要求

必须使用委员会同意的适用提议表[①]，并完整填写。

以地图或图表（最好采用新西兰土地信息管理局提供的地图或图表）显示拟命名名称对应的位置和（如适用）标记范围。

对于以人名作为新西兰领土和海底地名的提议，必须提供书面证据证明纪念人已经不在世（如果是近期过世的，则至少两年内不得处理该提议）。必须提供充分的信息和证据说明该人与该区域或地物的联系，以及它们与该地关联的意义。

对于以人名作为南极地名（可以使用在世人的名字），必须提供充分的信息和证据说明该人与该区域或地物的联系，以及它们与该地关联的意义。

对于历史名称，必须提供充分的信息和证据说明与该地有关的事件、故事和人物（即历史、起源、含义）。

---

① 提议表是指秘书处提供的文件模板。此项规定也适用于委员会或秘书处的提议，除非在特殊情况下委员会另有决定。

对于描述性名称，必须提供充分的信息和证据证明描述该地物的方式，除非从提供的其他信息中可以明显看出。

对于新名称，必须提供充分的理由证明和保证命名该地物或地方的正当性，比如需要位置标识以作出应急响应，需要满足定址目的，首个发现/登陆者的权利，或者需要承认历史。

对于双名称或别名，必须提供与两个名称有关的充分信息和证据。

对于所有提议，必须提供正字证据（比如毛利语名称的长音符号，人名的正确拼写）。

对于所有提议，必须说明所命名地物的类型。名称中应包含恰当的通名，但是对于居住地和历史遗迹，一般不使用通名。通常情况下，自然地物多使用英语通名。

提议人必须确认，其在编辑提议时参照了委员会的框架文件和其他相关标准。

区域和地区名称提议只能由相关区域当局提出。

国家保护区名称提议只能由环境保护部提出。

火车站和线路名称提议只能由国家负责机构提出。

对于任何条约确立并提议将来更改（确立名称的立法颁布后）的名称，必须包含相应证据证明提议人代表确立名称的群体的治理实体（通过法定流程作出最终决定，委员会将决定是否处理）。

提议人必须提供书面证据，证明其已就新西兰、沿海岛屿或海底地名提议咨询当地毛利人部落（iwi）、部落分支（hapu）、会堂（marae）等毛利人部落或其他具有祖先利益关系的群体。与之有关的是确定原毛利语名称，通知相关毛利人群体。

如果是为新西兰或沿海岛屿的居住地（如城镇、郊区、地区、居民点）命名，则提议人必须咨询相关区域当局，并提供相应书面证据。

如果不能满足这些最低要求，提议可能遭到驳回[①]。

例外情况

委员会同意的南极地名提议表不要求美国南极地名咨询委员会填写。

① 可由委员会或委员会的任何授权人员驳回。

根据《怀唐伊条约》和解索赔部分而协商的拟命名称不受本文件约束。
委员会或秘书处提出的第 24 条和第 26 条规定的名称。

对上述要求的复审

委员会将对上述要求每两年进行一次复审。

行政区域、省、市县行政中心的命名与更名以及行政中心迁移的准则

印尼内政部长

2012 年第 30 号条例

第一章　总　则

第一条　本条例中相关术语定义如下：

1. 行政区域，以下简称行政区，指的是在统一的印度尼西亚共和国制度内，拥有地理边界，基于公众意愿并被授权管理地方事务和公众权益的法律实体。

2—11（略）

12. 社会意愿，是指当地居民、知名人士或社会机构等的公众意愿，由社会机构负责人签署。

13. 学术文章，是指关于特定问题的研究或法律评估结果文本，负责科学解决法律社会问题。

14. 专业协会是指拥有技术和管理方面专业知识的人组成的机构。

第二章　行政区域、省、县市行政中心的命名与更名

第一部分　原则

第二条　地名命名与更名应遵循地名学命名原则，包括：

a. 使用拉丁字母；

b. 一个地物对应一个名称；

c. 使用本地名称；

d. 遵照相关法律规定；

e. 尊重民族、宗教、种族和族群；

f. 避免某人在世时使用其姓名作为地名；

g. 使用印尼语或地方方言；

h. 最多由三个单词组成。

第二部分　要求

第三条

地方政府或当地居民可提交行政区域、省、县市行政中心命名或更名的申请。

第一款所述申请应基于以下因素：

历史；

文化；

习俗；

重名。

第四条

所述的地方政府或当地居民申请应具备以下条件：

a. 社会意愿；

b. 行政区域、省、县市行政中心命名或更名的学术文章；

c. 省长向省议会的致函或县市长向县市议会的致函；

d. 省或县市级议会关于同意行政区域、省、县市行政中心命名或更名的决定书；

e. 县市长向省长的致函；

f. 省长向内政部长的致函。

第三部分　程序

第五条　行政区域、省、县市行政中心命名或更名的程序包括：

a. 当地居民同意并提出行政区、省、县市行政中心命名或更名的申请；

b. 向县市长表达社会或县市政府意愿；

c. 县市长与专业协会和学者共同撰写关于行政区域、首都命名或更名的学术文章；

d. 向县市议会表达社会意愿并提交有关学术文章，以获得批准；

e. 县市议会召开全会批准上述申请；

f. 县市长向省长呈报关于行政区域、省、县市行政中心命名或更名的提案，并随附县市议会决定书；

g. 省长向内政部长提交上述提案；

h. 内政部长通过内设机构公共行政总司处理关于行政区域、省、县市行政中心命名或更名提案。

第六条 行政区域、省、县市行政中心命名或更名的程序包括：

a. 当地居民同意并提出行政区域、省、县市行政中心命名或更名的倡议；

b. 向省长表达社会或县市政府意愿；

c. 省长与专业协会和学者共同撰写关于行政区域、省、县市行政中心命名或更名的学术文章；

d. 向省议会表达社会意愿并提交有关学术文章，以获得批准；

e. 省议会召开全会批准上述申请；

f. 省长向内政部长呈报关于行政区域、省、县市行政中心命名或更名的提案，并随附省议会决定书；

g. 内政部长通过内设机构公共行政总司处理关于行政区域、省、县市行政中心命名或更名提案。

第三章 行政中心迁移

（略）

第四章 资金

第十二条 提交行政区域、省、县市行政中心命名或更名提案以及行政中心迁移的有关费用由中央和地方财政预算列支。

第五章 结语

第十三条 本条例自公布之日起生效。特此发布印度尼西亚共和国政府公报，以便周知。

相关资料

爱尔兰共和国

爱尔兰地名遗产 ①

1 引言

关于爱尔兰地名的最早记载是在约公元 150 年亚历山大的克罗狄斯·托勒密（Claudius Ptolemaeus）编写的《地理学》一书中发现的。托勒密提到了该国的 47 个名称，包括地名和族名。人们多次尝试将托勒密提到的名称与后世文献中出现的名称联系起来，目前，学者们一致认为，托勒密提到的名称中只有约四分之一可以确认（TONER，2000 年，79—80 页）。

在最早的本土文献中发现了第一批可靠的地名形式，它们以拉丁语和爱尔兰语写成，时间可以追溯到 6 至 7 世纪。在此后的几个世纪里，大量使用爱尔兰语写成的文献中曾多次提到地名，其中大部分地名沿用至今。

从最早的记载开始至今，地名一直在本土传统文化中居于核心地位。早期的爱尔兰人对其境内地名始终兴趣不减，甚至建立了单独的文学体裁来介绍它们。Dindshenchas（当地一种诗歌、散文名称，产生于 10 至 11 世纪），翻译为"知名之地的传说"，意在解释著名地理地物名称的由来。其中在托勒密提到的名称中有三首是"Dindshenchas"诗的主题，分别是博因河（Boand）、香浓河（Sinann）和霍斯（Benn Étair）（GWYNN，1913 年，26 页、104 页、286 页）。

在中世纪时期，爱尔兰最著名的地名是米斯郡的塔拉（Tara）。塔拉山坐落于都柏林西北 30 千米的一片地势起伏、土壤肥沃的土地上。这里有大量史前时期的考古遗迹，而这些遗迹均与古代爱尔兰国王有关。塔拉王从象征

① Dónall MAC GIOLLA EASPAIG，联合国地名专家组（UNGEGN）发音工作小组召集人，社区、农村和爱尔兰语事务部下属地名分局，43/49，Mespil Road，Dublin 4，Ireland；电子邮件：dmacgiollaeaspaig@pobail.ie。

意义上被看作是整个爱尔兰的国王（BHREATHNACH，1996 年，87 页）。即便塔拉于 11 世纪时丧失了重要的政治地位，但至今他仍然具有象征国家的意义。

按照中世纪的正字拼写，塔拉的爱尔兰语名称是 Teamhair 或 Temair；它的英语形式对应的是爱尔兰语的所有格 Teamhra。“Dindshenchas” 中有四首诗和若干散文涉及塔拉，这恰好证明了该地的地位和声望（MAC GIOLLA EASPAIG2005 年，423 页）。有关塔拉的解释有三种：第一种认为该地得名于埋葬在那里的一名女性，而第二种将该名称解释为一个普通名词，表示“高地，看得见风景的地方”。第三种解释更为人们所熟知，就是 Temair 源于一位叫作 Tea 的神话女性的名字，她被葬在塔拉山的山顶。根据这种说法，Temair 对应早期使用的 Tea-mur 被解释为由一位女性的名字 Tea 和普通名词 múr 组成的复合词，其中 múr 借用了拉丁语的 murus，意思是“墙或壁垒”，引申义是“坟墓”。因此，可以将该名称翻译为“Tea 的壁垒或坟墓”。在这个故事中，Tea 是神话般的神灵 Lugaid 和他的妻子——同样具有神话色彩的 Erimon 的女儿，她死后被葬在塔拉。其中一篇文字的节选可以让我们了解 Temair 名称的由来：

Temuir. Unde nominatur. Ni andsa. Temair .i. Tea-mur .i. múr Tea ingine Lugdach meic Itha. Ben Herimoinmeic Miled.i. isandrohadnachthí. Unde poeta cecinit.

In cetben luid i n-uaig úair Don chuáin a Tur Bregain báin Dianid ainm Temair fir Fáil

意思为：“Temair。从何得名？这不难回答。Temair，即 Teamur，是指 Tea 的坟墓，Tea 是 Lugaid（Ith 的儿子）的女儿、Erimon（Mil 的儿子）的妻子。她被埋葬在这里。

就像诗人所写的那样：从白色布雷加王宫中走出并葬入主人冰冷坟墓的第一位女性，Brega 的 Tea，国王的妻子，Temair 就是由她得名。”

像在 “Dindshenchas” 中找到的大部分词源一样，上述解释非常牵强，缺少语言学基础。从地名学的角度来说，像 Tea-múr（Tea 的坟墓）这样的复合词形式在爱尔兰语地名中是完全不可能出现的。一位中世纪评论家表示这种解释不可信，并指出该名称另有起源。根据其说法，Temair 是一个普通名词，意思是“高地”，借用了希腊语中一个指代观景之地的词，对该名称的这种解释几乎同样不可信。

在对塔拉历史遗迹重要性的整体重新评估中，近期有两项以 Temair 名称为主题的深入研究。第一项研究表明，Temair 绝不是唯一一个经证实的名称，而是该国另外 20 多个现存于世的地名的基础（Ó MURAíLE，2005 年）。在第二项研究中，作者指出大部分以 Temair 命名的地方都有神话或基督诞生的宗教意义，与米斯郡的塔拉在命名意义上相似。作者认为，Temair 是指一个神圣的场地，从语言学的角度来讲，源于印欧语词根 *tem-，意思是“切割”，这个词根可以在爱尔兰语的一般词汇中找到，比如普通名词 taman，意思是“树干”，tamhnach，意思是“空地”。因此，在词源和意义上，爱尔兰语地名 Temair 与希腊语地名 temenos（意思是“神圣的围地”）和拉丁语地名 templum（意思是“寺庙”）有关，也就是说，塔拉是指从世俗世界中开辟出来的一片圣地（MAC GIOLLA EASPAIG，2005 年，446—448 页）。

塔拉的例子中可以看到，从文学的角度来说，“Dindshenchas”这一系列文学作品具有无可争议的重要地位，因为其中包含了神话和伪历史传说，是具有唯一性的。虽然在“Dindshenchas”中找到的地名解释大部分都很牵强，有的甚至极为荒诞，但对于对地名学感兴趣的人来说，“Dindshenchas”提供了一个绝佳的视角，可以看出中世纪人文学者及其读者对爱尔兰地名遗产的高度尊重。

2 爱尔兰地名的历史语料

最近几十年来，对爱尔兰地名进行的大量深入研究有助于对该国众多名叫 Temair 的地方进行区分，也为后续对该名称的词源和意义的说明提供了依据，这些研究大部分都以地名标准化为目的。爱尔兰继承了可以追溯到至少过去两千年间各个时期的大量地名。整个爱尔兰，包括北爱尔兰，分成了大约 67,000 个行政区划，从历史上的层级结构来看，包括 4 个省、32 个郡、327 个领地、2,428 个民政教区[①]和约 60,462 个教区，它们都有自己的名称。在这些历史单位的基础上又增加了约 3,750 个选区。选区于 19 世纪建立，由一连片教区组成，一般得名于之前已有的地名。所有行政单位的名称，包括现已废弃的一些名称，均已列入地名综合索引，即通常所说的教区

① 民政教区，Civil Parish，是英格兰地区最小的行政单位。

索引，在 20 世纪初以前，一直与全国人口普查结果一起定期公布（地名索引 1904 年）。

除行政名称外，地形测量局（Ordnance Survey）曾经绘制地图中还包含许多其他地名，包括人口中心（城镇、乡村和地区）、自然地物（湖泊、河流、溪水、海湾、海岬、岛屿、山脉、小山）和人造地物（早期居住点、教堂、修道院、墓地、桥梁、十字路）的名称。另外，还有不计其数的小型地物的名称，尤其是在爱尔兰人生活的西部沿海地区，通过口传作为团体语言沿用至今。个别学者已经在科学的基础上将上述部分资料记录下来，但这些被称为"小名称"的记录很少公之于众。最近将要出版的集录是两个远洋海岛的，即北爱尔兰安特里姆郡的拉斯林岛（MAC GIOLLA EASPAIG，1989—1990 年）和梅奥郡的克莱尔岛（Ó MURAíLE，1999 年）。大多数口头传述的地名仍然没有记载，因此，未来 10 到 15 年间这些地名可能将永远消失，这对于爱尔兰的地名遗产来说将是一大损失。

爱尔兰的绝大多数地名都起源于爱尔兰语，尤其是行政单位和主要地理地物的名称。这些名称大部分是在 17 世纪前形成，大多都有至少一千年的历史。如前所述，8 世纪之后的爱尔兰语文学和历史文献中包含数千个地名，其中许多地名可以通过现今使用的名称得到确认。目前，在爱尔兰科克国立大学的"轨迹"（Locus）项目中，将以分册的形式出版基于爱尔兰语文献的新地名词典（Ó RIAIN、Ó MURCHADHA 和 MURRAY，2005 年）。一经完成，这本词典将取代 HOGAN 一个世纪以前的奠基之作《专有名称词典》（Onomasticon）（HOGAN，1910 年）。

3 非爱尔兰因素对地名的影响

从 9 世纪初开始，爱尔兰不断遭受斯堪的纳维亚（Scandinavian）海盗的攻击，到 9 世纪中叶，诺曼人（Norman）已经在东部和南部沿海地区建立了永久定居点。在之后的两个世纪里，斯堪的纳维亚人对爱尔兰部分地区的政治和经济生活产生了巨大影响。尽管这种影响持续了很长时间，但据估算只有不到 40 个地名起源于斯堪的纳维亚语，而且事实证明其中很多地名只是对爱尔兰语地名的改编（MAC GIOLLA EASPAIG，2002 年，444 页）。虽然大部分名称指的是沿海岛屿和海岬，但值得注意的是东南沿海主要城镇的英语名称起源于斯堪的纳维亚语，它们包括威克洛（Wicklow）、阿克洛

（Arklow）、韦克斯福德（Wexford）和沃特福德（Waterford）（MAC GIOLLA EASPAIG 2002 年，466 页）。

12 至 13 世纪时，盎格鲁诺尔曼人（Anglo-Normans）入侵爱尔兰，使得一批讲英语的人定居于该国的大部分地方，自此开启了英语对爱尔兰地名的影响。新移民对该国的地名产生了长期的影响，最明显的途径是第一次对已有地名进行广泛的英语化。这些移民还创造了许多英语地名，很多沿用至今，最突出的是靠近都柏林的各郡。很大一部分新地名是由盎格鲁诺尔曼人的姓氏和英语元素 town（之前为 tun）组成，比如利默里克郡的 Fantstown，其中就包含姓氏 le Faunt（MAOLFABHAIL，1990 年，17 页）。历史证据表明，绝大多数盎格鲁诺尔曼语（Anglo-Norman）地名是在 14 世纪、15 世纪时翻译成爱尔兰语或融入爱尔兰语的（ CEARBHAILL，2006 年，235 页）。所以，蒂珀雷里郡的地名 Mortelstown 变成了 Baile an Mhoirtéalaigh，其中英语的 town 被换成了普通的爱尔兰语元素 baile，意思是“家宅、农庄”，后跟姓氏 Mortel 或 Martel 的爱尔兰语形式（CEARBHAILL，2006 年，239 页）。

17 世纪初，随着本土领主的最终战败，来自英格兰和苏格兰的殖民者通过一系列有计划的征用和移民，从爱尔兰人（包括盎格鲁诺尔曼人的后裔）手中获得了土地所有权。到了 17 世纪末，除一小部分土地外，几乎所有土地都已落入外族人手中。在之后的两个世纪里，英国统治在生活的各个方面居于主导，包括政治、社会、经济、文化和语言。爱尔兰语逐渐衰落，一个世纪前还是绝大多数人使用的语言，但到了 19 世纪末已经成为少数人的语言。尽管居于统治地位，但讲英语的殖民者在此期间对爱尔兰地名的影响较小。有一类地名值得注意，是新领主将英格兰地名挪来用作在爱尔兰居住地的名称。

这种现象解释了戈尔韦郡的一些教区是如何与英格兰南部的地名共用一个名称的，比如切尔西（Chelsea）、汉普顿（Hampton）和里士满（Richmond）。

4　爱尔兰地名的英语化

据估计，爱尔兰超过 90% 的行政地名起源于爱尔兰语。这些地名全部通过英语化形式流传下来，只有一小部分在爱尔兰语文献中有所记载。爱尔兰地名的英语化，即按照英语的拼写惯例书写名称。12 世纪时，盎格鲁诺尔曼人启动了这一英语化过程，并在地形测量局于 19 世纪第二季度开展的大比例尺地图测绘计划中通过名称的标准化达到顶峰。由于爱尔兰语和英语在音位和拼写上存在巨大差异，英语化使源自爱尔兰语的地名难以理解。因此，学者们需要付出巨大的努力，才能确定名称正确的原始形式。19 世纪时，一些人为此开展了重要的工作。其中最重要的一位就是著名学者约翰·奥唐纳文（John o'donovan），他受聘于地形测量局，负责对名称的英语拼写进行标准化。在其工作过程中，为确定"原始方言名称"，奥唐纳文走遍了整个爱尔兰，尽其所能请教会讲爱尔兰语的人。在地形测量局名典（Ordnance Survey Name Book）中，所记载的爱尔兰语名称都有对应的英语翻译（MAC GIOLLA EASPAIG，2008 年，167 页）。奥唐纳文和他的同事收集的爱尔兰语名称是研究爱尔兰语地名最重要的资料来源之一。

5 恢复爱尔兰语地名形式

直到 20 世纪下半叶，关于爱尔兰地名的系统性研究才刚刚开始。1922 年爱尔兰自由邦成立，之后本土政府实行在公共生活的各个领域推进使用爱尔兰语的政策，在这种情况下，亟须开展关于爱尔兰语地名的权威性工作，因为政府部门和普通民众都需要经常使用这些名称的爱尔兰语形式。几年前，盖尔语（Gaelic）联盟以单行本的形式出版了该国邮镇名称的爱尔兰语版本（LAOIDE，1905 年），并在建国时被邮电部采纳。这本书中采用的方法存在缺陷，而就其推荐的爱尔兰语版本也有巨大争议。

1937 年，爱尔兰宪法的生效赋予了爱尔兰语作为国语和第一官方语言的特殊地位，对权威性爱尔兰语版本的地名图书需求也随之增加。为此，1946 年地名委员会成立，其职责包括建立正确的爱尔兰语版本的爱尔兰地名，公布爱尔兰语形式的地名列表供官方使用。十年后，新成立的地形测量局下属部门——地名分局承担起研究责任，它采用瑞典语地名研究机构开创的科学方法为基础，即现在所说的地名档案法（Ortnamnsarkivet）。该方法需要从历史文献中收集名称的所有拼写方式，并在当地社区确定其发音。

地名委员会和地名分局的第一项任务是为邮政名称建立正确的爱尔兰语形式，其中包括约 2,500 个城镇和小型住区的名称。在委员会的建议下，根据 1973 年《地名（爱尔兰语形式）法案》之规定发布的 1975 年地名（爱尔兰语形式）命令中赋予爱尔兰语形式有限的法律地位，随后在根据 2003 年《官方语言法案》之条款发布的 2005 年地名（人口中心和区）命令中，爱尔兰语形式被赋予和英语形式同等的法律地位。

6 地名分局的工作

完成邮政名称的工作后，地名分局又投入到地形测量局的地图测绘计划中，与此同时，地名委员会则彻底转为顾问的角色。研究工作的方向是以郡为基础，为 1∶2,500 的大比例尺地图提供爱尔兰语版本的地名。这些地图包含教区、领地和选区的名称，也包含非行政地名。20 世纪 90 年代，地名分局为地形测量局新绘制的 1∶50,000 系列旅游休闲地图，即“探索系列”，提供爱尔兰语名称。由于当时政策规定新地图上的行政名称只能使用英语形式，所以在一定时期内产生了混合地名现象，城镇和主要自然地物（如河流和山脉）的名称用英语和爱尔兰语描述，而教区的名称只能使用英语。2003 年《官方语言法案》中对 2001 年《地形测量爱尔兰法案》的修订纠正了上述状况，法案要求爱尔兰地形测量局（OSI）“用爱尔兰语或英语和爱尔兰语结合来描述国家地图和相关记录与数据库中的地名和古代地物”。

目前，现已归入社区、农村和爱尔兰语事务部的地名分局负责以郡为单位开展地名的系统性研究，目的是建立正确的爱尔兰语形式名称，其中重点研究行政名称。到目前为止，已经建立的标准爱尔兰语版本名称达数千个，而且很多已经用于爱尔兰地形测量局的地图、全国地名词典（以列表形式）（地名词典 1989 年）和一系列郡卷，最新的郡卷介绍的是蒂珀雷里郡（CEARBHAILL，2004 年）。在地名委员会的建议下，社区、农村和爱尔兰语事务部部长根据 2003 年《官方语言法案》（该法案第 5 部分取代了 1973 年《地名法案》）的规定发布了一系列地名命令，赋予大部分爱尔兰语形式的名称与其英语形式同等的法律地位。政策要求在未来 7 到 10 年内，所有地名都要有合法的爱尔兰语版本。

为爱尔兰地名建立权威性的爱尔兰语版本能够达到准确理解地名含义，了解地名来源的目的，使人们即使只具备爱尔兰语的基本知识，也能了解大部分地名的最初含义。例如，在《爱尔兰地名词典》（1989 年）中，地名索引（1904 年）“Bally-”是教区名称中最常见的元素，该元素通常对应爱尔兰语的属性元素 Baile，意思是“家宅”，比如多内加尔郡的 Ballygorman，其爱尔兰语为 Baile Uí Ghormáin，意思是“Ó Gormáin 的家宅”，其中最后一部分为姓氏。但也有少数情况下“Bally-”对应的是爱尔兰语的 Béal，意思是“嘴”，或对应 Béal Átha-，意思是“ford-mouth”，比如多内加尔郡的Ballyshannon，其爱尔兰语为 Béal Átha Seanaidh，意思是“集会地（seanadh）的 ford-mouth”。英语化形式中另外一个常见元素为 Kil（l）-。在大部分名称中，该元素对应的是 Cill，意思是“教堂”，通常指可以追溯到中世纪早期的教堂，比如戈尔韦郡的 Kilconnell，其爱尔兰语为 Cill Chonaill，意思是“圣康诺尔（Conall）教堂”。但是，Kil（l）也可以对应爱尔兰语的 Coill，意思是“树林”，在爱尔兰的部分地方，比如卡文郡的 Kildorragh，其爱尔兰语为 Coill Dorcha，意思是“黑色树林”。尽管大部分地名的爱尔兰语形式浅显易懂，但仍有很大一部分名称是隐晦模糊的，因此需要学者们进一步调查和阐释，比如本文开篇提到的两个名称 Teamhair（塔拉）和 An Bhóinn（博因河）。

地名最公开的展示方式是为方便公众而树立的指向型和说明型路标。爱尔兰法律要求，全国所有道路标志上必须显示爱尔兰语形式的地名。因此，除主要功能外，道路标志还发挥了文化和教育功能，为其提到的地名提供解释(如上述示例)。

在为建立地名的标准化爱尔兰语拼写而进行研究的过程中，地名分局参考各种文献记录下大量名称的历史形式以及其他重要的相关资料，包括语言学、地理学、历史学和考古学证据。长久以来，国家要求出版地名的历史资料和评注，并对个别名称加以解释。由于研究和提供爱尔兰语形式为首要目的，出版该类资料只能退居其次，因此时下只有小部分已经公之于众。到目前为止，计划的系列中已经有两卷出版：ÓMAOLFABHAIL（1990年）记录和讨论了利默里克郡的约 2,200 个地名，Ó CEARBHAILL（2007年）则对蒂珀雷里郡（Tipperary）地名中包含元素 cill（意思是“教堂”）的名称进行了深入分析。还有两卷正在筹备中，其中一卷将介绍韦克斯福德郡（Wexford）的约 2,600 个名称，另一卷则包含科克郡奥雷里（Orrery）领地的所有地名。

7 爱尔兰地名数据库

2003 年《官方语言法案》颁布，2007 年 1 月，爱尔兰语也成为欧盟的官方和工作语言，在这些因素影响下，对官方爱尔兰语地名的需求大大增加。根据《官方语言法案》的规定，所有公共机构的特定文件，包括年度报告，必须以爱尔兰语和英语双语方式或只以爱尔兰语发布。这意味着，此类文件中出现的所有地名必须有官方爱尔兰语形式。为满足这一要求，政府决定通过基于网络的可检索数据库，向有需要的人提供截至目前已确立的所有爱尔兰语形式的地名。为此，社区、农村和爱尔兰语事务部于2007年聘请都柏林城市大学提供服务，与地名分局合作开发基于网络的全国地名数据库，于2008年10月正式推出。

到推出时，该数据库将容纳近100,000个英语版标准名称，包括67,000个上述行政单位名称、10,000多个非行政地名和大约18,000个街道名称。如果将地形测量局历史上的大比例尺地图中显示的所有街道名称和所有地名都添加到数据库中，数据库中的名称总数将升至近200,000个。到2008年底，数据库中约60,000个名称有官方爱尔兰语版本，而且这一数量将会与日俱增。未来还会纳入其他类别的名称，包括历史文献中记载的已废弃的名称和实地调查中收集到的口口相传的名称。根据郡、领地、民政教区、选区和教区的划分，将数据库中的地名以层级顺序排列。根据全国坐标图和地形测量局历史上的1∶10,560地图系列，引用每个教区和地理地物的名称。地物的大致位置在爱尔兰的略图上显示，日后还将增加1∶50,000地图系列参考。数据库可按爱尔兰语和英语名称或名称的一部分进行完全检索，并且计划在下一个开发阶段纳入按照名称的构成要素创建名称分布图的功能。数据库还为最重要的地名提供了英语和爱尔兰语发音的语音指南，未来5年内，此项功能将覆盖所有地名。目前正在添加常见元素列表，而且计划在不久的将来增加关于知名地名的简明注解。

从60多年前成立以来，地名分局已经积累了一大批关于地名的历史形式和其他证据的纸质和电子档案。这些资料都将输入数据库中。Word、Excel和Access文件格式的资料将自动传输，而手写和机打资料均已扫描。扫描记录待到最终转成电子格式后，将向公众提供。研究期间，新的历史证据将被直接添加到数据库中。未来，历史形式可按来源、语言和构成要素进行完全检索。目标是到2010年底，向公众提供数据库中的所有地名数据。

建立地名数据库的主要目的是以在线方式向所有有需要的人提供权威、标准的爱尔兰语拼写地名。然而，如上所述，数据库绝不仅仅是地名的在线列表，它在地名分局的爱尔兰语地名标准化项目中是一种强大的研究工具，将为在地名领域和相关科研领域的工作者提供极大的帮助。

最重要的是，爱尔兰地名数据库将为公众提供丰富的在线资源，通过它，人们可以看到爱尔兰地名的丰富与复杂，从而增进对爱尔兰文化遗产的了解。

地名研究机构

2004 年 6 月 17 日通过，编号：430

1. 根据《地名法案》（RT I 2003，73，485）第 23 条第 2 款之规定，特指定爱沙尼亚语言学院为地名研究机构。

2. 本委任于 2004 年 7 月 1 日起生效。

爱沙尼亚经济事务与通信部部长：ATONEN

国务大臣：Heiki LOOT

地名转录和音译表

2008 年 11 月 20 日通过，编号：64
《地名法案》第 10 条第 6 款规定

1. 爱沙尼亚地名不采用拉丁字母书写

（1）爱沙尼亚地名应采用俄文字母，根据《爱沙尼亚俄文字母地名表》书写。

（2）对于字母表以外的任何非爱沙尼亚地名，应根据地名管理机关确定的标准，采用其他非拉丁字母书写。

2. 俄文地名记录

（1）俄语地名以爱沙尼亚 – 拉丁语字母登记时，应根据 2005 年 3 月 18 日政府第 61 号令《申请使用外语个人名称表中的爱沙尼亚 – 拉丁字母和符号》“俄罗斯名称转录表”进行。

（2）如果外文名称不同于转录单词形状，则应根据 2005 年 3 月 18 日政府第 61 号令《申请使用外语个人名称表中的爱沙尼亚 – 拉丁字母和符号》“文件中名称俄语音译表”表进行翻译。

3. 条例取消

教育与科学部部长于 2005 年 12 月 6 日通过第 51 号令宣布取消《地名字母转录与音译表》（RTL 2005，121，1881）。

部长：Tõnis LUKAS
KantslerJanar HOLM
教育与科学部部长

德意志联邦共和国

地　名

地名有助于人们辨别方位、标注国土。它能让我们了解各地的风貌，并且为那些我们从未踏足却心驰神往的地方贴上标签。

从名词学角度说，地名一词具有两个含义。

狭义上讲，地名是指定居点（村庄、城市、城区）的名称。此处也可用“居住地名称”来代替。

广义而言，地名泛指所有的地理名称。

从这个意义上说，即使人们觉察到很多地名来源于地理名称，但它们仍旧被理解为狭义上的地名。

地名有多古老

德国的地名能追溯到几百年前，有时甚至上千年前，例如特里尔这一地名已经有两千多年的历史了。

另外也存在着非常年轻的地名。例如奥德河畔的福斯坦堡于 1961 年 11 月 13 日与斯大林施塔特合并，产生了新的地名艾森许滕施塔特。部分最新的地名，如基希费尔德在 21 世纪才诞生（通常由于合并）。

如今出现了一种现象，报纸号召人们集思广益为新建立的城区取名。这种取名方式已经变得司空见惯了，但它是一种比较新式的地名命名法。

地名的诞生

我们身边的多数地名有着“自然”的起源，诞生于日常用语。这些地名并非诞生于灵感，而是在经过了漫长的时间，在日常的语言素材中产生。

对地点的描述经常演变成地名

请您设想一下，在一个没有地名（我们今天理解的地名）的时代，当某人被问及他来自何方时，他最好用对当地环境的描述来指代地点。例如，“我来自那个新的村庄”或者“我住在高高的河岸边”。汉诺威（按照当地方言发音）就是这样产生的。

另一个人则声称“我来自石谷”，于是施滕达尔（Stendal，在旧萨克逊语中 sten 和 dal 分别指石头和山谷）这个地名就此诞生。

在地点描述中经常出现介词短语，比如在……中（im），在……旁（an）、在……附近（be）、在……上（auf）等。因此在地名中可经常见到僵化的第三格用法。地名中常出现“Bergen”（Bergen 指第三格的山，用法如“我住在山中”），而非“Berge”（第一格的山）；“Tiefenbach”（第三格，意为深深的溪流）而非“Tiefebach”；“Blankeburg”（第三格，意为明亮的城堡），而非“Blankeburg”。

构词法和词语形态学

地名的构词法分为以下不同的类型：

简单的名词（简称简单词）

复合词或者紧缩复合词（简称复合词）

派生词（简称衍生词）

在简单词中，地名是普通名词的转换形式。一个单词就构成了一个地名，例如 Berg、Aue、Suhl。

复合词

它不仅是比较新的构词形式，而且占据了德语地名中的大半江山。复合词由基本词（在后）和限定词（在前）构成，基本词一般是一个指代地点和居住地的名词，限定词进一步对名词加以诠释。此处你可以看到一些典型的基本词。

限定词中经常出现人名，例如 Klausdorf、Hermannsfelde、Gerhardtshofen、Vollmershain 和 Hilgertshausen。带“-leben”的地名也同样属于复合词。它们的限定词总是人名。“-leben”最早以“-leve”的形式出现，含义是遗产（它与英语中的“toleave”——“遗留”接近）。人名通常是第二格形式，如 Aschersleben 源于“Ascar-s leve”——Ascar 的遗产。

这种构词法的地名在马格德堡（不伦瑞克地区）尤为常见（也许证明了它的来源），带 leben 地名在这一地区比比皆是：Ottersleben、Wanzleben、Wolmirsleben、Gernsleben 等。也许这类地名太普遍了，后来它在一种带 leben 的新地名中被视为典型的基本词。带 -leben 的新地名通常不再使用第二格形式，有时也不包含人名。

紧缩复合词（由语言组合体而来，如 Schauinsland）是此类中的特殊形式。

衍生词

地名中的衍生词几乎涵盖了所有衍生词词根。比如说人名，其代表是带 -ing（en）和 -ungen 的地名，如 Sigmaringen、Meiningen。

词尾“-ingen”从前指代某一群人。当表明一个人的身份归属时，人名前置。例如 Sigimar 家族的人被称为“Sigmaringa”，由“Sigmar 家族的人生活”的地方描述而产生了 Sigmaringen。这类地名直到 8 世纪还屡见不鲜，多数古德语名字今天已经很少见。带“-ingen”的地名与此类似，但通常它们与人名无关。

层次和等级：文化环境、自然环境

我们可以按照地域划分不同的地名层。

在易北河 – 萨勒河线以东的德国中东部地区，约公元前 2000 年到公元前 500 年为印度日耳曼语地名层，只有河流名称流传下来。

然后是公元前 500 年到公元 1050 年的日耳曼 – 旧高地德语地名层，这个时期的典型地名为带 -leben、-ingen（约 3 到 6 世纪）、-büttel 和 -heim 的地名。

从公元 600 年开始，斯拉夫移民来到这个地区，第二波移民潮在公元 800 年，他们先沿着易北河，后沿着萨勒河朝南迁移。以此可看到关于斯拉夫语地名的一些专门论述。

从 12 世纪起是现代德语地名层。

15 至 16 世纪，在国土扩张的过程中产生了新的定居点。最新的地名诞生于 20 至 21 世纪。

德国中部也同样适用于这个分层模式。其他地区有不同的分层法。有源自意大利语的地名，如 Regensburg – Regina Castra，还有源自凯尔特语的地名 –（i）acum。

抛开与人名相关的地名不论，地名按照含义可以划分为两种类型，与环境有关的地名和所谓自定义的地名。

与环境有关的地名点明了当地的地貌。此类地名源自河流、山脉、浅滩和森林的名字。

例如 Auerbach、Buchholz 和 Eibenstock。

此类地名，不管源自德语还是斯拉夫语，我们都可根据它的相关属性归纳到自然环境和文化环境类型中。

与自然环境相关的地名包含有关土地、水域、矿藏、气候、地表、土壤类型等信息，例如，Möckern 源自斯拉夫语的 Mokrui——意为潮湿多雨。

与文化环境相关的地名包含了有关手工业、手艺、定居点和定居点组织形式的信息（例如 Anger-、Straßenanger-、Gassendorf 等）。

自定义的地名透露了居住地的特点，例如突出当地独特的建筑物或者空间上的相对位置。典型例子是 Mühlhausen、Blankenburg、Freital 和 Osterwieck。

地名——变迁、废弃和引申

大多数德国地名在一千年前才见诸书本，只有少数地名（通常在德国西南部，受罗马影响的地区）有更早的记载。

由于多数地名年代久远，今人无法读懂地名中隐含的词义，因此地名是帮助我们重构数百年前历史的语言利器。

随着时间的流逝，隐藏在地名中的词汇变得无法理解。随着语言的变迁，地名中的词义也变得晦涩难懂。人们开始把地名与原始含义区分开来，或者用他们熟悉的语言加以理解。

如果今天我们认为某个地名明白易懂，并不意味着它符合原本的词义。

前文提到，为地名命名是一种现代现象。但我们必须作出以下限定。

1000 年前已经存在主动命名地名的现象了，但通常是通过地名引申的方式实现。

地名引申

当移民进入到一个新的地区，并且在当地建立了定居点后，他们通常会取一个在老家耳熟能详的地名。德国人东进时期的一些例子就可以证明。

地名引申的标志是地名与实际地理环境不相符（比如说地名中含有 -furt，当地却见不到水），从发音上听出不符合当地语言习惯（例如在低地德语语言区出现的高地德语地名），或者某些地名频频出现，在别的地方找到与地名相符的特征。我们以此可以借助地名追溯人口迁移的过程。

地名废弃

由于争斗、土地失去肥力等原因，一些定居点逐渐被放弃，地名多半也悄然消逝，有些会被记载在地籍中，人们在翻检古老文献时能发现它们。

地名在很多方面保存了过去的语言。通过研究语音变迁的规律，并借助于古老的文献，我们能从中找出湮没许久的古老词汇。

借助于地名，我们可以在地图上准确定位，查找出哪些地方、哪些词汇发生了变化，有哪些语音变化，而哪些地方没有发生变化。

地名中的基本词

下面列举在德语地名中出现的典型德语基本词及其含义：

-ach：源自 aha，意思是水（拉丁语中的 aqua）

-bach：与 Bach（小溪）的意思相同，限定词中经常伴有形容水质的形容词

-beke oder -beck：与低地德语中的 Bach（小溪）的意思相同

-berg、-burg：总是指处于高处的某地，虽然总体与现代的词义相同，但是附近只有一座山时也会使用 burg 一词

-born、-brun：指井

-brücke、-brügge：指有桥的地方

-dorf、-druf、-dorp、-trop、-trup：说明当初此处是村庄

-eck、-egg：拐角、边沿、尖角、角落里的某个地方

-furt、-fort、-ford：指河流横穿过的地方（浅滩），伴生的限定词中经常出现形容词

heim、-hem、-em：像 dorf 一样指已经存在的定居点，也包括少量其他元素

-holz、-holt：指树林

-hausen、-husen：同样是地名中的基本词。由于格的关系，总是带着词尾 -en（即德语中 bei den...hausen 的用法）

-leben、-leve：地名中的基本词，含义为“遗产”

-kirchen、-kerken：分别在高地德语和低地德语中指教堂

-rode、-rade、-reuth：含义是“罗德广场”。在南德方言中也经常出现 -reut 和 -riet

-stadt、stet 等：源自 Stätte（地点），而非 Stadt（城市）

-werder：一个指河中小岛的古老词汇

上面没有列举 -ingen、-ungen 等单词，因为它们属于后缀。

斯拉夫语的地名

直到 13 世纪，易北河以东的居民还是斯拉夫为主。这个时期的地名自然留下了他们的烙印。德国东部的地名发音独特。很多地名以 -in、-ow、-au、-itz 结尾，而后缀前的单词也往往不像常见的德语词汇。

但是它们的含义与德语地名基本差不多，与环境、人名或者自定义相关。斯拉夫地名的构词法与德语也差不多，但是与德语相反，他们很少使用复合词，斯拉夫地名主要是带派生词（衍生词）的地名。

词尾

地名中典型的后缀是：

-ica/-nica/-ovica

-jane［指居民的名字，例如 Dresdjane -Dresden（德累斯顿），含义是“居住在森林中的人”］

-（i）n

-ov

-ava

-nik 或者

-sk.

父名的特征是 -ici/-ovic，它使用得最为频繁，取地名时参照人们与某人的从属关系，例如“某某人后人的地方”。

所有格形式（显示所有权）的地名则以 -j、-in 或 -ov 结尾。普通名词或者专有名词（人名、地名）也可当作衍生词词根使用。

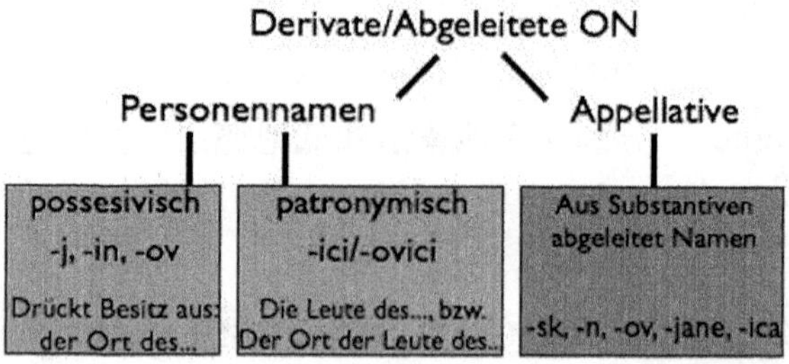

Derivate/Abgeleitete ON	衍生词/派生 ON
Personennamen	人名
Appellative	普通名词
possesivisch -j，-in，-ov Drückt Besitz aus：der Ort des···	所有格 -j、-in 或 -ov 强调了地方的所有权
patronymisch -ici/-ovic Die Leute des···，bzw. Der Ort der Leute des···	父名 -ici/-ovic 某某的后人 或者某某的后人的地方
Aus Substantiven abgeleitet Namen -sk，-n，-ov，-jane，-ica	从名词中派生出来的名字 -sk、-n、-ov、-jane、-ica

混合名字

斯拉夫语的地名很少以原始、纯粹的斯拉夫语形态出现，在德国的中东部，它主要以语言的变化形式出现。于是我们看到了德语化的地名（例如 Leipzig，源自 sorbisch Lipsko），此外还有德语和斯拉夫语的混合形式。

德语基本词和斯拉夫语的人名（例如 Bogumilsdorf）或者德语人名和斯拉夫语的地名后缀（例如 Arntitz），在斯拉夫地名德语化的过程中，它的后缀自然也改变了。

例如今天所见的 -ig（例如 Coswig 中）往往源自斯拉夫语的后缀 -k。

从 Stötteritz、Dönitz、Saßnitz、Wörlitz 等地名中，人们也能一眼看出它们的斯拉夫起源。-itz、-litz、-nitz 和 -ritz 等词尾往往源自后缀 -c，例如 -ici、

-ica、-ec。

下面列举一些广为人知的东德地名——它们全部来源于斯拉夫语：

Rostock："roz tok"，指河流分叉的地方

Berlin：有沼泽、潮湿泥泞的地方

Chemnitz：来源于"kamen -ica"，指铺满石头的小溪（kamen - Stein）

Dresden：起源于"dreschd-jane"，指"住在林中的人们"

不管来自斯拉夫语还是德语，每个地名都是语言历史中的一块碎片，都有着它的内涵，它们保存于文献和地区中。

法兰西共和国

基于地图上的地名标准化

地名是被赋予某个地理实体的专有名词，不管这个实体是天然形成还是人工造就。

自从 18 世纪编制卡西尼地图时起，就出现了地名的搜集和标记问题。在这幅分成 182 页的地图制作过程中，工作人员们编制了一些地名列表，即“隶属各个教区的市镇和地物的列表”，但页码中只有一半带有地名列表。

目前基础地形图的比例尺为 1：25,000，包含了一份非常重要的地名遗产，因为据估计，这些地图含有大约 200 万个地名。

1. 历史

自从 18 世纪编制卡西尼地图时起，就出现了地名的搜集和标记问题。在这幅分成 182 页的地图制作过程中，工作人员们编制了一些地名列表，即“隶属各个教区的市镇和物体的列表”，但页码中只有一半带有地名列表。

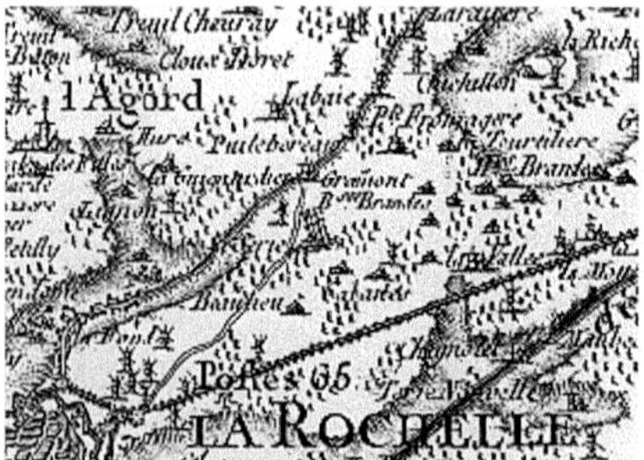

至于一个世纪之后的参谋部地图，地名被直接标注在测绘图的原稿上；没有地名列表不利于地图的绘制，对地名学的所有研究都构成了障碍。

这个问题再次出现在第一幅基础地图上。该地图从 20 世纪 20 年代开始编制，最初的比例尺为 1：20,000，1 厘米代表 200 米土地。编制工作使地形测量工作人员们记录了一批数量巨大、之前从未出现在地图上的新地名。另外，这些地名出自方言，大部分是口口相传，对于它们的拼写，工作人员们没有可靠的说明作为指导。

为了能够在最令人满意的情况下确定它们的拼写，法国国家地理研究所（IGN）于 1942 年成立了一个内部的地名委员会，继承于自 1934 年起就存在于军队地理部门内部的一个类似委员会。组成这个委员会的地理工程师和技术人员均依据本人在相关领域的职责、工作和特殊才能而选出。

从此，法国国家地理研究所的地名委员会致力于制订各种出版物并执行，特别是目前的 1∶25,000 基础地图上地名的收集、定义和传播方式。

法国国家地理研究所是法国处理国内和国际地名的主要地图绘制机构。因此，地名委员会在这个领域具有权威地位，并受到各相关当局的承认。

2. 1∶25,000 比例尺地图的地名

2.1　地名的搜集

确定一张 1∶25,000 比例尺地图页上地名的过程包括：以研讨方式进行筹备，地名委员会编制专门说明；地名委员会编制的说明描述相关区域状况，指出哪些有争议地名需工作人员特别注意；准备工作之后是直接涉及地名的现场工作，因为工作人员要在现场补充完成并检查出发之前汇集的各种信息；利用这个机会汇集应该出现在地图上的所有地名，即填写地名的证明文件（见附录 1 的 EJN），这是一份仅供内部使用的文档。

在这份文档中，地名按镇来分组；对于每一个地名，报表都包含一系列信息，其中主要的信息如下：

（1）地名。按照它在国家地理研究所已出版地图上呈现的样子（一般是

1∶25,000 比例尺的老地图页）。

（2）来自土地册的地名。需要注意的是，经过修订的土地册包含的地名比从前少：由于土地归并，通常只剩下一个地名来指代一组地块，而此地名并不总是严格对应地图上标注的地点。

（3）对居民们进行调查时在市政府搜集的地名。在口头调查进行过程中，在场的人应出生于该镇，如镇长、镇长助理、技术部门负责人、地保或小学教师。此调查是为了核实该地名对应地点的性质、出现在所查询各种文档中的地名，以及所涉及地点是否完美对应。同时，它还可以让工作人员寻找与场所的性质、地理细节的状况、地点的历史和地名的起源或意义有关的补充信息。

（4）其他行政机构所使用的地名。这些机构尤其包括国家森林办公室（ONF）、省装备局（DDE）、邮局……

2.2　地名的处理

田野调查结束后，工作人员在地名的证明文件中推荐那些应该出现在下一版地图中的地名；根据地图可读性和场所特性选择地名：因此，根据不同地区——平原或山区，人居的类型——密集或稀释，地点的知名度，密度为每平方千米 3 到 5 个名字不等。

地名委员会检查并确认这些地名的拼写，在不同来源有分歧的情况下，确定拼写。

值得注意的是，委员会对市镇名称不起干预作用。实际上，市镇名称受到一整套法律保护，其中最早的可追溯至 1884 年，它规定："在五年一度的普查之后，内政部发布的法国市镇人口表的记录被看作是唯一的官方拼写。"

其他地名没有任何法律规定，它们的拼写和发音来自当地惯用法，但是这种用法可能会随着时间或者询问人员而发生变化。这就是地名委员会原则上避免任何系统化的原因，即使在词语的词源清楚且不容置疑的情况下，尊重表现出来的各种拼写变形，例如，在法国东部，"ruisseau"（溪流）被相应地写成"ru"，但是更经常写作 rupt（发音跟"ru"一样）。

每个地区的特色因此被保留下来，不管地名是属于奥依语（langue d'oïl）的方言（卢瓦河北）、奥克语（Lenga d'òc）（卢瓦河南）还是其他来源，如阿尔萨斯方言、巴斯克语、布列塔尼语、科西嘉语等等。地名委员会尊重当地用法，不允许任何翻译行为，例如，不能将巴斯克语的 Etcheberry 替代为“maison neuve”（新房），或者将科西嘉语的 Monte di u Pinu 替代为“sommet du pin”（松树顶）。

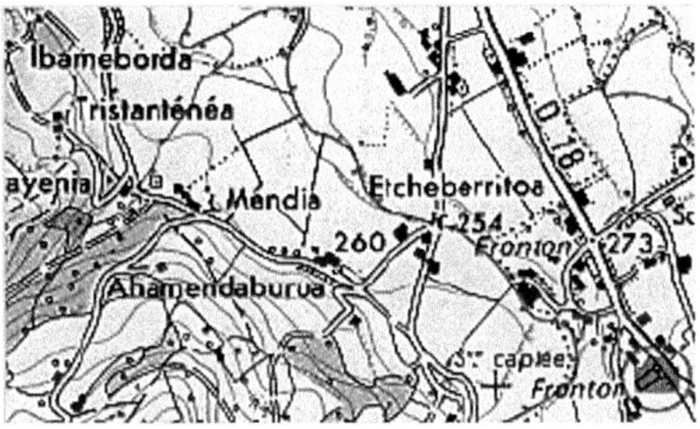

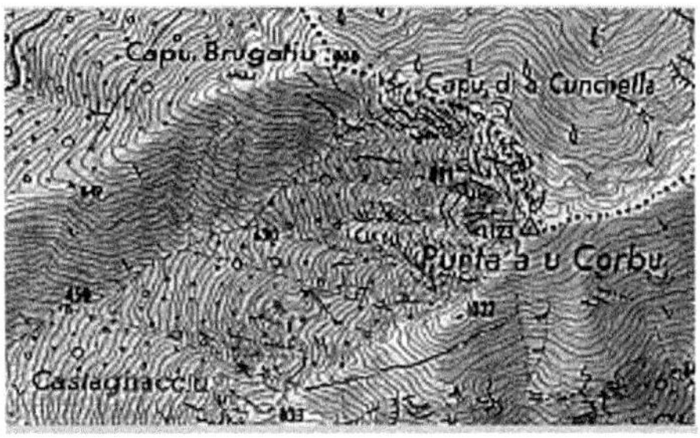

地名委员会与各个地区机构和本地专家们有着长期联系，共同努力关注方言地名的演变，并由此在维持地理信息方面地图的参考资料性质。

2.3　维护

基础地图的地名是现场调查员们根据每一版新地图调查而来。

如果你希望向我们指出在某张地图上发现的地名错误，请写信给地理文献处，在信中说明所涉及的地名、镇、省，如有可能，注明相关的 1：25,000 比例尺地图的编号。

下次从该地经过时，工作人员将会检查所建议的变化，在地名委员会调查和确认之后，更改将会在下一版的 1：25,000 比例尺地图上进行。

3. 国际地名

3.1　地名委员会的国际活动

在国际层面上，法国国家地理研究所的地名委员会在联合国地名标准化会议上代表法国政府。

这些会议旨在检查国内和国际交流中使用地名所造成的问题，提供解决方案将在地理文档上的标注进行标准化。

为了促进会议所作出的决定，推动工作落实，联合国秘书处成立了一个联合国地名专家组（GENUNG），其中专家是地理机构的成员、专注地名领域的科学家或者大学学者，负责准备在会议期间提交的技术文档，并负责这些文档在他们各自国家的应用。地名委员会的主席和一名专家也参与联合国地名专家组的工作。

在专家组内部，法国和加拿大的地名委员会之间建立了特殊的联系，它们共同编纂了联合国地名专家组所准备的技术文档的法语版。

3.2 世界地图

法国国家地理研究所也出版不同比例尺的世界 Titus 系列：例如 1：33,700,000 比例尺的政治世界平面球形图，分成三部分的 1：15,000,000 比例尺物理世界平面球形图。由于地图绘制在外国地名标准化中具有特殊作用，地名委员会按照选择的版本来确认这些地名的拼写以及地图的一致性：

（1）法语版，地图上是外国地名的法语形式，或者是外来名称（如存在）：佛罗伦萨是 Florence，伦敦是 Londres，中国是 Chine；其他地名保留当地形式，不是用拉丁字母书写的地名按照以法语语音为基础的简单体系进行转化。

（2）国际版，使用当地形式，或者外来名称，带所有必需的附属符号的科学音译系统。

附录 1：地名的证明文件

地名的证明文件是国家地理研究所的内部文件。地形测量工作人员在现场调查时，在这份报表中记录所有应该出现在地图上的地名，以及它们的不同用法和拼写（按照土地册、镇政府、公共机构、居民等）。

这个报表能够让地名委员会对最终出现在地图上的文字进行裁决。

1. 旧版本

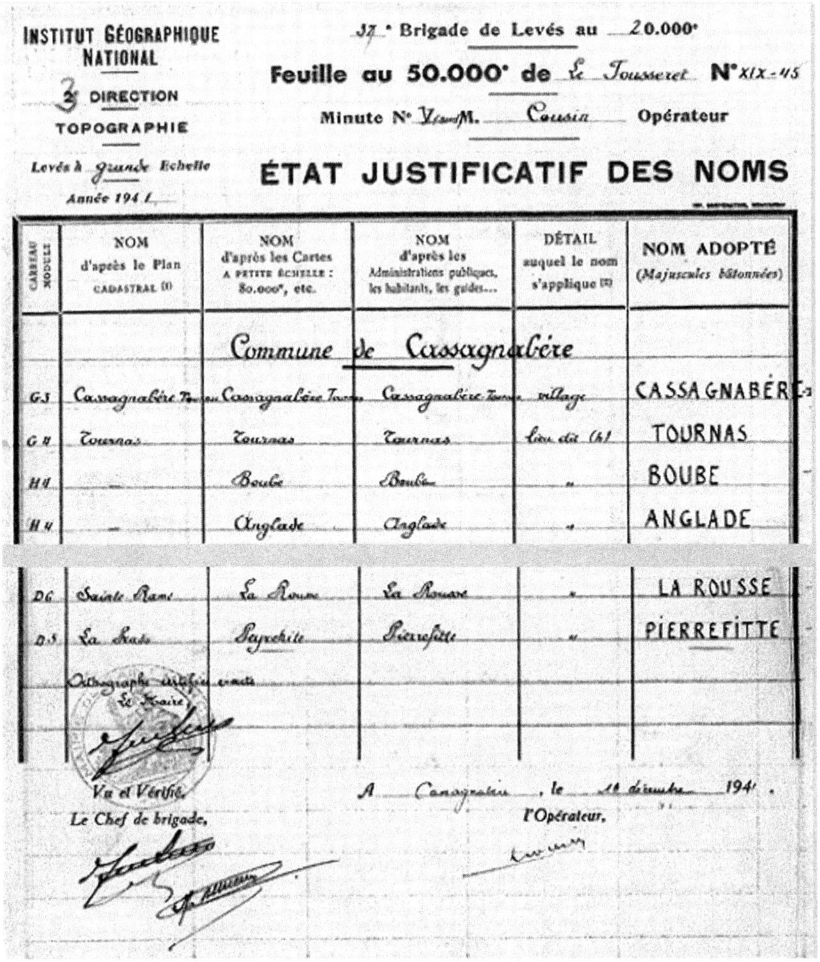

INSTITUT GÉOGRAPHIQUE NATIONAL
3e DIRECTION
TOPOGRAPHIE
Levés à grande Echelle
Année 1941

37e Brigade de Levés au 20.000e
Feuille au 50.000e de Le Fousseret N° XIX-45
Minute N° ... M. Cousin Opérateur

ÉTAT JUSTIFICATIF DES NOMS

CARREAU MODULE	NOM d'après le Plan CADASTRAL (1)	NOM d'après les Cartes A PETITE ÉCHELLE : 80.000e, etc.	NOM d'après les Administrations publiques, les habitants, les guides...	DÉTAIL auquel le nom s'applique (2)	NOM ADOPTÉ (Majuscules bâtonnées)
		Commune de Cassagnabère			
G3	Cassagnabère Tournas	Cassagnabère Tournas	Cassagnabère Tournas	village	CASSAGNABÈRE
G4	Tournas	Tournas	Tournas	lieu dit (4)	TOURNAS
H4	—	Boube	Boube	"	BOUBE
H4	—	Anglade	Anglade	"	ANGLADE
D6	Sainte Rame	La Rousse	La Rousse	"	LA ROUSSE
D5	La Rade	Peyrefite	Pierrefitte	"	PIERREFITTE
	Orthographe certifiée exacte Le Maire				

Vu et Vérifié,
Le Chef de brigade,

A Cassagnabère, le 11 décembre 1941.
l'Opérateur,

2. 当前版本

衬页

INSTITUT GÉOGRAPHIQUE NATIONAL

CARTE DE FRANCE

Feuille de EYMOUTIERS/ST-LÉONARD n° 2131 E/O

N° de la zone Lambert portée sur la minute 2

Echelle du levé 1:25000

ETAT JUSTIFICATIF DES NOMS

COMMUNES (par ordre alphabétique)	INSEE	PAGE
AUGNE	87006	1
AURIAT	87032	1
ROZIERS-St-GEORGES	87130	1
St-AMAND-le-PETIT	87132	1
St-JUNIEN-le-BREGERE	87305	1
St-LÉONARD-de-NOBLAT	87161	1
St-PAUL	87174	1

N°

TOPOGRAPHIE

M. BIGUET

Juin 2001

Opérateurs M. BIGUET

31 Mai 2001

ST 544

左页

Cartes en service	Cadastre	Habitants	Administrations publiques
Commune de SAINT-LEONARD-DE-NOBLAT			
SAINT-LEONARD-DE-NOBLAT	SAINT-LEONARD-DE-NOBLAT	SAINT-LEONARD-DE-NOBLAT	SAINT-LEONARD-DE-NOBLAT
Commune de ROZIERS-St-GEORGES			
ROZIERS-SAINT-GEORGES	ROZIERS-SAINT-GEORGES	ROZIERS-SAINT-GEORGES	ROZIERS-SAINT-GEORGES
Commune de SAINT-PAUL			
LAVAUD	LASCAUD	LASCAUD	LASCAUD
LASCAUX-LAVAUD	LAVAUD	LAVAUD	LAVAUD
Commune d'AUGNE			
AUGNE	AUGNE	AUGNE	AUGNE
Commune de SAINT-AMAND-le-PETIT			
St-AMAND-le-PETIT	St-AMAND-le-PETIT	St-AMAND-le-PETIT	St-AMAND-le-PETIT
Commune de SAINT-JUNIEN-le-BREGERE			
St-JUNIEN-le-BREGERE	St-JUNIEN-le-BREGERE	St-JUNIEN-le-BREGERE	St-JUNIEN-le-BREGERE
Commune d'AURIAT			
AURIAT	AURIAT	AURIAT	AURIAT

右页

Observation	X	Y	Nom proposé par l'opérateur	Nom retenu par la commission de toponymie	Nature du détail	PAGE: Code écriture	1/50000
chgt de population / code écriture	535	2034	SAINT-LÉONARD-de-NOBLAT		comm	110	
Chgt de population	539	2083	ROZIERS-SAINT-GEORGES		comm	112	
	532	2084	LASCAUD		ECAR	114	
	533	2084	LAVAUD		ECAR	114	
Chgt de population	550	2087	AUGNE		Comm	112	
Chgt de population	557	2086	St-AMAND-le-PETIT	Saint-Amand-le-Petit	Comm	112	
Chgt de population	555	2073	St-JUNIEN-la-BREGÈRE	Saint-Junien-la-Bregère	comm	112	
chgt de population	546	2097	ADRIAT		comm	112	

肯尼亚共和国

《国家地址系统》政策草案摘译

一、背景

肯尼亚政府2017年4月推出《国家地址系统》项目草案及实施框架，由肯尼亚通信管理局实施。该项目旨在建立覆盖全国的道路（地名）命名标准，监督各地路牌安置以及建立全国范围内的邮政地址编码系统。目前项目处于验证实施框架阶段，拟在立法确认后推广实施，并最终建立国家层面的数据库和监测评估体系。

草案指出，世界上不同国家地名管理规则不同，欧洲国家地名多用道路网络命名，东亚则依据行政级别分层命名。在非洲，南非等国家已经将地名和邮政编码要求写入立法，肯尼亚与大多数非洲国家一样缺乏统一的国家政策，命名不完整、不准确甚至缺乏名称，或官方和民间双重命名的情况长期存在。项目将在通信管理局指导下，由肯中央和地方郡政府共同施政，建立基于统一标准的街道命名和邮政编码系统。草案实施之后，新的命名需要遵循政策要求，旧有的地址需要在2019年6月前进行审查。

二、立法框架

肯2010年《宪法》规定中央和郡政府对此负有责任。国家土地委员会负责国家层面的土地规划监督和使用，郡政府负责下辖地区土地规划和使用管理。法定命名权被授予国家通信、信息和技术部下属的通信管理局。通信管理局根据肯《通讯和信息法案》以及《2010年信息和通讯法规》管理包括邮政功能在内的信息通信。通信管理局负责建立地址命名、邮政编码标准和实施计划，建立国家地址系统。通信管理局负责批准地址命名规划，并实施管控。通信管理局负责解决目前存在的双重命名、各部门统计数据中名称不一致，道路标志缺乏，郡际矛盾和缺乏负责推动草案实施的框架和组织等问题。

通信管理局将指导各郡成立实施小组负责现有名称整合管理和批准、更改街名、确立新街名。中央政府进行政策指导，通信管理局提供技术支持。

三、街道命名标准

1. 涵盖所有街道；
2. 名称不可重复；
3. 街道命名需符合现有街道类型要求；
4. 经过T字路口的同一条街名称不变；
5. 经过交叉路口的同一条街道如名称变化需要明确标注；
6. 命名不能超过22个字符；
7. 短路用短名；
8. 名称要易读，不能具有攻击性；
9. 一个郡内不可出现同音不同字的街名；
10. 不能使用特殊符号；
11. 名称要能促进社区团结，最好是来自历史文化传统，不可用在世人名字命名。

其中，街道类型包括：高速路及主干道、区域道路、小路、半月形路、循环路、死路、坡路、景观路等。

草案对街道标识规格、邮政地址编码等也有相关规定。

马来西亚

马来西亚地名管理有关情况

一、地名管理机构

马来西亚国家地名委员会（JKNG）成立于2002年9月11日，负责对内、对外协调、管理马来西亚地名相关事务。该委员会职责包括：

（一）制定国家地名命名指南；

（二）完善国家地名数据库和国家地名名录；

（三）推动官方名称使用；

（四）协调国内与国际地名命名事项，包括担任联合国地名专家组（UNGEGN）马方联系机构。

马来西亚国家地名委员会归口马来西亚测绘和地图局负责，中央政府和各州政府代表担任委员会成员，国家地名技术委员会（JTNGK）和地名指南工作小组、地名数据库与国家地名名录工作小组等协助国家地名委员会开展工作。在州层级上，州地名委员会（JNNG）负责协调和执行相关命名程序。各州成立州地名技术委员会（JTNGN）协助州地名委员会工作。

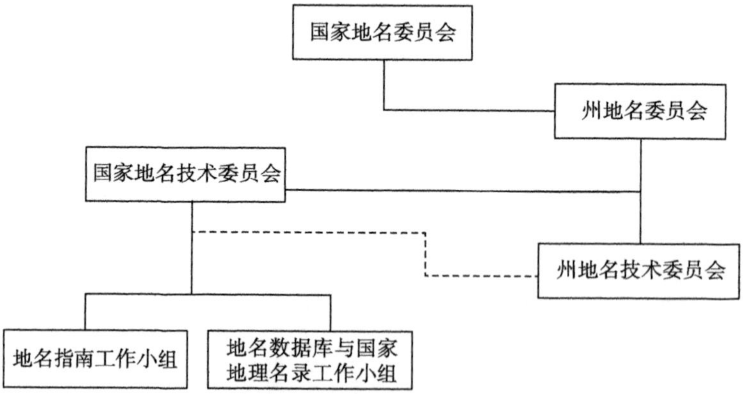

国家地名管理机构组织架构

二、地名命名准则

马来西亚国家地名委员会分别于2005年和2017年，发布马来文版的地名指南 Garis Panduan Penentuan Nama Geografi 和供地图编辑等人员使用的国际版地名指南文件 Toponymic Guidelines for Map and other Editors，For Internatianl Use，进一步规范了马来西亚地名命名程序、准则，并做好对外宣介。逐步完善“我的地名线上系统”（MyGeoName Application）这一地名数据库，储存本国地名、地理位置、历史文件资料，以供政府及公众查询。

按照马来西亚宪法规定，马来语作为国语。马来西亚地名拼写基于马来文，但具体拼写主要由州政府决定。拼写规则包括：

（一）地名首字母须大写。

（二）地名应尽可能完整，当地名以短语形式出现时，每个单词的首字母须大写。

（三）如地名由重复的单词组成则使用连字符。

马来西亚地名经常采用植物名如树名、花名，自然景观如河流山川名称，人造景观如道路、水坝名称等命名。除采用罗马字母的马来文拼写外，马来文地名也可以爪夷文拼写，爪夷文主要出现在吉兰丹、登嘉楼及吉打等州属。

马来西亚标准地名命名原则主要包含以下21项：

（一）官方名称或可被接纳的名称

（二）政府管辖权下的名称

（三）其他机构提供的名称

（四）官方语言

（五）语言形式和翻译

（六）拼写和发音

（七）名称形式和特征

（八）名称拼写的一致性

（九）被大众广泛使用的名字

（十）人名的使用

（十一）根据已确认的地理要素命名地域

（十二）未命名地域的命名考虑

（十三）名称重复问题

（十四）名称更改
（十五）使用合格要素
（十六）微小区域的名称
（十七）通用名称
（十八）转化字或非官方名称
（十九）采用缩写和数字形式的名称
（二十）离岸水文实体
（二十一）外国国名

以上原则并不意味着之前存在的地名应重新修改。一般而言，地名命名须符合三方面的原则，即国际条约和协议所阐述的原则、国家地名委员会所制定及接受的政策原则、政府制定及接受的政策原则。

三、地名命名程序

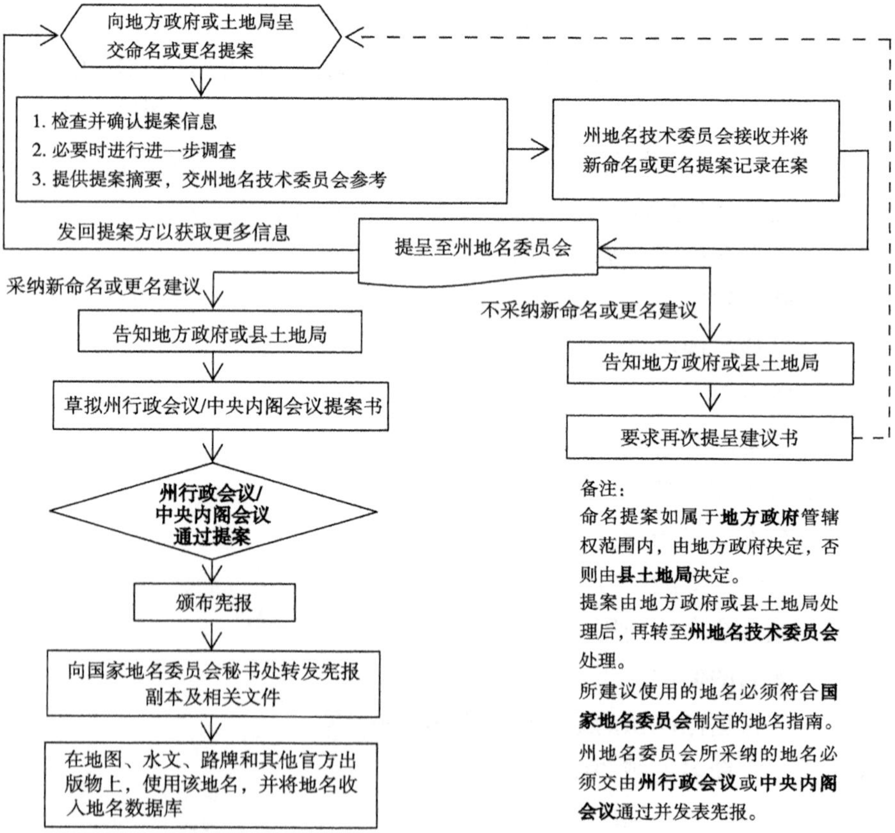

地名的语法和语义

1. 引言

在地名研究领域，根据使用或分析地名的语境，地名的语法和语义通常存在直接或间接的关联。虽然理论语义学主要研究逻辑和语言之间的关系以及真值条件理论，但这不会作为语义概念进行探讨，而是将作为“地名的意义是什么”这一问题背后的理论框架。为了获得相关的答案，问题很重要。想一想地名领域权威机构的专家在制定指南时会问自己哪些问题，就能明白地了解地名意义或其语法模式的必要性。专家们感兴趣的是被命名的地物以及对它的描述，从语义的角度上说，就是逻辑和语言的关系；是否为具有字面意义或比喻意义的方言名称；名称与环境的社会经济、文化或物理特征的关系等。语义学中融汇了地理学、语言学和制图学，因此，才有了为特定实体找到正确语言形式的问题。然而，在探讨语法、意义及其之间的关联性时，已经不仅仅是对错的问题，而是怎样才能说得通以及是否相关的问题。本研究将从这一方面对地名的语法和语义进行综合讨论。

2. 语义域

著名哲学家波普尔（Popper）认为存在三种世界，即物理世界、精神世界和思想世界，其中思想世界包括人类思维产物，语言就是其中之一。因此，给对象命名是人类基因组成的一部分。不过神奇的是，大部分人尽管没有一套现成的语法或语义规则，但还是能够正确使用语言为地方、人和物体命名。人类为河流、山脉、峡谷、城镇和其他地物命名的方式体现了人类的思维和生活方式，以及人类在与地物、事件、抽象概念和这些域间关系等通用语义域的日常接触中产生的心理倾向和潜意识。尤金·奈达（Eugene Nida）提出的这四个域（《语言与文化——翻译中的语境》1975 年：第 174 页）似乎与语法类别对应（尽管不是在所有语言中），但四个域都只能以名词表示。经常以动词表示的事件也能用名词表示，比如“战争（battle）”这个词。不过，语法意义是附加的，不会改变词根的类别。

如何使用语义域对地名进行分类呢？为了解决这一问题，我们来看看一些相关的地物：

实体是有生命或无生命的。无生命的实体可以是天然或人造的，例如山、海、湖、农场、太阳等自然地理地物，铁、石、泥、火等自然物质，以及森林、灌木、荆棘、花丛等植物相关的产物。人造实体可以是马车、皇冠、雕像、纸张、乐器等人造物，面包、葡萄酒、蜂蜜、香水、毒药等加工物质，也可以是门、围栏、营地、轮船等构造物。每个实体又可以归入更小的类别，例如，地理实体可以分为三个子类别，包括天空 – 空气性质的项目（太阳、天空等），超自然性质的项目（天堂、地狱等），或与地球有关的项目，如类属项目（地区、国家）、土地地物（山脉、沙漠）、海洋地物（湖泊、岛屿、海湾）、耕种区域（农场、农田）和政治上定义的区域（领土、省、帝国）。

同样，事件也可以分为十二类，分别是 1. 物理事件（下雨、满溢、燃烧等）2. 生理事件（吃饭、繁殖、睡觉、溺死等）3. 感官事件（听、感觉、触摸、闻）4. 情绪事件（欲望、厌恶、恐惧等）5. 智力事件（推理、记忆、决定、学习等）6. 交际事件（发信号、说、写、祈祷等）7. 社会事件（会面、结婚、授予荣誉等）8. 控制事件（战胜、统治、抵抗等）9. 移动事件（移动、进入、跑等）10. 影响事件（打破、切断、摧毁等）11. 转移事件（分发、接收、交换等）12. 涉及一个以上事件的复杂行为或过程（播种、修剪、烹饪、编织、牺牲等）。通过这种方式，意义不是作为词汇单位处理，而是根据主题进行分类。通过对描述任何域下任何类别的任何项目进行组合，可以构成地名的各种变体。

像欢乐谷（Happy Valley）这样的名称是表达抽象状态和地貌特征之间关系的复合词，指代一个地方。同样，西萨默塞特（Somerset West）是一个表达用于某个地方的人名和空间关系之间关系的复合词。按照这种方式，可以对特定域的特定组成部分的地名进行研究，例如提到太阳的名称 Sunnyside、Sun City、Sunland；包含东西、上下、中间、中心等空间参考的名称 Somerset West、East London、Northcliff、Southbroom、Midlands、Middledrift、

Waterval-Bo、Upper Tongaat、Lower Houghton、Onderstepoort 等。特定域出现的频率越高，关于国家或群体的文化、历史、环境状况的推论可能性就会越清晰。

3. 语法模式和语义单位

许多名称是由词干或词根变化构成的，例如所有格形式的 Simon's Town，或者 Sunnyside 中的形容词部分 Sunny。地名的语法模式有很多变化。大部分地名是由词干和承担语义单位作用的通名部分组成的复合词，可能写成一个词或两个词，属于特定语言的书写模式。在南非荷兰语中有 Kaapstad（对应英语中的 Cape Town）和 Oranjerivier（对应英语中的 Orange River）等。通名部分也可以在专名部分之前，比如 Lake St. Lucia 和 Mount Everest。由非洲语言形成的名称常常代表完整的叙述，如"这个问题已经解决"（Pelindaba）和"在这里比在南部好"（Phalaborwa）。

作为复合法的一种体现，地名也是一种简洁的构词方式，同语言中的其他名词－名词性复合词相比，具有相同的基本语义模式，例如可以对词与词之间的关系作这样的解释：

由 y 构成的 x　由铁构成的山（Thabazimbi）

x 像 y　像灰色的河（Vaal River）

x 属于 y　Simon 的小镇（Simon's Town）

位于 y 的 x　位于东部的 Barkley（Barkley East）

用于 y 的 x　用于发信号的山（Signal Hill）

y 的发生地 x　他们休息时待的小镇（Rustenburg）

这些介词短语表达了不同的概念，比如在 Thabazimbi 中表示构成，在 Vaal River 中表示相似之处，在 Simon's Town 中表示附属关系，在 Barkley East 中表示位置，在 Signal Hill 中表示用途，在 Rustenburg 中表示行为。这些概念与前面提到的语义域对应。许多复合词可能属于一个以上的类别，但这不是重点。重点是要知道每个地名至少有一个语义模式（不论是否明显），这一点和它的内部结构一样。事实可以证明，为每个名称基本组成中的介词找到确切的解释将是一个有趣的研究课题，也许可以由此揭示名称的真正词源。

语义域只是名称意义的一个方面，比如在第一个例子中，南非（South

Africa）这个名称对某些人而言不会联想到和平，而纳布姆斯普雷特（Naboomspruit）也并非所有人理想的度假胜地，尤其是当人们更喜欢德班这样的地方时。

4. 词汇意义和地名

人们在看到或听到某个地方、某条河流、某座山等的名字时，一般会有怎样的预期（如果有）？每个人都有一个参照系为语言中的特定词赋予意义，但除了知道地名能够定位指示对象的作用外，关于地名我们还要了解什么？Thabazimbi 对于不知道该地坐落于一座开采铁矿石的矿山山脚的人来说，以及对于不知道该名称源于一个非洲语描述词（意思是“由铁构成的山”）的人来说，是否有任何意义呢？地理或其他环境因素向我们解释了选择名称背后的推动力，但它们是否定义了这一概念？普尔格雷姆（Pulgram）称“……它们深化了我们对被命名对象的了解，然而一旦名称确定，它们就无法重新定义该对象”（Pulgram，1959 年：第 70 页），然而恰恰相反，有四种方式可以定义一个地方，即依据经纬度的量化定义，依据地图上已命名与编号的网格序数定义，通过地名的描述，以及通过参考无限的，可能与其识别有关的潜在内涵语料，例如“1992 年奥运会的举办地”（巴塞罗那）。一个地方独有的特征或属性最终体现在名称上，可能是环境特征，也可能是更细微的方面，比如某人在该地的经历。

实际上，指示植物、动物、考古、地理、地质、历史、文化特征的名称能够告诉我们的不仅仅是关于人类和人类所处环境的信息，最重要的是，当我们发现人类如何看待这个世界以及如何对其作出反应时，我们便开始走近行为科学。不过，当名称的互参性词汇不能解释其词源时，通常可以根据关联原则来解释。

例如，词源明显的地名包括 Sandflats、Lakeside、Adam'sMission、Crocodile River、Platkop、Bushveld 等。特定于文化的名称和语法特征，比如在非洲语言中缺少复合词，可以在 Monate 这样的名称中体现出来：Monate 看似一个简单词，实际上是一个描述词，意思是“它很好”。山顶没有植被的山（Blouberg）在土著人中被称为 Monnaasenamorini，意思是“没有胡子的男人”。KentononSea、TrentonMain、VinadelMar 等结构形成的原因很透明。但是，当原因因素被归于希望、情感或期望而不是环境品质时，应当允许在名称中使用幽默和讽刺。如果一座小镇位于某个地方中心并叫作 Washington，或者在地图上出现 PalmSprings 这样的名称，表示其地处沙漠或干旱地区的中心，那么其命名接近于文学风格。

无论如何，要想使用地名或者对地名另作他解（不是指地方、河流或山脉），知道该地相关的常规意义和关联意义非常重要。根据地方的经验和形成的观点，情感内涵可能有所不同——构成名称描述性背景的一部分内涵。

5. 名称中的描述性背景

名称所具有的描述背景是斯特劳森（Strawson）在指称理论中提出的一个概念。唐奈兰（Donnellan）曾经说过，没有描述背景的名称是一文不值的，描述可以按需产生，用于解释其应用（Donnellan，1960 年：第 335 页）。这里的描述性背景相当于名称附带的所有传统观念和内涵的集合内容。按道理，这种描述性背景也有主观内容，因为它所依据的是对使用该名称的地方、人或物体的个体经验和了解。关于地方的一套假设对应威尔逊（Wilson）所说的“概念的百科条目”（Sperber 和 Wilson，1986 年：第 87 页）。这些假设是开放性的，可以通过添加不同来源的各种条目补充新的信息。斯珀伯（Sperber）和威尔逊认为，与具体“概念地址”有关的信息要进行逻辑、科学或词汇的区分。像 Barcelona（巴塞罗那）这样的名称不会有逻辑条目，但其科学事项的不断积累使它除了指称一个地方外，还可以作为一个概念用于自然语言中。在这个层面上，地名和其他名称一样并列在词汇中占有一席之地。一些语言学家和哲学家反对名称是独一无二的这种说法。事实上，克里普克（Kripke）和普特南（Putnam）说过，“专有名称绝不是独一无二的。它们的指称通过最初的‘命名仪式’固定下来，并通过因果链得以维持，其中因果链将它们的每一种具体用途和最初行为建立关联。”（出自 Sperber 和 Wilson，1986 年：第 91 页）这就是所谓的指称因果理论，根据该理论，恰当的科学条目可以形成概念。条目、内涵及其他信息是通过推理得出的，但在使用名称时，成为基于描述性背景的指称意义。

在原型理论中，逻辑属性也不能决定词义，但词语所指事物的心理模型被用于指称原型应用的事物。我们来比较一下一种颜色的名称（比如蓝色）和一个地名，如 Barcelona。像颜色名这样的专有名称不能以逻辑属性定义，而要通过描述的方式：

蓝色是一种颜色的名称，可以看成是天空、花朵、水的颜色，或者介于青色和绿色之间的颜色，等等。

Barcelona 是一座城市的名字，拥有人口多少，然后是关于其精确地理位置或突出特点的描述，比如这座城市以其独特的建筑而著称，是 1992 年奥运会的举办地，等等。提到 Barcelona 的每条广告或每首歌也会增加它的关联意义。

真正的问题在于任何存在或关联信息均可用于使自然语言中对名称的使用具有意义。尤其是地名的描述性背景构成了演绎推理的基础，使其表达具有意义。这一描述性背景及其常规用法在下面这样的叙述中得到了清楚的体现：WallStreet（华尔街）又一次使美梦破灭或他们在等 Pretoria（比勒陀利亚）的答复。因为名称被认为是没有词汇意义的，所以必须有一些语义内容，才能以这种方式使用名称。许多隐喻中使用了地名，而其隐喻意义正是以地名为基础，例如：

“今天，你要见到你的 Waterloo。”（滑铁卢，译者注：意思是今天你会惨败）

“我们应该跨过 Rubicon（卢比肯河，译者注：意思是孤注一掷），继续做下去。”

Waterloo、Rubicon 等名称具有历史背景，且已成为常规意义。尽管两个名称不约而同地都有其他更多独特的内涵，但只有它们的常规意义在这些名称的习语和隐喻表达中是相关的。

6. 通过描述性背景识别

使用名称总是预先假定一个具有特定描述性背景的指示对象，作为一种识别方法，比如，当名称用于存在性命题时，它是指具有一些概念性内容的事物。塞尔（Searle）(《言语行为》1969 年，第 135 页）称“存在性命题不是指一个物体和它存在的状态，而是表达一种概念，指出这种概念是有例可证的”。他由此得出结论，专有名称用于存在性命题时，必须有一些概念性或描述性内容。塞尔的名言，即名称的作用不是描述，而是承载描述的载体，归纳起来和斯特劳森所说的名称描述性背景是一个意思。

当名称被用于识别指示对象时，比如某个小镇或城市位于哪里、有何特别之处、为什么值得一游、与其他地方有何区别、发生过什么使它重要等与识别该地有关的所有信息都可以作为描述性背景，不但能够用于指称，也可以作为一种识别方法。正因为如此，识别性描述和专有名称才能以符合语义的方式用于下面这样的叙述中：

“Salisbury 就是 Harare，但 Harare 不再是 Salisbury。”（译者注：Harare 原名 Salisbury）

“你在找 Hong Kong？去 Cape Town 吧。”

当我们将名称的描述性背景用作名称的语义内容时，我们面对的是预设的理论性问题。

7. 预设

在专名语境中，预设从两个层面发挥作用：

第一个层面是仅仅将名称用于 x 为 y 提供预设的关系中，其中 x 是名称，y 是命题、常规事实或断言，比如 x = 名称“天堂”，y = 传统观念“天堂是可以实现一切愿望的地方”。那么，像下面这样的叙述便是不言自明的：

“这个地方真是天堂。”

理论上，预设不能是中立的，即便是出现在下面这样的否定句中：

“这个地方根本不是天堂。”

因为它否定的不是 x 与 y 的关系，而是“这个地方”和天堂所代表的含义之间的关系。当名称所代表的含义即名称的关联意义无法被群体接受时，通常会用新名称替代原名称。

预设在言语行为情境中也有一定的作用，那就是说话人所假设的与听话人正分享的信息。如果 x 为 y 提供预设的关系对说话人和听者具有相同的意义，名称便可在对话中成功使用。“Durban 是我的家乡”这一表述在某人想要将家乡和 Durban 联系起来的问题上具有几点潜在含义。它不仅仅是关于居住地的陈述，因为可以牵涉到个人情感和价值观，必须得到听者的共鸣，才能达到言后效果。指称和述谓的核心是，独特的差异化和述谓原则与关联原则协调共存。地名是代表抽象心理结构的语言符号。由于地名所代表命题的推理性，它们在自然语言中的使用不但可以丰富词汇，而且能够激发对话。

如何识别在选择或使用地名时预定的命题呢？首先要看名称可能具有的词汇意义，推论可能性总是与关联原则挂钩，有关的问题包括词形、其所代表的特定语言或文化，以及它在交际情境中的指称性使用。如果特定于文化的名称（比如传统的穆斯林名、南非荷兰语名或非洲语名）集中于特定的区域，则表明其过去或现在的居民曾是特定文化群体的成员，或者负责命名该地、该地的街道或郊区的机构与这种文化建立了牢固的纽带或是充满深厚的感情，比如，在比勒陀利亚南部郊区瓦尔哈拉有一些斯堪的纳维亚语名称（Liebenberg，出自 NOMINAAFRICANA，1988 年，第 109 页）。

8. 地名的语义模糊性

肯普森（Kempson）认为（《语义理论》1977 年，第 124 页），语言基本上有四种模糊性，并且它们之间表现出一定的关联。当应用于地名时，我们发现这四种全部适用，因此，地名是阐释模糊性，是语义概念的最佳示例。

第一种即指称模糊性，适用于词项的意义非常清楚，但适用性不确定的情况，比如指大小、人口、高度等具体环境特征的地形术语就是不确定的，如镇和市、大山和小山。第二种模糊性，即某个词项意义的不确定性，适用于动机因素不确定的情况，比如在 Graham’s Town 或 Orange River 中专名和通名之间的关系，将一个地方命名为 Hopetown 或 Johannesburg 的动机因素。第三种模糊性是指某个词项具有多重意义而不够明确的情况。如果有人说“我想去一个叫作 Hillcrest 的地方”，知道名称并不能确定是哪里，因为它有不止一个指示对象。在南非邮局编码本中，有 7 个 Hillcrest 的条目。这句话可能是指说话人想去任何一个叫作 Hillcrest 的地方，也可能是指他想去位于纳塔尔（Natal）的一座小镇惠灵顿（Wellington）、金伯利（Kimberley）、派恩顿（Pinetown）或比勒陀利亚的郊区，等等。第一种可能性就是肯普森所说的由于不同可能性之间的分离造成的多重意义，也就是第四种模糊性。如果解释包含可以同时应用的多种含义，这个词语就是模糊的。如果我们记住一点，那就是随着不确定性的消除，语义信息会增加，那么认为名称模糊的原因就很明显了，因为命题的意义本质上就是不确定的。

研究地名的语义内容可以揭示许多动机因素，进而可以清除地名在指称可能性上的不确定因素。地名的文本开放性（opentexturedness）为关联意义的无限可能提供了空间，因此基于一整套标准去定义一个指示对象几乎是不可能的。一些众所周知的地名，比如 Hillcrest、Hillside、Morningside、Fairview、Newtown、Panorama、ProteaPark、MountainView（每个都在官方邮局编码本中有 6 个或 6 个以上条目），其频繁出现背后的原因绝不会改变每个名称在具体语境下的唯一指称。只有在使用这些名称时以错误的假设导致错误的解释，信息交流才会失败，这也是为什么类似 Hillcrest 的条目每个都有一个不同的邮政编码的原因。名称是可数的，这一事实体现了它在语法中的作用。作为语言的一部分，人们用它来表达特定概念。就像把动词名词化或把形容词动词化一样，人们也会将专有名词拿来用作普通名词。具有“语义单数”特征的任何名词都可以作为可数名词使用，比如 Two coffees，please 或 There are seven Hillcrests in the book = Two cups of coffee，please（两杯咖啡，谢谢）/There are sevenen tries of Hillcrest in the book（书中有七条 Hillcrest）。

在精确语义学中，平卡尔（Pinkal）（Approaching Vagueness，1983 年，第 47 页）认为知道一种表达的意义就是知道了可以使该表达更加精确的方法。这意味着，意义的多重性不一定会导致模糊，因为在应用关联原则时，相关命题就会被考虑其中。对应普通名词的名称被用于描述性目的，但 7 个叫作 Hillcrest 的地方各有不同的特征，因此每个实体都是独一无二的。魏斯曼（Waismann）关于普通名词的理论称其为具有系统性歧义的词，与此同时，所有用法之间又存在一种语族相似性，正因为如此，我们才能用一个词来表示它们。在名称的语义学研究方法中，重要的是在使用名称时，说话人和听者的头脑中都会发生认知的分类过程，其依据的不是外延，而是关联。在任何使用语言的情况中，当条件、预设、值和描述性背景只适用于一个指示对象时，指称才能成功。对一个地方有共同的了解理所当然会让使用其名称更加容易，因为它满足莱昂斯（Lyons）所说的对象的心理显著性。

“几乎从定义上便可看出，知道的事物当然比不知道的事物更加显著，在其他条件相同的情况下，某个东西被提到并被纳入讨论范围的时间越近，或者对于对话参与者来说越熟悉，其心理显著性就越强”（Lyons，《语义学引论》1977 年，第 510 页）。这一点也适用于某个以官方或非官方的其他名称而为人们知晓的地方的特定名称。

显著性还能让使用具有显著关系的不同名称变得非常有意义，比如，名称 Sodom 可以引发 Gommorra（译者注：索多玛和俄摩拉，源于《圣经》，均是罪恶之城）。在航海世界中，海角（Cape）和河（Rio）形成一对，此外长崎（Nagasaki）和广岛（Hiroshima）具有关联意义。在单独使用时，一个名称将作为另一个名称的传递性反应。

我们能够将两个名称的描述性背景及其相关性称作其意义的一部分吗？

正因为它们可以被同义描述替换（虽然作用不大），这些名称才有意义。

地名的常规意义，比如南非–太阳之国（South Africa - land of Sunshine），就是埃克梅耶（Eikmeyer）和里瑟尔（Rieser）所说的“重构说话人对对象属性的假设”。同样两个名称因为常规事件而产生关联。

9. 指称透明性

关于地理、地质或其他物理特征的地名模糊性让关于居民人数、大小等问题的推理过程变得复杂。假通名也是存在的，比如，Bloemfontein 和 Hammanskraal 不是指泉水或牲畜栏，而是指居民区。这说明名称中的词汇意义是任意性的，尽管它体现了名称的词源中可能的动机因素。地形术语也是特定于语言的，反映了在特定国家中与其他语言的联系。在南非，像 -veld、-koppie、-kloof、-krans、-poort、-vlei、-kraal、-spruit 等词是典型的南非荷兰语通用组成部分。在美国的名称中，我们可以找到 -ranch、-pup、-prairie、-canyon 等土著词。在大部分讲英语的群体中，可以找到像 -brook、-creek、-pond、-marsh、-lake、-river、-mount 这样的词。具有独特意义的地名，比如登山者、徒步旅行者和露营者起的地名，最终都在纳入地名词汇表后失去了其独特性，新的普通名词成为语言的一部分也是采用这种方式。航线、铁路线和公路线的名称作为一种指称方式被频繁使用，由此变得广义化。

在 Upper Delta、Nooitgedacht、Kwambonambi、East London、Derdepoort、等结构中，来自一个国家不同语言的有意义的名词、动词、形容词、副词和数词是其组成部分。Upper、nooit、kwa、east 等指示元素只是模糊地指出了指示对象的位置。如果你不知道 Delta 在哪里，upper 这个明显的普通名词对于指示这个地方的位置没有任何作用。

在 Cape Town 和开普省的 Greytown、Washington 和 Wellington 的对比中，以及 Johannesburg 和 Ventersburg、苏格兰（Edinburgh）和奥兰治自由邦（Edinburg）的对比中，关于人口或大小、基础设施或其他物理特征的指称模糊性让我们得出唯一的相关结论，那就是词汇意义是任意性的，仅仅指示能够被证实的命题内容。

郊区诺斯克利夫（Northcliff）恰巧是面向北方的一个大悬崖，这并不能说明它是约翰内斯堡的郊区，可以通过特定的路线达到。如果只是找一个面向北方的悬崖，最后你可能找到的是鲁德普特（Roodepoort）。使名称与其他词项不同的是，任何地方都可以叫作 Northcliff，只要该名称对某人具有特殊的意义。当然也要遵守特定的指导原则，但这并不妨碍一个人将他的海滨小屋命名为 Northcliff。这就解释了为什么一个名称可以有多个指示对象。艾伦·加德纳（Alan Gardiner）根据名称所具有的描述性背景的这种程度变化，将名称分为纯名称和不纯名称。

“最纯的专有名称听起来是完全随意的，但又是极其独特的，如果不知道它们的载体的话，我们从中感觉不到任何含义或意义的痕迹。”（出自 Combrink，1964 年，第 254 页）

这意味着，名称背后的动机越透明，名称就越“不纯”。然而，要根据纯度对名称进行分级是违背名称本质的。虽然为名称和对象之间的关系寻找有意义的解释是自然的，但不能忽视为人、地方和其他对象命名的依据是任意性的。在命名过程中，假设存在一定的永久感，不去考虑被命名对象是否发生变化，或者已知有其他指示对象使用同样的名称。

加德纳将同形异义名称、姓氏等归类为不纯名称。普尔格雷姆根据识别名称的语外因素的数量，将这些名称视为类名称。对他而言，真正的专有名称是“对样本、对个体的完整描述，不论说话人或执笔人、听者或听众提供或能够提供多少特征或独特性，不论需要或想要什么细节，都能从积累的关于对象的知识库中添加。”（Pulgram，1959 年，第 170 页）

当然，这与“随意起的名称是无意义的”观点是相悖的。任何能够从语外特征的角度定义的名称都是有意义的。了解以透明性来描述的名称的性质，不论是动机、词汇还是命题透明性，都能对地名可能产生的社会影响形成更深刻的理解。这类知识对于设计普遍的或官方的名称政策非常重要。

10. 作为语义单位的地名

语义单位包括名称的所有语言学特征，比如语音、图形、形态和语法特征。

在地名中使用定冠词（大写或小写），比如 the Cape、the Namib 或 The West Indies、The Ivory Coast 等，或者不用定冠词，比如 Natal、South Africa、Switzerland 等，体现了语言的一般使用方式。名称不仅可以作为形成独特指称的描述，而且还是短语的省略结构。依照语法，所有零冠词名称均可用于名称前冠词，名称后跟普通名词或从句，比如 the Natalregion 或 the Switzer land weknow。大部分带定冠词的地名似乎都意味着存在一个被缩写的描述性短语（语言使用中的必然趋势），比如 The Seychelle（islands）、the Namib（desert）、the Cape（peninsula/province）。The Ivory Coast 和 The Grand Canyon 等名称和 the Natalregion 的结构类似，其中 Natal 具有形容词的作用。The Seychelles、the Cango Caves、The Valley of a Thousand Hills 等集体名词和所有其他带定冠词的名称一样，在语义上都是单数，并整体作为一个单位。

通常带定冠词的名称如果不加定冠词使用，比如“West Indies 有最好的队伍”或“Grand Canyon，我来了”，体现了语言变异与风格中的一种常见现象，用于表达非常熟悉或喜爱的感情。最后一个例子中对呼格的使用可以比照同样的方式下对“儿子”或“孩子”的使用。

带前缀或后缀的名称发音时作为一个词，书写形式经常也是如此，比如 Ladysmith（除了 Lady Grey）、King William's Town（除了 Queenstown）等，其中 lady 或 king 的意义是不相关的。同样，动物和植物的名称尽管和复合词类似，却是指一个物种的语义单位，比如羚羊（bushbuck）、香槐（yellowwood）、麋羊（hartbees）等。作为名称的一部分，比如 Bushbuckridge，如果倾向于分离式拼写，也不能将其分隔开，唯一可行的语言形式就是 Bushbuck Ridge。不论是写成一个词还是两个词，该名称都是一个语义单位。

无通名在英语名称中很常见，比如 Rio Grande、Sierra Nevada、El Dorado 等，通名河、山等均为预设。像 El Dorado、La Rochelle、Las Palmas 这样的名称被看作语义单位，在某些南非名称中经常写作一个词，比如 Eldoraigne、EldoradoPark。关于不同名称拼音化的指导原则最终取决于名称的本质和结构的组成部分。咨询机构必须确定是将 Mount Everest、LakeSt.Lucia、Cape Agulhas 等名称归入 Mount、Lake、Cape，还是归入专有名称 Everest、St.Lucia 和 Agulhas。必须对照 Den Haag、The Heads 和 Die Koppe 中的冠词，决定 El Dorado、La Rochelle 和 Las Vegas 中冠词的语义地位。

从语义和语法上说，冠词和任何前置通名不论在哪种特定语言中，均被视为名称的一部分，因此，不能以下述方式使用通名：

Lakes St.Lucia 和 Michigan Mounts Everest 和 Kilimanjaro

作为一个有争议的问题，名称及其组成部分的语义统一性常常是使用频率和显著性的问题。Lake St.Lucia 作为一个单位，比 St.LuciaLake 更常见，不过最常见的还是 St.Lucia（不带 lake）。在决定名称及更改名称时，惯例是一个需要考虑的重要因素。更改地名意味着更改基于常规用法的概念，这当中包括名称的拼写和发音以及名称在其当前形式中所具有的大量描述性背景。在更改名称前，应当记住不是因对错调整语言规范，而是怎样才能说得通以及是否相关的问题。当名称为显著的指称项时，应当将形态句法工程保持在最低限度，即使有可能出现语义过载，也不能将 Drakensberg Mountains 这样的名称改为人们不熟悉的 Drakens Mountains。像 St.Lucia 一样，将 Drakensberg 作为一个单位使用是很常见的一种指称方式。

另一方面，如果日常使用中某些名称的使用频率高于现有名称，则应当将它们记录下来，考虑是否进行调整。

代表短语或描述的名称应遵守特定语言的一般规则。这也是为什么 Thabazimbi 和 Pelindaba 等名称写作一个词的原因。同样地，Queenstown 和 De wetsdorp 都是代表属格关系的语义单位，即"the dorp of De Wet（英语）和 De Wetsedorp（南非荷兰语）"（译者注：意思是德韦特的村庄）。根据南非荷兰语的复合词规则，一个带所有格的词不能分开写，因为它没有作为一个词的独立地位。有时南非荷兰语规则要求分开拼写，这个 s 则应被删掉。在英语中，使用撇号 s 不是问题，比如 Graham's Town。如果 s 表示复数形式，那么其所在的词可以独立存在，s 依旧保留。

11. 结论

所有名称都有意义，包括人为创造的名称、河流的名称、历史、文化或公众人物的名字、因事件命名的名称等，这些名称让这个世界变得丰富多彩，充满乐趣。在基因语义学领域中，地名提供了各种研究的可能性。其中包括词源研究，即对语内同源词、语际同源词、形态变体和词项的多重意义的研究。在词源研究中，从一个词项目前的意义可以追溯到词的起源，进而可能揭示意义随着社会变化而发生的特定转移或改变。语内同源词是指一种语言中，起源相关但形式不同的词项，比如 Germiston 和 Queenstown 中的 -ton/-town；Edinburg 和 Malmesbury 中的 -burg/-bury。语际同源词是对不同语言中相关形式的比较，比如英语的 -dale/南非荷兰语的 -dal，如 Riversdale/Riversdal；Uniondale/Groblersdal。形态变体体现为一种语言中特定词项的词形变化和复合形式，比如 Sunnyside、Sun City 和 Sunland 中的 sun；或者 Volksrust、Rustenburg 和 Odendaalsrus 中的 rus。事实可以证明，一个名称多样化应用于相似程度不同的多个地方，是很有趣的研究领域，就像整个基因语义学一样，可以解释地名中基因身份和结构身份之间的关系。

变化是语言的固有性质，也是语言创造方式的体现，其重要性足以成为社会语言学中一个专门的研究领域。语言群体的异构性保证了语言用法的变化，最终体现为地名的语法变化。具有方言特征的名称体现了语言变化的动态原则，这一点在所有发展中语言也可以从社会语言学的角度来解释。每个群体，不论是从社会学还是地理学角度定义，都有可能命名或重新命名一个实体。有些名称来自自然的对话，而有些名称则是经过长期慎重考虑后形成的。

在 NOMINA AFRICANA 上发表的各类文章中，可以找到特定于语言和文化的南非地名拼写示例，而在雷珀（Raper）的《南非地名词典》（DICTIONARY OF SOUTH AFRICAN PLACE NAMES）中也可以找到有价值的信息。

考虑到地名的语法变化和动机透明性，继续为结构良好的原始名称重新定义要求的责任最终落在了咨询机构的肩上。和理想的标准语言一样，官方地名应体现其使用者的文化多样性以及他们的历史和国家的环境特征。

地名管理维护有关情况

一、瑞典地名管理的总体理念

瑞典重视地名管理及维护，认为地名管理及维护应兼具语言的正确性及延续性。从功能角度看，它应具备书写便利、易于理解并且清晰明了的共同特征。从文化历史角度看，地名具有文化传承的作用，现有地名的使用及维护有助于文化的延续性。瑞典公众普遍认为地名的存续对人们的家乡认同感具有重要的意义。20 世纪 70 年代瑞典曾就房地产数据的电子化进行公开辩论，刚开始讨论议题涉及原有土地登记数据的技术性范畴，后来引发人们关注地名的文化传承作用。总的看，瑞典对地名进行管理及维护遵循“高标准维护地名状态”的宗旨，使其兼具功能性及一致性。在拟制地名时，不仅要注意语言的正确规范，还要顾及其文化环境。

二、瑞典地名管理维护的主要机构和相关法规

瑞典语言及民族记忆学会（Institutet För Språk och Folkminnen）、瑞典国家测绘局（Lantmäteriet）及其内设的地名委员会是实施地名管理的主要单位。地名管理和维护同时也被认为是语言管理的一个组成部分。

瑞典依据 1988 年颁布、2013 年修订的《文化环境法》第一章第 4 款对地名进行管理。该法规定：

瑞典国家测绘局为地名拼写及其组合（包括建筑名称、自然名称及人口稠密地区名称）的决定机构，内设地名委员会由 10 名市政当局以及包括语言及民族记忆学会和大学在内的代表所组成；

瑞典语言及民族记忆学会是所有地名事务的审核机关，并通过互联网向人们提供独特的地名维护服务；

国家文物局是进行房产登记时关于地名的审核机关。

《文化环境法》第 4 款规定，瑞典中央政府及地方市政在进行有关涉及地名的事务时，必须顾及地名习俗，要求人们保留好地名传统：

· 如无充足理由，不应更改已经约定俗成的地名；

· 此外，如拼写及组合明显有歧义应按照约定俗成的拼写规则进行地名拼写；

· 在拟制新的地名时，也要考虑约定俗成名称的影响；

· 在多民族语言区域，瑞典语要与萨摩语、芬兰语等少数民族语言在地名标识上并用。

2013 年对该法修订后补充规定，中央政府和地方市政从事的有关涉及地名的活动应使用由国家测绘局公布的地名。

三、瑞典地名管理方面的实践及沿革

瑞典通过地名研究的形式开展地名管理及维护，20 世纪初瑞典地方当局艾尔夫堡省（Älvsborgs län）就开始并持续进行地名的建档及维护，1906 年 9 月编辑出版首部地名合集，此后各省都参照整理出版地名合集。迄今已经出版了 77 卷。

目前瑞典由每个市（Kommun）针对所处历史区划（Landskap）内的地名，作为单独的词条进行解释，其中包括旧地名的出处及发音以及该场所的建筑变迁、周边自然环境等数据。瑞典已完成了大部分国土的地名解释工作，但仍有不少未完成的地区。所有已编撰地名资料收集汇总至乌普萨拉的档案库（SO），为进行长期基础研究项目奠定基础。

海底地物命名议定书

新西兰地名委员会（Ngā Pou Taunahao Aotearoa，NZGB）
海底地名附属委员会（SCUFN）
南极研究科学委员会（SCAR）
南极地理信息常设委员会（SC-AGI）
脚注所列各国地名机构[①]

背景

新西兰地名委员会（Ngā Pou Taunahao Aotearoa，NZGB）负责为新西兰境内的地理地物、海底地物和国家保护区指定、批准、更改或废止名称。

新西兰地名委员会海底地名委员会寻求与各国相关地名机构合作，为新西兰地名委员会权益地域包括南极洲罗斯海域内的海底地物命名。

新西兰地名委员会了解其他国家已经向海底地名附属委员会提交关于新西兰地名委员会权益地域内海底地名的命名提议。

新西兰地名委员会不反对任何其他国家在新西兰地名委员会的权益地域内提出命名提议。

新西兰地名委员会与美国南极地名咨询委员会已订立协议，自1986年起，两国共同为南极洲罗斯海域内的地理地物命名。

新西兰地名委员会认为，如果新西兰地名委员会不对提议进行考察，可

① 澳大利亚南极地名与奖章委员会（AANMC）。
美国南极地名咨询委员会（US-ACAN）。
美国海底地物咨询委员会（US-ACUF）。
意大利：南极地名委员会（CNGA）。
韩国：国家地理信息学会（NGII）。
法国：国家地名委员会（CNT）。

能面临某些风险。例如，检查该地物是否已有名称，是否符合新西兰独有的新西兰地名委员会命名标准，比如存在原毛利语名称及其正确拼写，考虑是否触及任何敏感问题，确保所提议的名称准确恰当。

要求

因此，根据 HO-IOC B-6 出版物《海底地物命名标准》所规定的指导原则，新西兰地名委员会要求其他国家在对新西兰地名委员会权益地域内的海底地物命名，并将其提交海底地名附属委员会前，必须咨询新西兰地名委员会的意见。

新西兰地名委员会权益地域：

新西兰地名委员会负责为新西兰及其沿海岛屿和大陆架①以及南极洲罗斯属地②（新西兰地名委员会的权益地域）范围内的地理地物、海底地物和国家保护区指定、批准、更改或废止名称。

定义

海底地名委员会（UFNC）是新西兰地名委员会下属的咨询委员会，其设立旨在向新西兰地名委员会提供新西兰地名委员会命名权限范围内海底地物命名的有关意见和建议。

海底地名附属委员会（SCUFN）是全球海洋通用制图指导委员会（GEBCO）的下属委员会。海底地名附属委员会负责制定命名指导原则、选择海底地名以及鼓励在全球海洋通用制图指导委员会产品上使用这些地名。

南极研究科学委员会（SCAR）是国际科学理事会（ICSU）下属的跨学科委员会。SCAR 负责就南极地区以及南极地区在地球系统中的作用发起、进行和协调高质量的国际科学研究。

南极地理信息常设委员会（SC-AGI）是南极研究科学委员会的常设委员会，负责《南极地区综合地名录》。

---

① 1964年《大陆架法》第2（1）条定义的新西兰大陆架，即新西兰陆地领土向海洋方向自然延伸的部分中超出新西兰领土界限的海底区域的海床和底土。

② 1994年《南极洲（环境保护）法》第7（1）条定义的罗斯属地，包括属地内的所有岛屿和冰架以及属地的大陆架——位于东经 160° 和西经 150° 之间，延伸至南纬 60°（请参考新西兰公报，1923 年，第 2211—2212 页——理事会设定罗斯属地的命令）。

美国南极地名咨询委员会（US-ACAN）是美国地名委员会（USBGN）下属的咨询委员会。其设立旨在就南极地区的地名事宜向美国地名委员会提供建议，并处理南极地区的新名称提议和名称变更提议，提交新西兰地名委员会以供决定。

议定书的目的

本议定书意在制定与各国相关地名机构合作为新西兰地名委员会权益地域内的海底地物指定名称的有关原则与流程。

命名指导原则

新西兰地名委员会海底地物命名暂行标准（NZGBS60000）。

出版物——海底地物命名标准，请参考：

http://www.qebco.net/dataandproducts/underseafeaturenames/documents/b6.pdf

新西兰地名委员会将尊重其他国家的命名指导原则。必须承认各国可能有不同观点，需要竭尽所能消除分歧。不过，有时也会约定可以存在差异。因此，可能出现一国正式指定一个新名称，而另一国未予认同的情况。这并不意味着要为同一地物指定两个不同的名称。

海底地物命名提议流程

链接略。

决定

国家地名机构将就新西兰地名委员会权益地域内的海底地名提议咨询新西兰地名委员会的意见。

新西兰地名委员会的决定将在《新西兰公报》上公布，包括电子版公报和互联网两种途径，在《新西兰公报》上公布是证明官方海底地名的确凿证据。

流程图

（http://www.linz.govt.nz/sites/default/files/docs/placenames/proposinqaplac

ename/flowchart s/undersea-feature-names-prbcess-200607.pdf）提供了关于新西兰地名委员会、海底地名附属委员会及其他相关/适当的国内和国际地名机构如何相互作用的指南。

须知

时效性：考虑到新西兰地名委员会一般每年仅开会两次、海底地名附属委员会每年开会一次（通常为 9 月或 10 月），应该为新西兰地名委员会留出充分的提议考虑时间。

本议定书虽不具有法律约束力，但代表了所有缔约方对相互合作、为新西兰地名委员会权益地域内的海底地物指定名称的坚定承诺。

本议定书并未减损新西兰地名委员会、海底地名附属委员会或其他相关/适当的国内和国际地名机构已有的权利。

监督

新西兰地名委员会将根据要求审查本议定书。

新西兰地名委员会代表
DONGRANT
新西兰地名委员会（Ngā Pou Taunahao Aotearoa）主席

海底命名暂行标准

NZGBS60000

术语及定义

在本标准中，适用如下术语及定义：

术语/缩写	定义
大陆架	参见《1964 年大陆架法》第 2（1）条的定义
专属经济区	参见《1977 年领海、毗连区及专属经济区法》第 9 条的定义
GEBCOSCUFN	全球海洋通用制图指导委员会海底地名附属委员会
GNSS	全球导航卫星系统
NZGB	新西兰地名委员会（Nga Pou Taunahao Aotearoa）
NZGBA	《2008 年新西兰地名委员会法》
官方地名	参见《2008 年新西兰地名委员会法》第 4 条的定义
记录名称	参见《2008 年新西兰地名委员会法》第 4 条的定义
罗斯属地	参见《1994 年南极洲（环境保护）法》第 7（1）条的定义
领海	参见《1977 年领海、毗连区及专属经济区法》第 3 条的定义
UNCLOS	《1982 年联合国海洋法公约》
海底地物	洋底或海底的一部分，其地形起伏可测或由这种起伏界定的区域；参见 2008 年《新西兰地名委员会法》第 4 条的定义

引言

《2008 年新西兰地名委员会法》（NZGBA）将新西兰地名委员会（Nga Pou Taunahao Aotearoa）的管辖权扩大至为新西兰和罗斯属地大陆架范围内的海底地物指定、批准、更改或废止官方地名。

新西兰地名委员会的主要职能包括为新西兰和南极洲罗斯属地及它们的大陆架范围内的自然地物、火车站、地点、海底地物和国家保护区指定、批准、更改或废止官方地名。

新西兰地名委员会考虑的许多海底地物不在新西兰领海范围内，因此须接受国际协议约束和国际审议，尤其是联合国和国际水道测量组织的约束。新西兰地名委员会有关海底地物的决定先由全球海洋通用制图指导委员会海底地名附属委员会（GEBCOSCUFN）审议，通过后方可被国际通用，尤其是出于航行安全目的。为了确保海底地物的名称保持国际一致，本暂行标准设定的标准依照海底地名附属委员会标准。

暂行标准的目的

本暂行标准规定了新西兰地名委员会在评估海底地物命名提议时必须使用的标准。

暂行标准简史

本暂行标准主要采用国际水道测量组织海底地物命名标准指导原则，并进行了少量修改以符合新西兰的要求。

参考资料

应用本暂行标准需要参考以下文件：

国际水道测量组织 2001 年，《海底地物命名标准》（B-6 出版物第 3 版），国际水道测量局，摩纳哥《2008 年新西兰地名委员会法》。

关于暂行标准的反馈

在制定海底地物命名新标准时，新西兰地名委员会将考虑使用者对本暂行标准的反馈。

新西兰地名委员会欢迎使用者就本暂行标准的专业内容、用语和总体安排提出意见，最好是采用电子格式。

（a）电子版意见应通过电子邮件发送至 regulatorysubmissions@linz.govt.nz 或存于光盘中。其他格式——意见最好采用机打字体。请勿返回标记文档代替意见。

（b）请提供您的姓名和所属组织（如适用）。请在每条意见旁标注相关条款编号。

（c）请给出每条意见的有关理由和建议用语。如果您认为某些内容过于简单、复杂或详细，请给出替代方案。

（d）收到的所有建议将提交相关起草委员会。

新西兰地名委员会必须高度透明地履行其职能。因此，请注意新西兰地名委员会可能会与他方讨论或向他方提供新西兰地名委员会收到的任何信息。请说明您希望将哪些信息保密并说明理由。您还应该知道，新西兰地名委员会须遵守 1982 年《官方信息法》。

1 范围

（a）本暂行标准规定了新西兰地名委员会在根据 2008 年《新西兰地名委员会法》考虑是否为海底地物指定、批准、更改或废止官方地名时将要依据的标准。

（b）本暂行标准规定了新西兰和南极洲罗斯属地大陆架范围内的海底地物命名规则。

（c）在本暂行标准中，通常为位于最低天文潮位线和以下两者之一之间的海底地物指定名称：

（i）200 海里专属经济区的界限；

（ii）大陆架向海方向延伸超过该距离的范围。

2 暂行标准的预期用途

新西兰地名委员会在考虑以下提议时必须使用本暂行标准：

（a）指定、更改或废止官方海底地名；

（b）批准或停止使用官方海底地名的记录名。

3 海底地名的一般标准

新西兰地名委员会在考虑指定、批准、更改或废止海底地物官方名称的提议时，必须考虑以下命名规则。这些标准将确保官方海底地名的一致性，以及符合国际标准。

（a）国际关注的海底地物命名限于《联合国海洋法公约》（UNCLOS）规定的主体（超过 50%）位于领海外部的地物。新西兰地名委员会可以为新西兰领海范围内的海底地物指定名称，无须进行国际协商。

（b）已使用多年的名称即使不符合通常的命名原则也可接受。为了避免混乱，可以对现有名称进行更改，去掉模糊不清的部分或修正其拼写。

（c）由其他国家地名机构批准的位于领海以外水域的名称，如果其使用与国际公认原则相符，则应该被接受。一个国家在其领海以内使用的名称，其他国家应该予以承认。

（d）如果两个名称用于同一个地物，一般应接受较早使用的名称。适当时，也可以使用双名称。

（e）如果一个名称用于两个不同的地物，一般最先使用该名称的地物应保留该名称。

（f）非拉丁语名称应根据新西兰地名委员会批准的体系进行音译。如果提出提议的个人或机构使用了变音符或特殊字符，这些符号将被纳入官方名称。

4　海底地物命名原则

4.1　专名

新西兰地名委员会在考虑指定、批准、更改或废止海底地物官方名称的提议时，必须应用以下原则。

（a）尽量使用简短的术语（或名称）。

（b）命名时首先要考虑的是名称要实用、使用方便和具有适当的参照性，其次才考虑纪念名人或船只。

（c）在可行的情况下，专用术语的选择应首先考虑与地理特征有关。例如阿留申海脊、阿留申海沟、秘鲁－智利海沟、巴罗海底峡谷。

（d）专用术语可用于纪念发现和确定该地物范围的船只或其他运载工具、考察探险或科研机构、纪念重要人物。采用船名命名时，该船应是发现该地物的船只，如果该船名先前已用于类似的地物，那么该船应是确定该地物的船只。例如圣巴勃罗海山、亚特兰蒂斯Ⅱ海山。

（e）一般不用在世的人的名字命名。

（f）在极少数情况下可以采用在世的人的名字，最好用姓氏。这种情况必须是对海洋科学作出杰出或重要贡献的人。

（g）相类似的地物群组可以采用某个类别或主题的集合名称命名。类别或主题包括历史人物、神话故事、星体、星座、鱼类、鸟类、动物等。类似地物群组集体命名的示例如下：

群组	地物
音乐家海山群（Musicians Seamounts）	巴赫海山（Bach Seamount） 勃拉姆斯海山（BrahmsSeamount） 舒伯特海山（SchubertSeamount）
电气学家海山群 （Electricians Seamounts）	沃尔特海山（Volta Seamount） 安培海山（Ampere Seamount） 加尔瓦尼海山（Galvani Seamount）
小熊星座海脊和海槽区 （Ursa Minor Ridge and Trough Province）	狮子座海脊（Suhail Ridge） 小熊座 β 海脊（Kochab Ridge） 北极星海槽（Polaris Trough）

（h）可以采用描述性名称，尤其是指形象特征明显的地物，例如钩状海脊、马蹄形海山，形状特征必须已通过权威的地形调查确定无疑。

（i）将著名或大型地物的名称应用于其他地物时应保持拼写一致。

（j）可以采用恰当的英语或毛利语专用术语。其他语言的专用术语也会考虑。海底地名中的专用元素不应进行翻译，应保留提供该名称的国家语言形式。

（k）不鼓励使用首字母缩略词或缩写作为海底地名，但如果建议的名称从其他方面看是恰当的，也可以考虑使用。

（l）一般不可接受的名称包括：

（i）应用于其他地方类似地物的名称；

（ii）个人、机构或组织的全名或头衔全称；

（iii）商品或其制造商的名称；

（iv）支持者亲友的名字；

（v）个人支持者的名字；

（vi）贬损、攻击性或粗俗的名称；

（vii）位居高职但未对海洋或海底地形知识作出直接和重要贡献的人的名字；

（viii）指向性、描述性或模糊性术语（例如，西、北、高、低、上、下、新、旧）；

（ix）拼写错误的名称；

（x）所有格形式的名称；

（xi）包含撇号或连字符的名称。

4.2 通名

新西兰地名委员会在考虑指定、批准、更改或废止海底地物官方名称的提议时，必须应用以下原则。

（a）通名应从附录 A 中反映地物自然特征描述的定义表中选取。

（b）对错用通名的现有名称应进行更改。

（c）海图或其他产品上出现的地物用到通名时应使用英语。如果海底地名中包含已在国际上流行使用的外国通名，则应保留外国使用的形式。

（d）随着海底制图工作的发展，新的地物不断被发现，现有通名（参见附录 A）将不再满足需求。需用来描述这些地物的新通名，应符合本暂行标准及 GEBCO-SCUFN 公布的标准。

5 海底地物命名程序

在制定和考虑指定、批准、更改或废止海底地物官方名称的提议时，必须遵循以下程序。

（a）个人和机构为尚未命名的国际水域内的地物申请名称时，应遵循国际公认的原则和程序。

（b）提议提交时必须采用新西兰地名委员会网站上提供的“海底地物命名提议表”。

（c）对海底地物进行命名前，必须先明确该地物的特征、范围、位置以便于标识。位置应用地理坐标表示，最好由全球卫星导航系统确定。

（d）必须谨慎确定海底地物的唯一性，避免先前已命名但地理位置记录错误的海底地物。如果现代导航技术能够更准确确定先前已获批的海底地物的位置，官方名称记录应体现新位置为最准确的位置。

（e）如果新西兰地名委员会有理由更改其原来已批准的海底地名，应该通报其他有关部门解释更改的原因。如果就名称更改出现意见分歧，有关部门（包括新西兰地名委员会）应该相互沟通以达成一致的解决意见。

（f）众所周知，一些国家、国际、非官方或专门的命名机构不会定期会见或向新西兰地名委员会例行通报其海底地物发现和命名。应通过努力找出这些机构并与之沟通，告知其新西兰地名委员会的决定。

（g）个人、机构或组织标识的新发现和提议的海底地名，如果位于新西兰领土界限以外，但在或部分在 UNCLOS 规定的其他国家主张的已确立大陆架范围内，则应予以标识并提交上述国家的命名机构和 GEBCO-SCUFN。该程序绝非承认任何国家根据 UNCLOS 提出的国家或国际权利主张，亦非接受根据该公约建立的国际边界，但出于对其他地名机构的礼貌，也将予以实施。

附录 A：已获批的通名

下表列出了已获批的海底地名通名。

通名	定义
深海丘	位于深海底的孤立（或成群的）小型高地
深海平原	范围广阔、地势平坦、坡度平缓或近于水平的深海区域
冲积裙	位于较陡陆坡的基底处，表面平缓倾斜，主要由沉积物堆积而成
群岛裙	坡度平缓的陆坡，其海底表面总体上比较平坦，一般出现在岛群或海山周围
滩	孤立（或成群）出现的海底高地，上覆水深较浅，但足以满足海面安全航行
海盆	海底洼地，平面看大体呈等维展布，范围大小不等
小海台	小型海台
边缘地	邻近大陆的区域，通常为陆架所占据或为陆架的外缘边界，有时以岛屿形式露出水面，平面或外形轮廓呈不规则状或块状，水深远远超过典型陆架的水深
火山口	塌陷的或部分塌陷的海山，通常呈环状
海底峡谷	孤立（或成群）出现的比较狭窄而纵深的海底洼地，两侧陡峭，峡谷底部一般连续不断变深，主要特征是形成于某些大陆坡上
冲积锥	参见冲积扇
大陆边缘	分隔大陆和深海洋底或深海平原的地带，通常由陆架、陆坡和大陆隆组成，偶尔大陆隆为出现的海沟所代替
大陆隆	从大洋深处向大陆坡坡脚方向逐渐上升的缓坡区
大陆架	参见陆架
海岭	包括附属山脉、内部海底高原和海盆在内的整个山系
海渊	在较大地物区中，如海槽、海盆或海沟中局部出现的孤立（或成群）的深水区域
海底崖	伸长的陡坡，呈线形展布，在非陆架区，将水平的或平缓倾斜的海底区域隔断。也可以缩写为 scarp（陡崖）

续表

通名	定义
冲积扇	比较平坦的扇形沉积地物，通常从海底峡谷外端或海底峡谷系统向外倾斜。也叫作冲积锥
平滩	水平或近于水平的小型区域
分叉	海底峡谷或海谷的分支
断裂带	地形不规则且分布范围较广的条带状区域，多山或多断裂，常伴有侧面陡峭或不对称的海脊、断裂、海槽或海底崖
水平沟	闭合、狭窄的条带状浅海底洼地
裂谷	参见山口
冲沟	类似海谷的小型地物
平顶山（平顶山群）	顶部比较平坦的孤立（或成群的）海山。也叫作桌状海山。参见海山
海底丘陵	孤立（或成群）出现的海底高地，规模小于海山。另请参见深海丘陵和海丘
海穴	海底上出现的小型局部洼地，边坡一般较陡
海丘	规模一般小于海山的海底高地，外轮廓呈圆形，以孤立或成群方式呈现于海底。另请参见海底丘陵
海底岩架	多岩石的凸出部分或露头，常见为条带状、近岸
冲积堤	自然冲积而成的海底堤坝，一般位于海底峡谷、海谷或海底峡谷的边缘
中央裂谷	洋中脊系统呈现的轴向洼陷区
洋中脊	参见海脊（c）和海隆（b）
平顶山	位于陆架上的范围广泛、顶部平坦的孤立高地，边坡较陡
环形洼地	海底环形洼地，但不一定连续，位于许多海山、海洋岛和其他孤立海底高地的基底处
海丘	较低的圆形孤立海底丘陵
海底山（海底山脉）	大型复杂真实地物的界限清楚的组成部分
山口	海脊或海隆中呈现的狭窄断裂。也叫作裂谷
海底峰	孤立（或成群）出现的、海底上明显突起的高地，峰顶横断面为一点或范围很小
尖礁	离散（或成群）出现的高塔状或尖顶状岩柱或珊瑚礁，孤立出现或为海底峰峰顶
海底平原	平坦、坡度较缓或近于水平的区域
海底高原	区域范围广阔的、平坦或近于平坦的海底高地，一侧或多侧地势突然下降
海底平台	平坦或坡度较缓的水下平面，从海岸向海延伸

续表

通名	定义
海岬	由大陆坡伸出一直延伸到深海底的以山嘴状为主的凸起地形物，向深海方向顶部水深加大
特征区	具有许多共同自然地理特征的海底区域，其特征与周围区域有着明显不同
海底斜坡	连接不同高度区域的坡度较缓的斜坡
海底山脉	一系列相连的海脊或海山
海沟	小型海底峡谷
礁	大量（或成群）出现的岩石体或其他固结物质体，一般位于海面或接近海面，此类区域不利于海面航行
海脊	（a）孤立（或成群）出现的狭长而变化复杂的高地，具有陡峭的侧翼 （b）孤立（或成群）出现的狭长高地，往往分隔海盆 （c）贯穿全球范围的相互连接的主要大洋中央山脉系统。也叫作洋中脊
海隆	（a）从海底逐渐隆起的宽阔高地，一般比较平坦 （b）全球范围内相互连接的主要洋中海山系统，也叫作洋中脊
鞍形山	宽阔的马鞍状通道或隘口，见于海脊或毗邻高地间
陡崖	参见海底崖
海谷	参见海谷
海底峡谷	连续不断倾斜的狭长洼地，以离散（或成群）形式出现在冲积扇或深海平原中，其一侧或两侧常以冲积堤为界
海山	以离散（或成群）形式呈现的大型孤立的海底高地，起伏一般高出海底 1,000 米以上，形态呈圆锥形。另请参见平顶山
海山链	由线状或弧线状排列的离散型海山组成，各自基底之间明显相互分离。另请参见海山
陆架	毗邻大陆的（或围绕岛屿）区域，其范围从低潮线开始，一直延伸到海底坡度向外海明显变大的水深处
陆架坡折	参见陆架外缘
陆架外缘	陆架外部边界带，沿此带大陆架（或岛架）向海一侧边缘坡度明显增大。也叫作陆架坡折
陆架谷	位于陆架上的海底峡谷，一般为海底峡谷的向岸方向延伸
浅滩	孤立（或成群）出现的不利于海上航行的浅海区域，与周围区域相比其可航行空间很小，海底由未固结物质构成
海槛	限制海盆之间水体运移、水深较浅的海底沙坝
陆坡	水深不断加大的海底斜坡区，其范围从陆架外缘以外开始一直到大陆隆上部界限为止，或到坡度陡度总体变小的地方为止
山嘴	从较大地物，如海底高原或岛屿基底伸出的从属高地或海脊

续表

通名	定义
海底谷	参见海谷
桌状海山	参见平顶山
海台	孤立（或成群）出现的具有较平坦或平缓倾斜表面的海底区域，有时呈狭长状，一侧以陡峭的下降坡为界
舌状海岬	平坦海底向毗邻的较高地物的（舌状）延伸
海沟	水深很大的狭长而非对称的海底洼地，两侧边坡较陡
海槽	狭长的海底洼地，其特征是底部平坦，边坡陡峭，水深一般小于海沟
海谷	孤立（或成群）出现的比较浅而宽的海底洼地，通常谷底坡度变化连续。就其区域范围而言，此术语一般不适用于具有海底峡谷特征的地物。也叫作海底谷或海谷

新西兰地名委员会毛利语地名议定书

1）引言

i）新西兰地名委员会（Ngā Pou Taunahao Aotearoa）（“委员会”）是受《2008 年新西兰地名委员会法》（“委员会法”）管辖的法定机构。其职责是对新西兰的地方命名作出规定。

ii）委员会的职能包括收集和鼓励在官方地图和海图中使用原毛利语地名。为了协助其履行上述职能，以及鼓励毛利人参与实现这一目标，委员会制定了本议定书，对毛利人的参与过程作出了规定。该过程与委员会法规定的委员会的职能、职责和义务是一致的。

iii）本议定书未改变在委员会考量地名时公众所拥有的法定权利。相反，它为毛利人提供了先于其他非毛利族新西兰人知情的机会，是对土著居民在这片土地上享有主人翁地位的认可，也让他们有了更多的时间可以收集信息、征求意见、准备对拟命名给予回应。

iv）对于超出 12 海里领土界限的海底地名，不要求公开通报或征求意见（委员会法第 25 条），应适用本议定书。

v）本议定书符合委员会承诺将毛利人视为条约伙伴参与其中的原则，将应用于涉及地方命名过程对话或陈述的所有《怀唐伊条约》权利要求和解问题。

2）立法要求——《2008 年新西兰地名委员会法》

第 3 条目的——

（e）为认可与地理地物有关的文化和遗产价值提供恰当的方式。

第 6 条《怀唐伊条约》（*Te Tiriti o Waitangi*）

为了确认和尊重国家对《怀唐伊条约》给予适当考虑的责任——

（a）第 11（1）（d）条授予委员会收集地理地物原毛利语名称的职能，以便记录于官方海图和官方地图中；

（b）第11（1）（e）条授予委员会鼓励在官方海图和官方地图中使用地理地物原毛利语名称的职能；

（c）附件1第1（2）（a）条要求根据毛利人事务部部长的推荐，任命2人加入委员会。

第11条委员会的其他职能——

（1）为了履行其在第10条项下的主要职能，委员会可以——

（a）采用政策、规则、标准、议定书、指导原则或类似的文书以履行其职能，包括但不限于其认为适用于官方地名拼写及系统性命名的规则、标准、议定书或指导原则；

（b）检查存在疑问的名称拼写情况，并确定在官方海图或官方地图中采用的拼写；

（c）调查并确定发现任何地理地物的优先性；

（d）收集原毛利语地名，以便记录于官方海图和官方地图中；

（e）鼓励在官方海图和官方地图中使用原毛利语名称；

（f）就任何毛利语名称的正确拼写征求毛利语委员会（Te Taura Whiri i te Reo Māori）的意见；

（g）对任何命名地理地物或更改其名称的提议进行研究；

（h）履行使其根据本法或任何其他法律有效行事所需的其他职能。

第32条以下情况中必须使用官方地名——

（1）如果地理地物或国家保护区有官方地名，必须在所有官方文件中使用该名称。

（2）但是，如果包含非官方地名的官方文件指出该名称不是其所应用的地理地物或国家保护区的官方地名，则不适用第（1）款。

附件1成员任命及其他程序——

（1）委员会必须由以下成员组成——

（a）部长根据第（2）款和第（3）款任命的8人；

（b）测量局局长；（c）主要负责设定新西兰水文情报标准的部门官员。

（2）部长通过公报通知的方式，必须——

（a）根据毛利事务部部长的推荐，任命2人为毛利人代表，该2人：

（i）应具备毛利文化和毛利语知识；（ii）能够针对与毛利文化或毛利语有关的地理地物及国家保护区的命名提供建议；

（b）任命 Te Rūnanga o Ngāi Tahu 部落提名的 1 人［根据 1998 年《1998 年纳塔胡部落清理赔偿法》（Te Rūnanga o Ngāi Tahu 法）第 6 条设立］；

（c）任命新西兰地名学会（New Zealand Geographical Society Inc）提名的 1 人；

（d）任命新西兰联合山地俱乐部（Federated Mountain Clubs of New Zealand Inc）任命的 1 人；

（e）任命新西兰地方政府提名的 1 人；

（f）任命另外 2 人。

（3）委员会成员必须是部长所认为的具备与委员会目的、职能和职责有关专门知识或资质的人。

3）内阁指令

通过审议 1946 年法案，内阁希望委员会能够直接咨询毛利人的意见。2005 年 6 月，内阁同意：

i. 就委员会管辖范围内的地名咨询毛利人意见的工作主要由委员会负责，改变目前主要由毛利人发展部（Te Puni Kōkiri）官员负责的状况；ii. 修改委员会现有的《毛利语地名议定书》，将委员会直接咨询毛利人纳入考虑，并与 Ngāti Ruanui 和 Ngāti Tama（前提是他们同意）进行书信往来，表明依照和解契约中的期望，改变从前毛利人发展部（Te Puni Kōkiri）直接参与地名事务的状况。

4）怀卡托 – 泰努伊河权利要求

根据 2010 年《怀卡托 – 泰努伊部落权利要求（怀卡托河）和解法》（*Waikato-Tainui Raupatu Claims*（*Waikato River*）*Settlement Act*）第 17 条的规定，委员会在行使 2008 年《新西兰地名委员会法》项下的权力或职能时，针对怀卡托河及其流域内影响怀卡托河的活动，应特别考虑到其愿景和战略。

另外，土地信息部于 2010 年 6 月 18 日签署了一项协议。该协议第 9.1、9.2 和 9.3 条就委员会的流程培训、委员会成员以及部长关于地名的最终决定规定了具体的承诺。

5）关于毛利语地名的政策与原则

委员会依照其法定权力建立并实施了以下关于毛利语地名的政策与原则，这些政策与原则应当与其他命名标准一并考虑：

i. 优先使用原名称：

a）应优先使用原名称（如适当）。

b）如果出版物或当地使用中改变了原名称，应将原名称恢复正确的形式。

c）如果从当地使用均认可的两个或两个以上名称中选择，应选用最恰当悦耳的名称。

ii. 保留错误的名称：

a）如果错误的名称是在当地使用中形成且已有很长的一段时间，委员会可以酌情决定保留该错误的名称。

b）如果接受了错误的毛利语地名，应在相关公报通知及官方地名词典中给出其正确的名称以及复合毛利语地名的组成部分（如已知）（有助于确定发音）。

iii. 描述毛利语地名：

a）一般来说，毛利语地名应写作一个词或多个分开的词，具体根据用法确定。当用于出版物时，委员会还会考虑其简写形式（如认为可取的话）。

iv. 毛利语地名的发音和缩写：

a）委员会没有责任教人们如何拼读毛利语地名。

b）必须根据 2008 年《新西兰地名委员会法》第 32 条使用官方地名的完整及正确拼写，公报通知或相关法律对简写形式作出规定或适用第 32（2）条的情况除外。

v. 其他惯例：

a）在适用的情况下，公布官方名称应使用长音符号。

b）可以接受在复合词中使用双元音，如 Rāngaiika。

c）除专有名词外，“Ngā”应始终与名称连用，放在名称之前。

d）在可能的情况下，“Te”的拼写中应不带大写字母[①]。

---

① 有时，“Te”可以引出一个名称，例如 Te Paepae o Aotea，也可以用在 Kā Tiritirio te Moana 这样的名称中。

e）部落名称“Ngā”“Ngāi”和“Ngāti”后面应跟大写的专有名称。

f）在南部方言中，字母“ng”经常以“k”的形式出现，比如 Ngāi 写作 Kāi，Waitangi 写作 Waitaki。“Wh”经常被全部去掉，比如 Whakaroa 写作 Akaroa。其他情况中，将“wh”中的“w”去掉，比如 Whakatere 写作 Hakatere。

g）一般不应使用连字符，除非符合毛利语委员会（TeTauraWhiri i te Reo Māori）的正字惯例。

h）避免使用所有格的撇号。

6）不断发展演变的惯例

在应用上述政策与原则时，委员会考虑了以下惯例：

i）自 20 世纪 20 年代以来，双名称就被作为一项惯例。早期形式多采用英语或非毛利语名称后括注毛利语名称，毛利语名称放在非毛利语名称的后面或下方，以示其次要地位。在过去的几十年里，委员会倾向于先写毛利语名称，后跟正斜杠（斜杠两边各一个空格），然后是英语或非毛利语名称。后一种做法在 20 世纪 80 年代塔拉纳基与埃格蒙特的辩论中获得推动，体现了社会与文化的发展，尤其是在条约问题上。另外，它遵循了先写原名称的使用优先级。该政策有时被称为“首次发现者的权利”之一，即承认毛利人是许多地理地物的最先发现者和命名者。

ii）别名是指公报中作为官方名称通报的任何一个名称均可用作官方名称。这种做法经常出现于以下情形中：一个地物或地方公布的名称有毛利语和非毛利语两种形式，两种形式的使用都很普遍。委员会可以认定其中任何一个或两者均为官方名称，也就是说，不论使用其中哪一个名称都符合使用官方名称的要求，也可以两个名称都使用。如果使用两个名称，则必须以正斜杠（斜杠两边各一个空格）将二者分开。①

iii）另外，始终鼓励提议人咨询地方利益群体，尤其是地方毛利人群体的意见，尽管这并非强制要求。委员会开展其调查和咨询工作的能力是有限的，但 2008 年《新西兰地名委员会法》的目的之一是“为认可与地理地物有

---

① 2008年《新西兰地名委员会法》第32条作出的合规规定计划在2011年进行修订，以允许官方别名在官方出版物中彼此独立使用。

关的文化和遗产价值提供恰当的方式”，而人们的参与正是实现这一目的的一种途径。因此，在委员会对提议加以考虑前，鼓励提议人进行恰当的咨询，提供书面证据以支持其命名提议。尽管如此，委员会仍然有能力通过其个别成员，尤其是代表毛利部落和纳塔胡部落的成员以及来自毛利人发展部（Te Puni Kōkiri）和毛利语委员会（Te Taura Whiri ite Reo Māori）的观察员，发起和进行与毛利人的对话。

7）委员会在毛利人发展部的协助下开展咨询工作

委员会认为，毛利人发展部（Te Puni Kōkiri）的区域关系网络是寻找相关毛利人群体进行咨询的最佳途径。因此，委员会将继续通过毛利人发展部的协助鼓励毛利人参与，但必要时，委员会也会通过其成员或秘书处开展直接咨询。为此，委员会建立了自己的“与毛利人对话的指导原则”。此外，委员会于 2010 年 4 月 30 日与毛利人发展部签署了《合作关系议定书》。

委员会应采用以下咨询程序：

i）在收到考量地名（不属于纳塔胡部落的管辖范围）的提议后，委员会秘书处将立即邀请毛利人发展部（Te Puni Kōkiri）的观察员开展研究，以协助确定文化和遗产价值，并就属于毛利人管辖范围内的地名提议向有关的毛利人群体征求意见或观点。如果委员会之后同意接受该提议，则在此初期阶段，上述行动不涉及根据法定流程进行地名提议的公示。在委员会对提议加以考量前向有关的毛利人群体提供提议的详情，之后如果委员会接受了提议，还会就此提议咨询公众意见，除此之外，应该留出充分的时间，以便在这些相关毛利人群体中开展必要的内部咨询。秘书处可以和相关毛利人群体进行直接通信，以确保其能够提供他们的观点。

ii）通过与毛利人群体的任何沟通获得的反馈以及相关地名提议，将在委员会的下一次会议上接受考量（如提供）。（委员会通常每年召开两次会议。）

iii）经过对地名提议的考量后，如果委员会认为应驳回提议，委员会秘书将向提议人和毛利人发展部（Te Puni Kōkiri）征求意见的毛利人群体书面传达此意向。

iv）如果委员会有上述意向，在其就提议作出决定前，必须向相关毛利人群体进一步咨询或了解信息，委员会可以推迟作出决定，以便其通过书面方式或面对面沟通的方式直接咨询毛利人群体的意见。

v）如果委员会同意接受地名提议，委员会秘书处将向提议人和就提议向毛利人发展部（Te Puni Kōkiri）提供意见的毛利人群体书面传达此决定。

vi）给毛利人群体的上述信函中将说明，关于指定、更改、废止或批准地名提议的公报通知以及报纸和其他出版物中的公示将在未来某个指定日期公布，并将在公报通知之日起的规定咨询期内（不得少于一个月），通过意见书的方式（反对或赞成，并提供理由）进一步征求意见。

vii）委员会会议前，如果毛利人群体未就提议发表意见，或者发表了意见，但委员会的决定与其意见明显不同，则委员会可以在设定咨询期时，特别考虑到毛利人群体在咨询期内考虑和回应提议的能力。

viii）如果收到反对意见，委员会将加以考虑，并参考所收到的毛利人群体的意见书或意见以及在咨询期内收到的其他意见书，决定是赞成还是驳回这些意见。

ix）如果未收到意见书或赞成意见书，委员会将作出关于该名称的最终决定，之后将公告该名称为官方名称。

x）如果收到反对意见书，并且委员会同意其中任何或全部意见，委员会将作出最终决定，之后应公告该名称为官方名称。

xi）如果收到反对意见书，而委员会不同意其中任何或全部意见，则由土地信息管理部部长作出最终决定。部长的决定为最终决定，并将公告为官方决定。

xii）委员会和部长的所有最终决定将以书面方式通知提议人、毛利人发展部（Te Puni Kōkiri）向其征求意见的毛利人群体以及任何意见书提交人（包括反对者和赞成者）。

8）议定书的原则

i）本议定书符合委员会在其目前的立法和政策框架下的权力、职责和义务并受其约束，代表了委员会对鼓励使用原毛利语地名以及与毛利人开展对话的坚定承诺。

ii）本议定书未减损条约权利要求者群体的任何已有权利，亦不与委员会对其他毛利人群体、土著居民代表或新西兰公众的责任构成冲突。

iii）本议定书未创设财产权利。

iv）委员会可以更改或取消本议定书，但在决定更改或取消前，委员会应咨询相关毛利人群体的意见，并征求 Ngāti Ruanui 和 Ngāti Tama 的同意，以符合与他们各自的和解契约中规定的要求。

9）授权

经新西兰地名委员会（Ngā Pou Taunahao Aotearoa）主席授权：

Don Grant 博士
2011 年

皇家保护区名称标准

NZGBS60001

发布日期：2012 年 4 月 20 日

术语及定义

在本标准中，适用如下术语及定义：

术语/缩写	定义
别名	同一地理地物或皇家保护区的任何两个或两个以上官方地名。可以使用这些名称中的任何一个或全部
CPA	皇家保护区，参见 2008 年《新西兰地名委员会法》第 4 条的定义
双名	包含两个特定名称组成部分的官方名称，通常采用不同的语言，最常见的是毛利语和英语。双名称的所有组成部分必须作为一个字符串一起使用
地理地物	参见《2008 年新西兰地名委员会法》第 4 条的定义
NZGB	新西兰地名委员会（Ngā Pou Taunahao Aotearoa）
NZGBA	《2008 年新西兰地名委员会法》
官方地名	参见《2008 年新西兰地名委员会法》第 4 条的定义
正字	根据既定语言学传统确定的规则拼写单词
地方	参见《2008 年新西兰地名委员会法》第 4 条的定义

引言

2008 年《新西兰地名委员会法》（NZGBA）将新西兰地名委员会（Ngā Pou Taunahao Aotearoa）（NZGB）的管辖权扩大至审查和批准从环境保护部（DOC）收到的皇家保护区（CPA）官方名称提议。

皇家保护区保护环境价值、自然地物和文化遗产价值。为体现皇家保护区的重要性，特为皇家保护区指定官方名称。官方名称也为该区域提供了有效、易用、恰当的指称。

本标准是在咨询环境保护部部长后制定的，旨在定义新西兰地名委员会在审查和批准指定或更改皇家保护区名称提议时使用的标准。所有指定或更改皇家保护区名称的提议必须符合本标准。

标准的目的

本标准的目的在于规定新西兰地名委员会在审查和批准皇家保护区名称提议时必须使用的标准。另外，它也体现了新西兰地名委员会对其在《新西兰地名委员会法》第 12（b）条项下职责的履行，即在咨询环境保护部部长后制定皇家保护区命名的规则、标准或指导原则。

标准简史

本标准取代 LINZ 2009 年《NZGBS60001：皇家保护区名称暂行标准》，地形测量局局长办公室（Office of the Surveyor-General），新西兰土地信息管理局（LINZ）。

参考资料

应用本标准需要参考以下文件：
2008 年《新西兰地名委员会法》
1987 年《环境保护法》
1971 年《海洋保护区法》
1980 年《国家公园法》
1977 年《保护区法》
如需更全面地了解命名惯例及其依据的更多详情，请参考新西兰地名委员会 2010 年《新西兰地名委员会系列框架》。

1. 范围

本标准规定了：
（a）新西兰地名委员会在根据《新西兰地名委员会法》审查和批准环境保护部提出的指定或更改皇家保护区官方地名提议时将要依据的标准；
（b）新西兰地名委员会将对新西兰领土界限内的皇家保护区名称命名应用的原则；

（c）对新西兰地名委员会审查和批准提议前的咨询要求。

2. 标准的预期用途

新西兰地名委员会在审查和批准环境保护部提出的指定或更改皇家保护区官方名称的提议时必须使用本标准。

3. 皇家保护区

《新西兰地名委员会法》第 4 条对皇家保护区的定义是：

（a）根据 1987 年《环境保护法》，为了建立保护公园、生态区、禁猎区或荒野保护区，或者出于该法第 4 部分规定的任何其他指定目的而持有的土地或土地权益。

（b）1977 年《保护区法》第 3 部分规定的政府用保护区、历史保护区、自然保护区、休闲保护区、风景保护区或科研保护区（但不包括归属地方当局的保护区）。

（c）1971 年《海洋保护区法》第 2 条定义的海洋保护区。

（d）1980 年《国家公园法》第 2 条定义的国家公园。

4. 皇家保护区的名称

4.1 皇家保护区的官方名称

皇家保护区的官方名称必须由专名和通名组成。

4.2 专名

新西兰地名委员会在审查和批准皇家保护区官方名称提议时，必须应用以下专名原则：

（a）相比新名称，通常应优先使用现有名称或当地常用名称。

（b）名称应与皇家保护区内或附近的地理地物或地方有关。

（c）专名中可以包含地理地物的通用类型。

（d）名称可以体现皇家保护区内现有的主要或重要的动植物、岩体、土壤、休闲活动或产业。

（e）名称可以纪念与皇家保护区有关的探险、历史事件或遗迹、远征等，包括早期毛利人的上述活动。

（f）名称可以确认发现皇家保护区内重要地理地物的优先性，包括早期毛利人的发现。

（g）名称可用于纪念与皇家保护区有关的重要人物。如果用皇家保护区名称纪念已过世的人：

（i）最好用姓氏；

（ii）必须是对环境保护或文化遗产事业作出杰出、重要或基础性贡献的人；

（iii）该人在世时必须与该区域存在直接联系。

（h）名称可用于确认参与皇家保护区提议、规划、开发、设立与管理的组织。

（i）名称必须具有充分的独特性，避免与其他已命名的皇家保护区或无关的已命名地物及地方混淆。

（j）名称应简短。

（k）名称应使用英语或毛利语正字。

其中包括不符合本条所有规定的名称（例如带所有格、连字符、撇号的名称、拆分词或复合词名称）。

（l）反映其他已命名的地理地物或地方与其有关的名称应使用与现有名称相同的拼写。

（m）不得使用首字母缩略词、缩写或数字。

4.3 通名

新西兰地名委员会在审查和批准皇家保护区官方名称提议时，必须应用以下通名原则：

（a）皇家保护区名称中的通名必须指明被命名区域的类型。

（b）通名一般应从附录 A 提供的列表中选取。

（c）经新西兰地名委员会和环境保护部同意，可以使用附录 A 中未列出但历史上一直用来描述某一皇家保护区的通名。

（d）通名不得缩写。

4.4 毛利语名称

新西兰地名委员会在审查和批准皇家保护区官方名称提议时，必须应用以下毛利语名称命名原则：

（a）适当时，名称应使用长音符号以明确其拼写、含义及发音。

（b）如果已知存在单词的拆分且经常使用，则应显示拆分词。一般应避免使用连字符连接毛利语或英语名称。

（c）可以在毛利语名称中增加英语通用术语，以协助进行应急服务和海事安全响应。

（d）环境保护部应向毛利语委员会（Te Taura Whiri ite Reo Māori）确认毛利语名称的正字。

4.5 双名

新西兰地名委员会在审查和批准皇家保护区官方名称提议时，必须应用以下双名称命名原则：

（a）一般而言，原毛利语名称应放在前面，后跟正斜杠（前后各一个显示的空格），然后是非毛利语名称。

（b）特殊情况下，可以颠倒（a）中的顺序，比如，从应急服务和海事安全响应方面考虑。

4.6 别名

新西兰地名委员会不得批准皇家保护区别名提议，但特殊情况除外。

4.7 不可接受的名称

新西兰地名委员会不得批准以下皇家保护区官方名称提议：

（a）拼写错误的名称；

（b）用在世的人的名字命名；

（c）应用于其他地方类似区域的名称，除非与相关地理地物存在直接联系；

（d）名称很长；

（e）名称不悦耳；

（f）个人、机构或组织的全名或全称的头衔；

（g）以商品或其制造商的名称命名；

（h）与名称提出者的亲友有关的名称（本项不适用于后代提出的祖先之名）；

（i）与名称提出者有关的名称；

（j）贬损、歧视性、攻击性或粗俗的名称；

（k）位居高职但未对皇家保护区作出直接和重要贡献的人或与皇家保护区绝无联系的人的名字；

（l）为皇家保护区的建立捐款或作为发起人创建皇家保护区的人的名字（不论是否在世），适用第 4.2（g）条和第 4.2（h）条的情况除外；

（m）由指向性、描述性或模糊性术语（例如，西、北、高、低、上、下、新、旧）组成的名称；

（n）别名、化名或缩写词；

（o）包含撇号或连字符的名称；

（p）所有格形式的名称，但是可以保留未使用撇号的“s”以保持读音悦耳。

在特殊情况下，新西兰地名委员会可以批准仅满足上列部分标准的提议。

本条规定旨在确保不能购买纪念某人的皇家保护区名称。

5 咨询

（a）如果皇家保护区是依下述法律建立的，新西兰地名委员会必须审查皇家保护区名称提议：

（i）1987 年《环境保护法》；

（ii）1971 年《海洋保护区法》；

（iii）1980 年《国家公园法》；

（iv）1977 年《保护区法》。

注释：

根据 1987 年《环境保护法》和 1971 年《海洋保护区法》建立的皇家保护区，其命名须遵守法定通报和咨询要求。

如果是根据 1980 年《国家公园法》和 1977 年《保护区法》建立的皇家保护区，则无咨询或通报提议名称的法定要求，但为了就保护区的提议名称作出明智的决定，环境保护部可以选择执行咨询或通报要求。

（b）新西兰地名委员会在批准提议前，必须咨询相应的毛利人团体和利益相关人士。

注释：

考虑到任何咨询工作都取决于环境保护部，新西兰地名委员会预计环境保护部将承担起咨询等工作。

（c）关于皇家保护区名称提议的咨询工作可以单独进行，也可以作为建立皇家保护区而进行的更广泛咨询工作的一部分。

附录 A：已获批的通名

下表列出了新西兰地名委员会已批准的皇家保护区名称通名。

通名	定义
美化市容地带	根据 1987 年《环境保护法》第 23（a）条保留的保护区
保护公园	根据 1987 年《环境保护法》第 19 条保留的保护区
生态区	根据 1987 年《环境保护法》第 21 条保留的保护区
禁猎区	根据 1987 年《环境保护法》第 22 条保留的保护区
荒野保护区	根据 1987 年《环境保护法》第 20 条保留的保护区
野生动物管理区	根据 1987 年《环境保护法》第 23（b）条保留的保护区
国家公园	根据 1980 年《国家公园法》第 4 条保留的保护区
海洋保护区	根据 1971 年《海洋保护区法》第 4 条保留的保护区
历史保护区	根据 1977 年《保护区法》第 18 条保留的保护区
自然保护区	根据 1977 年《保护区法》第 20 条保留的保护区
休闲保护区	根据 1977 年《保护区法》第 17 条保留的保护区
科研保护区	根据 1977 年《保护区法》第 21 条保留的保护区
风景保护区	根据 1977 年《保护区法》第 19 条保留的保护区
政府用保护区	根据 1977 年《保护区法》第 22 条保留的保护区

新西兰地名委员会系列架构

版本 7

2015 年 4 月

注：

1. 新西兰地名委员会（Ngā Pou Taunaha Aotearoa）（简称委员会）将根据国家和国际的趋势和发展，对本文件的内容进行持续优化和改进。

2. 委员会尽可能坚持本框架文件的政策、方针、指南和实践，但是，也会出现例外情况。

3. 自 2003 年 4 月起，委员会对原先管辖地理命名的法律《1946 年新西兰地名委员会法》进行了审议。该法更名为《2008 年新西兰地名委员会法》，2008 年 11 月 1 日生效（第 32 节和第 33 节除外，这两节于一年后的 2009 年 11 月 1 日完成制定）。2012 年 12 月 12 日又对该法进行了修订，增加了第 31A 节和第 32（1A）节，并在第 4 节增加了相应的定义。

4. 框架文件的第 7 版包括各种更新。

一、概述

简介（略）

名称类型

在新西兰，主要有七种类型的名称：

1. 源自口头传统的毛利语地名被视为人的财产（taonga）[①]，历史上代代相传。这些名称常与历史事件和人物有关。

2. 欧洲人采纳或改编的毛利语地名，有时会出现地点错误、拼写错误或某种方式的失误。

---

① 参见词汇表。

3. 外国地名的毛利版本或直译，比如：

Atene = Athens（雅典）

Ranana = London（伦敦）

Hiruharama = Jerusalem（耶路撒冷）

4. 欧洲探险家、移民及其后代带来的地名。

5. 自欧洲人定居以起的地名，以纪念人物、事件、地物或与地点相关的其他因素。

6. 双名，包括一个毛利语名称和一个非毛利语名称。双名同样代表了新西兰的历史和文化。

7. 别名，允许任何官方名称被用作官方名称。

南极名称和海底地物名称有不同类型：

二、关于新西兰（略）

第一部分：法定框架

一、概述

简介新西兰地名委员会（Ngā Pou Taunaha Aotearoa）是法定的政府机构，根据《2008 年新西兰地名委员会（Ngā Pou Taunaha Aotearoa）法》进行运作。委员会也按照从各项决定、调查、先例、国际趋势、联络和合作中演化出来的政策、原则和实践来运作。自 1946 年第一部法律颁布以来，委员会将遵守法律作为第一要务，但并没有忽视历史教训，也没有忽视来自先前的组织机构和国际同行的智慧和经验。

委员会负责新西兰及其领海和沿海岛屿、大陆架海底地物及南极洲罗斯海域（Ross Sea Region）等官方地名的命名，还负责审议和附议自然资源保护部（Department of Conservation）管理的皇家保护区（Crown protected areas）的命名。

二、地名的命名历史

英国人的命名

英国人殖民新西兰后，新移民命名的地名大量出现。

伦敦皇家地理学会监管新西兰地理命名的立法规定，直到《1894 年区域命名法》（*Designations of Districts Act*）授予新西兰总督变更或指定殖民地地名的权力。

授予命名权的理由

为避免邮局、火车站和其他行政管理基础设施命名的混乱，是授予地名命名权的早期理由之一。

新西兰荣誉地名委员会

1924 年，土地部长批准成立一个委员会，以便对新西兰有关地名和地物名称的一般性问题作出裁决。

首届委员会即新西兰荣誉地名委员会缺乏执行决定所必需的权力，仅发挥了顾问作用。1946 年，目前的委员会是根据现在已经废止的《1946 年新西兰地名委员会法》成立的。委员会是依据目前的 2008 年《新西兰地名委员会（Ngā Pou Taunaha Aotearoa）法》而存续。

新西兰地名委员会

新西兰地名委员会（Ngā Pou Taunaha Aotearoa）（简称委员会）是由《2008 年新西兰地名委员会法》管辖的一个法定机构。其主要职能是为新西兰的地理地物和皇家保护区、沿海岛屿、新西兰大陆架的海底地物以及南极洲罗斯属地的命名作出安排。

新西兰在南极洲的作用

南极的命名并没有专门列入《1946 年新西兰地名委员会法》，但是从那时起，新西兰更多地参与了南极洲罗斯属地的管理，同时对 1959 年达成的《南极条约体系》予以支持。这种参与包括测量、绘图和制图活动。因此，根据 1956 年的一项内阁指令，委员会成为新西兰南极地名的管理机构。

新西兰在南极洲持续发挥的作用是审议《1946 年新西兰地名委员会法》的因素之一。2008 年的立法专门对南极地物的命名作出了规定。

三、《2008年新西兰地名委员会法》

《2008年新西兰地名委员会法》

在2003年审议《1946年新西兰地名委员会法》后，政府决定用新法代替旧法，使官方地名的命名以及委员会的作用与管辖权得以实现现代化。《2008年新西兰地名委员会（Ngā Pou Taunaha Aotearoa）法》[①]是这次审议的成果。

《2008年新西兰地名委员会法》的宗旨

根据第3节明确的《2008年新西兰地名委员会法》的宗旨是：

（a）规定：

（i）新西兰地名委员会的存续与根据《1946年新西兰地名委员会法》成立的机构为同一机构，主要职责是命名地理地物和皇家保护区；

（ii）委员会的成员资格，以保证社区和政府利益在委员会具有充分代表性；

（iii）委员会的管理；

（b）确立委员会的管辖权；

（c）规定委员会的权力和职责，特别是规定了委员会在其管辖范围内指定、批准、变更或中止地理地物官方名称使用的权力和职责，从而以协调和标准化的方式实现官方命名；

（d）为地理地物命名提供有效通报、协商和决策程序；

（e）对与地理地物相关的文化和遗产价值，以恰当方式给予认可；

（f）能够使政府（包括地方政府）的若干行政管理需求得到满足；

（g）规定委员会在审议皇家保护区官方地名提议中的作用；

（h）保证提供官方地名权威记录以及公众对记录的查寻；

（i）废止《1946年新西兰地名委员会法》。

未明确说明的个人权利

《2008年新西兰地名委员会法》并未就如何进行地理命名给出任何指示或指令，委员会可规定自己的工作程序。新西兰公民个人的名称建议权是这

---

① 有关《2008年新西兰地名委员会法》的副本，参见：http://www.legislation.govt.nz。

一命名过程的重要组成部分。事实上，新西兰公众在这一过程中负有重要责任。

委员会的主要职能

委员会的主要职责是为地理地物和各皇家保护区命名。《2008 年新西兰地名委员会法》第 10 节规定的委员会主要职能是：

指定官方地名；

批准有记录的名称为官方地名；

通过替换地名或纠正地名的拼写来变更官方地名或有记录的地名；

停用官方地名或有记录的地名；

调查和确定地理地物的位置或范围，委员会据此指定官方地名，批准有记录的地名，或变更官方地名；

审议任何皇家保护区指定名称或变更名称的提议。

管辖权

委员会的管辖权①包括：

新西兰，包括沿海岛屿：新西兰和澳大利亚、邦蒂、奥克兰、坎贝尔岛、查塔姆群岛、克马德克群岛和斯奈尔斯群岛②；

领海，从海岸低潮线向外延伸 12 海里③；

新西兰大陆架④；

南极洲⑤的罗斯属地⑥及罗斯属地外南极洲相关部分。

委员会工作范围内的名称

委员会根据建议、批准、决定、附议或采纳情况，可以指定、变更或停止使用以下名称：

---

① 参考《2008 年新西兰地名委员会法》第 8 节。

② 参考《1963 年新西兰边界法》的新西兰领土，用经纬度描述。

③ 参考《1977 年领海、毗连区和专属经济区法》新西兰领海的精确边界。

④ 参考《1964 年大陆架法》的第 2（1）节。

⑤ 参考《1960 年南极法》第 2（1）节。

⑥ 参考《1994 年南极（环境保护）法》第 7（1）节。

用于地理地物和地点的名称；[①]
用于海底地物的名称；
用于南极地物的名称；
用于皇家保护区的名称，如国家公园和保护区；
来源于《怀唐伊条约》和解部分的名称；
源自《2004年海岸与海床法》中认可协议的名称。

除外责任

委员会不负责如下类型的命名：

新西兰国名。[②] 修订这一名称需要有国会的法。

地方政府行政区（local authority district）或地区的新名称。根据《1974年地方政府法》，为这些地方命名是地方政府委员会的职责。注意：经地方政府的同意或要求，委员会可变更行政区或地区的名称［《2008年新西兰地名委员会法》第11（2）节］。

行政区下属选区或分区的名称。根据《1974年地方政府法》，为这些地方命名是地方政府委员会的职责。

街道或道路的名称。根据《1974年地方政府法》第319、319A和320节的规定，地方政府机构负责管理这些名称。[③]

选区的名称。选区的命名是代表委员会的职责。

宅地、灯塔、建筑物、高尔夫球场和其他私人场所的名称。

轨道和人行道的名称。这些名称由相关二级行政区机构或自然资源保护部负责指定。

保护区的命名由地方政府机构负责。[④]

咨询功能因《怀唐伊条约》和解协议而产生的新地名或对地名的变更。在这些情况下，委员会的作用仅仅是咨询。关于委员会作用的更多信息，请参考《怀唐伊条约》和解部分第16页和第17页。

---

① 参考《2008年新西兰地名委员会法》第4节中的定义。

② 参考《2008年新西兰地名委员会法》第8（3）节。

③ 注：过去，委员会的前身曾有例外，批准了若干道路和街道名称。参见委员会会议记录，1939年9月21日（卷1）。

④ 参考根据《2008年新西兰地名委员会法》第4节皇家保护区的定义。

四、名称的类型

官方地名

如果地理地物或皇家保护区有官方地名，那么所有官方文件中必须使用该名称(《2008 年新西兰地名委员会法》第 32 节)。

《2008 年新西兰地名委员会法》第 4 节中官方地名的定义包括如下名称：

根据《2008 年新西兰地名委员会法》，由委员会指定、批准、采纳、确认或变更的名称；

根据《1946 年新西兰地名委员会法》，委员会在公报中公布的名称；

根据《怀唐伊条约》和解法指定或变更的名称；

指定或变更南极洲地理地物的名称；

根据法令，指定或变更皇家保护区的名称。

有记录的名称

有记录的名称是指至少出现在两种可为公众获得的出版物或数据库中，而且在委员会看来，这些出版物或数据库具有权威性。

有记录的名称可以作为官方地名被批准或采纳，或可在不征询公众意见的情况下停止使用。

如果委员会认为在新西兰境内，可能会出现公众对某些有记录名称的反对意见，则委员会就必须遵守完整的法定程序。

参考《2008 年新西兰地名委员会法》第 4 节、第 24 节和第 26 节。

其他名称

可在官方文件使用其他名称，只要该文件清楚说明所用名称不是官方地名。

参考《2008 年新西兰地名委员会法》第 32 节。

非官方名称类型

非官方名称是指被委员会停止使用或不被委员会视为官方地理地物的名称。下列非官方名称的分类：

（1）停止使用的名称；

（2）收集的名称；
（3）有记录的名称；
（4）撤销的名称；
（5）代替的名称；
（6）被拒绝的名称；
（7）建议的名称；
（8）原始毛利语名称；
（9）已删除的名称；
（10）没有达到最低要求的名称。

五、新西兰手语（略）

六、相关法规

《1863 年新西兰边界法》

本法明确了新西兰殖民地的界限为东经 162 度到西经 173 度，南纬 33 度到 53 度之间。

《1994 年南极洲（环境保护）法》

本法的目的是促进全面保护南极洲环境，保护南极洲作为一个科研区域的价值。

根据本法采取行动的任何人必须遵守《关于环境保护的南极洲条约议定书》（*Protocol on Environmental Protection to the Antarctic Treaty*）中所确立的环境原则。

《1977 年领海、毗连区和专属经济区法》

本法规定了新西兰的领海和毗连区，设立了新西兰周围毗连领海的专属经济区。

本法能够行使新西兰的主权，为该区域资源的勘探开发以及保护和管理作出规定，为与这些目的相关的事宜作出规定（包括新西兰 12 海里领海范围内的地理命名）。

《2006年地理标识(葡萄酒和白酒注册)法》

本法规定了与葡萄酒和白酒地理性原产地相关的地理标识的注册和保护。

根据本法，委员会有若干职能和义务，但是在《条例》通过后，本法方能生效。

《1998年纳塔胡部落理赔法》

本法落实了解决纳塔胡部落索赔问题的《1997年协议契约》的若干规定。

本法修订了关于委员会成员资格和委员会强调鼓励在官方地图使用原毛利语地名的《1946年新西兰地名委员会法》。法规定了南岛(Te Waipounamu)的一些地名为双名。法规是寻求地名文化补偿的众多条约处理方案中的第一个。

《怀唐伊条约》的其他和解立法

自1998年以来,《怀唐伊条约》其他已完成的和解方案也把地名作为文化补偿的一部分。有关《协议契据》和相关《条约》立法的更多信息，参考以下第17页。

《协议契据》和相关《怀唐伊条约》立法

条约和解办公室(OTS)和委员会订立了关系协定，规定了条约和解办公室在与《怀唐伊条约》和解谈判中如何与秘书处、主席和委员会互动，这些谈判可能涉及新的地名或地名变更。

条约和解是皇室与各毛利人索赔团体之间的一项协议，处理各索赔团体对皇室的所有历史恩怨。

毛利人索赔团体通常是与特定区域有长久的传统、习惯、精神、历史、祖传和文化联系的毛利人部落[①]或毛利人部落分支[②]。一些非常特殊的索赔可能会与较小的索赔团体或集体达成协议。

和解通常通过下列步骤来进行:

① 参见词汇表。

② 同上。

对历史的叙述和确认，以及皇家道歉；

文化补偿；

财政和商业补偿。

在某些情况下，文化补偿可能会让委员会发挥咨询作用，而不是作出决定。达成和解会促使立法以落实协议，可包括新的或变更的地名。

皇家保护区的地名也可以通过索赔者、条约和解办公室和自然资源保护部之间的条约和解来谈判确定，但委员会不会审议那些地名。

特定法规产生的地名

官方地名并不总是通过委员会决议产生的。

比如,《1998 年纳塔胡部落理赔法》中的地名库克山（Aoraki/Mount Cook）就来自以法规为基础的决定，是和解谈判的结果。尽管地名在最终和解前被提交到委员会进行审议，但指定地名的决定不是委员会作出的，而是由《怀唐伊条约》谈判部长作出的。

其他政府机构管辖的地名

对于不受《2008 年新西兰地名委员会法》管辖的地名，其他政府机构负责其命名工作。

比如，领土管理部门负责街道的命名，而不同的政府机构拥有与其法定职责相关的命名权利。

七、国际合作

联合国地名专家组（UNGEGN）

1959 年，联合国的一份决议为联合国地名专家组的设立铺平了道路。

成立联合国地名专家组是 1967 年在日内瓦召开的第一届联合国地名标准化会议的成果。

联合国地名会议每 5 年举行一次，组成联合国地名专家组的一些专家就国家和国际地理命名实践的标准化问题向各成员国提出技术建议。

联合国地名专家组网站称：

“坚持使用准确的地名是全世界有效沟通的关键要素，并支持社会经济的发展、自然资源的保护和国家的基础设施……联合国地名专家组项目的成功主要取决于各个国家和地方活动的落实。”

委员会代表新西兰，并作为澳大拉西亚地名委员会（CGNA）[①] 的成员，为联合国地名专家组作出了直接贡献。有关澳大拉西亚地名委员会的信息，参见后页。

南极研究科学委员会（SCAR）

南极研究科学委员会启动、推进和协调南极地区和有关南极地区在地球系统中作用的国际科学研究。

南极研究科学委员会下属南极地理信息常设委员会的主要职能是管理和改善地理框架，不仅为南极科学研究，同时也为其他活动，如各种作业、环境管理和旅游。

南极地理信息常设委员会发布了一部《南极洲综合地名辞典》。这部地名辞典提供了南极研究科学委员会各成员国在南极正式采用的所有地名。

秘书长是南极地理信息常设委员会的成员，负责向《南极洲综合地名辞典》提供官方地名。

美国地名委员会（USBGN）

美国地名委员会是一个联邦机构，其目前的形式依据《公法》于 1947 成立。

美国地名委员会成员是来自与公共土地的地理信息、人口、生态和管理相关的各联邦机构的代表。

美国地名委员会与内政部长共担管理职责，负责处理官方地理地物地名及其位置，以及管辖国内地名、外国地名、南极洲地名和海底地物地名使用的原则、政策和程序。

委员会与美国地名委员会就南极洲罗斯海域的命名事宜订立了关系协议。协议确定了与美国南极地名咨询委员会的磋商程序。

---

① 澳大拉西亚地名委员会。

美国南极名称咨询委员会（US-ACAN）

美国南极名称咨询委员会（US-ACAN）是美国地名委员会的咨询委员会。美国南极名称咨询委员会负责对南极洲的名称提议作出决定。

美国不承认其他国家对南极洲范围内的领土声索，因此美国南极名称咨询委员会负责为整个南极洲的地物指定名称。

新西兰只关注南极洲罗斯海域的地理名称的指定。

目前的做法是：新西兰的地名提议要通过与美国南极名称咨询委员会的磋商程序，反之亦然。为此，委员会与美国地名委员会订立了关系协议，明确了各自国家的作用和承诺。

政府间测绘委员会（ICSM）

政府间测绘委员会包括来自新西兰和澳大利亚（联邦、州和领地）政府测绘和制图机构的高级代表。政府间测绘委员会的宗旨是为测量、绘图和制图以及国家数据库提供领导、协调和标准。

2002 年，政府间测绘委员会成为澳大利亚新西兰空间信息委员会（ANZLIC）的常设委员会。

澳大拉西亚地名委员会（CGNA）

澳大拉西亚地名委员会组建于 1984 年，是为了协调澳大利亚和新西兰的地理命名活动。

成员包括澳大利亚各州和领地的命名机构和本委员会以及在地理命名中发挥作用且有利益关系的其他组织。

作为澳大拉西亚地名委员会的成员，新西兰地名委员会能够：

共享和获得与自身业务活动相关的信息和知识；

审议实践基准；

获得专门技术。

海底地名附属委员会（SCUFN）

全球海洋通用制图指导委员会（GEBCO）附属海底地名委员会维护和提供一部有关海底地物的名称、一般地物类型和地理位置的电子辞典。

各个国家在其领海水域内拥有给海底地物分配名称的排他权（对新西兰来说，就是在海岸线12海里范围内）。

对于领海以外的地物，海底地名附属委员会在向全球海洋通用制图指导委员会产品部[①]提交地名提议之前先对其进行审查。

第二部分：政策框架

一、概述

简介委员会各项政策、原则和实践活动源自其各项决定、调查、先例、国际趋势、联络活动以及合作。自1946年第一部法律颁布以来，委员会恪守法定职责，没有忽视历史教训，也没有忽视原组织和国际同行的智慧和经验。

二、命名法

原则

情况变化可能使委员会在其整体法定框架内作出新的政策和实践。自20世纪20年代成立以来，委员会已经制定出一套可行的工作规则。委员会应始终遵循这些规则，除非情况紧迫需要作出某些变化。

政策

当对名称提议作出决定时，委员会将遵循一套基本规则和标准。

命名的基本规则

委员会的基本命名规则是：

1. 在合适的情况下，应优先考虑原名[②]。

2. 当原名因出版物、当地或习惯用语出现变化时，原名应以正确的形式还原。

3. 尽管有上述第2条的情况，如果不正确的名称形式因当地或习惯用法

① 区域性国际水深图、国际海图和水深图。

② 在毛利语地名中，“原名”一般是指欧洲人殖民前已经存在的毛利语名称，注意不止一个名称显示出历史层次和征服的意味。但是，可以给予尚未命名的地物一个当代毛利语名称。

而形成了很长时间，则委员会可以保留此不正确的形式。

4. 如果在当地或习惯用法认可的两个或更多名称中作出选择，那么委员会应批准最恰当、最悦耳的名称。

5. 如果名称在委员会认为的具有权威性和官方性质的著作中公布，那么委员会可考虑执行。请注意，名称的公布不一定确定该名称的官方地位。

6. 英语名称应避免使用所有格，除非保留所有格是为了保持名称的悦耳之音或用作描述。名称不应附带表示拥有的符号。

7. 通常应避免使用连字符号来连接一个名称的各个部分，而且名称应书写为一个单词，或者书写为不同的单词（如果通过使用已经确定为不同的单词）。历史上，一般不使用语法符号或变音符号，因为这些符号在制图上是不受欢迎的。如果使用连字符号，必须考虑到应急服务和海上安全需求，特别是当名称集中到一起，使用语法可能会造成误解。

8. 尽管有上述第 7 条的情况，毛利语言委员会（Te Taura Whiri i te Reo Māori）设定的毛利语名称的拼写惯例在连字符号上适用特殊规则，委员会一般会予以支持。连字符号对于毛利语单词的含义非常重要，而且一般来说，如果一个单词含有“拥有”或“属于”的含义，或超过 6 个音节，那么一个单词就应该是带有连字符号的，比如：罗托鲁阿湖（Te Rotorua nui ā Kahu-matamomoe）、鱼礁（Taki-a-Maru）、怀伊悌河（Wai-iti River）等。[①]

9. 外语中的名称应以来源国采用的形式予以记录，即当地地名，已使用英语或毛利语同等词汇的情况除外。

10. 一般不鼓励使用变音符号，毛利语中的长音符号除外。

11. 如果单一地物的名称用毛利语和英语形式予以公布，且两种形式均在使用，则委员会可决定两种形式均为供选择的名称，可将一种或两种形式作为官方名称使用。有关双名和别名命名，参见第 29 节。

实例

如果发现以前已知原名，是毛利语原名或欧洲语原名，则当地已使用或通用的名称一般应优先考虑，但可在拼写上予以纠正或变更。

流入奥克兰塔麻克海峡（Auckland’s Tamaki Strait）的 Mangemangeroa Creek

① 参见委员会会议记录，2009 年 9 月 16 日。

就是一个纠正拼写的例子。原来这条小溪被不正确地记录为 Maungamaungaroa Creek。

三、拼写标准

原则

地理名称通常应符合新西兰英语和毛利语的拼写，尽管历史拼写和当地使用可能会影响到委员会的最终决定。

《2008 年新西兰地名委员会法》第 11 节（1）（b）规定委员会要审查名称拼写可疑的案例，并决定官方图表或官方地图应采用的拼写。

政策

在当地长期使用的名称可优先于变更拼写的任何提议。但是，出于安全关切，如果发现正确的或原先的版本，委员会可变更拼写。

在考虑变更或纠正毛利语地名拼写时，委员会将与毛利人部落（iwi）、部落分支（hapū）、会堂（marae）、该地区的原住民（ie tangata whenua）及其他相关人士或组织进行协商。

指南与实践

音译[①]，如 Otago（原为 Otakou）和易位[②]，如 Whataitai 改为 Hataitai，会影响到拼写，但可以被接受。

在下列实例中，因当地广泛使用，委员会决定保留目前的拼写，备选的拼写虽正确，但不是官方的。

尼尔森湖区的地物以詹姆斯・罗伯特・高恩（James Robert Gowen）命名，Gowen 拼写为 Gowan。

温德姆（Wyndham）南部地区以查尔斯・阿什・温德姆（Windham）命名。

有关名称的变更，也请参见第 38 节。

---

① 参见词汇表。

② 同上。

实例

下列名称为音译的实例：

官方地名	原拼写或正确拼写
Poneke	尼科尔森港（Port Nicholson）
AtenePa	雅典（Athens）
Ranana	伦敦（London）
Hau-tu-pe	Horse ShoeBay，possibly
Petone	Pito-one
Motueka	MotuWeka
Maitai River（迈泰河）	MahiTahi
Fiordland	峡湾（Fjordland）
Paremata	帕拉玛塔市（Parramatta，Australian Aboriginalword），澳大利亚的土著语单词

四、字母的使用

原则

委员会管辖范围内的官方地名应考虑到新西兰英语的形式和新西兰毛利语的形式。

政策

官方地名应使用新西兰通常使用的罗马字体书写。

在毛利语言委员会（Te Taura Whiri i te Reo Māori）发布的当前毛利语拼写和书写惯例中，可添加变音符号的使用。[①]

如果地名源自英语或毛利语以外的语言，一般不采用变音符号。

指南与实践

尽管会尽一切努力符合标准，但是应当承认在发音上会出现地区方言的

① 毛利语拼写和书写的毛利语指南可从 http://www.tetaurawhiri.govt.nz 上获得。

不同。在某些情况下，例外是可以接受的。

有关长音符号，另请参阅第 16 节。

实例

这些官方地名表明正确拼写法的使用。

Baring Head/Ōrua-pouanui

Te Motuo Poutoa

D' Urville Pass.

五、外语中的名称

原则

外语中的名称应以来源国采用的形式予以记录，除非名称不是罗马字母形式。已存在早已固定下来使用的英语或毛利语名称。政策委员会将记录以来源国的语言形式出现在外语中的地物名称，除非名称没有使用罗马字体，或者已存在早已固定下来使用的英语名称。[①]

实例

这些官方地名是使用外语的实例：

官方地名	语言
本 – 纳加尔峰（Ben-nagar Peak）	苏格兰语[①]
波斯塔克湾——意译（Bostaquet Bay，译注）	法语
卡瓦利群岛（Cavalli Islands）	意大利语
贝施山（Dela Beche Ridge）	法语
艾斯比诺萨站（Espinosa Point）	西班牙语
快乐生活冰川（Joie-de-vivre Glacier）	法语
帕斯尚德勒峰（Passchendaele Peak）	佛兰德语

① 参见委员会会议记录，1945 年 10 月 11 日（卷 2）。

② 注意，"Ben" 是苏格兰盖尔语 "Beinn" 的英式说法。

六、长音符号的使用

原则

《2008 年新西兰地名委员会法》第 11 节（1）（f）规定，有关毛利语名称的正确拼写法，委员会要征询毛利语言委员会（Te Taura Whiri ite Reo Māori）的意见。

政策

在官方毛利语名称中的元音使用长音符号时，委员会应遵循当前毛利语拼写和书写的指南，并征求毛利语言委员会的意见。[①]

指南/实践

毛利语名称中元音长音符号的正确使用要根据名称的来历，听取专家的意见，并根据具体情况，得到当地毛利人部落、部落分支和毛利人会堂的指南。

长音符号的使用影响到拼写、词义和发音。

实例

这些官方地名展示出长音符号的使用：

Hātea River

Manawatāwhi/Three KingsIslands

Tātāwhākā Creek

Stillwater-Ngākawau Line

七、大写

原则

首字母和中间名应始终使用大写，冠词和小品词除外。

---

① 毛利语拼写和书写指南可从下列网址获得：http://www.tetaurawhiri.govt.nz。

政策

官方地名的所有单词首字母通常都应大写，包括形容词、普通名词和定冠词。[①]
介词除外，介词是多词名称的一部分。
关于毛利语，参考毛利语言委员会（Te Taura Whiri ite Reo Māori）发布的毛利语拼写和书写的现行拼写惯例。

指南与实践

尽管委员会尽一切努力遵守标准化和一致性原则，但还是可能有例外。

实例

这些官方地名展示出首字母和中间名大写的使用，但也有一些例外：
The Landing
Jollie Sisters Peaks
Grafton Railway Station
Lake Ōkataina/Te Moanaikatainaā Te Rangitakaroro
Craters of the Moon
Holeinthe Wall（墙洞）

八、所有格和表示拥有的符号

原则

应避免使用英语所有格，除非保留所有格是为了保持名称的悦耳之音或用作描述。
如果保留所有格，就应放弃所有格符号。
毛利语中的所有格有不同的结构。参见上述第 24 节顶部命名规则 8。

政策

委员会审议的名称将不会被批准使用所有格，除非委员会被说服，认为所有格是必要的。

① 参见委员会会议记录，1947 年 7 月 24—25 日（卷 2）。

指南与实践

班克斯半岛（Banks Peninsula）是以约瑟夫·班克斯爵士的名字命名的，所以没有用所有格。其所有格符号在法规和土地所有权转移标题中使用，即Banks'Peninsula（班克斯半岛）。

在诸如Devil's Punchbowl和Devil's Armchair等地名中，所有格符号可放弃，但不放弃"s"。可以想象为所有格是完整的个人用具，像Cook Punchbowl，必定是Cooks，因为punchbowl（大酒杯）是Cook的，但Cook Strait（库克海峡）不是Cook的，只是以他的名字命名。①

实例

这些官方地名说明了所有格和表示拥有的符号的不同用法：

名称	注
霍克湾（Hawke's Bay）	Hawke's Bay用于指县/省/大区，带所有格和所有格符号。而Hawke Bay用于指湾，没有所有格符号和所有格［s］。地物以海军将军霍克的名字命名
阿瑟山隘（Arthur's Pass）	这里采用表示拥有的符号是因为该名称长期以来被这样使用，且因为Arthur是第一个名称——这个山隘是以Arthur Dudley Dobson（阿瑟·达德利·杜布森）爵士的名字命名的。在这个案例中，所有格保留了悦耳之音
菲尔德峰（Field Peak）	放弃了所有格和所有格符号的使用。1929年，在委员会审批新名Field Peak时，条件是名称不能写作Fields Peak。委员会接见了Field（菲尔德）先生，他非常满意。"是同一回事。"他说——委员会也持此意见。请注意，委员会不再支持用尚健在的人的姓名来给地物或地方命名——参见第27节有关人名的使用
奥龙哥梅小溪（Orongomai Stream）	毛利语的所有格
鱼礁 Taki-a-Maru（FishReef）	毛利语的所有格

① 参考《命名法规和名单》，新西兰荣誉地名委员会——公报1，1934年。

九、通名

原则

地名中的通用部分应尽量统一。

政策

委员会将维护当前的通名列表，该表用于名称确定并指导地名提议人和地名系统的其他用户。

通名包括英语通名，以及早已牢牢嵌入通名成为地名一部分的毛利语或外语名称，应避免模棱两可或产生混乱，特别是对应急服务而言，比如，罗托伊蒂湖（Lake Rotoiti）或芒格努伊山（Mount Maunganui）。

指南/实践

委员会编辑了通名列表，包括适用于个案的毛利语术语和非毛利语术语。

尽管要首选标准的、一致的方法，但允许使用现有的用法、当地惯例或存在例外情况。比如，没有采用首选的通名溪流（Stream），而使用其他选项可能更贴切，如溪（Brook）、小溪（Creek）和小河（Burn）。

不管是在专名之前或之后，通名的采用顺序是：根据当地用法、通常用法、声音的悦耳程度。

海底地物名称的暂行标准 NZGBS600001 列出海底地物名称的通名。

皇家保护区名称的标准 NZGBS60001 列出皇家保护区名称的通名。

经过更新的《地名辞典》将包括类别和地物类型。

实例

这些官方地名展示出通名的使用：

英尼斯小溪（Innes Burn）

洛赫·卡梅伦（Loch Cameron）

马基里基里潭（Makirikiri Tarns）

雪堆鞍（Snowdrift Saddle）

柳树河湾（Willow Reach）

十、限定术语

原则

限定词可用来区别具有相似专有形式或通用形式的各类地物。

政策

尽管有上述原则，但是只要可能，新名称应具有区别性。

方向性限定词的排序方式应当保持一致。

对于河道，首先应是河流名称，其次是方向性分支。但是，形成时间很长的名称应保持不变。[①]

指南与实践

所使用的限定词语可包括诸如“上、西、右支、新”等词汇。

实例

这些官方地名表明限定术语的使用：

Upper Acheron Flat——与 Acheron Flat 截然不同

North West Ridge——与 South West Ridge 和 North East Ridge 截然不同

Little Meg——与 Roaring Meg 不同

Gold Burn West Branch

Ahuriri River East Branch（内皮尔河东支流）

十一、数字或罗马数字的使用

原则

使用数字或罗马数字的官方地名，包括地名的全部或一部分，应书写完整。

① 参见委员会会议记录，2009 年 9 月 16 日。

政策

可能会有例外，带数字或数字书写不完整的现有地名将被保留。[①]

指南/实践

委员会可能会受到当地使用和常用方式的引导。

实例

这些官方地名表明了数字或罗马数字的使用：
五指溪（Five Finger Stream）
十二门徒山（Twelve Apostles Range）
二十五英里小溪（Twenty Five Mile Creek）
十五英里小溪（15 Mile Creek）

十二、缩略语

原则

《2008 年新西兰地名委员会法》第 32 节规定，除非表明所用名称是非官方名称，所有官方文件必须使用官方地名。

本规定可适用于缩略语。参见与长名相关的第 23 节。

政策

在新西兰、沿海岛屿、大陆架和南极洲罗斯海域，所有官方地名的拼写应完整、正确。[②]

根据委员会早期确定的原则[③]，只要委员会同意，允许在特定路标上使用拼写的简略形式。但是，根据《2008 年新西兰地名委员会法》，这一政策可能不适用。

缩略语有一个例外，即“Saint”的敬语形式本为“St'”，而不是“St.”。

① 参见委员会会议记录，2009 年 9 月 16 日。
② 参见委员会会议记录，2009 年 9 月 16 日。
③ 参见委员会特别会议记录，1968 年 7 月 4 日（卷 3）。

地名首选“St”。但是，如果官方名称带有“Saint”形式，则不应试图将其简写。

指南/实践

缩略语通常不作为官方地名的一部分来发布。这种情况不仅仅是针对名称的专名，而且也针对通名以及限定或方向性术语，比如：

North、South、East、West（北、南、东、西），不是N、S、E、W；

山 Mount，而不是 Mt；

山峰 Peak，而不是 Pk；

冰川 Glacier，而不是 Gl；

溪流 Stream，而不是 Strm；

河流 River，而不是 R 或 Rv；

历史遗迹 Historic Site，而不是 Hist. Site；

风景保护区 Scenic Reserve，而不是 S.R.。

因缺少空间，在地图产品中，地名的缩写和缩略形式可能是必需的。因此，名称的描述性附加物（如通名或其他限定术语）可以缩写，特别是在没必要区别具有相同专用名称的地物时。

目的是清晰地描述与地图表示法相关的物理景观，而不包括名称的专用部分。官方地名的缩略词和限定词在这些情况下是可以接受的。

但是，官方名称缩写的专用部分是不可接受的，除非适用《2008年新西兰地名委员会法》第32节（2）：“若包含非官方地名的官方文件表示，此特定名称不是其所适用的地理地物或皇家保护区的官方地名。”

《怀唐伊条约》的某些和解立法允许使用官方名称的简称。

实例

这些官方地名说明了缩略语的使用：

官方地名	缩写形式
罗托鲁阿湖（LakeRotorua/TeRotoruanuiāKahumatamomoe）	罗托鲁阿湖（LakeRotorua）
塔拉纳基山（MountTaranakiorMountEgmont）	塔拉纳基山（MtTaranakiorMtEgmont）

十三、长名

原则

一般不鼓励使用长名，但根据具体案例有可能被接受。参见与缩略语相关的第 22 节。参见与南极地名相关的第 43 节。参见与命名一般性指南相关的第 46 节。

政策

在审议长名提议时，委员会将考虑到：
名称的可用性；
声音的悦耳程度；
对应急管理和响应服务的影响；
提议名称的历史及其对社区或原住民的文化、传统和祖先的影响。

指南与实践

《怀唐伊条约》某些和解立法允许作为官方名称使用的官方长名的缩写形式。

联合国地名专家组建议，名称的长度是标准化名称的一个考虑因素。[①]

“格陵兰语的一个词可以非常长，因为它是‘多式综合语’（词由一个词根、一个或多个词缀和一个后缀组成），而且可以表达出在其他语言中整个句子的对应部分。”[②] 格陵兰语的长地名不能缩写。

同样，许多毛利语地名是合成词，是指事件、故事或个人所有，常常包括通名。此类毛利语地名在官方文件不应缩写。

实例

这些官方地名是长名的实例：
罗托伊蒂湖（Lake Rotoiti/Te Roto kite ā Ihenga i ariki ai Kahu）——缩写

① 联合国地名专家组（2006年）编写，《国家地名标准化手册》，美国纽约，联合国出版。
② 联合国地名专家组（2007年）编写，《供地图编辑人员和其他编辑人员使用的地名准则，国际通用——丹麦提交》，美国纽约，联合国出版。

形式：Lake Rotoiti

南阿尔卑斯山（Southern Alps/Kā Tiritiri o te Moana）

白鹭潟湖野生动物管理保护区（White Heron Lagoon Wildlife Management Reserve）

十四、地理特征空间范围[①]

原则

《2008年新西兰地名委员会法》第13（3）（b）（ii）节规定，《地名辞典》可包括“被命名的地理地物或皇室保护区空间范围的信息”。

地理地物的空间范围没有现成的定义，因为地理学本身可以定义边界，在其他情况下，空间范围可以通过发展或社会影响来改变。

关于适用于整体地物的名称，参见第25节。

政策

委员会将视情况来审议地理地物的空间范围，只要可能，将确定其范围。

指南与实践

对于线状和区域类型地物，委员会通常将采用新西兰土地信息部地形数据库中明确的空间范围。

《新西兰公报》中的官方地名发布通常将用文字明确所命名地物的空间范围。

皇家保护区的空间范围由自然资源保护部确定、管理和维护，并且可通过其在线地理信息系统（GIS）进行查看。

对于由国际海底地名附属委员会（SCUFN）认可的海底地物名称，必须确定线状或区域类型地物的几何图形。参考海底地名的暂行标准——NZGBS60000。

《地名辞典》数据库可尽力提供官方地名地理范围的空间视图。

① 2009年开始的一个项目，得到澳大拉西亚地名委员会的支持，旨在捕捉地方概念的模糊性，由墨尔本大学的斯蒂芬·温特（Stephan Winter）主持。本项目旨在捕捉模糊性并对其建模，为地方命名机构提供模型。

实例

这些官方地名说明了地名的使用范围：

北岸市（North Shore City）全部44个郊区的名称——由原北岸市市政厅在其原网站绘制成图（现在仍可访问）。

纳皮尔（Napier）港口分支——从纳皮尔交汇处到纳皮尔港口。Topo50地图BK39-黑斯廷斯（Hastings）和BJ39-维利那基（-Whirinaki），GR 367 207到GR 371 228。

欧普哈湖（Lake Opuha）——菲尔利（Fairlie）以北约12千米，在南欧普哈河（South Opuha River）、里本伍德溪（Ribbonwood Creek）和北欧普哈河（North Opuha River）的合流点附近，克莱顿路（Clayton Road）以东。

十五、地名适用于整体特征

原则

为了避免混乱和协助位置识别，名称应适用于与之相关的地理地物整体。

政策

委员会根据《2008年新西兰地名委员会法》第16节或第21节公布的官方名称应识别名称适用的地物整体。

委员会通常会拒绝对相同地物不同部分进行命名的提议，但委员会可接受地物范围内地物的名称，如湖泊中的湾。

关于地理地物的空间范围，参见第24节。

指南与实践

一般应适用单义性原则，即一个地方一个名称。有关双名和别名，参见第29节。

仍然有例外，比如，曼格奇诺溪改为旺格雷瀑布的哈蒂河（Hātea River）。

实例

这些地名是适用于整体地物名称的实例：

名称	地物描述
高贵土地海滩（Te Oneone Rangatira Beach）	海滩邻近伍德山森林，从凯帕拉湾入口处一直延伸到穆里怀海滩
汤姆森小溪（Thomson Creek）	溪流一般从卡吉尔山所在地向东南方向流，穿过索耶斯湾郊区，进入麦克德米兹湾（Mc Dermids Creek）
旋风山（Te Ahumairangi Hill）	位于惠灵顿，在瑟顿、诺诗兰、威尔顿和沃兹敦的郊区之间。最高点为 303 米，在新西兰地形图 NZtopo50 GR 583 918 上。向东北延伸，与啼纳可力街并行约 1 千米，大多掩映在再生型观赏灌木丛中

十六、地名的可接受性

原则

有些类型的名称应避免使用（未包含在其他章节的）。
品位低俗或容易造成冒犯行为的名称；
在种族、性别、教义、政治立场等方面具有歧视性或贬义性的名称；
以商品或其制造商、机构或组织命名的名称。

政策

如果对一名称的适当性心存疑虑，委员会将与提议人和其他任何有关机构进行协商。

联合国地名标准化会议决议第 X/4 号不鼓励地名商业化。

指南与实践

在某些情况下，委员会对涉及人体解剖学地物（通常为祖先命名的地物）的毛利语地名的使用和接受可能会造成冒犯举动。委员会考虑发生此类事件的可能性。

实例

下列名称表明官方地名中名称使用的可接受性：

名称	状态
约翰托马斯峰（John Thomas Peak）	拒绝——男性生殖器的委婉说法

续表

名称	状态
乌雷努伊（Urenui）	官方条约和解名称——男性生殖器
不可知论峰（Agnostic Peak）	拒绝——宗教情感
马卡里尼瀑布（Makarini Falls）	拒绝——毛利语名称，指提议人的狗
埃尔文门（Elvin Door）、阿拉贡哨兵（Aragorn's Sentinel）、纳兹古尔小溪（Nazgul Creek）、利文德尔盖普（Rivendell Gap）等	拒绝或撤销——《指环王》里的名称
赫顿湖（Lake Hutton）	拒绝——活着的人
Obermoutere	拒绝——外语的通用术语
教皇鼻子（Popes Nose）	记录的名称——位于阿斯帕林山（Aspiring）国家公园的山

十七、人名的使用

原则

符合公众利益的地理地物和地点，可用人名作为地名。成为被纪念的人物应当为地物所在区域作出过重要贡献，或与此地有紧密联系。要考虑到古代领导人、企业家及其与太平洋（Moananui a Kiwa）的联系。委员会的一项意图是促进、保证、支持妇女对新西兰传承的贡献。

参见第 43 节针对南极洲使用人名命名的单独政策。

政策

不得用在世人的人名字给地物、地点或皇家保护区命名。

如果使用已故人士的名字，一般仅使用姓或主要祖先的名字。提议审议前最少应有两年的过渡期。这段时间作为敬意的标记，或允许有足够的时间对合适的地物或地点进行命名识别。

联合国地名标准化会议决议第 VIII/2（1）号不鼓励使用在世人的名字命名地理地物。

指南与实践

委员会在下列情况下将考虑使用人名为地理地物命名：

名称认可波利尼西亚人的关联性和重要性。

名称明确显示出祖先的重要意义，即该名称能够纪念重要的祖先与地点、地区或区域之间的关系。

该人士提供过特殊服务（special service）。

该人士在如探险、发现、科学或其他领导领域取得过突出成就。

该人士获得过国家或国际的认可或在此层面上具有重要性。

当地人普遍认可该提议。

该人名的使用明显符合公众利益。

尊称和首字母不得作为地物命名中人名的一部分，最好只使用姓。

不支持使用某人的全名或不实用的头衔。

如果该人与提议人是朋友或亲友关系，该人名是不可接受的（不适用于晚辈提出的重要祖先的姓名）。

如果是为纪念曾经为该地区的发展有过捐赠或赞助的人，无论该人健在还是已去世，通常不使用该人名。

实例

这些官方地名表明了人名的使用：

鲍勃斯角（Bobs Point）；

莫里森灌木丛（Morison Bush）；

威廉爵士峰（Sir William Peak）；

特恩布尔汤姆森瀑布（Turnbull Thomson Falls）；

帕特森风景保护区（Paterson Scenic Reserve）；

W.F. 莫斯风景保护区（WF Moss Scenic Reserve）；

尖塔岩（SteepleRock/Te Aroaro-o-Kupe）；

库佩湾（Kupe Bay）；

云湾（Te Koko-o-Kupe/Cloudy Bay）；

莫图依奇岛（Motuihe Island/Te Motu-a-Ihenga）；

罗托鲁阿湖（Lake Rotorua/Te Rotorua nui ā Kahumatamomoe）；

塔玛提亚峰（Tamatea Peak）；

哈卡特热峰（Hakatere Peak）。

十八、地名主题

原则

地名应当反映新西兰的文化、社会、传统和历史。如果特定地区或区域的地名遵循一个特定的主题，那么未来的任何地名也都应适当地遵守这一主题。

政策

如果特定地区或区域的地名遵循一个特定的主题，那么委员会在审议该地区或区域的提议地名时应考虑到这一点。

指南与实践

在提交提议地名时，相比一个与主题不相关的提议，对一个地区地名主题有所补充的提议可能会被积极考虑。

相关的原毛利人祖先地名或传统地名在新西兰可能更受欢迎。

在南极，毛利语地名应当反映诸如物种、哺乳动物、鸟类、地理地物和地点等毛利文字的主题。

实例

在官方地名使用的如下主题：
科学家（Scientists）
波利尼西亚的起源（Polynesianorigins）
大型历史事件的领导人
希腊神话（Greekmythology）（Leaders in major historical events）
邮政大臣（Postmaster-Generals）
探险捐助人（explorationbenefactors）
库佩传统（Kupetraditions）

十九、双名和别名命名

原则

双名和别名命名承认某些社区的原毛利语和非毛利语名称的平等性和特

殊重要性。这种重要性可以是历史的，也可以是文化的。

双名和别名命名规定了新西兰的两种官方书面语言。注意，一个名称不一定或甚至通常不是另外一个名称的翻译。

双名和别名命名可以克服大规模替换可能造成的某些问题，如身份的丧失和混乱，特别是在紧急情况下。

对于书面形式的双名命名，需要两个名称同时显示。对于别名命名，可以说明是一个名称或所有名称。

随着时间的流逝，原毛利语名称可能每天都会获得认可和使用，并最终取代非毛利语名称。

澳大拉西亚地名委员会双名命名描述准则[①]鼓励使用斜线两侧的空间。

地名的文化和历史层面非常重要，甚至比过去命名时的现实考虑更为重要。

政策

双名命名要求在官方使用毛利语和非毛利语名称，如库克山（Aoraki/Mount Cook）。现代的双名命名习惯是以斜线分隔两个名称。[②]

别名命名是指在公报中作为官方名称通报的名称或任何名称。这种情况通常出现在以毛利语和非毛利语形式公布的单个地物或地点的名称上，通常使用两种或更多形式。在官方文件中，对含有一个或其他或所有这些官方别名的描述，应符合官方名称的要求。如果所用名称不止一个，建议用文字“或”来分开。

根据《2008 年新西兰地名委员会法》第 32 节的要求，如果地理地物或皇家保护区有一个官方地名，则该地名必须用于所有官方文件中。其中包括双名和别名。如果相同地理地物、地点或皇家保护区有两个或更多官方地名别名，那么这些名称中的任何一个的使用应完全符合《2008 年新西兰地名委员会法》的规定。

联合国地名专家组的国际指南推广单义性原则，即一个地方一个名称。

---

① 澳大拉西亚地名委员会双名命名描述准则可从下列网址获得。

② 贝文.T（2001 年）。新西兰的双名，非洲文献第二名称——名称世界的第一部分，卷 15（1&2）。

委员会认为双名在不同的语言中是包含两个部分的单一名称——每个部分使用不同语言。别名不用严格遵守这一原则，所以委员会不会轻易指定此类名称。①

为了清楚、轻松地进行识别，鼓励在双名的斜线两侧留出可视空间。

指南与实践

从历史上来看，委员会对地名的双名和别名的申请持谨慎态度。

1986 年 5 月 29 日，土地部长决定重新命名塔拉纳基山（Mount Egmont、Mount Taranaki 或 Mount Egmont），此时，别名的命名有了变化。

委员会采用了一种双名命名规则，一般使用原始毛利语名称作为前面的名称，以承认首次发现的权利，后面跟一条斜线，表示“或”的意思，然后是非毛利语名称，比如，Matiu/Somes Island。但是，每个名称是根据其优点来审议的。当考虑到导航设备、海上安全或应急响应等时，也会有一些例外，比如，Baring Head /ōrua-pouanui，和 Steeple Rock /Te Aroaro-o-Kupe。

地名双名和别名还有一些其他独特的形式，如两个毛利语地名或两个非毛利语地名，委员会视具体情况予以审议。

因出自《怀唐伊条约》和解部分的地名双名和别名也可以有不同的形式。尽管委员会就立法、指南和标准等问题向条约和解办公室提供了自己的观点、意见和建议，但是由《怀唐伊条约》谈判部长作出最终决定。这已经导致一些不同寻常的结果，如纳塔胡部落（Ngāi Tahu settlement）的大多数名称中非毛利语名称先于毛利语名称，而且在阿拉瓦湖部落（Te Arawa Lakes settlement）的三个湖都有非常长的双名，两者都是毛利语名称，尽管在通常使用和官方文件中有能力使用简易格式。

在地理上，具有双名或别名的地名适用于相同的地理地物及其范围（但不适用于地方政府管辖的地区、区域或选区，或不适用于皇家保护区的名称）。

实例

这些是双名和别名的实例：

三王群岛（Manawatāwhi/Three Kings Islands）；

① 《国家地名标准化手册》，可从下列网址获得：http://unstats.un.org/unsd/publication/seriesm/seriesm_88e.pdf。

糖面包岛（Ngā Motu/Sugar Loaf Islands）；
霍利福德河（Hollyford River/Whakatipu KāTuka）；
Lake kataina/Te Moana i katainaā Te Rangitakaroro）；
南阿尔卑斯山（Southern Alps/Kā Tiritiriote Moana）；
塔拉纳基山（Mount Taranaki 或 Mount Egmont）；
旺格努伊（Whanganui 或 Wanganui）；
北岛（North Island 或 TeIka-a-Māui）；
南岛（South Island 或 Te Waipounamu）。

二十、重名

原则

应避免重名，特别是在可能造成混乱的地方，因为应急服务机构需要迅速、准确地识别位置。委员会不支持人口密集区出现重名——这符合 ANZ 标准 4819-2011“郊区和市区的编址”。

只要在邻近地区没有重名，可以使用描述性名称。随着国内和国际呼叫中心的设立，这一原则变得愈加重要。

政策

如果重名可能造成应急服务的混乱并对生命造成潜在危害，委员会将不批准邻近地区早已存在的名称提议。例外是如果通过附加名称或其他信息，不至于造成应急服务的混乱，则重名就符合要求。

如果名称已经在整个新西兰境内有重复，即不仅仅是在邻近地区重复，委员会将不会批准该名称的提议。

指南与实践

委员会将根据具体情况来对待每一个重名提议。

在专名上添加独特的通名或限定术语，可能有助于避免因重名造成的混乱。

实例

山羊岛（Goat Island）的名称已用在新西兰四个不同的岛上，所以委员会不可能再批准另外一个岛被命名为山羊岛的提议。Waipapa（怀帕帕）已在68个地名中重复，大部分在北岛（Te Ika-a-Māui 或 North Island）。Hikurangi（希库兰吉）在32个地名中重复，大部分也在北岛（Te Ika-a-Māui 或 North Island）。

名称	位置	参考地图
山羊岛（Goat Island）	斯图尔特岛（Stewart Island /Rakiura）	新西兰地形数据库 NZTopo50-CJ10
山羊岛（Goat Island）	罗德尼角（Cape Rodney）	新西兰地形数据库 NZTopo50-AY32
山羊岛（Goat Island）	璜加雷（Whangarei）	新西兰地形数据库 NZTopo50-AX31
Goat Island/Rakiriri（山羊岛）	达尼丁（Dunedin）	新西兰地形数据库 NZTopo50-CE17

二十一、尚未被命名的地物或地方的名称

原则

委员会可能会对根据《2008年新西兰地名委员会法》第15节的规定提交尚未被命名的地理地物或地方的名称提议进行审议。

作为国家官方地名集的管理人和保管人（kaitiaki），委员会应避免过度命名。对有命名价值的未命名地物进行官方命名可能是一种挑战。因此，委员会希望保证，对于与我们国家未来相关的重要人物或事件的名称，后代人仍然有大量的未命名地物空间可以使用。

政策

向委员会提出的为尚未被命名的地物指定官方地名的任何提议，将根据委员会的立法要求和政策框架予以审议。

委员会将与该地区原住民的部落、分支、会堂进行协商，以确定是否有应当审议的原始毛利语名称。

指南与实践

在对尚未被命名的地理地物或地方的指定名称进行审议时，可优先考虑最初的毛利语名称。

人们承认未来的新西兰人将在本国的历史中发挥持久作用，用地名来纪念他们是适当的。未来的重要事件也应通过地名的保存而反映出来。委员会的作用就是阻止对不需要命名的地物附加善意的，但在很大程度上却又无关紧要的、不成熟的名称（如不时的提议）。因此，如果没有令人信服的理由，即使所提议的实际名称没有什么问题，委员会也应拒绝此类提议。

实例

这些是对尚未被命名的地物或地点批准的官方地名：
Kōmarupeka Creek；
胡德湖（Lake Hood）；
金星谷（Venus Valley）；
圣坛岩（Pulpit Rock）；
Tangitanginga。

二十二、“小”特征的命名

原则

一般情况下，委员会将审议地理“小”地物的地名命名提议，前提是这些小地物及其理念与名称的重要性显而易见。

政策

委员会可审议地理“小”地物的地名命名提议——包括具有历史意义的场所和地方，说明其在历史、文化或政治方面的重要性。

指南与实践

将根据委员会的立法要求和政策框架对小地物的提议名称进行审议。

根据比例和可读性，出于制图原因，地图和图表没有必要显示小地物的名称。

委员会根据具体情况审议小地物名称的构成，特别是其历史关联性可能比物理性证据更有价值。

“小”地物可能与社区有重要的关联性。可通过社区的讨论（kōrero）叙述或其他私人或公共档案来说明这种重要性。

实例

汤加里罗河（Tongariro River）畔的池塘。

塔拉纳基山（Mount Taranaki 或 Mount Egmont）最高峰的高山地物。

斯库拉和卡律布狄斯（Scylla and Charybdis）——教皇鼻子（Popes Nose）和飞机峰（Aeroplane Peak）之间的两个小山峰。

二十三、所在地和郊区地名

原则

根据《2008 年新西兰地名委员会法》第 10 节的规定，委员会负责地理地物的命名。这一定义包括作为地方的所在地和郊区。《2008 年新西兰地名委员会法》第 4 节明确了下列定义：

所在地	在当地管理区内一个可以识别的区域，在性质上通常为农村地区或部分是农村地区
郊区	当地管理区内的一个可以识别的区域，通常在性质上属于城市，拥有诸如教育、交通运输和购物等设施

委员会还负责其他人口密集区的命名，如镇、市、住区（settlements）、村等。

委员会认可 ANZ 标准 4819：2011“郊区和市区的编址”中的“所在地”定义，“经过命名的地理区域的定义是一个社区或有权益的地区，在性质上可能是农村，也可能是城市，后者通常是指郊区”。

委员会认可所在地和郊区名称及其范围的重要性。这些名称和相关区域对于正确识别位置非常重要，对应急服务至关重要。

所在地和郊区名称和范围对于政府管理也很重要，并且为当地社区提供了一个重要的识别点或关联点。

政策

所在地的郊区名称和范围的指定要考虑到应急服务和公共事业服务，因此，委员会要特别注意地名的标准化和非模糊性。

当审议所在地或郊区及其范围的名称提议时，委员会将：

在处理提议前，寻求相关区域管理部门的支持；

考虑到当地社区的意见；

考虑到原住民毛利人（tangata whenua）部落（iwi）、分支（hapū）和会堂（marae）的意见。

指南与实践

委员会将要求相关区域管理部门对所在地和郊区的空间范围进行正式定义。参见与地理地物空间范围相关的第 24 节。

委员会认可，人口密集区要遵守或受限于自然明确的地理边界或人工基础设施，同时他们也要顺应发展和地区的重新定义。

历史上，委员会通常不在公报中公布规定的边界。但是，根据《2008 年新西兰地名委员会法》，委员会承认，为了满足受影响人群的询问，新的所在地和郊区范围需要在为其指定名称时向社会公开。

一般情况下，区域管理当局决定所在地和郊区的边界。通过信息公示过程，其他机构或个人可以影响最终决定，而且可以识别任何潜在的冲突。

关于 AZN 标准 4819：2011“郊区和市区的编址”，委员会将考虑到对区域管理当局命名所在地的要求。关于官方郊区和所在地名称的最终决定由委员会（或主管部长）作出。

最终目的是划分每个议会的管辖范围，制作成一套全国统一的郊区和所在地集册，附有官方认可的名称和边界，用作地址和位置的共同描述符号。集册中有些地物属于单独命名的很小的居住社区或无人居住的地方，其位置具有历史相关性与重要性。

实例

这些官方地名是所在地和郊区的实例：

岩海（Stonefields）——奥克兰（Auckland）的郊区；

Tai Tapu——克赖斯特彻奇（Christchurch）附近的一个地方。

二十四、山名

原则

如果是未命名的山脉和其他高山地物的新名称，首先攀登、游历或发现此类地物的登山家、探险家或向导有权根据委员会的其他法定和政策框架要求提交名称提议，由委员会审批。

如果是欧洲人到来之前的探险家、“登山家”和冒险家，毛利人部落、分支和会堂社区可递交提议，寻求基于演讲、宗谱和威望的历史领导人或历史事件的证据。

政策

在审议首先攀登、游历或发现某山区地物之人所提议的名称时，委员会将认可此人对此地物的提名权。

首先攀登、游历或发现某山区地物的经历并没有赋予此人提议更改已有名称的权利。[①]

针对原住民和其他风景的任何提议（只要有关），将由与地物有直接利害关系和关联的团体或社区进行审议。

指南与实践

关于珍巴滕峰（Jean Batten Peak），委员会对上述原则作出了例外处理。瓦卡蒂普湖（Lake Wakatipu）边的瓦尔特峰车站（Walter Peak Station）的前所有人彼得·麦肯齐少校（Major Peter Mackenzie）在珍·巴滕访问了该车站后提出了这一名称提议。麦肯齐不是拥有首先发现权的人。

参见关于荒野地区的内容。

实例

这些地名是早期欧洲探险家、测量人员和登山家命名的地物实例：

① 参见委员会会议记录，1938 年 7 月 7 日（卷 1）。

官方地名	命名人……
神秘峰（Mystery Peak）	帕斯科（Pascoe），1930 年
科茨山（Mount Coates）	第一支登山队，1932 年
伯爵山（Earl Mountains）	迈凯洛（Mc Kerrow），1861—1863 年
Pukematawai Peak	安德森（Anderson），1933 年
Pukewhero Peak	斯科特（Scott），1933 年

二十五、荒野地区

原则

荒野的基本特点是地物没有名称，且缺少某种文明的文化覆盖。“荒野”概念在毛利语中没有文化等值。因此，委员会不鼓励针对已被指定为荒野地区，以及具有类似荒野地物的原始与遥远保护区进行命名提议。

政策

委员会不会批准针对已经被指定为荒野地区的命名提议，除非存在令人信服和压倒一切的需求，如应急服务的需要。委员会将会征求负责管理荒野保护区机构的意见。

不会鼓励对个人的纪念。

所有名称提议必须符合委员会所有其他要求的基本标准，并且将根据委员会的立法要求和政策框架进行审议。

指南与实践

委员会偶尔收到过菲奥德兰（Fiordland）的名称提议，尽管这里不是一个指定的荒野保护区，但委员会对接受提议之事一直持谨慎态度。

实例

这些是新西兰指定的荒野保护区的实例：

亚当斯（Adams）荒野保护区；

胡克/兰兹伯勒（Hooker/Landsborough）荒野保护区；

帕帕罗阿（Paparoa）荒野保护区；

劳库马拉（Rau kumara）荒野保护区；
塔斯曼（Tasman）荒野保护区；
橄榄石（Olivine）荒野保护区；
彭布鲁克（Pembroke）荒野保护区；
格兰斯诺克（Glaisnock）荒野保护区。

二十六、官方文件中的地名使用

原则

根据《2008 年新西兰地名委员会法》第 32 节的要求，如果地理地物或皇家保护区有官方地名，则该地名必须用于所有官方文件中。

《2008 年新西兰地名委员会法》第 2 节中官方文件的定义包括地理和科学出版物和手稿以及面向旅行者或游客的出版物。

在官方文件中使用其他名称，只要该文件明确说明所用名称不是官方地名［《2008 年新西兰地名委员会法》第 32（2）节］就可以了。

在《2008 年新西兰地名委员会法》第 4 节定义的官方文件、地图和图表。

政策

官方地名在官方文件中必须书写完整。

成为官方名称一部分的长音符号和其他任何语法或变音符号必须在官方文件中显示出来。关于长音符号的更多信息，参见第 16 节。

路标属官方文件，属于与缩写名称有关的《2008 年新西兰地名委员会法》的管辖范围。[①] 参见与缩写名称相关的内容。

关于双名和别名，另请参阅第 29 节。

指南与实践

在适用情况下，皇家机构必须保证在以下官方文件列表（非全部）中使用官方地名：

立法
政府网站；

① 参见委员会会议记录，1968 年 7 月 4 日（卷 3）。

新西兰土地信息部地图和图表；
新西兰土地信息部土地在线。

二十七、别名或非官方地名

原则

在某些情况下，地理地物有目前的名称或历史名称，不同于官方地名。这些名称可在某种情况下表示出来。

关于地理地物双名和别名的信息，参见第 29 节。

政策

需要根据《2008 年新西兰地名委员会法》第 32 节的要求使用地理地物的官方名称，包括双名和别名。

委员会可收集别名，并在《地名辞典》中列出，把这些名称归类为非官方名称；但是，这些名称是非官方的，不应被使用。

指南与实践

收集别名的可能原因包括：
注明当地使用的别名；
注明已经被代替、变更或停止使用的原名；
注明某个仅适用于地物一部分的当地名称；
注明适用于某个地物的原始毛利语名称。

实例

同时具有官方名称和别名或非官方名称的地物实例：

官方地名	别名/非官方名称
黄金礁湾（Gold Reef Bay），在凯内普（in Kenepuru Sound）	鲁峡湾　长湾
玛尼欧托托（Maniototo），奥塔哥	马尼亚托托（Maniatoto）
帕卡卡里基山（Paekākāriki Hill），卡皮蒂	Pai-a-te-Rangi

二十八、地名变更

原则

地名对于语言和位置是重要的参照或标记。因此，没有充分的理由，不应对已确定的名称进行变更，并且应根据具体情况进行谨慎的审议。

政策

针对名称变更的提议，委员会将根据其优点进行审议。

委员会可变更名称，比如，在作出重要更正时更正拼写，比如当更正是作为一种补偿的时候，这样做可以纠正某种严重错误并平息社区的不满情绪。但是，对于其他标准以及立法方面的考虑可能比这一政策更为重要。

《2008 年新西兰地名委员会法》规定的职能是，委员会要审查名称疑似拼写错误的案例，并就官方图表或官方地图要采用的拼写作出决定。

指南与实践

在下列情况下，可批准对名称的变更：

符合立法；

遵循已确定的当地或通用用法；

认识到目前的名称在文化上不合适；

名称对当地社区造成困惑；

其他问题（如安全）成为考虑变更名称的重要理由。

实例

这些是已经变更过的官方地名：

官方地名	变更来源
小巴里尔岛（Hauturu/Little BarrierIsland）	小巴里尔岛（Little Barrier/Hauturu Island）
多梅特山（Mount Domett）	多梅特山（Mount Domet）
Mount Parihaka（帕拉哈基山）	帕拉哈基山（Mount Parahaki）
雷威蒂（Reweti）	雷威蒂（Rewiti）
邓肯湾（Duncan Bay）	尼森海口（Tennyson Inlet）

续表

官方地名	变更来源
鲁阿唐卡塔火车站（Ruatangata Railway Station）	旺阿伊胡火车站（Whangaehu Railway Station）
旺格努伊（Whanganui 或 Wanganui）	旺格努伊（Wanganui）

二十九、其他法规建立的地名状态

原则

《2008 年新西兰地名委员会法》第 35 节确认，在《2008 年新西兰地名委员会法》生效之前，根据其他法规给皇家保护区命名的名称有效。如果这些名称未在以前的公报中公布，委员会必须在新西兰公报中给予公布。

对皇家保护区的命名事宜包含在《皇家保护区名称标准》——NZGBS60001 中。

根据《2008 年新西兰地名委员会法》之前颁布的《怀唐伊条约和解法》命名的名称包含在官方地名的定义中。

有关官方地名的定义，参见《2008 年新西兰地名委员会法》第 4 节，有关使名称生效的要求，参见《2008 年新西兰地名委员会法》第 35 节。

政策

如果提议名称符合委员会的法律和政策框架，委员会可支持其他机构根据其部分法定职责而提议的名称。

委员会致力于与这些机构的开放式沟通，以保证委员会的政策框架得到遵守。

委员会将积极参加提议新名称的立法，特别是当根据该立法进行命名可能会与《2008 年新西兰地名委员会法》的要求和委员会的政策框架出现冲突时。

指南与实践

委员会积极参与了影响到《2008 年新西兰地名委员会法》职责的立法活动，特别是《怀唐伊条约和解系列法》，如《1998 年纳塔胡部落理赔法》（Ngāi Tahu Claims Settlement Act）和自 1998 年以来的多个其他法。

委员会还与自然资源保护部一起参与了之前的《皇家保护区命名标准操作程序》的制定工作。注意，根据《2008 年新西兰地名委员会法》，委员会负责审议和认可由自然资源保护部提议的皇家保护区的名称，并且与自然资源保护部进行磋商，发布皇家保护区名称的标准。

实例

这些实例是根据其他法规确定的官方地名：

库克山（Aoraki /Mount Cook）	《1998 年纳塔胡部落理赔法》（*Ngāi Tahu Claims Settlement Act* 1998）
Kōtukutuku Bay	《2006 年阿拉瓦湖和解法》（*Te Arawa Lakes Settlement Act* 2006）
杨尼克角（Young Nick's Head）/特库里哈纳山岬（Te Kuri a Paoa）历史保护区	《1977 年保护区法》（*Reserves Act* 1977）

三十、其他政策

海底地物

2009 年 3 月，委员会公布了《海底名称暂行标准》——NZGBS60000。

皇家保护区名称

2012 年 4 月，委员会公布了《皇家保护区名称标准》——NZGBS60001。

测量控制标记名称

如果一个名称的命名是用于三角大地测量控制标记（一个三角测量点），则该名称应为地名，通常是该三角测量点所在的一座山，而不是三角测量点的名称或代号。委员会没有命名三角测量点的管辖权，但是将与新西兰土地信息部进行磋商，以便寻求该地理地物的名称与三角测量点名称的一致性。[①]

① 参见委员会会议记录，1973 年 8 月 9 日（卷 4）。

三十一、毛利语地名（略）

三十二、毛利地名协议（略）

三十三、南极地名

南极洲没有单一的命名机构，因为这个地方不属于任何一个国家的主权范围。对南极感兴趣或对南极提出领地要求的个别国家负责本国的南极名称政策以及那些名称的授权和使用。

立法

《2008年新西兰地名委员会法》与南极命名相关的各章节是：

章节	规定
4	南极洲具有在《1960年南极法》第2节（1）中相同的含义
8	在本法或其他与地理地物或皇家保护区相关的法规之下，委员会对以下地区拥有管辖权，行使权力以履行各项职责—— 《1994年南极（环境保护）法》第7节（1）所定义的罗斯属地 此外，对于南极洲罗斯属地以外的部分，委员会根据本法行使权力，执行相关职能和职责 委员会的管辖权包括罗斯属地① 如有关联，委员会也可批准南极洲罗斯属地以外部分地区的名称，如罗斯海域
25	领土范围以外的地理地物 （1）第16节到第20节的规定不适用，如果与地理地物相关，该地理地物又在新西兰领土范围以外，委员会执行下列职能—— （a）指定官方地名； （b）修改官方地名 （2）但是，委员会必须—— （a）与其认为合适的相关国家和国际命名机构进行磋商； （b）根据第21节（2），在切实可行的情况下，尽快公布官方地名
	南极名称提议不必经过信息公示和征求意见，但委员会必须与任何相关的国际命名机构进行磋商，而且委员会必须在地名成为官方名称时予以公告

① 罗斯属地范围在《1994年南极（环境保护）法》第7（1）节得到明确。

续表

章节	规定
35	特定名称的确认 （1）关于在本法实施前采取的行动，本节适用于每个名称—— （a）委员会已经为南极的地理地物指定或修改名称，不管该名称是否已经在公报中公布 （2）第（1）小节中提到的名称是官方地名，而且如果这些名称是根据《2008 年新西兰地名委员会法》而被指定或修改的，则是有效的 （3）在《2008 年新西兰地名委员会法》开始实施后，只要切实可行，委员会必须在公报中公布第（1）小节中提到的、以前没有在公报中公布的官方地名 对在《2008 年新西兰地名委员会法》之前存在的南极名称进行确认，以便作为官方地名。如果那些地名还没有在公报中公布，委员会必须在公报中予以公布

罗斯属地和罗斯海域的范围

罗斯属地是南纬 60° 以南的一块区域，位于东经 160° 和西经 150° 之间，1923 年英国提出主权要求，自此新西兰开始对这块区域负责。

罗斯海域可以定义为以东部的赛普尔（Siple）海岸和白濑（Shirase）海岸以及西部的南极中央山脉为边界，包括东部的赛普尔海岸和白濑海岸以及西部的南极洲中央山脉，最远到达南极点。

委员会作为管理机构的历史

1956 年 12 月，内阁的一个小组委员会任命委员会为新西兰南极地名的管理机构。

根据《1946 年新西兰地名委员会法》，委员会没有被授予批准南极地名的职能。《2008 年新西兰地名委员会法》修订了这一规定。

新西兰土地信息部的南极战略

自英国人詹姆斯·克拉克·罗斯爵士（Sir James Clark Ross）首次在 1839 年探险以来，新西兰政府对罗斯海域保持长期承诺和战略利益。在该地区坚持可靠的存在和研究计划，表明新西兰对这块大陆的管理以及对《1959 年南极条约》项下新西兰义务的履行。

根据枢密院令，1923 年，新西兰正式确认了其在罗斯属地的利益。

新西兰在南极的活动和参与主要是在国际协定框架内和通过一个众所周知的治理体系——《南极条约体系》来实现的。1959 年的《南极条约》最初

签署国共 12 个，其同意

冻结对领土主权的争议；

南极非军事化；

推动南极的科学合作。

截至 2013 年，条约签署国达 50 个，在《南极条约》年度协商会议，又进一步达成了重要协定和数以百计具有法律约束力的决定。

有关南极条约体系的更多信息，参见《南极条约》秘书处。

国际联络

美国地质调查局（USGS）和新西兰土地信息部有一项协议，规定了两国命名机构之间的协商。

美国地名委员会（USBGN）下设一个附属委员会，即美国南极名称咨询委员会（US-ACAN），当审议罗斯海域的名称时，委员会与其进行协商。该协议主要涉及新名称的共享和协商。

有关美国南极名称咨询委员会的更多情况，参见第 20 节。

委员会与邻近的澳大利亚南极领地（东经 160° 以西）有一份非正式安排。澳大利亚的命名机构是澳大利亚南极名称和奖章工作委员会（AANMC）。2010 年，委员会与澳大利亚南极名称和奖章工作委员确认了需要遵循的一整套原则。

《地名辞典》

新西兰南极地名在《新西兰公报》和委员会的《地名辞典》中公布。委员会《地名辞典》的信息用于南极研究科学委员会的《南极洲综合地名辞典》。

地名指南

新西兰命名南极地物的指南和规则来自：

1994 年 12 月南极命名附属委员会会议的讨论。参见 1994 年 12 月 19 日委员会会议记录。

参考来自南极研究科学委员会工作组提议的一整套国际地名指南，即以前的《大地测量和地理信息》。

1999 年为委员会编制的有关南极地名的一份讨论文件。

南极罗斯海域地名命名委员会的建议。参见 2001 年 8 月 1 日的委员会会议。

南极研究科学委员会建议第XXII -1号，2003年4月第149号公报。

南极名称分类

本表列出了南极名称的分类，而且只要相关，还列出了委员会对于这些名称的政策。

名称类型和实例	政策
描述性名称 - 黑暗之塔（Dark Tower） - 风沟（Windy Gully） - 指脊（Finger Ridges） - 平岛（Flat Island） - 格罗夫山地区冰原岛峰（Red Cliff Nunatak）	描述性名称应当有助于野外工作团队和其他人识别被命名的地物，主要是辅助定位和导航。
人物的名字 - 夸特梅因冰川（Quartermain Glacier） - 希拉里海岸（Hillary Coast） - 哈瑟顿冰川（Hatherton Glacier）	个人的名字应当具有真正的历史意义，必须认可对新西兰在南极活动的重要贡献。 地物一般不应以没有去过南极的人群或个人命名，除非他们是公认的某个阶层或团体的一部分，如著名的公职人员或过去的管理人员。 被纪念的已去世人员应与南极存在关联，但是不一定访问过南极。 为新西兰的南极活动作出重要贡献的在世的著名人物的名字是可以接受的。 注1：本政策不同于适用于新西兰，新西兰的政策是被用来作为地名的人名必须限于已经去世的人。 注2：本政策可能不同于南极洲其他的国际命名机构。
涉及南极事件和活动的名称 - 雪橇人的雪崩（Tobogganerslcefall） - 斯勒哲斯冰川（Sledgers Glacier） - 测量员山脉（Surveyors Range）	对于后勤保障、行政支持、科学研究的实际引用，为了便于该领域的信息交流，可适当纪念与野外现场工作相关的事件和活动。
反映新西兰文化、社会和历史的名称 - 几维山口（Kiwi Pass） - 弗赖贝格山脉（Freyberg Mountains） - 加里波利高地（Gallipoli Heights） - 全黑峰（AllBlack Peak） - 莫阿方奥冰原（Moawhanga Neve） - 交换马鞍（Whakawhiti Saddle） - 洪水海滩（Waipuke Beach） - 埃里伯斯火山的蒂普纳洛伊马塔峰（Te Puna Roimata Peak）	反映新西兰文化、社会和历史的名称应当反映毛利人或非毛利人的新西兰传统。 鼓励地物的描述性毛利语名称。

续表

名称类型和实例	政策
神话名称 - 两面神山（Mount Janus） - 民族精神山（Mount Ethos） - 弥诺陶洛斯峰（Minotaur Peak） - 毕欧渥夫冰川（Beowolf Glacier）	神话名称是南极命名传统的一部分。 鼓励使用波利尼西亚和毛利语神话名称，但是命名也应反映出南极的国际性质。神话名称不一定与新西兰有关联。
为具体区域的主题作出贡献的名称 - 北维多利亚地飞行员冰川体系中的气球驾驶员、宇航员和苏联太空人冰川	委员会鼓励制定未来使用的名称主题，如与野外装备和地质名称相关的主题。 应适时使用主题方式给地物分组。
冗长名称、重复名称和带两个通用名称的名称，如果清晰和安全，则是可以接受的 - 普克・托罗帕山（Puke Toropa Mountain） - 多姆峰（Dome Peak）	为了最大限度地减少模糊性，一般不鼓励使用这些名称形式。

其他政策

以下是委员会对南极名称的其他政策。

应鼓励野外工作组的名称提议，在野外工作开始前提供指南。

名称不应重复或复制。应避免使用一个人名为一个以上的地物命名。在南极的其他部分，个人名称不得重复。唯一的例外是一组相关地物采用了相同的名称，如哈里森海崖（Harrison Bluff）和哈里森小溪（Harrison Stream）。

在国际环境中，名称应当悦耳。外语中的地名应以该国采用的罗马字母形式提出；但如果有英语对应词，而且早已固定使用的除外。

委员会鼓励在提议名称中与新西兰身份的任何关联。

应避免使用所有格，如果没有破坏名称的悦耳感，或没有改变其描述性应用，则可以使用。如果保留所有格，就应放弃省略符号。

常用的名称通常应被优先考虑，如勘测队使用的名称。

低级趣味或可能造成冒犯行为的名称，以及在种族、性别、教义或政治立场上具有歧视性或贬损性的名称应避免使用。

毛利语地名应使用毛利语委员会建议的拼写方法。其中包括长音符号（表示强调或长元音）、单词的拆分（在已知存在的地方）和正确使用连字符号。

应避免长名称或不悦耳的名称。

除在非常特殊的情况下，以及根据委员会的指示，不应给小地物命名。

应利用协商过程，获得当地专家关于具体区域的知识。

第三部分：运作框架

一、概述

简介委员会的大量工作是负责回应与地名命名（特别是新西兰的地名命名）相关的要求、问题、提议和提交的文件。但不太用于涉及南极的地名。

二、关于本委员会

新西兰地名委员会（Ngā Pou Taunaha Aotearoa）

这是已故詹姆斯·赫纳里爵士（Sir James Henare）给新西兰地名委员会起的名称。该名称用比喻的手法描述了地形的标记。土地部长批准这一毛利语名称，而毛利语委员会（Te Taura Whiri ite Reo Māori）予以认可。[①]

委员会

从 1924 年到 1946 年，根据土地部长的指示，指定新西兰荣誉地名委员会负责处理所有地名问题。1924 年之前的命名属于第一部分——参见第 9 页。

《1946 年新西兰地名委员会法》于 1946 年设立了委员会，并根据《2008 年新西兰地名委员会法》存续。

委员会是政府的一个独立法定机构，向土地信息部长负责。

政府通过新西兰土地信息部的出资，向委员会及其活动提供经费。

国家服务委员会规定了法定机构的经费和框架指南。

做什么？

委员会负责新西兰的命名工作，包括沿海岛屿、南极洲的罗斯海域，以及新西兰的领海和大陆架范围内的领域。有关委员会管辖权的更多信息——参见第 11 节。

接受或拒绝新西兰范围内的地名提议是委员会的主要责任。《怀唐伊条约》谈判部长决定条约和解部分的名称，委员会担任顾问角色。自然资源保护部长决定皇家保护区的名称，委员会负有审议与合作的责任。

① 参见委员会会议记录，2001 年 8 月 14 日。

不管提议经过什么程序，不管是指定新名称，更改现有名称或停止使用名称，委员会承认，地名必须是谨慎、明智决定的产物。

不能做什么？

委员会对新西兰国家名称没有管辖权，要改变国名，需要议会的法。委员会对命名街道或道路没有管辖权，或对命名权转归当地政府的保护区名称没有管辖权。

有关委员会工作范围的更多信息，参见第 12 页。

成员资格《2008 年新西兰地名委员会法》列表 1（1）—（5）列出了委员会成员资格的要求。测量主任是委员会主席，委员会包含根据《2008 年新西兰地名委员会法》指定的 9 名成员。其成员是：

职位
主席——测量主任
根据毛利人事务部长的建议任命为毛利人代表的两位成员
由纳塔胡部落委员会（Te Rūnanga o Ngāi Tahu）提名的一位成员①
由新西兰地名学会有限公司提名的一位成员
由新西兰联合山地俱乐部有限公司提名的一位成员
由新西兰地方政府提名的一位成员
根据土地信息部长的建议提名的一位成员
主要负责新西兰水道测量信息标准的新西兰土地信息部官员

秘书

可根据《2008 年新西兰地名委员会法》附表 1（5）任命委员会的秘书。

主要职能

委员会的主要职能在《2008 年新西兰地名委员会法》第 10 节中有明确规定。这些职能是：

指定官方地名；

批准已记录名称，作为官方地名；

① 纳塔胡部落（Te Rūnanga o Ngāi Tahu）是代表（新西兰的）南岛大部的部落。

更改官方地名或有记录的名称，主要是替换或纠正；

停止使用官方地名或有记录的名称；

调查和确定地理地物的位置或范围，委员会据此指定、批准或变更官方地名；

审议指定或更改皇家保护区名称的提议。

第 11 节的职能

《2008 年新西兰地名委员会法》第 11 节规定了委员会的其他职能。其中包括：

采纳政策、规定、标准、协议、指南或类似文件以履行其职能，包括确定官方地名的拼写和系统性指定名称；

审查存疑拼写的案例，确定官方图表或地图所要采纳的拼写；

调查和确定任何地理地物发现的优先顺序；

收集和记录在官方图表和地图上的原始毛利语名称；

鼓励在官方图表和地图上使用原始毛利语名称；

就毛利语名称的正确拼写方法，征求毛利语委员会的意见；

研究任何名称提议，或更改地理地物的名称；

经相关地方政府同意或应其请求，更改区域或地区的名称。

其他职能

除了上述这些职能，委员会还具有行政指定的职能，或为支持委员会的法定职能而需要履行的职能。其中包括：

维护委员会的决定和地名记录；

确定和维护可为公众所获得的官方地名辞典；

提供地名及其来源的咨询服务；

调查太平洋范围内的地物命名及其与新西兰地名的关系；

了解国际发展的最新情况，保持在专业命名界的存在。

地物命名

根据《2008 年新西兰地名委员会法》第 3 节，委员会负责其管辖权范围内的地理地物的命名。

根据《2008年新西兰地名委员会法》第4节，地理地物包括：

自然地物，如山、山峰、峡谷、溪谷、森林、潟湖、沼泽、小溪、水流、河、浅滩、湖、冰川或冰貌、海湾、岛或海港（包括相同类型的人工地物）；

铁路或火车站（但不是铁路地物，如铁路调车场、换乘站点或跟踪点位置）；

市、镇、村、场所、地区或类似地方，包括所在地和郊区，但不是当地政府或皇家保护区管辖的区、地区或选区；

海底地物，即具有可测量的地形或由地形划定界限的洋底或海床的一部分；

区或地区。

官方地名

《2008年新西兰地名委员会法》第4节中确定的官方地名的定义，包括如下名称：

由委员会指定、批准或更改，并根据《2008年新西兰地名委员会法》公开通报的名称；

由委员会审议并同意的皇家保护区的名称；

在《2008年新西兰地名委员会法》生效前给皇家保护区指定或更改的名称，无论其是否已被编入地名辞典；

在《2008年新西兰地名委员会法》生效前，根据《怀唐伊条约》和解法指定、更改或停止使用的名称；

在《2008年新西兰地名委员会法》生效前，为南极地理地物指定或更改的名称，无论其是否已被编入地名辞典；

根据《1946年新西兰地名委员会法》在《地名辞典》中公布的名称。

三、命名的一般性指南

简介

对于委员会的命名政策和指南，参见第二部分：政策框架。

可接受的名称

委员会认为可以接受的名称是：

具有强烈的历史、地理或地方意义的名称；

纪念与地理地物有关联的著名事件、人物或一组人物的名称，如探险家、移民、测量员、地质学家或登山家。实例有奥波蒂基（Opotiki）和恩迪沃尔湾（Endeavour Inlet）；

描述性名称，如旺格努伊河（Whanganui River）或韦斯特波特（Westport）。

注意，人名一般只有在去世后才被接受，而且最好是姓。

不可接受的名称

委员会认为这些名称不可接受：

非常长的名称，而且不悦耳或者不容易说出的名称；

低级趣味或可能造成冒犯行为的名称，以及在种族、性别、教义或政治立场上具歧视性或贬损性的名称；

与早已习惯使用的另外一个名称重名的地名；

小地物的名称，非常特殊的情况除外。对于这一点，没有正式的指南，委员会将决定小地物的分类。

另请参阅上述第 26 节“名称的可接受性”、第 30 节“名称的重复”和第 32 节“小地物的命名”。

四、提议和意见书指南

简介本节涉及新西兰领土及其沿海岛屿范围内名称提议的过程。关于最终决定一项提议的完整过程，参见《2008 年新西兰地名委员会法》第 16—第 21 节。

可提供一个信息包，附带提议表格，帮助提出提议的人正确地填写表格。

除外

本节不包括提议过程，条约和解名称。

南极地名。注意，对于南极，委员会的兴趣是编辑适合未来使用的地名清单，并持续寻求公众建议；

12 海里领海以外的海底名称；

皇家保护区名称；

由当地政府更改的区和地区名称。

提出名称提议

根据《2008年新西兰地名委员会法》第15节的要求，任何人都可以就指定、更改或停止使用名称提出提议。提议必须按委员会规定的格式提出，符合委员会的要求，并且随附支持该提议的必要证据。

在合适的情况下，委员会本身也可提出提议。

所需证据

委员会要求的最少证据已在最低要求政策和一览表中明确，并包括：

地点或地物的位置，按一定比例标注在地图或图表上，并标注地图、图表格网坐标或经纬度。委员会更喜欢新西兰土地信息部或其前身出版的地图或图表。

名称的来源、含义和重要性

已经就某地物可能早已存在原始毛利语名称的可能性征求了当地毛利人管理机构的意见。

向当地社区、自然资源保护部、地区管理机构等进行了咨询，随附其支持名称提议的书面证据。注：这种咨询不是强制性的，但得到委员会的鼓励。有关咨询的更多情况，参见第84页。

所收集研究材料的副本。

出版物出现的任何名称参考。

如果相关和可能，地物的照片。

费用和开支

向委员会提出提议，不支付任何收费。

提出提议的人必须自付与其自身研究、调查和咨询相关联的费用。

研究

对委员会而言，重要的是其审议的所有提议均已经过很好的研究。

所有名称提议都应随附任何相关的历史、地理、科学或文化研究的证据。此证据可包括书面文章、参考书、签署的声明、地图和报告。

咨询

对委员会而言，每个提议已经进行过适当的咨询。

鼓励名称提议人征求相关团体和个人的意见，并提供就提议进行咨询的证据。

由提议人、委员会或毛利人发展部来进行咨询，在任何情况下，有必要征求相关部落的意见，特别是如果提议要更改现有的名称。

在大多数情况下，应出示社区和当地政府部门对提议表示同意和支持的证据。

委员会鼓励提议人征求相关人员或组织的意见，寻求对提议的支持。

对地名提议的要求

在正式受理标准的地名提议前，提议人应满足最基本的要求。

提议流程

一旦根据《2008 年新西兰地名委员会法》第 15 节向委员会提出了提议，需要经过下列步骤：

1. 秘书处检查随提议收到的文档，并且酌情在资源或时间允许的情况下，做进一步归案和历史调查研究。

2. 秘书处检查与所有相关方和社区团体的咨询情况，并为委员会的下一次会议编写关于该提议的报告。注意，提议处理的最后期限是下一次委员会会议召开日期前 8 周。

3. 适用《毛利语地名协议》中规定的步骤。

4. 在会议上，委员会审议提议、秘书处关于提议的报告以及任何其他相关信息。委员会将考虑命名标准。

5. 委员会可以决定接受或支持该提议，延期作出决定，直到完成进一步的工作，或拒绝提议。

接受或支持提议

如果委员会接受或支持提议，根据《2008 年新西兰地名委员会法》第 21 节的规定，委员会必须在《新西兰地名辞典》和至少一个国家级出版物和一个地方出版物上公布该提议。

广告宣传允许公众（包括毛利人）对提议中的名称提出意见。

委员会必须允许提出意见的期限最少为一个月。如果委员会认为某些提议需要更多的时间，那么提交意见的期限通常设定为三个月。

没有反对的意见或仅有支持的意见

根据《2008 年新西兰地名委员会法》第 17 节的要求，如果没有收到反对意见或仅收到支持意见，这时委员会将对提议作出决定，并在《新西兰地名辞典》和至少一个国家级出版物和一个地方出版物上公布最终名称。因此，《地名辞典》要相应地进行更新。

推迟作出决定

如果委员会推迟作出决定，那么委员会通常需要更多的信息，或者需要做进一步的工作。通过咨询提议人或委员会提名成员，秘书处可获得该类信息。

然后，秘书处将该类信息纳入另外一份报告，在下一次会议上提交给委员会。

拒绝提议

如果提议被拒绝，秘书处将通知提议人或组织，并说明委员会的理由。任何提议都可以再次提出，但是相关方要证明他们已经做了进一步有重要意义的研究和咨询，并已考虑了原提议被委员会拒绝的原因。

反对意见

如果委员会收到反对意见，委员会必须决定支持还是拒绝，并且可要求反对方提供更多信息（参见《2008 年新西兰地名委员会法》第 18 节）。

如果委员会同意所有反对意见，则其会根据《2008 年新西兰地名委员会法》第 19 节作出最终决定。如果不同意，委员会必须根据《2008 年新西兰地名委员会法》第 20 节向土地信息部长报告，同时随附意见摘要及其对提议的决定和理由。部长可确定、修改或拒绝委员会的决定。部长的决定是最终决定，并给予名称官方地位。

委员会将在《新西兰地名辞典》和至少一个国家级出版物和一个地方出版物上公布最终决定。《地名辞典》也要更新。

《1982 年官方信息法》

所有提议及对提议的意见均受制于《1982 年官方信息法》，如有要求，可发布该法。

所有公共记录应根据《1982 年官方信息法》予以发布，包括提交人的姓名。不提供联系方式。

委员会认为，提交人通过提交提议或意见正在进入公共领域。

决定

委员会或部长的所有决定在《新西兰公报》上公布。

委员会的决定也发布在新西兰土地信息部的网站上。

五、形式

提议形式

关于提议的形式，参见：http://www.linz.govt.nz/placenames/propose-a-name /index.aspx

对于下列地物有单独的形式：

新西兰及其沿海岛屿范围内控地理地物；

海底地物；

南极地物；

皇家保护区；

区或地区名称的变更。

来自其他机构的提议

对皇家保护区名称的提议只能由自然资源保护部以适当形式提出。

变更区或地区名称的提议只能由相关地方政府以适当形式提出。

通过条约和解办公室和索赔人之间的谈判，进行条约和解名称的推进工作，不存在形式。

当咨询期开始时，委员会将提供一个可用的在线意见书形式。

六、《新西兰官方地名辞典》(略)

七、其他数据库和参考文件(略)